KARL SCHUHMANN

Die Fundamentalbetrachtung der Phänomenologie

ZUM WELTPROBLEM IN DER PHILOSOPHIE
EDMUND HUSSERLS

MARTINUS NIJHOFF / DEN HAAG / 1971

© *1971 by Martinus Nijhoff, The Hague, Netherlands*
All rights reserved, including the right to translate or to
reproduce this book or parts thereof in any form

ISBN 90 247 5121 7

PRINTED IN THE NETHERLANDS

Für Rahel Mignon

VORWORT

"Das Absolute, das wir enthüllen, ist absolute ‚Tatsache'".

(E III 9/38a)

Der erste (und einzige von Husserl selber veröffentlichte) Band der *Ideen zu einer reinen Phänomenologie und phänomenologischen Philosophie*, die „Allgemeine Einleitung in die reine Phänomenologie", womit Edmund Husserl das „Jahrbuch für Philosophie und phänomenologische Forschung" im Jahre 1913 eröffnete, galt und gilt seit seinem Erscheinen als Husserls Hauptwerk. Innerhalb dieses Bandes wiederum kommt nach allgemeiner Überzeugung dem Zweiten Abschnitt mit dem Titel „Die phänomenologische Fundamentalbetrachtung" die philosophisch entscheidende Stellung und Stellungnahme zu. Wenn deshalb in vorliegender Abhandlung diese Fundamentalbetrachtung zum Thema der philosophischen Reflexion erhoben wird, so ist damit zwangsläufig der Anspruch verbunden, daß hier ins innerste Wesen und zum unum necessarium der im Sinne ihres Begründers verstandenen Phänomenologie vorgestoßen werde – nicht mehr und nicht weniger. Nicht mehr: Eine historische oder sachliche Konfrontation der Phänomenologie Husserls mit anderen Philosophen oder Philosophien wird hier ebensowenig angestrebt wie eine Kritik an ihr mittels irgend eines vorgegebenen Maßstabs. Aber es geht hier auch nicht um weniger denn eine Reflexion auf die Phänomenologie insgesamt und als solche. Weder werden ihre konkret ausführenden Gedankenreihen übernommen oder beurteilt noch auch deren eventuelle historische Entwicklung untersucht. Vielmehr hat der Versuch, dem Grundgeschehen der Phänomenologie standzuhalten, die phänomenologische Selbstbewegung, durch welche sich ihre Begründung beim Begründer der phänomenologischen Bewegung vollzieht, zu Ende zu denken. Das besagt, daß die Aussagen der „phänomenologischen Fundamentalbetrachtung" auf die schwerwiegende Problematik hin, die sich in ihnen verbirgt, erst einmal transparent gemacht werden müssen, indem diese Aussagen „zu Ende" gedacht, d.h. bis in ihre äußersten, von Husserl selber nicht namhaft gemachten Konsequenzen hineinverfolgt werden. Sofern aber diese Extrema (ἄκρα) *als* letzte Horizonte gedacht werden, wird erst damit – und nicht etwa durch eine Verschiebung historischer Interessenlagen – die transzendentale Phänomenologie Edmund Husserls de iure zu Ende gebracht, so daß eine Überschreitung dieser Philosophie, soweit sie sich als sinnvoll erweisen sollte, überhaupt erst möglich wird.

Noch sei hier kurz der Horizont skizziert, aus dem her die folgende Thematisierung der Phänomenologie unternommen wurde: Es ist die Idee der abendländischen Philosophie, wie sie von ihrer griechischen „Urstiftung" an wirksam wurde. Offenbar ist die Idee der absoluten Rationalität die Leitidee dessen, was unter den Titeln Philosophie und Wissenschaft das Telos abendländischer Kultur bildet bzw. heute unter den Titeln Wissenschaft und Technik für die gesamte Menschheit höchste Lebensbedeutsamkeit zu gewinnen sich anschickt. Dabei zeigt sich jedoch das eigenartige Phänomen, daß, im Maße die relative Verwirklichung der Idee einer autonomen Vernunftkultur fortschreitet, diese Idee nicht nur an Lebensbedeutsamkeit gewinnt, sondern ebensosehr jeden „Sitz im Leben" verliert [1]. Dies nicht allein im Sinne eines empirisch festzustellenden Unbehagens an dem Lebensstil, welchen das Telos der absoluten Rationalität vorschreibt; eines schwärenden Mißvergnügens an der Zivilisation also. Vielmehr liegt es an der genannten Idee als solcher, daß sie nicht nur über dies oder jenes, sondern über sich selbst Aufschluß gewinnen muß. Absolute Rationalität ist wesentlich rückbezogen auf sich selbst und auf die Aufklärung und Begründung ihrer selbst. Da aber alles Gründen und Begründen in ihr beschlossen liegt, kann sie in nichts außer ihr selber einen Grund finden. Besagt das aber nicht: sie wird bodenlos und unverantwortbar? Verliert sie nicht allen Weltbezug und Ernst, und sinkt sie nicht zur Sache der Muße, ja des Müßiggangs, herab? So gerät das Ethos der auf sich selbst reflektierenden Vernunft in ein eigentümliches Zwielicht, wodurch ihr eigenes Ideal verworren statt aufgeklärt wird und sie selber in Widersprüchen sich verfängt, statt daß sie zu wahrer Einsicht gelangt. Die Idee einer absoluten Rationalität hebt sich offenbar selber auf.

Es scheint nun, daß sich diese Krisis des „europäischen" Menschentums, d.h. der Widerspruch im Wesen der Reflexion und der

---

[1] Vgl. dazu A. WYLLEMAN, „De grondslag van de moraal," in: *Tijdschrift voor Filosofie*, 1966 (28), S. 623–635.

Vernunft nur dadurch auflösen lasse, daß er entschlossen als solcher gedacht und daß seine Notwendigkeit aus ihm selber begründet wird. Die Freiheit der autonomen Vernunft besteht dann in der Einsicht in diese Notwendigkeit des Widerspruchs im Wesen der Autonomie; darin also, daß ihre Absolutheit sich selber relativiert auf ein mögliches Anderssein ihrer selbst hin.

Die innere Zerrissenheit und Selbstentzweiung der nach absoluter Einsicht und Einheit strebenden Rationalität als Schicksal ihres eigenen Wesens auf sich nehmen zu müssen: dieser Not scheint die Philosophie erstmals in der Phänomenologie Husserls entkommen zu sein. Durch die reduktive Abweisung all jener „überschwänglichen" Dunkelheiten und Zwiespältigkeiten, in welche die über sich selbst spekulierende Vernunft unausweichlich gerät, nimmt Husserl für die Philosophie allein das Feld dessen in Anspruch, was gemäß dem „Prinzip der Prinzipien" sich in ursprünglich gebender Anschauung ausweisen kann und läßt. Der Verzicht auf „Dialektik" ist hier deswegen das Produktive selber, weil er eine *positive* Arbeitsphilosophie möglich macht, welche zu ihrem Gegenstande wiederum nur das Positive, d.h. das Feld des Erreichbaren, des in einer einstimmigen Anschauung Setzbaren, hat. Die der Rationalität innerliche Selbstnegation wird also auf Einstimmigkeit, auf Positivität fundiert und als das Moment des Widerstreits zweier Positiva bzw. des Andersseins an einem positiv Seienden aufgewiesen – anschaulich aufgewiesen.

Es galt also zu prüfen, ob dieser Versuch, gemäß den Forderungen der Logik den Widerspruch „auszuschalten", den ersehnten „ewigen Frieden" der Vernunft mit sich selber herbeiführen und die Sphäre reiner Position als die des Lebens und des Lebensbedeutsamen selber herausstellen könne. Der auf Logik bzw. auf logische Untersuchungen gegründete Logos zeichnet sich schließlich dadurch aus, daß er zum Urbild die Welt des Mathematischen hat, welche nach unserer Meinung nicht so sehr dadurch charakterisiert ist, daß die Idee des Guten in ihr fehlt[2] als vielmehr durch das Wegfallen der reflexiven Negation und des Nicht in ihr, welches nur als Subtraktion verschiedener „Größen" (Quanta) auftritt. Somit muß in der Phänomenologie auch jene Eindeutigkeit des analytischen Fortschreitens herrschen, welche die Negation lediglich als die Grenzenlosigkeit ihres eigenen Fortgangs ins Detail kennt. Die Prinzipien, die Anfangssätze dagegen

---

[2] Vgl. ARISTOTELES, *Metaphysik*, B, 2, 996 a 35f.

müssen, als das Bedeutungsvollste und Bedeutendste (ἀξιώμα), in sich klar und unverrückbar aus gemeinsamer Übereinstimmung für alle feststehen.

Den Prolegomena, den fundamentalen Betrachtungen der Phänomenologie, gilt daher unsere Untersuchung. Hier zeigt ein Überblick über die Grundbegriffe der Husserlschen Philosophie aber sogleich, daß offenbar gar nicht so sehr ihr Verhältnis zur inneren Negativität des (als eines Grundes verstandenen) Begriffs, sondern vielmehr die innere Einheit der Begriffe selber in Frage steht. Dieses Ergebnis stellt uns vor die Aufgabe, jene Eindeutigkeit zu begreifen, welche den eindeutig konzipierten Begriff der Phänomenologie und seine doppeldeutige Konzeption zusammenhält und aus sich entspringen läßt.

Zum Schluß seien hier noch einige technische Bemerkungen beigefügt. Die Werke Husserls werden im Folgenden zum Teil mit den gebräuchlichen Abkürzungen vermeldet. Die Zitate aus ihnen sind dabei nicht immer im philologischen Sinne exakt. Vor allem wurden die häufigen Hervorhebungen Husserls durch Sperrdruck meist nicht wiedergegeben. Zitate aus den *Ideen* I, welche im Text selber vorkommen, werden einfach durch ihnen nachfolgende eingeklammerte Zahlen nachgewiesen, welche die Seite angeben, auf der sich das betreffende Zitat in den zu Husserls Lebzeiten erschienenen Ausgaben befindet. Diese Originalpaginierung, nach der wir zitieren, ist auch am Rande der Husserliana-Ausgabe der *Ideen* I verzeichnet. – Die Zitate aus Werken Fichtes werden mit Band- und Seitenzahl (in römischen bzw. arabischen Ziffern) der Ausgabe von I. H. Fichte ausgewiesen. Die Werke Schellings werden nach der von K. F. A. Schelling veranstalteten Ausgabe zitiert, wobei die 2. Abteilung als Band XI-XIV der Sämtlichen Werke zitiert ist. Römische Zahlen zeigen auch hier den Band und arabische die Seite an. – Dem Husserl-Archiv zu Löwen sei an dieser Stelle gedankt für die Erlaubnis zur Zitierung noch unveröffentlichter Manuskripte Edmund Husserls. – Der öfters erwähnte „Vf." ist immer der Verfasser der vorliegenden Abhandlung.

INHALTSVERZEICHNIS

VORWORT	VII
EINLEITUNG	XIII
A. Die Äquivokation der Phänomenologie	XIII
B. Die Aufgabe einer Fundamentalbetrachtung	XVIII
C. Die „Fundamentalbetrachtung" als Thema	XXIII
D. Methode und Grundsätze der Untersuchung	XXXVII

I. KAPITEL: DIE LOGIK UND DER ANFANG DER PHÄNOMENOLOGIE

A. Die formalen Weltstrukturen	1
B. Die Logik als Ermöglichung der Phänomenologie	7

II. KAPITEL: DIE WELTBESTIMMUNG DER ANFANGENDEN PHÄNOMENOLOGIE

A. Welt als reale Umwelt	15
B. Erweiterung des Weltbegriffs	22

III. KAPITEL: DIE EPOCHE VON DER GENERALTHESIS ALS ANFANG DER PHÄNOMENOLOGIE

A. Die Generalthesis	26
1. Die Generalität der Generalthesis	27
2. Der Setzungscharakter der Generalthesis	29
B. Die Aufgabe der Epoche	31
C. Das Grundverhältnis von Ding und Wahrnehmung	38

IV. KAPITEL: REALITÄT UND BEWUSSTSEIN

A. Das Bewußtsein als Medium der Welthabe	43
1. Erlebnis und Erlebnisstrom	45
2. Das Horizontverhältnis des Wahrnehmungserlebnisses	47
B. Die immanente Wahrnehmung	52

C. *Die transzendente Wahrnehmung und ihr Objekt* ... 57
   1. Die realistische Nullsetzung der Dingerscheinung ... 60
   2. Die skeptische Auflösung der Dingeinheit ... 62
   3. Die phänomenologische Unterscheidung von Reellem und Realem ... 66

V. KAPITEL: DIE PHÄNOMENALITÄT DES REALEN

A. *Sein und Gegebensein des Dinges* ... 76
B. *Dingerscheinung und Ding an sich* ... 81
C. *Natürlichkeit und Reduktion* ... 90
   1. Die Natürlichkeit als Fundament der Phänomenologie ... 90
   2. Voraussetzungslose Wissenschaft als Prinzipienwissenschaft ... 95
D. *Die Endlichkeit des Bewußtseins als Ermöglichung der Phänomenologie* ... 104
   1. Der Erscheinungszusammenhang als Gegenstand der Phänomenologie ... 104
   2. Die Unerkennbarkeit des Realen für ein leibloses Subjekt ... 108

VI. KAPITEL: DAS GRUNDVERHÄLTNIS VON BEWUSSTSEIN UND WELT

A. *Das Bewußtsein als Ungrund der Welt* ... 111
   1. Die Begründung der Welt durchs Bewußtsein ... 113
   2. Die Unbegründbarkeit der Realwelt im transzendentalen Bewußtsein ... 116
   3. Welt als der nichtige Anfang des Bewußtseins ... 119
B. *Der Begriff der Konstitution* ... 123
   1. Das Bewußtsein als ursprüngliche Nachträglichkeit ... 124
   2. Die Welt als Sein und Nichtsein des Bewußtseins ... 130
   3. Konstitution als sich verbergende Selbsterscheinung ... 135

VII. KAPITEL: DIE SEINSWEISE DER WELT

A. *Die Relativität der Welt* ... 143
   1. Der absolute Bewußtseinsschluß ... 147
   2. Die Unvergleichlichkeit der Weltrelativität ... 151
B. *Die Zufälligkeit der Welt* ... 155
   1. Die Doppelsinnigkeit der Hyle ... 156
   2. Die Identität von Hyle und Noema im kinästhetischen Bewußtsein ... 162
   3. Das mögliche Nichtsein der Welt ... 167
C. *Die Notwendigkeit der Welt* ... 175
   1. Das Bewußtsein als Idee und das Etwas überhaupt ... 179
   2. Die Phänomenologie und das Soll der Weltkonstitution ... 182

LITERATURVERZEICHNIS ... 195

EINLEITUNG

A. Die Äquivokation der Phänomenologie

Die Philosophie Edmund Husserls ist, wie sich beim näheren Hinsehen unmittelbar ergibt, von höchst zwiespältiger, ja widersprüchlicher Natur. Dies in solchem Maße, daß selbst die Frage, von was denn im vorigen Satze die Rede gewesen sei, zu Aporien führt und in Verlegenheit stürzt. Die Philosophie Edmund Husserls: bildet sie nicht einen Einzelfall der allgemeinen Gattung „Philosophie überhaupt", und zwar jenen, welcher den Namen *Phänomenologie* trägt? In der Tat wird Husserl gemeinhin als Phänomenologe bezeichnet und als der Begründer jener speziellen philosophischen Richtung, welche man Phänomenologie nennt[1]. Und zu Recht, denn Husserl selber versteht sich bekanntlich ausdrücklich als Phänomenologe. Er spricht oft genug von „Phänomenologie in dem Sinn, den meine Schriften vertreten"[2]. Dieser Sinn nun soll darin bestehen, daß die Phänomenologie „die spezifisch philosophische Denkhaltung, die spezifisch philosophische Methode" bildet[3].

Andererseits stellt aber die Phänomenologie schon nach der Aussage der *Logischen Untersuchungen* „ein Gebiet neutraler Forschungen"[4] dar, und der Titel von Husserls Hauptwerk unterscheidet ausdrücklich zwischen „reiner Phänomenologie" und „phänomenologischer Philosophie"[5]. Dies in dem Sinne, daß die reine Phänomenologie die „Grundwissenschaft der Philosophie" (1) und deren Wurzel sein soll. Doch: Besagt das nicht, daß die reine Phänomenologie,

---

[1] In diesem Sinne sind z.B. die Werke von H. SPIEGELBERG, *The Phenomenological Movement* und R. BAKKER, *De geschiedenis van het fenomenologisch denken* konzipiert.
[2] *Ideen* III, § 10, Husserliana V, S. 57.
[3] *Die Idee der Phänomenologie*, 1. Vorlesung, Husserliana II, S. 23.
[4] *Logische Untersuchungen* II/1, Einleitung, § 1, S. 2.
[5] Vgl. auch *Ideen* I, Einleitung, S. 5.

abgesehen von dieser Begründungsfunktion und *rein* für sich, also gerade als *reine* Phänomenologie genommen, selber keine Philosophie ist? Und wirklich spricht Husserl ausdrücklich davon, daß die „transzendental-deskriptive Phänomenologie" – also gerade jene Wissenschaft, welche durch die Restitution der „ursprünglichsten Idee der Philosophie" [6] gewonnen und in Husserls Hauptwerk, den *Ideen* I, in Grundstücken ausgeführt wurde – eine Wissenschaft „ohne eigentlich philosophische Prätention" ist, so daß sie „vor allem philosophischen Interesse und vor aller Philosophie selbst" [7] aufgerichtet werden kann. Die Phänomenologie ist dann aber, wie Husserl selbst zugesteht, eine „in natürlicher Einstellung vollzogene" und „ganz und gar eine unphilosophische" Wissenschaft [8]. Die Natürlichkeit der phänomenologischen Einstellung bleibt also erhalten, obwohl sie andererseits durchaus mit dem natürlichen Weltleben gebrochen hat und in eine transzendentale Einstellung übergegangen ist. „Wir sehen also voraus, daß transzendentale Einstellung, selbst wenn sie an sich eine gelingende Einstellung auf Bewußtsein in seiner Eigenwesentlichkeit ist ..., doch noch nicht als wahrhaft ... transzendental-*philosophische* gelten kann" [9]. Das aber bedeutet, daß die Phänomenologie gerade *wegen* ihres „Radikalismus und der Universalität reiner Bewußtseinsbetrachtung" [10] nichts anderes ist als der rein sich darstellende transzendentale *Psychologismus*. Die an ihren eigenen Maßstäben gemessene reine Phänomenologie entpuppt sich als die konsequenteste Ausführung jener Pseudophilosophie, der Husserls lebenslänglicher und unerbittlicher Kampf gegolten hat [11].

Man mag sich hier vielleicht zu helfen suchen durch den Hinweis, daß dabei kein von der Sache selbst erzwungener Widerstreit vorliege, sondern es sich vielmehr um einen Widerspruch zwischen Husserls (transzendentalphilosophischem) „Programm" und dessen (letztlich psychologistischen) „konkreten Ausführungen" handle. Doch

---

[6] Vgl. „Nachwort zu meinen Ideen", Vorbemerkung, Husserliana V, S. 139.

[7] *Erste Philosophie* II, 53. Vorlesung, Husserliana VIII, S. 172.

[8] „Nachwort zu meinen Ideen", Nr. 3, Husserliana V, S. 147; vgl. auch *Phänomenologische Psychologie*, § 4, Husserliana IX, S. 48.

[9] „Kant und die Idee der Transzendentalphilosophie", Nr. III, Husserliana VII, S. 255.

[10] *AaO.*, S. 254.

[11] Vgl. zu dieser ganzen Problematik die eindringlichen Analysen von A. AGUIRRE, *Genetische Phänomenologie und Reduktion*, bes. §§ 5 und 6.

zeigt die nähere Analyse [12] von Husserls Programmschrift „Philosophie als strenge Wissenschaft", daß die von ihm angestrebte strengwissenschaftliche Philosophie nur auf dem Boden der vorgegebenen unwissenschaftlichen Philosophien, d.h. auf dem Grunde der *Weltanschauung*, sich zu konstituieren vermag. Hängt die strenge Wissenschaft aber von dieser Grundlage ab, so kann sie selber nie über eine Sonderart von Weltanschauung, eben die höchste, weil allein wissenschaftliche, hinausgelangen, ohne ihren eigentlichen Ermöglichungsgrund zu zerstören. Die Phänomenologie bleibt die streng durchgeführte Weltanschauung; und daß sie sich nicht als solche weiß, deutet lediglich auf ihren Mangel an selbstkritischer Reflexion hin. Dies gilt gleicherweise von der programmatischen wie von der durchgeführten Phänomenologie.

Es handelt sich bei dem aufgewiesenen Paradox somit um eine Schwierigkeit, mit welcher die Phänomenologie als solche behaftet ist; um eine Zwiespältigkeit, die zu ihrem Wesen gehört und dessen Begriff mitkonstituiert. Die Phänomenologie sollte die Überwindung aller vor der eigentlichen und wahren Philosophie liegenden Naivitäten bringen und erweist sich ihrem eigenen Eingeständnis nach in der Naivität einer möglichen Freiheit von aller Naivität befangen. Sie sollte voraussetzungslose Wissenschaft sein, sich absolut aus sich selbst begründend, da doch gerade der Gedanke einer prinzipiell möglichen unbedingten Überschau über das Ganze des „Seins", d.h. der Gedanke eines rein ent-ständigen Sehens (intuitus originarius) „prinzipieller Irrtum" [13] der Natürlichkeit bzw. der aus ihr resultierenden Weltanschauung ist. Eben jene Lehre, durch welche eine phänomenologische Philosophie möglich gemacht werden sollte, die Lehre von der *Reduktion*, erweist sich mithin offenbar als in sich widersinnig. Sollte die Reduktion aus aller Welthaftigkeit herausführen, so muß sie doch andererseits „alles beim alten" (183) belassen. Das aber hat zur Folge: „Le plus grand enseignement de la réduction est l'impossibilité d'une réduction complète" [14].

Doch diese Feststellung als unabänderliche Entscheidung hinnehmen hieße für Husserl, von vornherein das Terrain des Wissens kampflos der Beliebigkeit jeweiligen Meinens überlassen; es bedeu-

---

[12] Wie sie von R. BOEHM durchgeführt wurde. Vgl. sein Buch *Vom Gesichtspunkt der Phänomenologie*, bes. S. 1–17 und S. 36–40.
[13] Vgl. die Überschrift des § 43 der *Ideen* I (S. 78).
[14] M. MERLEAU-PONTY, *Phénoménologie de la perception*, S. VIII.

tete die Selbstaufgabe aller Philosophie. Kein denunzierender Nachweis eines „kleinen Endchens der Welt" [15] in ihr kann von der unbedingten Forderung universaler Reduktion dispensieren. Der spezifische Reduktionsgedanke ist für die Phänomenologie ebenso unentbehrlich, wie er unvollziehbar ist. Was allein Phänomenologie möglich macht, macht sie zugleich unmöglich.

Die nämliche Doppelgesichtigkeit zeigt die Phänomenologie auch in der Zwielichtigkeit ihrer Wirklichkeit. Diese bildet gewissermaßen das gegenläufige Widerlager der Reduktion: ausgeführte Phänomenologie ist Konstitutionsforschung. Der Grundbegriff der phänomenologischen Arbeit, der Gedanke der Konstitution, ist aber in das gleiche eigentümliche Dunkel gehüllt wie der Reduktionsbegriff [16]. Wenn die Phänomenologie nämlich mit allem Vorausgesetzten und Vorgegebenen tabula rasa machen soll, muß Konstitution die Schöpfung alles Gegenständlichen aus dem dann einzig übrigbleibenden Nichts, als welches Husserl das Bewußtsein behauptet, bedeuten. Zeigt sich aber, daß die Phänomenologie sich von der Vorgegebenheit niemals wirklich befreien kann, so meint Konstitution nicht mehr als das Nacherzählen dieser dann immer schon geschehenen Erschaffung. Während nun die erste Alternative keinen Anhalt im Selbstbewußtsein des natürlichen Wissens hat und ihm deswegen als hybride Phantasterei gelten muß, vermag die andere ebensowenig deutlich zu machen, welche Relevanz und Verbindlichkeit ihre der Sache selbst nachhinkende Deskription für das besprochene natürliche Bewußtsein besitzen soll. Ändert sich doch durch den Vollzug der Phänomenologie nichts an dem Licht, in welchem uns die Welt immer schon erschienen ist! Doch ist nicht einmal so sehr dies das Ärgerniserregende am Konstitutionsbegriff; vielmehr verwirrt der Umstand, daß es bei

---

[15] *Cartesianische Meditationen*, § 10, Husserliana I, S. 63.
[16] Auf die „schier ausweglose Schwierigkeit" (E. FINK, *Studien zur Phänomenologie 1930–1939*, S. 111), welche sich bei der Reflexion auf den Reduktionsbegriff auftut, hat schon im Jahre 1933 E. Fink hingewiesen in seinem von Husserl autorisierten berühmten Artikel. Vgl. auch M. THEUNISSEN, *Der Andere*, S. 28. Neuerdings ist dieses Problem anhand einer sorgfältigen Analyse der diesbezüglichen Aussagen Husserls umfassend aufgerollt worden von A. AGUIRRE in seinem Werk *Genetische Phänomenologie und Reduktion*, S. 1–64. – Bezüglich einer realistischen Interpretation des Konstitutionsbegriffes vgl. A. DE WAELHENS, „L'idée phénoménologique d'intentionnalité", in: *Husserl et la Pensée Moderne – Husserl und das Denken der Neuzeit*, S. 115–129, und die darauf antwortende idealistische Interpretation von R. INGARDEN, „Über den transzendentalen Idealismus bei E. Husserl" aaO., S. 190–204.

Husserl „Texte genug ⟨gibt⟩, sowohl die eine oder die andere Meinung zu stützen als auch beiden den Boden zu entziehen" [17]. Husserl selber vermochte offenbar einen eindeutigen Sinn des Konstitutionsgedankens nicht herauszustellen, und dieser Begriff verkehrt sich unter seinen Händen in sein Gegenteil. Widerstreitet er in so grundsätzlichem Maße sich selber, so ist zu sagen, daß er nur noch durch pure „Äquivokation" [18] zusammengehalten wird.

Der Grundsachverhalt nun, von dem laut Husserl alle Konstitutionsforschung auszugehen hat, ist die Intentionalität des Bewußtseins. Sie besagt zunächst einmal lediglich die Eigenschaft jeden Bewußtseins, Bewußtsein *von* etwas zu sein. Das Entscheidende des Husserlschen Intentionalitätsbegriffes liegt aber gerade nicht in dieser leeren und trivialen Formel. Husserl betont vielmehr beständig [19], daß der intentionale Gegenstand im Bewußtsein nicht enthalten sei wie in einem leeren Sack, in einer Schachtel oder Hülse. Intentionalität meint demgegenüber das „universale Korrelationsapriori" [20], vermöge dessen die noetischen und noematischen Momente des Bewußtseins in einem eigenartigen Parallelismus einander dergestalt entsprechen [21], daß zu jeder cogitatio ihr und nur ihr cogitatum gehören kann. Das Moment, welches diese Korrelation zusammenhält, scheint nun die aufgefaßte oder fungierende Hyle zu sein [22]. Sie muß also zugleich dem Bewußtsein reell immanent sein wie auch das Fundament seines Hinausgehens über sich selbst bilden. Somit entdoppelt sich der eine Begriff der Hyle in eine noetische und eine noematische Seite. Das aber macht „letztlich die Unterscheidung zwischen ‚reellen' und ‚intentionalen' Bewußtseinsinhalten fraglich" [23]. Der für die Phänomenologie Husserls grundlegende Intentionalitätsbegriff, welcher

---

[17] R. BOEHM, „Zur Phänomenologie der Gemeinschaft", in: *Phänomenologie Rechtsphilosophie, Jurisprudenz*, S. 3.
[18] So urteilt H. ASEMISSEN, *Strukturanalytische Probleme der Wahrnehmung in der Phänomenologie Husserls*, S. 65. – Husserl selber hat gelegentlich einmal bemerkt: „Ein gefährlicher Doppelsinn von Konstitution ist hier störend. Die vorgegebene Welt und alles Weltliche in ihr ‚konstituiert' sich für mich in seinem bestimmten Dasein und Sosein durch Erfahrung... Anderseits die Konstitution der Weltgeltung, die ständig vorgegebene Welt für mich schafft..." (Ms. A VII 2/18b).
[19] Vgl. z.B. Idee der Phänomenologie, 5. Vorlesung, Husserliana II, S. 71f.; *Ideen* I, § 39, S. 71, *Log. Untersuchungen* II/1, II. Untersuchung, § 23, S. 165.
[20] Vgl. *Krisis*, § 48, Husserliana VI, S. 168ff.
[21] Vgl. *Ideen* I, § 98, S. 207f.
[22] Zum Problem der Hyle vgl. U. CLAESGES, *Edmund Husserls Theorie der Raumkonstitution*, §§ 13 und 27.
[23] U. CLAESGES, *aaO.*, S. 135.

auf der Unterscheidung von Immanenz und Transzendenz der Bewußtseinsinhalte basiert [24], gründet und besteht demnach „in einer Zweideutigkeit, die an Äquivokation und Verwirrung grenzt" [25].

B. *Die Aufgabe einer Fundamentalbetrachtung*

Die aufgezeigte Widersprüchlichkeit betrifft nun den Inhalt der reinen Phänomenologie nicht in seinem Wesen. Deren konkrete Analysen, etwa die der Dingwahrnehmung, werden in ihrem Wert dadurch nicht angetastet. Was aber in Frage steht, ist ihr schließlicher Sinn, d.h. ihr Anspruch auf philosophische und nicht bloß introspektiv-psychologische Tragweite. Wenn die Phänomenologie anfangen muß „mit einer Aufweisung der Bewußtseinstypik" [26], so ist keineswegs ohne weiteres ersichtlich, welche philosophische Bedeutung ihr überhaupt zuerkannt werden könne. Diese Schwierigkeit geht also nicht so sehr das „neutrale" Gebiet der reinen Phänomenologie, als vielmehr den Begriff und die Möglichkeit einer phänomenologischen Philosophie an. Denn sie haftet an jenen grundlegenden Begriffen, welche als „concepts opératoires" [27] Phänomenologie überhaupt erst *möglich* machen – zuvörderst und zuhöchst aber am Begriff der Phänomenologie selbst. Es heißt noch gelinde geurteilt, wenn man lediglich vom „ambivalente en polyinterpretabele karakter" [28] der Husserlschen Philosophie spricht. Vielmehr hat sich gezeigt, daß die tragenden Begriffe dieser Philosophie nicht nur jede Eindeutigkeit vermissen lassen, sondern darüberhinaus von in sich gegenwendiger Natur sind. Ihre Bedeutung schwankt nicht zwischen den Nuancen eines Begriffsfeldes – dies vielleicht auch –, sondern zwischen sich ausschließenden Gegenteilen hin und her. Der Grund dafür liegt offenbar in der Zwitterhaftigkeit des Begriffs einer phänomenologischen Philosophie selber. Schließlich kann sie nach Husserl nur durch Reduktion von aller Binnenweltlichkeit auf das unweltlich reine Bewußtsein streng,

---

[24] Vgl. diesbezüglich die Studie „Immanenz und Transzendenz" von R. BOEHM in seinem Buche *Vom Gesichtspunkt der Phänomenologie*, S. 141–185.
[25] R. BOEHM, aaO., S. 163. Auch wir werden übrigens ebensowenig wie Boehm versuchen, diese „Äquivokation" durch einen nivellierenden Ausgleich auf irgendeiner mittleren Linie zu „bereinigen", sondern sie – wie Boehm – durch eine Reflexion auf das Wesen der Phänomenologie aufzuhellen trachten.
[26] *Pariser Vorträge*, Husserliana I, S. 27.
[27] Vgl. E. FINK, „Les concepts opératoires dans la phénoménologie de Husserl", in: *Husserl*, S. 214ff.
[28] So R. BAKKER, *De geschiedenis van het fenomenologisch denken*, S. 97.

und das besagt phänomenologisch, begründet werden. Phänomenologie als solche aber kann die Natürlichkeit letztlich nicht durchbrechen [29]. Eine Phänomenologie also, welche sich als Philosophie vorstellt, wäre dann nach Husserls Aussagen notwendigerweise psychologistisch.

Dem hier Gesagten ist aber entgegenzuhalten, daß ihm der offenkundige und gerade Sinn der Husserlschen Philosophie wie auch Husserls eigenes Problembewußtsein genau widerspricht. Der Widerspruch entspringt nicht in der phänomenologischen Arbeit, sondern in der Reflexion auf sie, welche diese Arbeit an den von ihr selber für ihre Durchführung aufgestellten Kriterien prüft. Sollte dies vielleicht bedeuten, daß Husserl sich der Aufgabe einer solchen Selbstkritik, welche die Phänomenologie an den von ihr selbst aufgestellten und erarbeiteten Maßstäben mißt, nicht zu Bewußtsein gekommen wäre? Zwar muß er am Ende der *Cartesianischen Meditationen* eingestehen, daß er die „letzte Problematik der Phänomenologie", die „Kritik der transzendental-phänomenologischen Erkenntnis" [30], „aus dem Auge verloren" [31] hat; und auch die Vorlesungen über *Erste Philosophie* kommen über diesen Zustand einer „transzendentalen Naivität" [32] nicht hinaus. Dennoch, nicht nur sagt Husserl schon in den *Ideen* I über die Phänomenologie: „Ihr eigenes Wesen ist es, vollkommenste Klarheit über ihr eigenes Wesen zu realisieren und somit auch über die Prinzipien ihrer Methode" (121). Er ist darüberhinaus auch davon überzeugt, selber die hier geforderte Klarheit erreicht und „eine wirkliche Durchführung dieser letzten Kritik ... in einer vierstündigen Wintervorlesung 1922/23" [33] geleistet zu haben.

Und doch hat diese „an sich erste Erkenntniskritik", die „transzendentale Selbstkritik der phänomenologischen Erkenntnis selbst" [34]

---

[29] Es erscheint angezeigt, einmal darauf hinzuweisen, daß das „Phänomen" im Sinne der Phänomenologie keineswegs durch den Gegensatz zu irgendeinem Ansich konstituiert ist. Vielmehr meint der ursprüngliche Begriff des Phänomens die „Erlebnisse in der Erlebniseinheit eines Ich" (*Logische Untersuchungen* II/2, Beilage, S. 235) und nicht etwa die „sich zeigenden und sich darstellenden Seienden" (E. FINK, „L'analyse intentionnelle et le problème de la pensée spéculative", in: *Problèmes actuels de la phénoménologie*, S. 69f.). Die anschauliche Deskription dieses Bewußtseins ist aber – obzwar phänomenologische – Psychologie.
[30] *Cartesianische Meditationen*, § 63, Husserliana I, S. 178.
[31] *AaO.*, S. 177.
[32] *Erste Philosophie* II, 53. Vorlesung, Husserliana VIII, S. 140.
[33] *Formale und transzendentale Logik*, § 107c, S. 255, Anm 1.
[34] *AaO.*, S. 255.

einen anderen Sinn als die hier zur Verhandlung stehende Reflexion auf das Wesen der Phänomenologie [35]. Haben wir es auf eine Aufklärung jener Gedanken abgesehen, welche die Phänomenologie – dieser Ausdruck sei von nun an promiscue sowohl für die „reine Phänomenologie" wie für ihre „philosophische Auswertung" (113), die phänomenologische Philosophie, gebraucht – welche also die Phänomenologie überhaupt *möglich* machen, so versteht demgegenüber Husserl unter der letzten Kritik „eine Kritik derjenigen Evidenzen, die die Phänomenologie der ersten, selbst noch naiven Stufe geradehin vollzieht"[36]. Eine solche Reflexion reicht aber grundsätzlich über die thematische Begründung der einzelnen, schon wirklich vollzogenen Schritte des phänomenologischen Vorgehens nicht hinaus. Sie stellt den Boden, auf dem sich dieser Gang vollzieht, nie in seiner Gesamtheit in Frage. Die Prüfung seiner Tragfähigkeit, welche auf die eben entwickelten Aporien führte, wird von der Phänomenologie unterlassen. Umso not-wendiger ist es aber, sich auf diese Reflexion einzulassen.

Daraus folgt, daß die Phänomenologie als solche „im Grunde nichts anderes ⟨ist⟩ als dieses abwechslungsweise und doppeldeutige Treiben, dieses probeweise Hervorkehren bald der Einheit, bald des Unterschiedes der wechselseitig aufeinander bezogenen und verweisenden Extreme des Denkens"[37]. Besteht nun die Phänomenologie im und als Paradox[38] – was nicht heißen soll, sie bestünde *aus* Paradoxen[39] –, so ist es in der Tat grundsätzlich verfehlt, will man Husserl

---

[35] Dies geht auch hervor aus dem Inhalt von Ms. M I 2 I des Husserl-Archivs in Löwen, welches eine von L. Landgrebe angefertigte Maschinenabschrift des Hauptteils von Husserls (meist im Ms. F I 29 erhaltenen) stenographischem Manuskript zur Vorlesung des Wintersemesters 1922/23 „Einleitung in die Philosophie" darstellt. Die von Landgrebe stammenden Überschriften der betreffenden Vorlesungsteile lauten: „Apodiktische Kritik der transzendentalen Erfahrungsgewißheiten" (M I 2 I/4), „Apodiktische Kritik der Modalisierungen" (M I 2 I/5), und „Apodiktische Kritik des Logos" (M I 2 I/7).

[36] *Formale und transzendentale Logik*, § 107c, S. 255.

[37] K. Held, „Nachwort", in: L. Robberechts, *Edmund Husserl*, S. 158. M. Merleau-Ponty schreibt also zu Recht: „Ce n'est donc pas hasard ou naïveté si Husserl reconnaît à la réduction des caractères contradictoires" (*Signes*, S. 204).

[38] Vgl. *Krisis*, § 53, Husserliana VI, S. 182–185.

[39] Diesbezüglich gilt vielmehr: „Eine Philosophie mit problematischen Grundlagen, mit Paradoxien, die auf der Unklarheit der Grundbegriffe beruhen, ist keine Philosophie" („Nachwort zu meinen Ideen", Nr. 7, Husserliana V, S. 160). Das eigentliche Paradoxon ist also darin gelegen, daß die Phänomenologie in ihren Grundlagen keine Paradoxien dulden darf, das Auftreten von Paradoxien aber

"nachträglich noch auf eine Einseitigkeit festlegen"[40]. Es erhebt sich vielmehr die unabweisbare Aufgabe, die Widersprüchlichkeit der Phänomenologie *als* solche, und das besagt: in ihrem einigen und widerspruchslosen Wesen zu denken. Daß sie ein solches habe und daß es ihr an Kohärenz und sinnvollem Zusammenhang nicht mangle, ergibt sich nicht nur aus der Eindeutigkeit ihrer konkreten und jederzeit nachvollziehbaren Analysen. Es wird dies darüberhinaus auch dadurch bestätigt, daß der Urheber der Phänomenologie, welcher diese doch – um ein Wort Fichtes zu gebrauchen – „am besten kennen muß"[41], sich einer echten und unausgleichbaren Widersprüchlichkeit seiner Position zu keiner Zeit bewußt war[42]. Zwar gesteht er „unleugbare Unvollkommenheiten"[43] seiner Darstellungen freimütig zu. Doch betont er gegenüber jeder Behauptung einer Inkonsistenz der Grundlagen der Phänomenologie: „Alle mir bekannt gewordenen Kritiken verfehlen den Grundsinn meiner Phänomenologie so sehr, daß diese überhaupt nicht betroffen wurde – trotz der Zitation meiner Worte"[44].

Aus dem Gesagten entsteht somit *die Aufgabe, den einheitlichen „Grundsinn" und die Grundverfaßtheit der Husserlschen Phänomenologie zu bedenken*. „Will man einen Philosophen ehren, so muß man ihn da auffassen, wo er noch nicht zu den Folgerungen fortgegangen ist, in seinen Grundgedanken"[45]. Wenn das historische Schicksal der Phänomenologie „ein immer wieder neues Hineinge-

---

andererseits etwas für die Phänomenologie Grundlegendes und „Wesensnotwendiges" (*Krisis*, § 53, Husserliana VI, S. 185) ist.
[40] K. HELD, „Nachwort", in: L. ROBBERECHTS, *Edmund Husserl*, S. 158.
[41] FICHTE, *Sonnenklarer Bericht*, Vorrede (II, 326).
[42] Daß Husserl durch irgendwelche Umstände vom klaren Bewußtsein der oben aufgewiesenen Schwierigkeiten und Paradoxe abgehalten worden wäre, mag als biographisch-historische oder psychologische Erklärung richtig sein und als solche hingehen. Doch ist das soeben ausgesprochene Argument in seiner philosophischen Bedeutung dadurch nicht zu entkräften.
[43] Vorwort zu E. FINK, „Die phänomenologische Philosophie Edmund Husserls in der gegenwärtigen Kritik", in dessen *Studien zur Phänomenologie 1930–1939*, S. VIII.
[44] *AaO.*, S. VII. – Es sei ausdrücklich darauf hingewiesen, daß also auch in den Augen Husserls selber die „Zitation seiner Worte" durchaus nicht einen hinreichenden Beweis für die Richtigkeit einer Interpretation seiner Phänomenologie darstellt. Dies ist einer der Gründe, aus welchen die vorliegende Arbeit solche langatmigen Zitationen zu meiden sucht.
[45] SCHELLING, *Philosophie der Offenbarung* (XIII, 60). So sagt auch M. HEIDEGGER: „Einen Denker achten wir nur, indem wir denken. Dies verlangt, alles Wesentliche zu denken, was in seinem Gedanken gedacht ist" (*Holzwege*, S. 235).

raten in Paradoxien" war, so gilt von ihm: „Freilich hinterher wird es als ein Wesensnotwendiges verstehbar" [46]. „Hinterher", also heute, das Wesen der Phänomenologie in seinen Grundlinien als „eine sinnvoll auflösbare, sogar eine *notwendige* Paradoxie" [47] begreifen, ist das Ziel der vorliegenden Arbeit. „Erst wenn die Interpreten die Phänomenologie *als* das doppeldeutige Treiben durchschauen und überblicken, das sie ist, besteht Aussicht auf Einigung" [48]. Noch mehr: erst dann wird eine legitime und zutreffende *Kritik* dieser Phänomenologie möglich [49].

Der Kritik vorausliegen muß also eine *Fundamentalbetrachtung der Phänomenologie*, welche, sofern sie ja „unkritisch" verfährt, selber in einer gewissen „Naivität" befangen bleibt. Doch begibt sich diese Darstellung der *Einheit* im Widerspruchswesen der Phänomenologie deswegen nicht auf das „naive" Niveau einer „Versöhnungsmetaphysik" [50] hinunter. Gerade weil sie die von Husserl selber behauptete Kohärenz der Phänomenologie ernst nimmt, bewegt sie sich auf deren eigener Ebene und in ihrem angestammten Gebiet.

Eine Fundamentalbetrachtung der Phänomenologie kann diese nicht bloß zu ihrem *Gegenstand* haben. Denn es ist nicht abzusehen, wie die Phänomenologie bewogen werden könnte, eine solche von außen an sie herangetragene Ansicht für ein Bild ihrer selbst zu nehmen [51]. „Steht die Philosophie in sich selbst, ist sie selber der weiteste Raum, dann können alle sie bewegenden Fragen nur noch aus ihr selber entstehen" [52]. Fundamentalbetrachtung der Phänomenologie: dies hat sowohl ein objektiver wie auch ein subjektiver Genitiv zu sein. Womit sich die Interpretation dem zwiespältigen

---

[46] *Krisis*, § 53, Husserliana VI, S. 185.
[47] *AaO.*, S. 183 – Hervorhebung vom Vf.
[48] K. HELD, „Nachwort", in: L. ROBBERECHTS, *Edmund Husserl*, S. 158.
[49] Aus diesem Grunde wird hier jede positive Kritik Husserlscher Konzeptionen, auch wo sie noch so nötig erscheint, unterlassen und nur gelegentlich manche vorschnell geäußerte Kritik, welche sich nicht vorgängig dem An-spruch der Phänomenologie stellt, zurückgewiesen. Das besagt aber keineswegs, daß das leitende Interesse unserer Arbeit nicht die „veritas rerum" wäre; daß es nicht um die „Sachen selbst" ginge, sondern um bloße Doxographie.
[50] Zum Husserlschen Begriff der Versöhnungsmetaphysik vgl. R. BOEHM, *Vom Gesichtspunkt der Phänomenologie*, S. 55ff.
[51] Dies gilt für Versuche über die Phänomenologie wie etwa TH. ADORNO, *Zur Metakritik der Erkenntnistheorie*.
[52] So H. ROMBACH, *Die Gegenwart der Philosophie*, S. 42, über die Philosophie der Neuzeit.

und paradoxalen Charakter der Phänomenologie selber unterworfen weiß.

Der Unterschied zwischen beidem besteht darin, daß die Reflexion auf die Phänomenologie dem phänomenologischen Reflektieren insgesamt zusieht und nicht allein seinem Gegenstande. Die phänomenologischen Analysen sind demnach hier nicht ihrem Sachgehalt nach Thema – dieser verfällt vielmehr der Epochè –, sondern insofern, als sich das Wesen der Phänomenologie an ihnen (und *nur* an ihnen) offenbart. Das Augenmerk richtet sich auf die gelegentlich ihrer sich äußernde Zwiespältigkeit der Phänomenologie. Sodann aber auch auf die Anweisungen, welche ihr selber zum Zwecke der Hebung ihrer eigenen Zweideutigkeit zu entnehmen sind.

Eine solche Aufhebung, dies sei noch beigefügt, kann schon um des genannten Verhältnisses zu ihrem Gegenstand willen nicht den Sinn einer Einebnung der Zweideutigkeit zugunsten einer dritten Deutung haben, welche ihrerseits bloß die Wiederherstellung der verloren gewesenen Eindeutigkeit wäre. Die Einsicht ins doppelsinnige Wesen der Phänomenologie hat nur die alternativen Anblicke, welche die Phänomenologie dem Betrachter zuwendet, als Motiv des Umschlagens in ihr zugehöriges Gegenteil zu erfassen. Sie hat, mit anderen Worten, die Relation der Gegensätze als *Korrelation* zu begreifen, indem sie das Eine als den konstitutiven Grund seines Andern begreift. „Grund", dies meint nicht ein fundierendes Verhältnis des wechselseitigen Bedingens oder des obendrein hinzugesetzten Verursachens. Es meint weder ein Drittes neben den korrelativen Momenten noch auch deren wechselseitiges Aufgegangensein ineinander, sondern die Bewegung der unmittelbar sich transzendierenden korrelativen Momente, ihr „Leben". Das aber bedeutet, daß die eingangs behauptete „Widersprüchlichkeit" der Phänomenologie den genauen Sinn hat: die Phänomenologie ist *dialektischer* Natur [53].

C. Die „Fundamentalbetrachtung" als Thema

Das dialektische Verhältnis der Phänomenologie zu sich selber ist demnach der Grund dafür, daß es keinen Standort geben kann,

---

[53] Vgl. auch A. DIEMER, *Edmund Husserl*, S. 48.

den sie nicht schon eingenommen hätte bzw. noch einnehmen kann; es ist der Grund für die Unmöglichkeit eines Außerhalb, von dem her sie Richtlinien für sich selbst erhalten könnte. Ein solches wäre eine transcendentia, eine μετάβασις im wörtlichen Verstande, d.h. eine widersinnige Kategorienvermischung [54]. Ein jedes Außerhalb kann nur unterhalb der phänomenologischen Ebene liegen; es vermag nicht an ihr bewegtes und in sich umgetriebenes Wesen zu rühren. Die Thematisierung der Phänomenologie muß ihrerseits *phänomenologischer* Natur sein. Sie läßt sich nur vollziehen als Nachvollzug der grundlegenden Gedankengänge Husserls. Die Fundamentalbetrachtung der Phänomenologie erhebt so zu ihrem Gegenstand die phänomenologische Fundamentalbetrachtung.

Eine solche nun vollzieht Husserl überall dort, wo er nicht schlichtweg phänomenologisch verfährt, mithin die Phänomenologie als schon bestehende und gerechtfertigte Wissenschaft voraussetzt, sondern den Grund für sie erst bereitet. Denn wo wir von der Phänomenologie „noch nichts wissen" (32), und sie als *anfangende* auftritt, nimmt sie sich selber zum Thema [55]. Sie hat hier noch keinen legitimen Gegenstand außer der Rechtfertigung ihrer selbst und außer dem Nachweis der Möglichkeit ihrer konkreten Ausführung. Gegenstand der anfangenden Phänomenologie ist *die Idee der Phänomenologie* [56]. Ein Anfang ist aber nur als Anfang von etwas Anfang, d.h. er stellt nur eine Bestimmung (ein Prädikat) des in ihm schon angefangen *Habenden* dar. So wird auch die Phänomenologie als anfangende sich dergestalt Gegenstand, daß ihr wirkliches Gelingen in allen Einzelfällen (anfangs: an *einem* Einzelfall) den Beweis für die Möglichkeit einer Phänomenologie überhaupt bildet. Phänomenologie thematisiert sich darum notwendig als „Arbeitsphilosophie" [57]. So sagt Husserl mit Recht über seine Philosophie: „Der Erweis dieses Idealismus ist die Durchführung der

---

[54] Vgl. diesbezüglich u. a. die Vorbemerkung des „Nachworts zu meinen Ideen", aus der hier nur der Satz zitiert sei, daß die Einwände gegen die Phänomenologie „alle auf Mißverständnissen <beruhen> und letztlich darauf, daß man meine Phänomenologie auf das Niveau zurück deutet, das zu überwinden ihren genauen Sinn ausmacht" (Husserliana V, S. 140).
[55] Zu dem Sachverhalt, daß die Reflexion auf die Philosophie insgesamt nicht mit der Durchführung der Philosophie, wohl aber mit deren Anfang bzw. der Einleitung in sie identisch sei, vgl. vom Vf. „Le concept de réflexion dans l'Ethique de Spinoza", in: *Revue philosophique de Louvain*, 1967 (65), S. 451f.
[56] Vgl. den Titel von Husserliana II.
[57] Vgl. z.B. *Ideen* I, § 55, S. 107; *Krisis*, § 27, Husserliana VI, S. 104.

Phänomenologie selbst"[58]. Die Phänomenologie thematisiert ihr Wesen nur insofern, als sie ihre eigene *„praktische Möglichkeit"* [59] erwägt. Die Idee der Phänomenologie ist eine praktische Idee.

Als solche stellt sie aber nicht eine beliebige Idee und damit ein Nebenproblem der Phänomenologie dar. Vielmehr stand sie Husserl zeitlebens als fundamentales Problem vor Augen. Sie bildet unter dem Titel der Wege in die Phänomenologie[60], (genauer – da der Anfang der Phänomenologie in der phänomenologischen Reduktion gelegen ist – unter dem Titel der „Wege zur Reduktion"[61]) einen fortwährenden Gegenstand seiner Denkarbeit und Aufmerksamkeit. Von daher wird auch verständlich, warum die *Cartesianischen Meditationen* den Untertitel „Eine Einleitung in die Phänomenologie" tragen[62] und die *Krisis* „Eine Einleitung in die phänomenologische Philosophie" zubenannt ist[63]. An diese beiden Schriften vor allem könnte sonach unsere eigene Arbeit anknüpfen.

Doch nicht nur der Umstand, daß das Erste Buch von Husserls *Ideen zu einer reinen Phänomenologie und phänomenologischen Philosophie* – das einzige von Husserl selbst veröffentlichte Buch dieser Schrift übrigens[64] – nach allgemeinem Dafürhalten Husserls Hauptwerk darstellt: nicht nur dieser Umstand veranlaßt uns dazu, die *Ideen I* unserer Betrachtung zugrunde zu legen. Im Unterschied zu den *Cartesianischen Meditationen* und der *Krisis* handelt es sich dabei vielmehr, und das ist das Entscheidende, nicht bloß um *eine*

---

[58] *Pariser Vorträge*, Husserliana I, S. 34.
[59] *Krisis*, § 7, Husserliana VI, S. 16f.
[60] Vgl. die Titel der Abschnitte A und B des 3. Teils der *Krisis*.
[61] Dies ist der (wohl von Landgrebe oder Fink stammende) Titel der umfangreichen Gruppe B I, der ersten Gruppe in der Sektion B: „Die Reduktion", unter Husserls im Husserl-Archiv zu Löwen befindlichen Manuskripten.
[62] Vgl. Husserliana I, S. 41.
[63] Vgl. das Titelblatt von Husseliana VI. – Es sei auch nochmals auf Husserls oben erwähnte Vorlesung „Einleitung in die Philosophie" verwiesen.
[64] Es sei auch darauf hingewiesen, daß die *Ideen I* zu Husserls Lebzeiten drei Auflagen (in den Jahren 1913, 1922 und 1928) erreicht haben. Dieses Buch erschien außerdem während dieser 15 Jahre (im Unterschied zu Husserls 2. Auflage der *Logischen Untersuchungen*, deren Veränderung übrigens dieses Werk auf „die Stufe der ‚Ideen'" heben sollte) jedesmal in völlig unveränderter Form. Erst in der posthumen Ausgabe in Band III der *Husserliana* wurden Husserls nachgelassene Umarbeitungsvorschläge, Randnotizen und Beilagen zu den *Ideen I* zu einem großen Teil, nämlich sofern sie in Husserls Handexemplaren vorgefunden wurden, vom Herausgeber W. BIEMEL mitgeteilt. – Auch die beiden folgenden Bücher der *Ideen* wurden erst posthum als die Bände IV und V der *Husserliana* von M. BIEMEL aus Husserls Nachlaß herausgegeben.

Einleitung in die Phänomenologie. Sondern Husserl hat diesem Ersten Buch den Titel „*Allgemeine* Einführung in die reine Phänomenologie" gegeben [65], womit er offenbar andeuten wollte, daß hier eine umfassendere Basis für das Verständnis des Wesens der Phänomenologie geboten ist als in seinen sonstigen Schriften.

Die Allgemeinheit dieser Einführung wiederum dürfte damit zusammenhängen, daß Husserl allein in dieser Schrift ganz ausdrücklich – nochmals: nicht *eine,* sondern – „Die phänomenologische Fundamentalbetrachtung" vollzogen hat, welche aller Phänomenologie und phänomenologischen Philosophie als „Anfang des Anfanges" [66] zugrunde liegt. Die vier Kapitel des „Die phänomenologische Fundamentalbetrachtung" [67] betitelten Zweiten Abschnitts der *Ideen* I hat Husserl „den eigentlichen Anfang der systematischen Eröffnung" [68] der neuen Phänomenologie genannt. So kommt ihnen im Gesamtaufbau der *Ideen* I ein zentraler Ort zu [69]. Die Einleitung in die Phänomenologie wird in den *Ideen* I nicht nur durch das Buch als ganzes geleistet, sondern in einem wohlbestimmten, dem Zweiten Abschnitt (48-119), und hier wieder in einem wohlbestimmten, nämlich dem Zweiten Kapitel (57-87). Husserl selber hat dieses Kapitel als das entscheidende und wahrhaft grundlegende Stück seiner „Fundamentalbetrachtung" bezeichnet [70].

Daß hier ein genau umschriebenes Textstück vorliegt, welches die

[65] Vgl *Ideen* I, S. 7 – Hervorhebung vom Vf.
[66] Vgl. „Nachwort zu meinen Ideen", Nr. 7, Husserliana V, S. 161. – G. GRANEL sagt über die „Fundamentalbetrachtung": „Il ne s'agit en effet de rien de moins que de la *possibilité de la réduction phénoménologique elle-même,* c'est-à-dire pour la phénoménologie de l'unique nécessaire" (*Le Sens du Temps et de la Perception chez E. Husserl,* S. 128).
[67] Den Ausdruck „Fundamentalbetrachtung" hat Husserl auch in anderen, wenngleich vom hier verhandelten nicht völlig abweichenden Zusammenhängen gebraucht. In der „Fundamentalbetrachtung" der *Ideen* I z.B. spricht Husserl von der „wunderbar tiefsinnigen Cartesianischen Fundamentalbetrachtung" (§ 62, S. 118), womit offenbar die beiden ersten Meditationen von Descartes' *Meditationes de prima philosophia* gemeint sind. Im „Seefelder Manuskript" A VII 25 aus dem Jahre 1905 schließlich (abgedruckt in Husserliana X, S. 237–268), auf dessen Umschlag Husserl die „historische Note" setzte, er finde hier „schon Begriff und korrekten Gebrauch der ‚phänomenologischen Reduktion'" (*aaO.,* S. 237, Anm. 1), hat Husserl einen bestimmten Abschnitt als „Die Seefelder Fundamentalbetrachtung" (*aaO.,* S. 245, Anm. 1) bezeichnet.
[68] „Nachwort zu meinen Ideen", Nr. 1, Husserliana V, S. 142.
[69] TH. DE BOER urteilt über die „Fundamentalbetrachtung": „Deze alleen geeft ons uitsluitsel over de grondbedoeling van de transcendentale fenomenologie" (*De ontwikkelingsgang in het denken van Husserl,* S. 470).
[70] Vgl. „Nachwort zu meinen Ideen", Nr. 4, S. 148f.

Phänomenologie als anfangende Wissenschaft instaurieren soll, heißt uns „Die phänomenologische Fundamentalbetrachtung" als den Grundtext für unsere Erörterungen wählen. Wenn irgendwo, dann steht hier Aufschluß über das fragliche Wesen der Phänomenologie zu gewärtigen. Die Bedeutung dieses Abschnittes wird vor allem auch dadurch unterstrichen, daß weitaus der größte Teil von Husserls Randbemerkungen in seinen Handexemplaren sich auf die „Fundamentalbetrachtung" bezieht [71].

Diese Bemerkungen wurden von Husserl meist als Besserungen gedacht. Schon das weist darauf hin, daß die Reflexion auf diesen Text keinen problemlosen Verlauf nehmen wird. Bisher hat besonders R. Boehm die „Fundamentalbetrachtung" immer wieder zum Thema tiefgreifender Besinnungen gemacht und den zutiefst problematischen Gehalt ihrer Aussagen herausgestellt und beleuchtet [72]. Den Gesamtweg der „Fundamentalbetrachtung" sodann hat A. Aguirre unter Heranziehung der genannten Randbemerkungen Husserls genau analysiert [73].

Von Aguirres Resultaten sei hier nur dies aufgegriffen, daß die weitverbreitete Meinung falsch ist, Husserls Satz in der *Krisis* über den „Cartesianischen Weg", welcher in der „Fundamentalbetrachtung" der *Ideen* I begangen werde, müsse als eine eindeutige Absage an diesen Weg gelten: „Ich bemerke nebenbei, daß der viel kürzere Weg zur transzendentalen Epochè in meinen ‚Ideen zu einer reinen Phänomenologie und phänomenologischen Philosophie', den ich den ‚cartesianischen' nenne ... den großen Nachteil hat, daß er ... wie in einem Sprunge schon zum transzendentalen ego führt" [74]. Diese Aussage ist vielmehr so wenig in sich eindeutig, daß Husserl in den Vorlesungen über *Erste Philosophie* diesen Weg vielmehr aus dem

---

[71] Vgl. den „Textkritischen Anhang" der von W. BIEMEL „auf Grund der handschriftlichen Zusätze des Verfassers erweiterten" Ausgabe der *Ideen* I, Husserliana III, S. 459ff. Überschlagshalber sei erwähnt, daß von den 20 Seiten textkritischer Anmerkungen (*aaO.*, S. 463–483) sich ungefähr 13 Seiten auf die „Fundamentalbetrachtung" beziehen, während diese ihrerseits nicht ganz ein Viertel des gesamten Textes der *Ideen* I ausmacht. Auch neun der *aaO.*, S. 383–419 gedruckten 31 Beilagen stehen im Zusammenhang mit der „Fundamentalbetrachtung". Das gesamte „Boyce-Gibson-Konvolut" (Mss. B IV 3, B II 4/87–109, B I 9 II/114–134) enthält Texte Husserls zur „Fundamentalbetrachtung".
[72] Vgl. R. BOEHM, *Vom Gesichtspunkt der Phänomenologie*, passim; bes. „Das Absolute und die Realität" (*aaO.*, S. 72–105) sowie „Immanenz und Transzendenz" (*aaO.*, S. 141–185).
[73] Vgl. A. AGUIRRE, *Genetische Phänomenologie und Reduktion*, S. 31–44.
[74] *Krisis*, § 43, Husserliana VI, S. 157.

gerade entgegengesetzten Grund zu verlassen wünschte, nämlich weil Husserl hier, ,,ohne mit jener langwierigen Kritik der Welterfahrung zu beginnen" [75], einen direkten Sprung in die transzendentale Sphäre vollziehen möchte. Und bezüglich des letzteren Sachverhalts bemerkt Aguirre, daß der Cartesianischen Betrachtung, wie sie in den *Ideen* I vorliegt, in der Tat und de facto (entgegen Husserls Behauptung in der *Krisis* [76] und entsprechend Husserls Randbemerkungen zu den §§ 34-41 in seinen Handexemplaren) ,,durchaus eine phänomenologisch-psychologische Reduktion voraus- und zugrundeliegt" [77].

Auch an Husserls späteren – es sei in seinen Randbemerkungen oder in sonstigem Zusammenhang vorgelegten – Reflexionen über die ,,Fundamentalbetrachtung" und das in ihr Geleistete wird also die oben aufgewiesene Unsicherheit, ja Widersprüchlichkeit seiner Aussagen über die Phänomenologie faßbar. Wir stoßen hier wieder auf den Sachverhalt, daß die Phänomenologie einerseits nur mit sich selber anfangen kann, andererseits aber in der natürlichen Erfahrung verankert zu sein hat. Nimmt die Phänomenologie ihren Ausgang vom natürlichen Bewußtsein, so ist sie in diesem Ausgang noch nicht (transzendentale) Philosophie, sondern bloß (phänomenologische) Psychologie. Und wird behauptet, mit ihr sei alles Sagbare gesagt, so begründen die *Ideen* I einen universalen Psychologismus.

Den erstgenannten Sachverhalt – nämlich daß die Phänomenologie wegen ihrer Verwurzelung in der Natürlichkeit ,,noch" keine Philosophie sei – bestätigen einige bisher meist zu wenig beachtete (und deswegen hier einmal zusammengetragene) Äußerungen Husserls über die *Ideen* I: ,,Wir werden vom natürlichen Standpunkt ausgehen, von der Welt, wie sie uns gegenübersteht, von dem Bewußtsein, wie es sich *in der psychologischen Erfahrung* darbietet, und die ihm wesentlichen Voraussetzungen bloßlegen" (3; Hervorhebung vom Vf.). Die *Ideen* I dienen dann nur ,,dem Zwecke der Einführung" (317), und insgesamt gilt: ,,Es kann hier im Zusammenhang unserer *bloß emporleitenden Meditationen* nicht die Aufgabe sein, Stücke der Phänomenologie *systematisch* auszuführen ... Naturgemäß bevor-

---

[75] *Erste Philosophie* II, 46. Vorlesung, Husserliana VIII, S. 127.
[76] Vgl. in diesem Sinn auch ,,Der Weg durch die Kritik der positiven Wissenschaften zur transzendentalen Phänomenologie, der cartesianische Weg der ,Ideen'", Husserliana VIII, S. 259 sowie S. 263ff.
[77] A. AGUIRRE, *Genetische Phänomenologie und Reduktion*, S. 34.

zugen wir, was den *Eingängen in die Phänomenologie* relativ nahe liegt, und was unbedingt nötig ist, um durchgehende *systematische* Hauptlinien verfolgen zu können" (200/201; Hervorhebungen vom Vf.). Und die in den *Ideen* I gebotene „Phänomenologie der Vernunft" [78] bietet „Wesensdeskriptionen", die „als bloße Anfänge gelten sollen" (304). Über die „phänomenologische Fundamentalbetrachtung", den Zweiten Abschnitt der *Ideen* I, sagt Husserl in dieser Hinsicht insbesondere: „In den *vorbereitenden Wesensanalysen* des Zweiten Abschnittes über das Bewußtsein überhaupt mußten wir (noch *vor dem Eingangstor der Phänomenologie*...) bereits eine Reihe von allgemeinsten Bestimmungen über die Intentionalität herausarbeiten. Von denselben haben wir weiterhin Gebrauch gemacht, und wir durften es, obschon die ursprünglichen Analysen *noch nicht unter der ausdrücklichen Norm der phänomenologischen Reduktion* vollzogen waren" (168; Hervorhebungen vom Vf.). Husserl spricht von den „eidetischen Vorerwägungen des zweiten Abschnitts" (181) [79], von „unseren vorbereitenden Kapiteln" (189). Von den Paragraphen 38 und 45, welche im Zweiten Kapitel der „Fundamentalbetrachtung" stehen, sagt Husserl: „Was sich uns dort, *noch ehe wir den phänomenologischen Boden betreten hatten*, ergab, können wir jetzt, die phänomenologische Reduktion streng vollziehend, gleichwohl übernehmen" (144; Hervorhebung vom Vf.). Und schon im § 30, also im Ersten Kapitel der „Fundamentalbetrachtung", hieß es, daß wir vorläufig erst „der Eingangspforte der Phänomenologie zustreben" (52).

In diesen Zusammenhang gehört auch Husserls Notiz, die *Ideen* I enthielten eine „Lehre von den Bewußtseinsstrukturen" [80], von wel-

---

[78] Titel des Zweiten Kapitels des Vierten Abschnitts der *Ideen* I.
[79] Sowohl in den drei zu Husserls Lebzeiten veröffentlichten wie auch in der posthum erschienenen Husserliana-Ausgabe der *Ideen* I lautet diese Stelle: „...eidetische Vorerwägungen des dritten Abschnitts...." Nach dem Zusammenhang und nach dem Hinweis der aaO. angebrachten Anm. 1: „Vgl. § 41" ergibt sich aber, daß hier ein Versehen Husserls vorliegt, das im oben angegebenen Sinn zu bessern ist.
[80] „Statische und genetische phänomenologische Methode", Husserliana XI, S. 345. Vgl. auch den Titel des Zweiten Kapitels des Dritten Abschnitts der *Ideen* I: „Allgemeine Strukturen des reinen Bewußtseins". – Gelegentlich einer Austeilung der Materien der Phänomenologie schreibt Husserl einmal, „in den psychologischen Teil" gehöre u. a. „die Lehre von den Bewußtseinsstrukturen, die in den *Ideen* dargestellt ist" (Ms. B I 7, Bl. 27a).

cher Lehre die eigentlich „konstitutiven Betrachtungen"[81] zu unterscheiden seien. Letztere aber bilden doch nach Husserl jenen Problemkomplex, durch dessen Behandlung die Phänomenologie sich „den Namen *transzendentaler Phänomenologie*" erst verdient (178)! Übrigens notiert Husserl einmal, „viele Leser" der *Ideen* I hätten diese Schrift in der Tat denn auch als eine „rein psychologische" aufgefaßt[82]. Dem entspricht auch seine Bemerkung über die beiden ersten Kapitel[83] der „phänomenologischen Fundamentalbetrachtung": „Die gesamte Betrachtung – die mit § ⟨27⟩[84] anging – vollzog sich in der *natürlichen Einstellung*, vollzog, deutlicher gesprochen, jeder von uns in der natürlichen Einstellung"[85]. In diesem Sinne hat Husserl auch bei § 27 der *Ideen* I in einem seiner Handexemplare die Bemerkung angebracht: „Wir stehen jetzt nicht in einer eidetischen Einstellung, sondern jeder für sich sage Ich und sage aus mit mir, was er ganz individuell vorfindet"[86]. Wenn aber die phänomenologischen Betrachtungen im allgemeinen – und die phänomenologische *Fundamental*betrachtung im besonderen – dergestalt die individuelle Angelegenheit eines individuellen Ich ist, dann spricht Husserl offenbar mit eindeutigem Recht von der „fundamentalsten ‚rein egologischen' Phänomenologie (wie sie fast ausschließlich in dem allein erschienenen I. Teil meiner ‚Ideen' zu Worte kommt)"[87], und welche als transzendental-solipsistische Phänomenologie die Grundstufe des ganzen philosophischen Gebäudes der Phänomenologie darstellt.

Doch all die soeben vorgelegten Aussagen Husserls über das philosophische Statut seiner *Ideen* I bilden nur den einen Strang seiner Bemerkungen. Ihm parallel läuft ein zweiter, welcher mit sichtlich

---

[81] „Statische und genetische phänomenologische Methode", Husserliana XI, S. 345. Zu dem genannten Unterschied vgl. auch das oben, Anm. 9 nachgewiesene Zitat sowie die beiden in der „Beilage IX" zur Husserliana-Ausgabe der *Ideen* I (Husserliana III, S. 392ff.) genannten Stufen der Phänomenologie.

[82] *Erste Philosophie* II, Husserliana VIII, Beilage XXX, S. 481.

[83] In dem hier gebrachten Zitat heißt es in der Handschrift lediglich: „...die mit § anging..." Der Herausgeber von Husserliana III, W. BIEMEL, hat als vermutliche Paragraphenziffer 44 eingesetzt, dahinter jedoch ein Fragezeichen gesetzt. Es scheint uns, daß die teilweise wörtlichen Anklänge dieser Beilage an den § 27 der *Ideen* I die Vermutung nahelegen, es sei wohl eher dieser Paragraph gemeint.

[84] Vgl. Anm. 83.

[85] *Ideen* I, Husserliana III, Beilage XIII, S. 399.

[86] *Ideen* I, Husserliana III, S. 57, Anm. 1; vgl. die zugehörige textkritische Notiz, aaO., S. 464.

[87] *Formale und transzendentale Logik*, § 102, S. 238. Vgl. Ms. F I 43/88a.

gleichem Recht gegenteilig lautende Behauptungen über dieses Werk macht und allem bisher Angeführten widerspricht. Denn die *Ideen* I sollen keineswegs eine transzendentale Psychologie oder, noch schärfer, einen transzendentalen Psychologismus begründen, sondern eine reine, d.h. von allen natürlich-weltlichen Ingredienzien freie und eben dadurch absolute Philosophie: eine strenge, weil *voraussetzungslose* Wissenschaft. Die *Ideen* I sind demnach „der erste Versuch einer *systematischen* Einführung in die neue *Philosophie in der transzendentalen Reduktion*" [88]. Am unzweideutigsten wird dieser Anspruch in einem Satz aus Husserls Vorlesung über *Phänomenologische Psychologie* hervorgehoben: „Da es sich darin ⟨ = in den *Ideen* I⟩ eben um Philosophie, um eine radikale Begründung der Philosophie als strengster Wissenschaft handelte, wurde scharf betont, daß diese Phänomenologie keineswegs identisch sei mit einer natürlich verstandenen apriorischen Psychologie" [89]. Ganz in diesem Sinne wird dort auch behauptet, daß die *Ideen* I nicht nur eine Einleitung bieten würden, welcher die eigentliche systematische Arbeit erst noch nachzufolgen habe. Vielmehr wird hier „die methodische Begründung einer universalen Wissenschaft von der transzendentalen Subjektivität ... entworfen *und in Hauptstücken schon durchgeführt*" [90].

Dieser Tenor, daß in den *Ideen* I mehr als nur ein Vorgeplänkel vorliege, findet sich, wenn auch spärlicher, schon in diesem Werk selber. So sagt Husserl etwa zu Beginn des Zweiten Kapitels des Dritten, also direkt auf die „Fundamentalbetrachtung" folgenden Abschnitts: „Schon die bisherigen methodischen Erörterungen waren bestimmt durch allgemeinste Einsichten in das Wesen der phänomenologischen Sphäre" (144). Und in dem „Die Bedeutung der transzendentalen Vorbetrachtungen" überschriebenen § 51 im Dritten Kapitel der „Fundamentalbetrachtung" nennt Husserl diese fundamentalen Vorbetrachtungen „radikale Betrachtungen" (95). Sie „sind also *notwendig*, zur Erkenntnis durchzudringen, daß es so etwas wie das Feld reinen Bewußtseins überhaupt gibt, ja geben kann" (95; Hervorhebung vom Vf.). Wirklich radikal sind aber nur transzendental-phänomenologische Betrachtungen. Nur so scheint auch ver-

---

[88] *Krisis*, § 48, Anm. 1, Husserliana VI, S. 170; Hervorhebungen vom Vf.
[89] *Phänomenologische Psychologie*, § 3f, Husserliana IX, S. 44f.
[90] *AaO.*, S. 44; Hervorhebung vom Vf. – Es sei daran erinnert, daß, wie schon gesagt, der Erweis für die Wahrheit, also die echte Begründung der Phänomenologie nach deren eigener Ansicht gerade in ihrer Durchführung besteht. Vgl. *Cartesianische Meditationen*, § 41, Husserliana I, S. 119. – Vgl. das wichtige Ms. K III 27/10a.

ständlich, daß Husserl innerhalb des Zweiten Kapitels der Fundamentalbetrachtung, nämlich im § 46, behaupten kann: „Unsere Betrachtung ist ... zu einem *Höhepunkt* gediehen ... In den Wesenszusammenhängen, die sich uns erschlossen haben, liegen schon die wichtigsten Prämissen beschlossen" (87; Hervorhebung vom Vf.). Und dies, obwohl Husserl zu Beginn des genannten Kapitels erklärt hatte: „Wir beginnen mit einer Reihe von Betrachtungen, innerhalb deren wir uns mit keiner phänomenologischen ἐποχή mühen" (60) [91].

Vor allem im „Nachwort zu meinen Ideen" hat Husserl betont, daß in den *Ideen* I nicht bloß Vor-arbeit geleistet wurde, sondern „ein Anfangsstück getaner Arbeit" vorliege [92]. Mit dem soeben aus den *Ideen* I selber angeführten Wort, der „Höhepunkt" der Fundamentalbetrachtung liege in ihrem Zweiten Kapitel, stimmt zusammen, wenn Husserl sagt: „... das sei vorweg scharf betont ..., daß der eigentliche Anfang der systematischen Eröffnung dieser Wissenschaft in den Kapiteln liegt, die von den bezeichneten Reduktionen handeln" [93]. Und der „Höhepunkt" *kann* hier liegen. Denn „obschon erst mit der phänomenologischen Reduktion ... das eigentliche, eben das Arbeit leistende Philosophieren anhebt, ist doch schon die ganze vorbereitende Besinnung genau in diesem Geiste durchgeführt. Sie ist eine – obwohl noch unbewußt – phänomenologische" [94].

Und doch liegen gerade im „Nachwort", welches die philosophische, die transzendental-idealistische Bedeutung der *Ideen* I mit größtem Nachdruck unterstreicht, die Widersprüche in den Aussagen Husserls über die „phänomenologische Fundamentalbetrachtung" am

---

[91] Auch der § 50 im Dritten Kapitel des Zweiten Abschnittes, d.h. der Fundamentalbetrachtung, scheint nochmals zu suggerieren, daß wir bis dahin naiv in der Erfahrung gelebt hätten. Zu dem hieraus entstehenden Paradox, daß die Begründung der Phänomenologie sich in der natürlichen Einstellung vollziehen zu müssen scheint, vgl. besonders R. BOEHM, *Vom Gesichtspunkt der Phänomenologie*, S. 167ff., wo auch die Hinweise auf die einschlägigen Äußerungen von Fink und Ricoeur zu finden sind.
[92] „Nachwort zu meinen Ideen", Vorbemerkung, Husserliana V, S 140.
[93] *AaO.*, Nr. 1, S. 142.
[94] *AaO.*, Nr. 5, S. 151. Daß die „Fundamentalbetrachtung" phänomenologischer Natur sei, ohne es aber zu wissen, entspricht dem (weiter oben wiedergegebenen) Satz aus den *Ideen* I selber, daß dieser Abschnitt „noch nicht unter der *ausdrücklichen* Norm der phänomenologischen Reduktion" vollzogen sei (§ 84, S. 168). Dies scheint zu bedeuten, daß in der „Fundamentalbetrachtung" die Reduktion zwar stillschweigend schon vollzogen sei, der Leser davon aber nicht in Kenntnis gesetzt werde. Die ganze Betrachtung erweckt also den Schein, etwas ganz anderes zu sein und zu betreiben, als was sie vorgebe!

offensten zutage. Über den Weg der *Ideen* I in die transzendentale Phänomenologie, worüber Husserl im soeben angezogenen Wort noch sagt, er sei schon phänomenologischer Natur und im Geiste der phänomenologischen Reduktion vollzogen – über diesen selben Weg sagt Husserl unter ausdrücklichem Hinweis auf das Zweite Kapitel des Zweiten Abschnitts der *Ideen* I, also unter Hinweis auf das zentrale Kapitel (den „Höhepunkt") der Fundamentalbetrachtung: „Er ⟨= dieser Weg⟩ verläuft zunächst egologisch als eine im Bereich der *rein innenpsychologischen Anschauung* sich haltende Selbstbesinnung, oder wie wir auch sagen können, als eine ‚phänomenologische' im gewöhnlichen psychologischen Sinne" [95]. Daß dieser Weg der *Ideen* I zur Reduktion egologisch verläuft, stimmt zu dem oben zitierten Wort [96] aus der *Formalen und transzendentalen Logik*. Und doch betont Husserl gegen den öfters erhobenen Einwand eines Solipsismus der *Ideen* I, hier handle es sich nur um einen „vermeintlichen Solipsismus" [97]. Denn die Darstellung im „bezeichneten Kapitel" [98], dem Zweiten Kapitel der „Fundamentalbetrachtung", leide zwar an Unvollkommenheiten. Aber – und darauf kommt es hier an – Husserl erklärt, dieser Darstellung „*fehlt* . . . die explizite Stellungnahme zu dem Problem des transzendentalen Solipsismus, bzw. zu der transzendentalen Intersubjektivität" [99].

In der Tat scheint allein dies die gerechtfertigte Darstellung des fraglichen Sachverhalts zu sein. Denn wenn Phänomenologie „Wesenslehre" ist [100], müssen die *Ideen* I der Begründung „einer univer-

---

[95] *AaO.*, Nr. 4, S. 149; Hervorhebung vom Vf. – Demgegenüber (und im Einklang mit dem zuvor Zitierten) hat Husserl an anderer Stelle niedergeschrieben: „Die ‚Selbsterkenntnis' ist dabei das Fundament für die Konstitution des ‚wahren' Seins des Selbst in ihm selbst. Sie ist Selbstumschöpfung, die das Selbst aus dem An-sich in das An-und-für-sich überführt... In dieser unserer Selbstschöpfung schaffen wir aber auch die wahre Welt, auch sie geht aus dem tendenziösen blinden An-sich in das wissenschaftliche An-und-für-sich über... Das ist mein transzendentaler Weg der *Ideen*" („Der cartesianische und der Weg der universalen phänomenologischen Psychologie", Husserliana VIII, S. 283). Hier ist offensichtlich vielmehr vom metaphysischen Er-eignis der Subjektivität die Rede als von einer psychologischen inspectio sui. Hinsichtlich letzterer hat vielmehr Husserls kritisches Wort zu gelten: „Reflexion kann freilich jeder vollziehen...; aber damit ist noch nicht *phänomenologische* Reflexion vollzogen" (*Ideen* I, § 51, S. 95).
[96] Vgl. Anm. 87.
[97] „Nachwort zu meinen Ideen", Nr. 5, Husserliana V, S. 150.
[98] *AaO.*
[99] *AaO.*; Hervorhebung vom Vf.
[100] Vgl. *Logische Untersuchungen* II/2, Beilage, S. 236; *Ideen* I, Überschrift von § 75.

salen *eidetischen* Transzendentalphilosophie" [101] dienen. Die transzendentale Phänomenologie muß, „wie es in meinen *Ideen* geschehen ist, als Eidetik der transzendentalen Subjektivität begründet" werden [102]. „Die eidetische Phänomenologie wird in diesem Buche ⟨ = in den *Ideen* I⟩ auf das Reich bloß eidetischer ‚Deskription' eingeschränkt, d.i. auf das Reich unmittelbar einsichtiger Wesensstrukturen der transzendentalen Subjektivität" [103]. Noch schärfer formuliert Husserl diesen Sachverhalt in folgender Weise: „Die Aufgabenstellung dieses Bandes ⟨ = der *Ideen* I⟩, die einer Wissenschaft vom eidetischen Wesen einer ⟨!⟩ transzendentalen Subjektivität, beschließt nichts weniger in sich als die Meinung, daß damit schon eine Wissenschaft von der faktischen transzendentalen Subjektivität geleistet sei" [104]. Denn „überall muß ... die Wissenschaft von den reinen Möglichkeiten der Wissenschaft von den tatsächlichen Wirklichkeiten vorangehen ... So wird es auch für die Transzendentalphilosophie sein ..." [105]. Husserl hat diesen apriorischen Status der Phänomenologie immer wieder betont; besonders, wo es sich um das Verhältnis der Phänomenologie zur „Metaphysik" im Husserlschen Verstande, zur Philosophie des Faktums, handelt [106].

Dennoch vermag auch diese Reihe von Behauptungen nicht zu befriedigen. Zwar ist einsichtig, daß die transzendentale Subjektivität nicht „mein" Ich sein kann: Für Husserl gilt, wie schon für den Deutschen Idealismus, der Satz, daß Ich und Du dialektische [107] bzw. – wie Husserl es zu nennen pflegt – relative [108] Begriffe sind. Doch muß, und dies ist gleichermaßen deutlich, der Vorwurf Husserls: „Das sich selbst setzende Ich, von dem Fichte spricht, kann es ein anderes sein als das Fichtes?" [109] umgemünzt werden in die Frage an Husserl selber: Das sich besinnende Ich der Fundamentalbetrach-

---

[101] „Kant und die Idee der Transzendentalphilosophie", Husserliana VII, S. 233; Hervorhebung vom Vf. – Vgl. *Ideen* II, Beilage IV, Husserliana IV, S. 315.
[102] Husserliana VIII, Beilage VII, S. 360.
[103] „Nachwort zu meinen Ideen", Vorbemerkung, Husserliana V, S. 142.
[104] *AaO.*, Nr. 2, S. 143.
[105] *AaO.*
[106] Vgl. z.B. *aaO.*, Vorbemerkung, S. 140f.; *Cartesianische Meditationen*, § 64, S 182.
[107] „Kein Du, kein Ich, kein Ich, kein Du" (FICHTE, *Grundlage der Wissenschaftslehre* 1794; I, 189).
[108] „Nach unseren Darstellungen sind die Begriffe Ich – Wir relativ; das Ich fordert das Du, das Wir, das ‚Andere'" (*Ideen* II, Husserliana IV, S. 288, Anm. 1); vgl. *Krisis*, § 54, Husserliana VI, S. 185ff.
[109] *Krisis*, § 57, Husserliana VI, S. 205.

tung, kann es ein anderes sein als der je sich Besinnende? Ist die transzendentale Subjektivität nicht mit gleicher Notwendigkeit allgemein und das Ich des je sich Besinnenden zugleich? Ist diese Paradoxie wirklich auflösbar?

Doch bevor wir uns mit dieser und ähnlichen naheliegenden Fragen beschäftigen, sei noch einmal an einem anderen Beispiel die Widersprüchlichkeit von Husserls Aussagen über die *Ideen* I im allgemeinen und über deren „Phänomenologische Fundamentalbetrachtung" im besonderen in ein grelles Licht gerückt. Husserl sagt einmal über die *Ideen* I: „Vielleicht hätte ich besser getan, ohne Änderung des wesentlichen Zusammenhanges der Darstellung, die endgültige Entscheidung für den transzendentalen Idealismus offenzulassen und nur evident zu machen, daß hier Gedankengänge von entscheidender philosophischer Bedeutung (nämlich zu einem ‚Idealismus' hindrängende) notwendig sich ergeben und unbedingt durchgedacht werden müssen" [110]. Dazu ist zunächst einmal zu bemerken, daß in den *Ideen* I das Wort „Idealismus" als Bezeichnung für Husserls Position (also etwa in der Form „transzendentaler Idealismus" oder „phänomenologischer Idealismus") nirgends auftaucht. Und historisch ist dem beizufügen, daß der Zweiten Auflage der *Ideen* I (vom Jahre 1922) im Unterschied zur Ersten Auflage – mit Billigung und unter Veranlassung Husserls – ein Sachregister, verfertigt von der Hand der Husserl-Schülerin Gerda Walther, beigegeben war. Dort hieß es unter dem Stichwort „Phänomenologischer Idealismus" in einer Fußnote: „Von einem ‚phänomenologischen Idealismus' ist in den ‚Ideen' selbst den ‚Ideen' unter diesem Schlagwort Eingang in umfangreiche Diskussionen gefunden. Es schien uns deshalb zweckmäßig, zur Orientierung alle in Betracht kommenden Stellen pro und contra unter diesem Titel dem Sachregister einzuverleiben. G.W". [111]. In der Dritten Auflage (1928) nun ließ Husserl ein neues, von L. Landgrebe verfaßtes Sachregister abdrucken. Der Grund dafür muß offenbar auch in der Unzufriedenheit Husserls mit der zitierten Bemerkung gesucht werden[112]. Das neue Register verzeichnet ebenfalls das Stichwort

---

[110] „Nachwort zu meinen Ideen", Nr. 5, Husserliana V, S. 150.
[111] G. WALTHER, *Ausführliches Sachregister*, Halle 1923, S. 23, Anm. 1. R. BOEHM urteilt, G. Walthers Sachregister habe hier „die wirklich in den *Ideen* von 1913 vorliegende Situation offenbar sehr richtig" widergespiegelt (*Vom Gesichtspunkt der Phänomenologie* S. 25).
[112] Husserl hat in seinem Handexemplar des „Sachregisters" von G. Walther bei den Stellen „pro" ein Frage- und ein Ausrufezeichen an den Rand gesetzt.

„Idealismus, phänomenologischer" [113]. Doch auch hier bedarf es einer Anmerkung, die ihrerseits nicht eindeutig Husserls Behauptung aus dem „Nachwort" [114] zustimmen kann, in den *Ideen* I sei eine endgültige Entscheidung für den transzendentalen Idealismus schon gefallen. Landgrebe also schreibt über das genannte Stichwort: „Dieser Ausdruck selbst ist in den ‚Ideen' nicht gebraucht, wenngleich ihre ganzen Ausführungen in einem entsprechend weit gefaßten Sinn *auch* als ‚idealistisch' bezeichnet werden können. Es sind daher hier die Stellen verzeichnet, an denen die Eigenart des phänomenologischen ‚Idealismus' sichtbar wird" [115]. Die Äußerungen der *Ideen* I *können* idealistisch genannt werden, aber müssen sie es auch?

Offenbar nicht. Die *Ideen* I sind keineswegs schlechtweg idealistisch. Als „reine Phänomenologie" sind sie vielmehr gegen solche metaphysische Fragen bewußt neutral, um deren spekulativer und spekulierender Beantwortung von oben her die Leistung sachlicher Arbeit entgegenzusetzen. Und doch zeigt auch hier wieder eine Aufzeichnung Husserls ein anderes Bild [116]. Husserl bemüht sich hier, im Sinne des „Nachworts" die genannte Entscheidung bewußt auszuklammern und den Gang der Fundamentalbetrachtung zu vollziehen, ohne zum transzendentalen Idealismus übergehen zu müssen. Doch der Versuch solcher „neutraler Forschungen" mißlingt: er läuft auf

---

[113] Husserliana III, S. 433f.
[114] Vgl. das oben Anm. 110 nachgewiesene Zitat.
[115] Husserliana III, „Sachregister", S. 433, Anm. 1; Hervorhebung vom Vf. – Im Husserl-Archiv Löwen befindet sich ein maschinenschriftlicher, als Seite „24" bezifferter Durchschlag jener Seite von Landgrebes Manuskript des „Sachregisters", auf der sich das genannte Stichwort befindet. Husserl hat dieses Blatt als Umschlag eines Manuskripts benutzt, so daß der maschinenschriftliche Text jetzt das Doppelblatt A I 22/22 und 28 bildet. Die zitierte Anmerkung lautet an dieser Stelle (A I 22/28a): „Dieser Ausdruck selbst ist in den ‚Ideen' noch nicht gebraucht, wenngleich ihre ganzen Ausführungen in idealistischer Richtung gehen. Seither wird auch der idealistische Charakter der reinen Phänomenologie von *Husserl* selbst immer wieder betont. Es sind daher hier die Stellen verzeichnet, an denen die Eigenart des phänomenologischen Idealismus sichtbar wird". Dieser Text nun ist von Landgrebes Hand (auf Husserls Veranlassung?) mit Bleistift (durch Streichungen bzw. stenographische Ergänzungen) in die Form gebracht, in der er gedruckt ist. Besonders bemerkt sei die Streichung des Satzes, welcher den idealistischen Charakter der *reinen* Phänomenologie behauptet, sowie der Umstand, daß der Ausdruck Idealismus in Anführungszeichen gesetzt wurde.
[116] Wir meinen hier Ms. B I 9 II/129–133. Diese Blätter tragen den Titel „Gedankengang ⟨des 2. Abschnittes der *Ideen* I⟩ bei Unterlassung einer Stellungnahme zum transzendentalen Idealismus".

sein gerades Gegenteil hinaus, und Husserl wird durch eine „naheliegende" Überlegung dazu gebracht, den „Übergang zum transzendentalen Standpunkt" [117] zu vollziehen. Jener Übergang, der doch in den *Ideen* I, wie die Nachprüfung des Textes zeigte, anscheinend gar nicht vollzogen worden war!

Doch müssen wir auch hier wieder sagen, daß diese Klärung der verworrenen Sachlage keineswegs eine eindeutige Entscheidung darstellt. Nicht ohne Grund behauptet Husserl, in den *Ideen* I sei die metaphysische Entscheidung für den transzendentalen Idealismus „sogleich vollzogen worden". In welch grundsätzlichem Sinne Husserl hier Recht hat, zeigt schon seine Bemerkung im „Nachwort", die Stellungnahme für den Idealismus wie ihre Unterlassung könnten beide getroffen werden „ohne Änderung des wesentlichen Zusammenhanges der Darstellung" [118]. Zwischen ihnen liegt nur jene hauchdünne – und sonach un-wesentliche – „Nuance", welche eine „entscheidende Bedeutung" [119] haben soll.

Es zeigt sich also an Husserls Aussagen über die *Ideen* I im allgemeinen und insbesondere über deren „phänomenologische Fundamentalbetrachtung", daß Husserl ihnen keinen eindeutigen Sinn zu geben vermag. Seine Behauptungen treten in scharf sich widersprechende Gegenteile auseinander, die aber jedesmal wieder das eine ins andere übergehen. Auf der anderen Seite scheint es sich aber nur um kaum, ja vielleicht gar nicht unterscheidbare Nuancen zu handeln, in welche sich die Widersprüche zusammenziehen.

D. *Methode und Grundsätze der Untersuchung*

Aufgabe unserer Arbeit wird also sein, das Paradox von Widerspruch und Nichtwiderspruch der Phänomenologie verständlich zu

---

[117] B I 9 II/132b. – Zur Sache vgl. *Krisis*, § 71, Husserliana VI, S. 259.

[118] „Nachwort zu meinen Ideen", Nr. 5, Husserliana V, S. 150. – Wie R. BOEHM (in seinem Buche *Vom Gesichtspunkt der Phänomenologie*, S. 72-83) gezeigt hat, tritt die scheinbar in natürlicher, d.h. psychologischer Einstellung neutral durchgeführte „Fundamentalbetrachtung" der *Ideen* I „unvermittelt als eine metaphysische auf" (aaO., S. 79). Was bloß als protreptische Betrachtung sich gibt, trifft unvermerkt fundamentale metaphysische Entscheidungen.

[119] „Nachwort zu meinen Ideen", Nr. 3, Husserliana V, S. 147. – J. DERRIDA nennt diesen Unterschied geradezu nichtig: „Ce *rien* qui distingue des parallèles..." (*La voix et le phénomène*, S. 12). Husserls Festsetzung eines Unterschiedes zwischen phänomenologischer Psychologie und transzendentaler Philosophie muß sonach ein „Unterscheiden des Ununterschiedenen" genannt werden.

machen. Anders und rein formal ausgedrückt: die Phänomenologie ist als die Identität einer Identität und einer Nichtidentität zu begreifen. Eine „Identität", eine Einheitlichkeit muß dem aufgezeigten Paradox zugrunde liegen, soll die Phänomenologie nicht einfachhin absurd sein. Diese Einheit gilt es anhand der Husserlschen „phänomenologischen Fundamentalbetrachtung" aufzusuchen.

Wie gesagt, geht es um jene Einheit, welche für die Phänomenologie grundlegend ist. Die Einheit und das ganze Wesen der Phänomenologie schreibt sich aber aus der Wesensverfassung ihres Gegenstandes, des Bewußtseins, her. Denn die Einheit der Erkenntnis ist zugleich auch die Einheit des Gegenstandes der Erkenntnis. Obendrein ist sie in letzterer begründet. Die Paradoxie der Phänomenologie entspringt sonach aus der Paradoxie der Subjektivität selber [120]. Wir haben also in erster Linie die Seinsweise des transzendentalen Ich zu bestimmen. Sie wird sich weder als Eindeutigkeit noch auch als bloße Zweideutigkeit darstellen, sondern als Doppelsinnigkeit („ambiguité") im Sinne eines Sowohl-Als-auch.

Unsere fundamentale These wird sein: *Die Seinsweise der transzendentalen Subjektivität ist ursprüngliche Nachträglichkeit*. Sie ist ein Secundum oder Posterius, dem kein Primum oder Prius vorausliegt; sie ist Abbild, dem kein Urbild als ein (an sich und unabhängig von ihr) Seiendes vorhergeht. Die Paradoxie der Subjektivität löst sich in die Paradoxie eines absoluten Posterius oder Bildes auf. Daß letztere Paradoxie ein Schein [121] ist, wird dadurch aufgewiesen, daß wir zeigen werden, wie in mannigfachen Weisen *aus* diesem Posterius das Ansich entspringt: als Ansichsein der Intersubjektivität und der Welt. Vorrangig gestellt wird dabei die Frage nach dem Sinn des Ansich der *Welt*; das der Intersubjektivität oder des „Monadenalls", wie Husserl es nennt, wird eher übergangen. Der Grund dafür liegt in dem Umstand, daß das alter ego von prinzipiell gleicher Struktur und

---

[120] Vgl. *Krisis*, § 53, Husserliana VI, S. 182ff.
[121] Scheinbar nennen wir die paradoxe Grundverfassung der Phänomenologie nicht deswegen, weil es gelänge, sie in Eindeutigkeit aufzulösen, sondern weil sie ihrem *Sinn* nach einsichtig gemacht werden kann. Von den Grundbegriffen des als „strenge Wissenschaft" verstandenen Husserlschen Denkens gilt sonach das Wort von M. HEIDEGGER: „Alles wahrhaft Gedachte eines wesentlichen Denkens bleibt – und zwar aus Wesensgründen – mehrdeutig. Diese Mehrdeutigkeit ist niemals nur ein Restbestand einer noch nicht erreichten formallogischen Eindeutigkeit, die eigentlich anzustreben wäre, aber nicht erreicht wurde. Die Mehrdeutigkeit ist vielmehr das Element, worin das Denken sich bewegen muß, um ein strenges zu sein." (*Was heißt Denken?*, S. 68).

Problematik ist wie das ego selber. Ich und Wir sind im Eidos ego „aufgehoben". Auch das alter ego steht nämlich vor dem fundamentalen Weltproblem. Denn für das alter ego, wie für das ego, ist die Möglichkeit anderer Iche und der Kommunikation mit ihnen einsichtiger als die Möglichkeit eines Sichbeziehens auf jenes Sein, welches von prinzipiell anderer Seinsweise ist als der des Ich. So nennt denn Fink in seinem von Husserl autorisierten Artikel „das transzendentale Problem der Welt das Grundproblem der Phänomenologie" [122].

Deswegen trägt diese Arbeit auch den Untertitel „Zum Weltproblem in der Philosophie Edmund Husserls". Es handelt sich dabei um einen Beitrag *zum* Weltproblem, nicht um dessen vollständige und erschöpfende Behandlung. Denn die *inhaltliche* Seite dieses Problems – die Frage nach dem Sinn von Realität, Räumlichkeit, Zeitlichkeit, Kausalität und Substanzialität der Dinge, wie sie etwa in den *Ideen* II (Husserliana IV) erörtert wird – diese Problemseite steht hier (mit Ausnahme der Räumlichkeit) nicht zur Debatte. Es geht hier vielmehr um die Frage nach der Seinsweise von Welt überhaupt, um durch dieses Kontrastbild als sein Gegenstück die Seinsweise der transzendentalen Subjektivität einsichtig zu machen.

Das primäre Konstitutionsproblem ist das Problem der Weltkonstitution. „Welt" in weitestem und formalstem Sinne ist auch für die Möglichkeit der Intersubjektivität als immer schon eröffneter Raum der Gemeinschaft und des Zusammenhangs von Ichen in deren wechselseitiger Begegnung vorausgesetzt [123]. Der Sinn von Konstitution entscheidet sich sonach bei Gelegenheit der Erörterung der Weltkonstitution. Entsprechend dem Gesagten wird unsere These sein: *Konstitution besagt Hinausgeäußertsein eines Urbilds aus der transzendentalen Subjektivität,* vermöge welcher entäußerter Seinsweise des Urbildes die Subjektivität sich als es (in Wahrnehmung, Denken usw.) nachbildend vorfindet.

Das Entsprechende gilt dann auch vom Begriff der Reduktion. Denn sie stellt die gegenläufige Hälfte jenes Kreises dar, dessen Vollzug das intentionale „Leben" der Subjektivität ausmacht. Auch sie ist ihrem tiefsten Sinn nach Rückgang aus der Welt und der Weltverlorenheit der Subjektivität. Die Reduktion ist die Bewegung der

---

[122] E. FINK, „Die phänomenologische Philosophie Edmund Husserls in der gegenwärtigen Kritik", in: *Studien zur Phänomenologie 1930–1939*, S. 119.
[123] Vgl. *Krisis*, § 54b, Husserliana VI, S. 188f.

Selbstbesinnung, der Reflexion des transzendentalen Bewußtseins auf sein Eigenwesen und Eigenleben. Sie nun setzt sich *als* Konstitutionsforschung ins Werk. Demnach ist Reduktion die *Herstellung der dem Bewußtsein eigenwesentlichen Form der* (bildmäßigen) *Selbstheit*. Reduktion vollzieht sich als Konstitutionsforschung: das besagt, daß nur die durchgeführte Bearbeitung der konstitutiven Probleme als Vollzug der Reduktion gelten darf. In diesem Sinne setzt die Phänomenologie die Reduktion nicht voraus, sondern hat sie zu ihrem Ergebnis [124]. Genauer: Die phänomenologische Arbeit wird *als* Reduzieren geleistet. Deswegen nennt Husserl die Reduktion die *Methode* der Phänomenologie [125]. An diesem Form-Materie-Zusammenhang von Reduktion und Konstitution liegt es letztlich auch, daß, wie Husserl über die *Ideen* I sagt, „diese ganze Schrift, die der Phänomenologie den Weg bereiten will, ihrem Inhalt nach selbst durch und durch Phänomenologie ist" (124). Es ist sonach grundsätzlich dieselbe Problematik, welche unter den beiden Titeln Reduktion und Konstitution zur Sprache kommt. Denn beidesmal handelt es sich um die Beantwortung der Frage, in welchem Verhältnis die Seinsweise der Welttranszendenz zur Seinsweise der Subjektivität stehe. Ist dieses Verhältnis wirklich von der Art, daß es eine Reduktion möglich macht, die mehr als bloße Abstraktion ist – die sich somit in einem konkreten Erfahrungsfeld bewegt und nicht auf bloße Chimären und Abstraktionen führt? Darauf kann nur die durchgeführte Konstitutionsforschung eine Antwort geben. Deren Durchführung ihrerseits aber hängt ab vom Vollzug der phänomenologischen Reduktion, da sie sonst in Psychologie, genauer: im „allherrschenden Daten-Sensualismus" [126] befangen bleibt. Deswegen werden wir in der vorliegenden Arbeit so verfahren, daß wir aus der Leistung des Konstitutionsbegriffes her den Sinn der Reduktion mitverdeutlichen. Dieser Vorzug des Konstitutionsbegriffs rechtfertigt sich auch durch die historische Feststellung, daß man – zu Recht – den Reduktionsbegriff und den transzendentalen Idealismus Husserls als eng verschwistert ansah. Bildet nun dieser Idealismus das spezifisch Husserlsche Moment der Phänomenologie, bezüglich dessen Husserl bei keinem seiner Schüler oder Fortsetzer Nachfolge gefunden hat, so gilt Ähnliches

---

[124] Vgl. diesbezüglich A. AGUIRRE, *Genetische Phänomenologie und Reduktion*, S. XV.
[125] Vgl. *Ideen* I, § 63, S. 121; *Erste Philosophie* II, 51. Vorlesung, Husserliana VIII, S. 163.
[126] *Formale und transzendentale Logik*, § 107c, S. 252.

auch vom Husserlschen Reduktionsbegriff. Demgegenüber ist aber um den Begriff der Konstitution eine Kontroverse entbrannt [127], sofern die rechte Auffassung seines Sinnes nach allgemeinerem Zugeständnis den Prüfstein für ein rechtes Husserl-Verständnis darstellt. Gelangt die Konstitutionsforschung nur dank der Formung durch die phänomenologische Reduktion in ihre Wahrheit, und hat die Reduktion ihre Wahrheit nur als ausgeführte Gegenstandskonstitution, so ergeben sich daraus für beide Sachverhalte „große metaphysische Konsequenzen" (165), wie Husserl sie in concreto auf der Ebene des Zeitbewußtseins für gegeben ansah. Husserl meinte diese Konsequenzen – für ihn, wie gesagt, jede Aussage über die Zeitlichkeit der transzendentalen Subjektivität – in den un-metaphysischen *Ideen* I „verschwiegen" (162) zu haben [128]. Und doch zeigt sich hier – ein neues Paradox –, daß nur unter der *Voraussetzung* dieser metaphysischen und im strikten Sinne transzendental-idealistischen Entscheidungen Husserls widersprüchliche Aussagen über die *Ideen* I und ihre „phänomenologische Fundamentalbetrachtung" sich begreifen lassen.

Vermittelt wird dieses Begreifen durch den Begriff der Subjektivität als ursprünglicher Nachträglichkeit. Sofern die Subjektivität eine bloß ursprüngliche wäre, hätte sie kein Gegen-über (Monaden-All) und keinen Gegen-stand (Welt-All), der ihr vorausläge. Ihre „Konstitution" (als „Weltschöpfung") ist dann zugleich „Reduktion" (als „Weltvernichtung"); und ihr Leben ist die unabsehbare, in sich verschlossene Kreisbewegung, in welcher somit – „nichts" zustandekommt oder vor sich geht [129]. Sofern die Subjektivität aber vor allem ein nachträgliches Sein hätte, verwandelte sich die beständige Gegenwart dieses Kreisens: sie hat nur noch den Sinn einer immer schon geschehenen und uneinholbaren Vergangenheit. Auch sie wird „konstituiert" – das besagt hier: hingenommen und als Faktum anerkannt –, indem sie „reduziert" – hier: als bloß hinzunehmende herausge-

---

[127] Hier sei (außer auf die oben, Anm. 16 verzeichneten Interpretationen) insbesondere noch verwiesen auf E. FINK, „L'analyse intentionelle et le problème de la pensée spéculative", in: *Problèmes actuels de la phénoménologie*, S. 78; H.-G. GADAMER, *Wahrheit und Methode*, S. 234; L. LANDGREBE, *Der Weg der Phänomenologie*, S. 147f ; E. TUGENDHAT, *Der Wahrheitsbegriff bei Husserl und Heidegger*, S. 175 und S. 220ff.; R. BOEHM, *Vom Gesichtspunkt der Phänomenologie*, S. XVIIIf.

[128] Vgl. auch *Formale und transzendentale Logik*, § 107c, S. 252f. sowie die Belege zu diesem Problem bei R. BOEHM, *Vom Gesichtspunkt der Phänomenologie*, S. 106ff.

[129] Es handelt sich bei dieser Idee um die Idee eines „absoluten Subjekts", welche wir unten im V. Kapitel besprechen werden.

stellt – wird. Eine solche nicht eigentlich reaktivierbare Vergangenheit ist dergestalt gegenwärtig als die an sich seiende Ruhe ihrer auseinandergetretenen Pole, als das Fehlen einer lebendigen, zeugenden Austauschbeziehung zwischen Subjektivität und Objektivität. Treten beide so als für sich bestehend auseinander, dann hat die Nachträglichkeit der Subjektivität nur noch die Bedeutung einer Nachträglichkeit gegenüber dem Objektiven, d.h. einer Abhängigkeit von ihm. Die Subjekt-Objekt-Beziehung, etwa der Erkenntnis, meint dann, daß der vorgegebene Stoff der Intentionalität und diese selber als dessen Formung sich zueinander zu verhalten beginnen, nachdem sie es vorher nicht getan hatten. Die Ursprünglichkeit der Subjektivität besteht dabei im spontanen Herstellen dieser Beziehung. Nur auf dieser Stufe, welche wegen ihres Glaubens an das Ansichsein der Transzendenz immer noch als *natürliche*, weil Welt voraussetzende Einstellung zu gelten hat, ist das Auseinandertreten von „formlosen Stoffen" und „stofflosen Formen" (153) als ein „radikaler Unterschied" [130] möglich.

Diese Stufe, welche also die Subjektivität durchaus als ursprüngliche und nachträgliche zugleich gelten läßt, müßte nun die der *Ideen* I sein, wenn in diesem Werk jedwede „metaphysischen Konsequenzen" (165) wirklich ausgeschaltet wären. Doch ist es bezeichnend für die *Ideen* I, daß dieses Auseinandertreten dort lediglich „offen gelassene Möglichkeiten" (173) darstellt, nicht aber den Standpunkt des Werkes selber. Die verschwiegenen Konsequenzen sind vielmehr als unerörterte Voraussetzungen, als Entscheidung für den Idealismus anwesend. Das Stoff-Form-Verhältnis von Konstitution und Reduktion ist demnach nicht ein solches, daß beide auch außerhalb dieser Beziehung irgendwelchen Bestand hätten. Vielmehr ist diese Möglichkeit eines Außerhalb (einer transcendentia) zugleich der widersinnige Gedanke einer Weltvernichtung, nach der (nebenbei bemerkt: es ist auch der Gedanke einer Weltschöpfung, *vor* der) die transzendentale Subjektivität in sich unverändert bliebe, wie und was sie wäre. Für das Verhältnis der Begriffe Konstitution und Reduktion zueinander gilt darum, daß sie nur *in Funktion* sind, was sie sind, und daß „ein Darüberhinaus ein widersinniger Gedanke ist" [131].

Es ist also der Gedanke der *Ursprünglichkeit* der Subjektivität, den die Phänomenologie dem natürlichen Gedanken ihrer Nachträglich-

---

[130] *Formale und transzendentale Logik*, § 107c, S. 253.
[131] *Ideen* I, § 49, Husserliana III, S. 117; vgl. die textkritische Notiz *aaO.*, S. 474.

keit und bloß nachträglichen Spontaneität beizugeben hat – wodurch übrigens auch der Gedanke der Nachträglichkeit erst seinen ursprünglichen Sinn erhält. Wird dies getan, so zeigt sich, wie soeben dargelegt wurde, daß im Verhältnis der Begriffe Reduktion und Konstitution zueinander das stattfindet, was vor allem seit R. Boehm[132] als die „Auflösung des Schemas Auffassung-Auffassungsinhalt" bei Husserl angesprochen wird. In Fichtes Worten ausgedrückt besagte dies: „Form und Stoff sind nicht besondere Stücke; die gesamte Formheit ist der Stoff"[133]. Ihre Identität ist aber nicht von der Art eines unterschiedslosen Zusammenfalls. Vielmehr ist die „nirgends revozierte Unterscheidung der ‚Ideen ...' von sensueller Hyle und intentionaler Morphé"[134] Grundbestandteil der Husserlschen Lehre[135].

Wir werden dem genauen Wahrheitsgehalt und Zusammenhang beider Behauptungen – dem Paradox von Auflösung und vom Bestand des Unterschieds – direkt nicht weiter nachgehen. Entscheidend ist für uns lediglich dies, daß die „Fundamentalbetrachtung" nur dann voll verstanden werden kann, wenn die *Relativität* ihrer Unterscheidung von Stoff und Form der Intention (letztlich: die absolute oder reflexive Korrelation der Subjektivität mit sich selber) sich herausstellen läßt. Dies ist der Grund dafür, daß wir die „Rätsel des Zeitbewußtseins" (163) zwar nicht im einzelnen erörtern wollen, aber doch beständig im Blick haben werden und schließlich auf sie hin werden vorstoßen müssen. Dies wäre entgegen Husserls eigenem Vorgehen in der „Fundamentalbetrachtung" – sofern man ein Recht hätte, seine diesbezüglichen Aussagen in eindeutigem (und das hieße: einseitigem) Sinn zu verstehen. Daß aber unser Vorstoß in der Sache selbst begründet liegt, erhellt auch schon daraus, daß Husserl die Zeitproblematik beim Entstehen der *Ideen* I durchaus „zum Abschluß" (163, Anm. 1) gebracht hatte; also auf den Ergebnissen dieser Untersuchungen indirekt aufbauen mußte.

Stellt demnach die Zeitproblematik einen Endpunkt und Horizont unserer Untersuchungen dar, so werden wir umso mehr bei einer

---

[132] Vgl. R. BOEHM, *Vom Gesichtspunkt der Phänomenologie*, S. 110ff. Der Ausdruck „Auflösung" scheint allerdings nicht ganz glücklich gewählt.
[133] Fichte, *Erste Einleitung in die Wissenschaftslehre* (I, 443). Vgl. auch Husserliana III, „Beilage I", S. 383f.
[134] L. LANDGREBE, „Zur phänomenologischen Theorie des Bewußtseins", in: *Philosophische Rundschau*, 1960 (8), S. 306.
[135] Für den Nachweis im einzelnen vgl. A. AGUIRRE, *Genetische Phänomenologie und Reduktion*, S. 129–137.

Vorstufe der dialektischen Relativierung des Schemas von Auffassung und Inhalt stehenbleiben, wie wir auch eine, wie es scheint, noch kaum gesehene Konsequenz des ursprünglich nachträglichen Charakters der Subjektivität kurz andeuten wollen. Mit jener Vorstufe meinen wir Husserls Konzeption des kinästhetischen Bewußtseins. Die Theorie dieses Bewußtseins hat schon eine genaue Darstellung erfahren [136]. Es wird unsere Aufgabe sein, den Zusammenhang von Dingwahrnehmung und transzendentaler Subjektivität in seiner Vermitteltheit durchs kinästhetische Bewußtsein einsichtig zu machen. Läßt sich aufweisen, daß diese drei Bewußtseinsweisen in Kohärenz zueinander stehen, dann wird die Wesenseinheit der phänomenologischen Philosophie in einem zentralen Punkte erhärtet. Zentral, weil das kinästhetische Bewußtsein, von dem in der „Fundamentalbetrachtung" der *Ideen* I seinem Namen nach nicht die Rede ist, den Umschlagsort und das Bindeglied des commercium zwischen Natürlichkeit und Tranzendentalität, also das „Psychologische" darstellt. Zur genaueren Erörterung wird dabei vonnöten sein, Husserls Zweiteilung der kinästhetischen Problematik in der „Fundamentalbetrachtung" aufzuheben. Wir werden also die „psychologischen" Analysen der transzendenten Wahrnehmung, wie sie das Zweite Kapitel der „Fundamentalbetrachtung" vollzieht, mit den anscheinend unter Voraussetzung des „Vollzugs" der Reduktion gemachten „Ergänzungen" [137] zusammennehmen, um die organische Einheit dieser Betrachtungen näher zu begreifen. Das Recht dazu liegt in der schon besprochenen Ambiguität des Status der „phänomenologischen Fundamentalbetrachtung".

Was schließlich die genannte Konsequenz aus unseren Analysen anbelangt, so sei hier zunächst einmal auf die Wortbedeutung von „Intentionalität" verwiesen. „Intention" meint im philosophischen Gebrauch ursprünglich den logischen Vordersatz [138], welcher schließlich seinen Sinn nicht in sich hat, sondern um des Nachsatzes willen gesetzt wird. Diese Bedeutung des Ausseins auf etwas Anderes (ὄρεξις) hat dieses Wort nie ganz verloren; und auch bei Husserl hat der Ausdruck „Intentionalität des Bewußtseins" noch einen Beiklang des Auslangens und Strebens nach Etwas [139]. Wenn aber die Grund-

---

[136] Vgl. U. Claesges, *Edmund Husserls Theorie der Raumkonstitution*, II. Teil.
[137] Vgl. den Titel von § 52 der *Ideen* I.
[138] Vgl. Quintilian, *Institutio oratoria*, XI, 3, 40.
[139] L. Landgrebe bezeichnet treffend die Intentionalität beim späten Husserl als „das Urstreben der Monade zu begreifen" (*Der Weg der Phänomenologie*, S. 15). Vgl. Ms. M I VIII: „alle Intentionalität ist an sich selbst auch tendenziös".

intentionalität des Bewußtseins die Bewegung seines Zusichkommens (vermittels der Phänomenologie) im Selbstbewußtsein ist, und wenn dieses Sichbewegen nicht ein ἀπὸ ταὐτομάτου sich ereignendes Geschehnis ist, dann hat die Lebendigkeit der Subjektivität ursprünglich den Charakter eines *Wollens*. Denn wegen ihrer Ursprünglichkeit ist die Selbst-habe und Selbst-konstitution der Subjektivität nicht als ein Bewegtwerden, sondern als Spontaneität zu denken, wegen ihrer Nachträglichkeit dagegen als ein *notwendiger* Vollzug dieser Spontaneität. Durch ein Gesetz bedingte freie Tätigkeit ist aber sittliches Wollen. Der Grundcharakter der Subjektivität ist, so werden wir darzulegen suchen, nach Husserl „sittliche Praxis" in dem Verstande, *daß die Subjektivität* (nachträglich) *das zu sein und zu übernehmen hat, was sie* (ursprünglich) *immer schon ist*.

Soweit diese Übersicht über die Grund-sätze vorliegender Arbeit. Sie sollen, wie dargelegt, anhand einer fundamentalen Betrachtung der „phänomenologischen Fundamentalbetrachtung" der *Ideen* I erwiesen werden. Zu diesem Zweck legen wir unserer Untersuchung allerdings nicht den erweiterten Text der Husserliana-Ausgabe der *Ideen* I zugrunde, sondern Husserls ursprünglichen Text. Der Grund dafür ist darin gelegen, daß wir das zwiespältige Wesen der Phänomenologie zu begreifen suchen. Dieses Wesen (oder, wenn man will, Un-wesen) bildet den Grund für die Widersprüche, welche sich in Husserls Reflexionen auf die Phänomenologie ergeben. Gehen wir dergestalt auf den Ermöglichungsgrund von Husserls Selbstinterpretationen zurück, so können wir uns durch diese Interpretationen nicht schon vorgängig bestimmen lassen. Die in der Husserliana-Ausgabe der *Ideen* I eingelassenen handschriftlichen Einfügungen Husserls bilden aber meistenteils solche reflexiven Interpretationen. Deshalb müssen wir sie „einklammern" und als Vor-urteile nur in der Klammer gelten lassen. Wir kommen damit einer Grundforderung der Phänomenologie selber nach.

Den Text der „Fundamentalbetrachtung" schließlich werden wir weder bloß referieren noch auch etwa nach seinem inhaltlichen Zusammenhang mit anderen vergleichbaren Analysen Husserls überprüfen. Die als Basis *vorausgesetzte* „Fundamentalbetrachtung" wird vielmehr auf ihre verborgenen Schwierigkeiten und problematischen Voraussetzungen hin befragt. Die Leitfrage lassen wir uns dabei vorgeben von einem Satze Husserls zu Beginn des § 31 der *Ideen* I, des abschließenden und zugleich weiterführenden letzten Paragraphen im Ersten Kapitel der „Fundamentalbetrachtung". Dort heißt es zusammenfassend über die Ergebnisse des Ersten Kapitels: „Die Generalthesis, vermöge deren die reale Umwelt beständig ... als *daseiende* ‚Wirklichkeit' bewußt ist ..." (53). Das Problem des Sinnes von „Konstitution" liegt in der Frage beschlossen, was denn der genaue Sinn des unscheinbaren Wörtchens „vermöge" sei, welches den Nebensatz einleitet. Unsere Leitfrage formuliert sich also folgendermaßen: *Was ist das „Vermögen" der Generalthesis?*

Vermöge ihrer, so lautet Husserls eine Antwort, ist die Wirklichkeit in jener Weise gegeben, von welcher Husserl nachweist, daß sie die einzig mögliche Weise des Gegebenseins von Wirklichkeit sei, nämlich in der „Vermittlung durch ‚Erscheinungen' " (78). Diese Antwort gibt Husserl im § 43 im Zweiten Kapitel der „Fundamentalbetrachtung". Seine zweite Antwort dagegen besagt, daß die Wirklichkeit, obwohl sie nicht anders denn so gegeben sein kann, aufgrund dieser ihrer Gegebenheit dennoch nicht ihres Seins versichert werden kann. Vielmehr ist eine Änderung ihrer Gegebenheitsweise denkbar, was korrelativ besagte, daß die Welt dann nicht mehr wäre, daß sie vernichtet wäre. Diese Antwort legt Husserl im § 49 im Dritten Kapitel der „Fundamentalbetrachtung" vor. Bedeutet die erste Antwort, daß die Welt nicht ohne (οὐκ ἄνευ) und nicht außerhalb ihrer faktischen Gegebenheitsweise bestehen kann, so will die zweite besagen, daß darüberhinaus so etwas wie wirkliche Welt allein durch (διά) ihre Gegebenheitsweise einen eigenen Bestand hat. Denn wenn die erste Antwort aufgrund des Gedankens der Nachträglichkeit die Subjektbezogenheit alles Objektiven herausstellt, so erweist die zweite aufgrund des Gedankens der Ursprünglichkeit, daß demnach der Anfang der Objektivität nirgends anders denn in der Subjektivität selbst gelegen sein kann. Der zweite Satz entsteht also in der Radikalisierung des ersten, d.h. in der Reflexion auf ihn.

Wir werden unserer Leitfrage gemäß diese beiden Sätze (bzw. die §§ 43 und 49 der *Ideen* I) zum Hauptthema der Untersuchung machen. Ist nach dem ersten Satz die Welt „mein Gegenüber", dem „ich selbst zugehöre" (52), so hat sie nach dem zweiten „ihr ganzes Sein als einen gewissen ‚Sinn' " (107): sie ist mein Gegenüber, das mir selbst zugehört. Das aber besagt: „Der Subjektbestand der Welt verschlingt sozusagen die gesamte Welt und damit sich selbst. Welch ein Widersinn"[140]. Einzusehen, daß es widersinnig ist, hier von

---

[140] *Krisis*, § 53, Husserliana VI, S. 183.

Widersinn zu sprechen, ist unsere Aufgabe. Positiv ausgedrückt: Die Subjektivität ist Subjektivität nur durch eine „wesensmäßige Äquivokation" [141], d.h. aufgrund der „Notwendigkeit eines Faktums" (86)[142].

---

[141] *AaO.*, § 54b, S. 188.
[142] Vgl. den Vorspruch oben S. VII.

I. KAPITEL

DIE LOGIK UND DER ANFANG DER PHÄNOMENOLOGIE

A. Die formalen Weltstrukturen

„Natürliche Erkenntnis hebt an mit der Erfahrung und verbleibt *in* der Erfahrung. In der theoretischen Einstellung, die wir die ‚natürliche' nennen, ist also der Gesamthorizont möglicher Forschungen mit *einem* Worte bezeichnet: es ist die *Welt*" (7). Andersum gewendet: „Die Welt ist der Gesamtinbegriff von Gegenständen möglicher Erfahrung und Erfahrungserkenntnis" (8).

Schon mit den ersten Sätzen der *Ideen* I stehen wir vor der Frage nach dem *„Ursprung der Welt"* [1]. Denn wie kommen wir auf diese Sätze über mögliche Erfahrung (und deren Erkenntnis) überhaupt, welche selber keine Erfahrungssätze sein können? Und wie entspringt korrelativ aus dem Begriff der Gegenstände ihr Gesamtinbegriff, der jeden von ihnen überschreitet? Husserl erhebt die Möglichkeit der angeführten Eingangssätze des Ersten Abschnitts der *Ideen* I in diesem Abschnitt über „Wesen und Wesenserkenntnis" (7), bzw. des nähern in dessen Erstem Kapitel über „Tatsache und Wesen" (7), nirgends zum Problem. Der Beginn der *Ideen* I läßt uns im Unklaren über seine eigene Möglichkeit und Triftigkeit; das Selbstverständliche, welches in diesen Sätzen ausgesprochen ist, wird nicht verständlich gemacht. In der Tat hat Husserl selber in einer späteren Reflexion einen „Einwand gegen das ganze erste Kapitel des ersten Abschnittes" [2] darin gesehen, daß hier „nicht die Welt als einheitliches Universum vorangestellt ist" [3]. Er nennt es einen „großen Fehler, daß von

---

[1] E. FINK, „Die phänomenologische Philosophie Edmund Husserls in der gegenwärtigen Kritik", in: *Studien zur Phänomenologie 1930–1939*, S. 101.
[2] Titel der „Beilage VI" der *Ideen* I, Husserliana III, S. 389.
[3] *AaO.*, S. 390.

der natürlichen Welt (ohne sie als Welt zu charakterisieren) ausgegangen wird" [4].

Doch ist demgegenüber mit gleichem Recht zu sagen, daß das Erste Kapitel des Ersten Abschnitts nichts anderes als die grundlegendste und allgemeinste Umreißung des Wesens der Welt im Auge hat. Mit ihr ist aber auch schon die erste Ursprungsbestimmung des Weltbegriffs gegeben. Wenn nämlich Welt nicht ein Erfahrungsgegenstand, wohl aber der Gesamthorizont und Gesamtinbegriff solcher Gegenstände ist, dann hat sie nicht ein individuelles, für sich bestehendes Sein nach Art der Erfahrungsgegenstände. Vielmehr bildet sie den Horizont um einen sie tragenden gegenständlichen Mittelpunkt. Diese Horizontalität ihrerseits ist nicht ein Stück am jeweiligen Gegenstand, sondern besteht im umfassenden Verweis auf andere Gegenstände als wirkliche oder mögliche. Deshalb bestimmt Husserl sie des näheren als Inbegriff. Meint Welt also einen bestimmten Inbegriff, nämlich den „Gesamtinbegriff" (8), so kann die Weltvorstellung nur aus der Vorstellung von Erfahrungsgegenständen entspringen, und der Sinn von Welt muß durch die Bestimmung des Sinnes der Erfahrungsgegenständlichkeit ermittelt werden. Den allgemeinsten Sinn nun von Erfahrungsgegenstand überhaupt erörtert Husserl im Ersten Kapitel des Ersten Abschnitts der *Ideen* I.

Erfahrungsgegenstand im ursprünglichen [5] Sinn ist jener, den eine „*originär* gebende Erfahrung" (7) im gewöhnlichen Sinne vor sich hat: es ist der reale Wahrnehmungsgegenstand. Auf dessen Erfahrung führt alle Erfahrungserkenntnis als auf die Urquelle ihrer „rechtausweisenden Begründung" (7) zurück. Das originär Erfahrene ist also *Tatsache* im Sinne des Axioms: contra factum non valet argumentum. Von Tatsächlichkeit ist dabei einmal insofern die Rede, als das Wahrgenommene ohne Zutun der Erfahrung und unabhängig von ihr in sich ist, wie und was es ist. Tatsache ist, was fest-steht. Diese Realität des Tatsächlichen meint zum andern, daß es in Raum und Zeit an „dieser" bestimmten Stelle lokalisiert ist und im Rekurs auf diese Stelle jederzeit wieder fest-gestellt werden kann. Das besagt: „Die fundierenden Erkenntnisakte des Erfahrens setzen Reales *individuell*" (8).

Das Individuelle muß überhaupt an einer bestimmten Stelle lokali-

---

[4] *AaO.*
[5] Über den Begriff der Ursprünglichkeit vgl. *Ideen* I, § 1, Anm. 1, S. 7. Husserl wehrt sich dort gegen die Unterstellung eines μῦθόν τινα διηγεῖσθαι.

siert sein. Eine bestimmte Stelle überhaupt und im allgemeinen ist aber eine (im Besondern) unbestimmte Stelle. Die Lokalisation des Tatsächlichen in „diesem bestimmten Hier" und „diesem bestimmten Jetzt", in welcher seine Individualität besteht, gehört also zum Tatsächlichen nicht unabtrennbar dazu. Sie gehört nicht zu dem, was das *Wesen* der Tatsache ausmacht und ist ihm gegenüber zufällig. Eine Tatsache ist sonach eine zwar in sich feststehende, aber dennoch zufällige raumzeitliche Individualisierung eines Wesens. Sie ist dessen zufälliges Dasein.

Der „Sinn dieser Zufälligkeit, die da Tatsache heißt, begrenzt sich darin, daß sie korrelativ bezogen ist auf eine Notwendigkeit" (9), nämlich auf das von ihr unabtrennbare Wesen. Tatsache meint demnach immer das tatsächliche Dasein eines Wesens, wie umgekehrt Wesen in dieser Beziehung – Husserl sagt: „*zunächst*" (10) – „das im selbsteigenen Sein eines Individuums als sein *Was* Vorfindliche" (10) bezeichnet. Die Tatsache als solche begrenzt sich durch sich selbst, indem sie aus sich selber auf das in ihr enthaltene Wesen verweist und sich ihm gegenüber als dessen zufälliges Dasein aussondert. Trägt aber die Tatsache die Entdoppelung in ihre Tatsächlichkeit und ihre Wesentlichkeit konstitutiv, weil unabtrennbar in sich, so trifft auch die Erfahrung nicht nur ein factum brutum, ein être sauvage an. Sie ist mehr als bloßer choc expérimental, nämlich wesensmäßig relativ auf das Verständnis eines Wesens, d.h. auf die *Vertrautheit* seines Fremdseins. In der Erfahrung liegt so stets eine „vorgängige Bekanntheit" [6] des Erfahrenen beschlossen, eben die Bekanntheit und Allgemeinheit seines Was, dank derer die Tatsache als Fall und Zufall dieses Was erfahren wird. Auch die Erfahrung ist in sich gedoppelt in das Vorfinden der Tatsache und das Erfassen ihres Was. Das „unmittelbare ‚Sehen'" (36) vermittelt das Vorfinden des Unbekannten mit seinem mitgebrachten Bekanntheitshorizont. „Also der Erfahrung substituieren wir das Allgemeinere ‚Anschauung'" (37), weil sie sowohl die Tatsachen- wie auch die Wesensanschauung in sich enthält.

Nach dem Gesagten gilt: Keine Tatsache ohne ihr Wesen. Nicht aber gilt das Umgekehrte. Wenn die Tatsächlichkeit das dem Wesen Unwesentliche und Zufällige bildet, so kann das Wesen sehr wohl „sein", nämlich qua Wesen bestehen, ohne individuell realisiert zu sein. Die Fundierung ist also eine einseitige. Das Wesen ist Mitfunda-

---

[6] U. CLAESGES, *Edmund Husserls Theorie der Raumkonstitution*, S. 14.

ment für die Tatsache, ihr ist das Wesen so wesentlich wie sie sich selber. Dagegen ist die Tatsache dem Wesen äußerlich. Das Wesen ist nur auf mögliche Tatsachen, auf Tatsachen überhaupt bezogen, nicht aber auf wirkliche Tatsachen angewiesen. Dementsprechend gibt es auch keine Tatsachenanschauung ohne wirkliche Wesensanschauung und keine Anschauung eines solchen Was ohne mögliche „Exemplifizierung" durch Tatsachen [7].

Das Wesen kann also rein für sich und außerhalb seines Bezugs zur Tatsache erfaßt; es kann, wie Husserl sich ausdrückt, „ ‚in Idee gesetzt' werden" (10). Das rein gefaßte Was nennt Husserl *Eidos* [8]. Keine individuelle Anschauung ist möglich „ohne die freie Möglichkeit des Vollzugs einer Ideation" (12), wie andererseits auch die Erfassung eines Eidos, die Wesensanschauung, immer die „freie Möglichkeit der Blickwendung auf ein ‚entsprechendes' Individuelles" (12) [9] mit sich führt. Während dabei aber das Wesen gegenüber der unter es subsumierten Tatsache selbständig ist, hat diese ihm gegenüber die Unselbständigkeit eines Bedingten. Das Eidos selber schließt also „nicht das mindeste von Setzung irgendeines individuellen Daseins" (13) in sich. Diese seine Unabhängigkeit erlaubt es, das Wesen ebensogut durch eine Tatsache wie durch einen Phantasiegegenstand zu exemplifizieren. Denn mehr als mögliche Tatsachen, als welche ja Phantasiegegebenheiten zu bestimmen sind, liegen im Wesen des Wesens nicht beschlossen. Andererseits bedeutet dies, daß der geschilderte Zusammenhang von Tatsache und Wesen auf der einen bzw. von Wesen und Tatsachen auf der andern Seite selber *eidetischer* Natur ist [10]. Das Entsprechende gilt natürlich auch von den auf Tatsachen bzw. Wesen bezogenen Arten von Anschauung. Das Eidos (bzw. die Wesenserschauung) ist also aus Wesensgründen das „Frühere", eben weil es das Fundamentalere ist. Aufgrund dieser seiner Vorgängigkeit gegenüber der Tatsache bekennt sich Husserl auch zu

---

[7] Vgl. A. DE MURALT, *L'idée de la phénoménologie*, S. 338ff.

[8] Vgl. *Ideen* I, § 2, S. 9. Diese Unterscheidung von Was und Eidos erinnert übrigens an die von εἶδος und μορφή bei Aristoteles. Vgl. dazu J. HERING, „Bemerkungen über das Wesen, die Wesenheit und die Idee", in: *Jahrbuch für Philosophie und phänomenologische Forschung*, 1921 (4), S. 508ff. sowie vom Vf. „Die Philosophie des Aristoteles als Identitätssystem", in: *Tijdschrift voor Filosofie*, 1967 (29), S. 497.

[9] Sowohl die drei zu Husserls Lebzeiten erschienenen Ausgaben wie auch die der Husserliana (Band III, S. 16) haben hier versehentlich „Individuelle" statt „Individuelles".

[10] Vgl. *Ideen* I, § 7, S. 16.

der „Lehre, daß die Erkenntnis der ‚Möglichkeiten' der der Wirklichkeiten vorhergehen müsse" (159) [11].

Zum Eidos gehört notwendigerweise das Verhältnis zu seinem Individuellen überhaupt, weswegen auch „jedes Urteil über Wesen äquivalent in ein unbedingt allgemeines Urteil über Einzelheiten dieser Wesen als solche" (14), d.h. in ein Urteil „im Modus des Überhaupt" (15), umgewandelt werden kann. Doch nicht nur zu seinen individuellen Inferiora steht das Eidos in einem Wesensverhältnis. Vielmehr ist das Wesen qua Wesen selber ein Inferior, welches mit anderen Wesen gewisse Wesenszüge gemeinsam hat: es ist Art einer Gattung und unter diese Gattung zu subordinieren. Die Vielheit der Wesen ist *geordnete* Vielheit. Denn der Komplex von Bestimmungen, in dem ein Eidos besteht, ist seinerseits in Grundbestandteile und zu ihnen hinzukommende Bestimmungen auflösbar. Also „jedes Wesen ... ordnet sich in eine Stufenreihe von Wesen, in eine Stufenreihe der Generalität und Spezialität ein" (25). Das Generellste ist dabei zugleich das Fundamentalste [12], ohne welches das Spezielle nicht bestehen kann. Wir kommen also durch Generalisierung „emporsteigend durch die Art- und Gattungswesen zu einer obersten Gattung" (25), welche Husserl „*Region*" (19) nennt [13].

Mehrere Regionen, etwa Ding und Seele, können untereinander per definitionem nicht wieder in einem noch höheren gemeinsamen Gattungsbegriff zusammenhängen. Regionen bilden vielmehr in sich geschlossene Einheiten sachlicher Zusammenhänge auf der Grundlage einer „Urgegenständlichkeit" (21), eben des regionalen Wesens. Das meint aber zugleich, daß sie Verhältnisse wie „Einheit", „Zu-

---

[11] Vgl. auch *Ideen* I, § 140.
[12] Zum analogen Zusammenhang von „Gattung" und „Stoff" bei Aristoteles vgl. vom Vf. „Die Philosophie des Aristoteles als Identitätssystem", in: *Tijdschrift voor Filosofie*, 1967 (29), S. 496, Anm. 53.
[13] Bei allem Unterschied zur aristotelischen Logik erinnert Husserls „Emporsteigen" zur Region doch an die arbor Porphyriana und sein Begriff der Region an den der aristotelischen Kategorie. Denn so wenig Aristoteles (oder die Folgezeit) zu einer erschöpfenden und vor allem als erschöpfend nachgewiesenen Aufstellung der Kategorientafel zu gelangen vermochte, so wenig konnte Husserl eine vollständige Aufzählung der Regionen bieten. Es läßt sich auch noch bemerken, daß die aristotelischen akzidentellen Kategorien zur Substanzkategorie in einem ähnlichen Verhältnis stehen wie bei Husserl die Region des Psychischen zu der des materiellen Dings (vgl. *Ideen* I, § 17, S. 32). Husserl selber hat übrigens über das hier verhandelte Erste Kapitel des Ersten Abschnitts der *Ideen* I gelegentlich bemerkt: „Die formale Logik ist also die formal allgemeine Realitätenlogik wie bei Aristoteles" (*Ideen* I, Husserliana III, Beilage VI, S. 389).

sammenhang", „Grundlage" usw. gemeinsam haben, wenn diese Begriffe in jeder von ihnen auch einen anderen Sinn und Inhalt (je nach der *Art* ihrer Einheit, ihres Zusammenhangs usw.) annehmen. Gemeinsam ist den Regionen also nicht ihr Inhalt, sondern daß sie überhaupt Inhalt haben, daß sie Regionen sind u. dgl. Dieses Gemeinsame ist mithin rein formaler und sachleerer Natur. Ihm gegenüber bestimmen sich alle wirklichen Regionen als *materiale* Regionen. Dagegen ist ihre Einheit, das Formale, „eigentlich nicht Region, sondern leere Form von Region überhaupt" (22). Das Formale bildet so das Einheitsfundament aller „eigentlichen" Regionen, und es hat diese „statt neben sich, vielmehr (wenn auch nur formaliter) *unter* sich" (22). Die Einheit des Formalen liegt ihrerseits in der formalen Urgegenständlichkeit, dem „Gegenstand überhaupt" (21) oder „leeren Etwas" (26). Das Etwas mit seinen formalen Abwandlungen bildet sonach den Hintergrund und tragenden Boden aller materialen Regionen und damit letzten Endes auch den aller Erfahrungsgegenstände.

Das sachhaltige Wesen kann nicht ohne die Formierung durch das formale Wesen bestehen; dieses dagegen ist von jenem seiner Gesamtheit nach (in welcher die formale Ontologie es entwickelt) ablösbar und unabhängig. So verweist das materiale Eidos von sich her auf das in ihm implizierte Formale, ohne aber in diesem Verweisen aufzugehen. Vielmehr sind die materialen Regionen, was sie sind, nur aufgrund einer regionimmanenten (durch das Formale zwar geregelten, nicht aber bestimmten) Zufügung differenzierender Sachverhalte zum regionalen Grundwesen. Jedes regionale Wesen einer materialen Region bestimmt also „ ‚synthetische' Wesenswahrheiten" (31). In ihnen wird über die Darstellung des regionalen Wesens hinaus auf das Konkretum übergegangen.

Eine solche Transzendenz der Auslegung hat beim formalen Wesen dagegen nicht statt. Hier tritt nicht die geordnete Schichtung von Konkretum und Abstraktum auf, weil es die formale Ontologie, vom Sachhaltigen aus betrachtet, nur mit Abstraktem zu tun hat. Sie hat die Form einer Ontologie überhaupt zum Gegenstand und besitzt auch selber diese Form; das Abgeleitete ist die Weise des Ableitens. Form und Inhalt der formalen Ontologie sind von gleicher Art. Sie durchdringt sich insofern selber und ist, weil sie auf nichts außer ihr angewiesen ist, unabhängig und selbständig. Sie bewegt sich über ihren eigenen Kreis nicht hinaus, da sie nicht auf übergeordnete Wahrheiten rekurrieren muß. Diese Rückbezogenheit des Formalen auf sich selber macht nach Husserl den Begriff des *Analytischen* aus [14]. Analytische Gesetze stehen selber unter den Gesetzen, die sie als für alle Gesetze gültig aufstellen: sie sind (ihrer Form nach) Fall ihrer selbst, d.h. ihres Inhalts. Das Formale ist demnach ein in sich geschlossener und sich selbst genügender Bereich, der aber seinem Wesen nach die Möglichkeit anderer Bereiche, eben seiner materialen Anwendungen, selber eröffnet. So kann man die Wahrheiten der formalen Ontologie nach dem Wort Spinozas norma sui et alterius nennen.

B. Die Logik als Ermöglichung der Phänomenologie

Der Erfahrungsgegenstand, das Konkretum, verweist auf immer fundamentalere Bedingungen seiner Möglichkeit; letztlich aber auf das Etwas. Somit stehen sich gegenüber das Reich des selbständigen Wirklichen und das des selbständigen Möglichen; das Konkrete als Grund der Wirklichkeit des Formalen und dieses als Bedingung der Möglichkeit des Konkreten. Eine jede Tatsache muß also z.B. ein Etwas überhaupt sein; es ist aber keine Wesensnotwendigkeit des Etwas, als Tatsache realisiert zu sein. Das Konkrete bildet den Bereich in sich geschlossenen Seins, das Formale den des in sich beschlossenen Sinnes. Der analytischen Zufälligkeit der konkreten Tatsache steht gegenüber die analytische Notwendigkeit des formalen Wesens. Das Tatsächliche hat das Formale zu seinem höchsten Bezugspunkt; zum Horizont seines tiefsten Verweisens.

Als „Gesamthorizont" (7) des Tatsächlichen war aber die *Welt* bestimmt worden. Wenn nun das Etwas den Horizont von allem, was überhaupt irgendwie ist, darstellt, dieser Horizont aber die Welt ist, so folgt daraus, daß die grundlegende Möglichkeitsbedingung der Welt ist, Etwas zu sein [15]. Dies nicht allein in dem Sinn, wie auch eine Tatsache oder ein Eidos etwas sein muß, um überhaupt zu sein. Vielmehr ist der Etwas-Horizont alles in bestimmter Weise Seienden seinem Umfang und seiner Reichweite nach mit dem Welthorizont identisch.

---

[14] Vgl. *Ideen* I, § 10, S. 22.
[15] Die „großen metaphysischen Konsequenzen" (*Ideen* I, § 82, S. 165) dieser zunächst trivial erscheinenden Bestimmung wird das letzte Kapitel dieser Arbeit aufweisen. Doch ergibt sich schon hier, daß für eine Welt überhaupt zwar nicht weniger gefordert werden kann als daß sie Etwas sei – daß aber auch nicht mehr gefordert werden *muß*.

Nicht dagegen seinem Inhalt nach. Das Etwas ist als Möglichkeitsbedingung nur die allgemeinste Fundamentalbestimmung von Welt. Es stellt den Boden dar, von dem her sie ihren Anfang und Ursprung zu nehmen hat. Denn aller Wirklichkeit – und Welt ist der „Gesamtinbegriff" (8) des Wirklichen – liegt voraus ihre Möglichkeit. Das Etwas ist also Ermöglichung von Welt.

Das reine Etwas ist einerseits nicht selber die Welt, sondern lediglich ihr Möglichkeitsgrund. Welt hat somit im Grund ihrer Wirklichkeit noch einen anderen Anfang (ἀρχή), und der Weltursprung entdoppelt sich in zwei Ursprünge. Andererseits ist die Grundbestimmung von Welt, eben das Etwas-Sein, ihre letzte und in keine andere mehr aufzulösende Bestimmung. Sie wird von jedem sonstigen Prädikat nur näherbestimmt und hält es in ihrem Umfang unter sich beschlossen. Der Wirklichkeitsgrund der Welt differenziert nur ihre Bestimmung als Etwas-Horizont synthetisch aus. So erweist sich das Etwas doch als der einige „Anfang" der Welt.

Dennoch bleibt bestehen, daß die Welt einen doppelten Ursprung besitzt. Dies aber nicht, wie soeben gemutmaßt wurde, deswegen, weil der Begriff der Welt über den des bloßen Etwas hinausgeht und z.B. noch das Merkmal der Raumzeitlichkeit mit sich führt. Denn es hat sich gezeigt, daß es sich dabei um Unterscheidungsmerkmale einer bestimmten Welt gegenüber andern (vielleicht ebenfalls möglichen) Welten handelt. Sie transzendieren den Begriff des Etwas nicht so sehr, als sie ihn vielmehr einschränken. Denn auch Räumlichkeit oder Kausalität müssen etwas sein, sich also innerhalb der Grundform des Etwas befinden.

Die genannte Zweiheit des Ursprungs liegt demnach nicht in der Besonderung „diese Welt", sondern vorher schon im Wesen des Etwas begründet. Die Reflexion auf den vorhin vollzogenen Gang von der Tatsache zum Etwas macht dies deutlich. Das Etwas wurde zwar *in* diesem Gang und nur durch ihn erreicht, aber es stellte sich dar als das von ihm unabhängige und selbständige Fundament des Tatsächlichen. So tritt das Etwas zugleich als Resultat des Weges, d.h. als durch ihn bedingt, und als sein Prinzip, d.h. als ihn bedingend, auf. Das Ende des Weges erweist sich am Ende als dessen eigentlicher und wahrer Anfang. Der ursprüngliche Ansatz beim Tatsächlichen bildet sonach selber einen Teil der Lehre vom Etwas, der formalen Ontologie, welche nach Husserl die reine Logik in sich befaßt [16]. Es

---

[16] Das genaue Verhältnis von formaler Logik und formaler Ontologie spielt für

ist also zu sagen: „Unsere ganze Betrachtung war eine rein logische, sie bewegte sich in keiner ‚materialen' Sphäre" (32). Sie entsprach selber dem Grundgesetz, zu dessen Aufstellung sie führte: daß nämlich das Etwas Fundament und Horizont alles irgendwie Seienden sei und deswegen die Wissenschaft der *Logik* allen andern, auch der Phänomenologie, vorherzugehen habe als der Grund ihrer Möglichkeit.

Es ist dieser Sachverhalt, daß die angestellten Betrachtungen vorgängig schon sich nach dem richteten, das herauszustellen sie erst bestimmt waren, keineswegs ein schlechter Zirkel. Vielmehr handelt es sich bei der „Reflexivität" und Selbstbezogenheit der reinen Logik um „eine einsichtige Selbstverständlichkeit" [17], weil „*nach* logischen Regeln schließen und *aus* ihnen schließen" [18] nicht dasselbe ist. Der damit gemachte Unterschied zwischen der Anwendung und der Darstellung des Logischen liegt im Etwas selber begründet. Das Etwas als Grundwesen der formalen und in formaler Allgemeinheit alles Seiende umspannenden Ontologie ließ sich nämlich von dem aus erreichen, das „etwas" ist, d.h. von einer *Vielheit* von Individuen aus. Ihnen gegenüber ist das Etwas, wie es für sich genommen sich darstellt, eine in sich beruhende Einheit. Zum Wesen dieser Einheit gehört nun die Beziehbarkeit auf das Viele, das etwas ist. Es handelt sich dabei um das Grundgesetz, daß Wesensurteile *wesentlich* in Urteile über mögliche Individuen dieses Wesens umformbar sind, so wie umgekehrt jede solche Vielheit die Einheit des Wesens als ihr Fundament voraussetzt.

Der Anfang „rein logischer Untersuchungen" (32) liegt in der Vielheit des „etwas", die wir ganz allgemein als *Quantität* bezeichnen wollen [19]. Das „etwas" setzt als sein Grundwesen das Etwas voraus.

unsere Absichten keine Rolle und wird demzufolge auch nicht näher analysiert. Deswegen gebrauchen wir beide Termini auch einen für den andern ohne besondere Differenzierung.
[17] *Logische Untersuchungen* I, § 42, S. 161.
[18] *AaO.*, § 19, S. 58.
[19] Den Begriff der Quantität werden wir also nicht in jenem sehr eingeschränkten Sinn gebrauchen, wie Husserl dies etwa in den *Logischen Untersuchungen* I, S. VI, tut. In einem weiteren Sinne schon gebraucht diesen Begriff A. REINACH, wenn er über die Anzahl sagt: „... sie setzt eine Prädikation voraus, insofern sie den quantitativen Bereich von Etwassen, die Vielheit von Etwassen bestimmt" (*Was ist Phänomenologie?*, S. 44). Wir werden als „Quantität" den Sachverhalt bezeichnen, daß – da jede Bestimmung Negation ist – das Bestimmen (als Limitation) immer schon eine Totalität voraussetzt, aus der her es das Material für sein Einschränken entnimmt.

Die Vermittlung zwischen beidem wird vom „etwas überhaupt" geleistet (wir können diesen Einheitspunkt auch als „Etwas überhaupt" bezeichnen, da er ja gleichwesentlich in Richtung auf das Grundwesen Etwas wie auf die Vielheit des „etwas" sich ausspannt). Weil das Etwas von dieser Wesensverfassung ist, sich unbeschadet, ja gerade wegen seines Wesens auf mögliche Inferiora zu beziehen, kann umgekehrt die reine Logik am wirklich und tatsächlich Seienden ansetzen und von ihm aus einen legitimen Gang zum Etwas als dessen Horizont und Inbegriff vollziehen. Der Ausgang vom Tatsächlichen versichert die Logik ihrer Gültigkeit, dank derer sie nicht ein bloßes Phantasiegebilde ist. Dergestalt in der Wirklichkeit verankert, ist sie dennoch *reine* Logik, weil sie das Wirkliche unangesehen seines wirklichen oder vielleicht bloß möglichen Seins lediglich hinsichtlich seiner (für Wirklichkeit und Möglichkeit gleicherweise gültigen) formalen Struktur betrachtet.

So hat die Logik ebensosehr *zwei* Ausgänge, wie sie auch keinen hat, sondern sich in einem Zirkel bewegt. Der Gedoppeltheit ihres Ursprungs, der einerseits im tiefsten Inferior, andererseits aber im höchsten, dem formalen Grundwesen liegt, verdankt sie es, daß in ihr wirkliche Bewegung und Fortgang herrscht und nicht bloß ein leeres Wiederholen desselben A = A. An der kreisförmigen Einheit dieses Vorwärtsschreitens dagegen liegt es, daß sie dennoch eine reine Analytik bildet. Gerade der analytische Charakter der formalen Logik (als der Wissenschaft vom Etwas) bewirkt, daß sie nicht ex aliunde Prämissen oder sonst Stücke sich beschaffen kann für ihren Fortgang. Nur eine analytische Wissenschaft kann sich auf alle Bereiche beziehen, da sie keinen mehr außer und neben sich hat. Der analytische Charakter der formalen Logik beweist also, daß sie „höchste" Wissenschaft ist[20]. Letzteres ist sie als umfassendste Wissenschaft, über die hinaus keine noch weitreichendere mehr gedacht werden kann.

Was hier über das reine Etwas und die Wissenschaft von ihm gesagt wurde, überträgt sich naturgemäß auch auf die Welt als den Gesamthorizont und -inbegriff alles dessen, was (scil. etwas) ist. Da Welt, rein für sich genommen, zunächst nichts, d.h. kein Seiendes

---

[20] Was TH. SEEBOHM von der Phänomenologie insgesamt sagt, gilt also schon vom Aufstellen der reinen Logik: „Dieser Zirkel... wird sich im Fortgang als das Prinzip der Voraussetzungslosigkeit erweisen" (*Die Bedingungen der Möglichkeit der Transzendentalphilosophie*, S. 52).

wie sonstige Erfahrungstatsachen ist, muß die Frage nach ihrer Seinsweise direkt beim Innerweltlichen, bei den gegebenen Dingen ansetzen, um sie auf ihre gemeinsamen, zunächst: ihre formalen Strukturen hin zu untersuchen – so wie diese Betrachtung hier schließlich auch vollzogen worden ist. In dieser Weise allein kann Welt, wie sie unabhängig von den jeweiligen Erfahrungsgegebenheiten wesensmäßig beschaffen ist, verständlich gemacht werden. Welt ist aber ihrem Wesen nach relativ auf solches, das in der Welt ist. Es decken sich also „die Begriffe ‚wahrhaftes Sein', ‚wirkliches Sein', d.i. reales Sein, und – da alles Reale sich zur Einheit: der Welt zusammenschließt – ‚Sein in der Welt' " (7). Denn der Horizont des Etwas und der der Welt fallen zusammen.

Deswegen bedurfte es auch „vorgängig rein logischer Untersuchungen" (32)[21]. Sie allein ermöglichen ein letztbegründetes Wissen von der Wesensartung der Welt. Husserl stellt diesbezüglich fest: „Nun habe ich vor dem Anfang mit der Reflexion über ⟨die⟩ Struktur der Erfahrungswelt *notwendig* einen anderen Anfang durchführen müssen: allgemeine Meditationen über das Ziel der Erkenntnis und Wissenschaft... Also baut sich mit diesem Eingangsstück schon ein Stück reiner und formaler Logik auf"[22]. Diese Logik ist ihrem wohlverstandenen Sinn nach „Realitätenlogik"[23] oder „Weltlogik"[24]. Und als solche bildet sie dann das fundamentum inconcussum alles Wissens bzw. aller Wissenschaft.

Doch schon Husserls vorhin angeführtes Wort, es sei damit ein Anfang vor dem „eigentlichen" Anfang gemacht, weist einen anderen Weg. Es ließe sich auch darauf hinweisen, daß „Spezialisierung etwas total anderes als Entformalisierung, als ‚Ausfüllung' einer logisch-mathematischen Leerform" (26) ist. Damit wäre zu vermuten, daß

---

[21] Vgl. auch Ms. B I 14/26–29. Der Titel dieser Blätter lautet: „Die Paradoxie (der Zirkel) gleich im Anfang der Besinnung über mögliche Wissenschaft". Auf Blatt 27b schreibt Husserl: „Das Ziel, eine echte universale Wissenschaft, eine Philosophie in unserem Sinn zu begründen, ist nur erreichbar durch eine vorgängige ‚Logik'... Aber ist nicht Logik als Wissenschaft von Wissenschaft selbst eine Wissenschaft...? Bewegen wir uns nicht im Zirkel und zugleich einem unendlichen Regress?"
[22] „Versuch zu einer Scheidung der Stadien...", Husserliana VIII, S. 254; Hervorhebung vom Vf. – Vgl. auch den Satz der *Ideen* I: „Es war eben auf dem Boden der reinen Logik ein Schema zu zeichnen, als Stück der von ihr ausgehenden Grundverfassung aller möglichen Erkenntnis" (§ 17, S. 32).
[23] Husserliana III, Beilage VI, S. 389.
[24] Vgl. *Formale und Transzendentale Logik*, § 92b, S. 201.

der Aufbau des Wissens auf dem Fundament der Logik nicht einfach eine sich verzweigende Fortsetzung des in der Logik schon Vorgegebenen darstellt. Denn das Schließen *nach* und das Schließen *aus* logischen Regeln ist, wie schon gesagt, zweierlei. Doch ist damit nichts Entscheidendes gegen den Fundamentsinn der Logik dargetan, weil er ja nur das Schließen *nach* den Regeln der Logik meint, dessen das Wissen in der Tat in keinem Falle überhoben sein kann [25].

Dennoch steht die Beantwortung einer Grundfrage noch aus. Wir meinen die Frage, auf welchem Grunde die Erkenntnis des rein Möglichen, d.h. die Aufrichtung der formalen Logik denn ihrerseits möglich sei. Die Logik als solche und der ganze durch sie abgeschrittene Gesamthorizont des (als „etwas") Seienden steht in Frage. Nicht also kann geantwortet werden, die Logik ruhe auf dem Grunde der Tatsachen auf. Denn unsere Frage wendet sich dann dahin um, daß sie lautet: Wie ist der Tatsache anzusehen, daß sie zum letzten Fundament das Etwas hat – noch dazu mit Notwendigkeit hat? In Frage steht also, genauer ausgedrückt, die Möglichkeit der Erkenntnis eines Gegenstandes überhaupt.

Im Bereich des Logischen verweist jedes Moment auf ein anderes; wir gelangen in diesem Kreis an kein Ende und keinen Anfang. Deswegen galt es zunächst, dieses Feld in seiner Abgeschlossenheit und Gesamtheit in den Blick zu bringen. Nur so gelingt es, dem ständig kreisenden Rad des rein Logischen sich zu entwinden. Daß Welt ist, kann nicht mehr im Sein von Weltlichem begründet, und daß dieses ist, nicht mehr durch den Hinweis auf kausal Früheres abgetan werden (wobei das Frühere seinerseits wieder aus dem Gesamtzusammenhang des Weltlichen, eben der Welt, her verständlich zu machen wäre). Die Unmöglichkeit einer im Objektiven verharrenden Erklärung entsteht dadurch, daß dieses in seiner Gesamtheit in Frage gestellt und auf seinen Ursprung hin befragt wird. Dieses Fragen setzt den überschlägigen Aufbau der reinen Logik voraus. Darin also besteht die Notwendigkeit, noch vor dem Anfang „einen andern Anfang" zu vollziehen. Anders gesagt: Die Frage nach der *Möglichkeit* einer gegenständlichen Erkenntnis kann immer nur „*hinterher*" (46)

---

[25] Auch das Argument, die Logik sei lediglich „Wissenschaft von der Objektivität überhaupt" (*Erste Philosophie* I, Husserliana VII, 7. Vorlesung, S. 45) vermag gegenwärtig noch nichts auszurichten. Denn die Subjektivität, welche als Ergänzungsstück der Objektivität notwendig zu fordern ist, kann bis jetzt ebenfalls nur den Sinn eines Seins in der Welt haben. Auch sie weiß sich also der Logik unterworfen und vom Horizont des Etwas mitumfaßt.

als Reflexion auf den faktischen Vollzug ihrer Wirklichkeit kommen. Die Frage nach dem Ursprung der Welt kann nur entstehen, wenn Welt schon vorgegeben ist.

Damit bestimmt sich auch der Sinn dieser Ursprungsfrage näher. Es kann keinerlei Entspringen aus einem anderen Etwas gemeint sein, da ja Welt selber der Etwas-Horizont ist. Vielmehr handelt es sich dabei um das Zustandekommen des Etwas selber. Da ihm voraus bzw. außerhalb der Welt „nichts" liegt, kann die Frage nach dem Weltursprung nur dies bedeuten: Wie kommt das subjektive Welterfassen dazu, Welt als das, was sie ist, zu erfassen? Wie kommt das Etwas zur Möglichkeit seines Erscheinens?

Die gesuchte Wissenschaft (unsere ἐπιστήμη ζητουμένη), welche die reine Logik begründen und damit aller Erkenntnis überhaupt einen festen Boden erst verschaffen muß, ist Wissenschaft vom Erscheinen des Seienden und seines nächsten wie seines äußersten Horizonts. Da es sich dabei um das Erscheinen von allem und jedem Ansich handelt, kann Erscheinen hier nicht das Sichäußern eines Ansich meinen. Es bezieht sich vielmehr auf das Bewußtsein vom Ansich und seinem eventuellen Sichäußern. Die Wissenschaft vom Bewußtsein als der Gegenstandserscheinung ist sonach die *Phänomenologie*.

Begründet sie mit der reinen Logik alles Weltwissen, so erklärt sich auch der Umstand, daß der Ursprung der Phänomenologie in *logischen Untersuchungen* liegt [26]. Die Notwendigkeit, in ihnen noch *vor* dem Anfang schon anfangen zu müssen, ist letzten Endes nichts anderes als der Ausgang vom Tatsächlichen selber, sofern „Tatsache" den uneinholbaren Überschuß des Vorgegebenen und Wirklichen gegenüber dem bloß möglichen Wesen (letztlich: dem Etwas) meint. Vor der Philosophie – wenn anders die Frage nach dem Seienden im Ganzen als Philosophie bezeichnet werden darf – vor der Philosophie liegt wesensnotwendig das Wissen „der in einem guten Sinne dogmatischen, das ist vorphilosophischen Forschungssphäre" (46). Umgekehrt aber gilt: Wird diese Sphäre als Ganzheit umgriffen, so ist damit unvermeidlich und notwendig der Weg in die Phänomenologie

---

[26] „Ist der Gegenstand in leerformaler Allgemeinheit... nur aufzuklären durch einen Rückgang in die subjektiven Evidenzen,... so zeichnet sich damit in einer motivierten Weise der Gesamtstil einer phänomenologischen Weltaufklärung vor" (E. FINK, „Die Spätphilosophie Husserls in der Freiburger Zeit", in: *Edmund Husserl 1859-1959*, S. 104).

schon angetreten. Denn die Erörterungen über die reine Logik bilden „im strengsten Sinne prinzipielle Aufweisungen" (33), da sie ja das principium dessen, was (etwas) ist, darstellt. Feststellungen aber, „die so vollzogen sind, sind wirkliche ‚Anfänge' " (33).

Wir haben also einerseits „wesentliche Grundlagen für unseren Aufbau der Idee einer reinen Phänomenologie" (33) uns beschafft. Doch ist dem sogleich hinzuzufügen, daß wir von der Phänomenologie „bisher noch nichts wissen" (32). Die Richtung des Suchens ist bekannt. Wir haben uns also auf den Weg zu begeben.

II. KAPITEL

DIE WELTBESTIMMUNG
DER ANFANGENDEN PHÄNOMENOLOGIE

A. Welt als reale Umwelt

Die Phänomenologie unterläuft mit der Logik alles sonstige Wissen von der Welt, indem sie auf jenes Wissen zurückfragt, in dem die Welt überhaupt erst zur Erscheinung kommt. Ihr Thema ist so das Weltbewußtsein. Es ist in einem Wissen gegeben, welches Husserl als „natürliche Einstellung" (48) bezeichnet. Diese Einstellung muß insgesamt und als ganze thematisiert werden. Da sie aber, wie gezeigt, einen doppelten Gegenstand oder „Anfang" hat, nämlich den Gesamthorizont und das in ihm sich Aufhaltende, muß sowohl die Welt- wie die Dinghabe zum Thema erhoben werden.

Wie nun ein solcher Rückgang auf die subjektiven Evidenzen die Möglichkeit der alltäglichen Welthabe aufzuklären imstande sei, ist aber zunächst nicht einzusehen. Wenn die umfassende Objekthabe, die natürliche Einstellung, selber wieder zum Gegenstand der Betrachtung gemacht werden soll, von welchem Punkt aus könnte diese Betrachtung dann vorgenommen werden? Ist es nicht ein widersprüchliches Unterfangen, daß zum Zwecke der Aufklärung des Rechts der Identifikation von „Sein in der Welt" und „Sein schlechthin" diese Identifikation als *Unrecht* behauptet wird? Denn soll sie insgesamt und ihrer integralen Möglichkeit nach verständlich gemacht werden, so muß diese Aufklärung doch in einem andern Boden verwurzelt sein als in dem jener Identifizierung, die es ja erst zu erklären gilt. Die Möglichkeit eines solchen ἄλλο γένος wird aber von dem zu erklärenden Gegenstand selber negiert. So schließt die natürliche Einstellung also offenbar die Möglichkeit aus, sie verständlich zu machen. Andererseits aber bleibt bestehen, daß jedes Recht dieser Einstellung solange fragwürdig bleibt, als diese Aufklärung nicht geleistet ist. Es ist ebenso unmöglich, der gestellten Aufgabe (nämlich der, eine Phänomenologie aufzubauen) auszuweichen wie auch, sie als sinnvoll anzuerkennen. Denn sie läßt sich offensichtlich nicht durchführen.

Diesem Dilemma ist nur dann zu entkommen, wenn sich an bzw. in der natürlichen Einstellung selber Züge aufweisen lassen, die dazu nötigen, diese Einstellung insgesamt zu verlassen; Züge also, die ein solches Verlassen nicht nur als möglich erscheinen lassen, sondern darüberhinaus positiv den Boden andeuten, von dem her ein Verständnis des Selbstverständlichen, eben des Natürlichen, seinen Ansatz gewinnen kann. Die natürliche Einstellung muß gewissermaßen auf solche verborgene Motive hin abgeklopft und abgehorcht werden. Denn beim ersten Blick auf die Natürlichkeit, wie er soeben geworfen wurde, kommt eine positive Begründung der Phänomenologie sichtlich nicht zustande.

Es bedarf also einer Betrachtung der Grundzüge des natürlichen Bewußtseins. Sie vollzieht sich notgedrungen selber „ ‚in natürlicher Einstellung' " (48), wenn auch mit dem Ziel, diese insgesamt zu verlassen, um sie begründen zu können. Die Betrachtung des Fundaments der Natürlichkeit legt also zugleich das Fundament für die Phänomenologie: sie ist, obzwar in der Natürlichkeit verankert, dennoch schon die entscheidende *phänomenologische* Fundamentalbetrachtung.

Die Phänomenologie hat ihr Fundament demnach zugleich *in* der Natürlichkeit wie auch *außer* ihr. Da sie in der Natürlichkeit Wurzeln schlägt, ist sie gefeit gegen den möglichen Vorwurf wilder Spekulation; da sie über die Natürlichkeit hinausreicht, vermag sie sich über diesen ihren Boden Klarheit zu verschaffen. In der erstgenannten Hinsicht vollzieht die Phänomenologie, „ohne die natürliche Einstellung zu verlassen, eine psychologische Reflexion auf unser Ich und sein Erleben" (60). Diese konkrete Arbeit verhindert, daß die Phänomenologie eine „Hinterwelt" errichten würde, deren Zusammenhang mit dem Gegebenen nicht mehr einsichtig wäre. Die zweitgenannte Hinsicht dagegen, daß nämlich die Phänomenologie nicht bloß eine natürliche Reflexion vollzieht, wehrt jede psychologistische Versuchung ab. Denn mit der Herausstellung der Erlebnisweisen, in denen Welt gegeben ist, hält die Phänomenologie durchaus nicht alles zu Sagende für gesagt. Sie stellt vielmehr, anders als der gewöhnliche Skeptizismus, noch die Frage nach dem Rechtsgrund des Glaubens an die Untrüglichkeit der Icherlebnisse. Sie fragt also noch nach der

Seinsweise jenes Bewußtseins, welches der dogmatische Skeptizismus naiv als zweifellos gegeben hinnimmt.

Der Grundsachverhalt der natürlichen Einstellung nun ist, wie jede einfache Reflexion zeigt, der folgende: „Ich bin mir einer Welt bewußt" (48)[1]. Die Logik hatte also nur ein *Stück* dieser ursprünglichen Gegebenheit zum Thema, da sie den *Welt*aufbau herausstellte. Über das bloße Sein von Welt hinaus gehört zur Urgegebenheit auch noch dies, daß die Welt als *seiend bewußt* ist. Weder ist also die Welt in sich verschlossen, da sie sich aufs Ich bezieht. Noch auch ist es das Ich, da es Welt hat. Der Zusammenhang von Ich und Welt ist *unmittelbarer* Natur, da es sich um einen Grundsachverhalt handelt, der nicht in einer noch tiefer liegenden Gegebenheit begründet wäre. „Ich bin mir einer Welt bewußt", das besagt also: „ich finde sie unmittelbar anschaulich vor" (48). Denn Anschauung ist die Weise, in der Unmittelbares gegeben ist.

Doch das unmittelbare Weltbewußtsein macht nur den *einen* Teil der Grundverfassung der natürlichen Einstellung aus. Die Grundgegebenheit ist in sich gedoppelt, da gleichermaßen gilt: „wirkliche Objekte" sind *„für mich einfach da"* (48). Die Gegenstände – etwa „körperliche Dinge" und „animalische Wesen" (48) – sind zugleich und in gleicher Unmittelbarkeit wie ihr „Gesamtinbegriff" (8) gegeben und bewußt. Der Grund für die Gabelung in der ursprünglichen Gegebenheit liegt im Wesen der natürlichen Einstellung selber. Denn Seiendes ist für sie Seiendes in der Welt und Welt der Gesamthorizont des Seienden.

Welt und Ding – so seien das etwas Seiende und sein äußerster Horizont kurz genannt– sind *korrelativer* Natur. Beide unmittelbare Gegebenheiten sind, was sie sind, nur durch wechselseitige *Vermittlung*. Nicht also ist die Welt oder das Ding das Unmittelbare und anschaulich Gegebene, sondern das Ding als Weltding ist es. Die Korrelation von Ding und Welt hat zunächst die gleiche Struktur wie die zwischen der zufälligen Tatsache und der gegen sie ausgegrenzten Wesensnotwendigkeit. Das Ding kann sich unbeschadet des Bestehens der Welt ändern und sogar vergehen. Doch der Unterschied des Wesen-Tatsache-Verhältnisses zur Korrelation von Welt und Ding liegt darin, daß Welt kein Inhalt ist, der sich im Ding verkörpern würde. In dieser Hinsicht entspricht die genannte Korrelation vielmehr der

---

[1] Vgl. zum Folgenden auch Ms. F I 13/72aff.

zwischen dem formalen Etwas schlechthin und dem, das „etwas" ist. Die Korrelation von Welt und Ding ist demnach formaler Natur. Sie spielt sich ab zwischen dem Ding und seinem äußersten Horizont; nicht zwischen Bestimmungen des Dinges. Welt ist also ein Charakter, der nicht die Diesheit des Dinges und auch nicht sein Eidos berührt, sondern der zum Ding als Ding überhaupt gehört. In der natürlichen Einstellung besagt dies: Welt ist kein Merkmal an Tatsachen oder ein Wesen, sondern ein Wesenszug des Seienden als solchen.

Das jeweilige Seiende unterscheidet sich dann von der Welt dadurch, daß es einen Inhalt hat; genauer: durch seinen *bestimmten* Inhalt. „Für mich da sind wirkliche Objekte, als bestimmte" (48). Was selber wirklich ist und nicht nur einen Horizont des Wirklichen darstellt, ist eo ipso bestimmt: Wirklichsein und Bestimmtsein sind hier austauschbare Begriffe. Demgegenüber zeichnet die Welt selber sich aus durch ihre „Unbestimmtheit" (49). Sie ist in sich „endlos" (48) und „unendlich" (49) (ἄπειρον).

In der Korrelation genommen, bedeutet dies für das Ding, daß es in seine Bestimmtheit nicht eingesperrt ist, sondern mit dem Welthorizont die Möglichkeit seiner Um- und Andersbestimmung stets bei sich trägt. Der positive Bezug der Welt zum Ding hinwieder schließt ein, daß die Unbestimmtheit der Welt kein unwiderrufliches Faktum meint, sondern den Sinn der Bestimmbarkeit hat. In dieser Hinsicht bildet die Welt den „Horizont unbestimmter Wirklichkeit" (49), anders formuliert: den der bestimmten Möglichkeit, welcher das Seiende umgibt.

Da Welt aber, wie gesagt wurde, zum Seienden als solchen gehört, kann diese Möglichkeit nicht als in Bestimmtheit und Wirklichkeit vollständig übergeführt gedacht werden. Der „nie voll zu bestimmende Horizont ist notwendig da" (49). Eine Welt, in welcher der Gesamtinbegriff und das unter ihm Begriffene, anders: deren (möglicher) Umfang und (wirklicher) Inhalt zusammenfielen, kann es aus prinzipiellen Gründen nicht geben. Der Gedanke eines aktual Unendlichen widerspricht sich selber; das Unbegrenzte „existiert nicht im Bereich der Sinnesdinge"[2].

Das Begrenzte, das Endliche allein hat ein wirkliches Dasein. Es nimmt eine feste Stelle in der Welt ein, an welcher es immer wieder vorgefunden werden kann, solange es besteht. Das Bewußtsein dieses

---

[2] ARISTOTELES, *Metaphysik*, K, 10 (1066 b 22).

Sachverhalts, die Dinganschauung, findet jeweils dann statt, wenn das Ding dem anschauenden Ich *gegenwärtig* ist. Wäre das Ding unveränderbar, d.h. besäße es keinen Horizont, so wäre diese seine aktuelle Gegenwart rein punktueller Natur; sie würde sozusagen in einer Momentaufnahme erfahren. Daß das Ding immer nur im Horizont seiner Möglichkeiten gegeben ist, bedeutet demnach für die Dingwahrnehmung, daß sie sich über die punktuelle Stelle hinaus erstreckt. Die Dingerfahrung ist nicht reines Gegenwärtigen; sie führt mit sich den „beständigen Umring" des „Mitgegenwärtigen" (49). Das Wahrgenommene selber ist dank dessen nicht von punktförmiger Art, sondern bildet ein Feld der Wahrnehmung. Das reine Jetzt hat ein Sein, einen Bestand also nur als Feld, und dieses Feld der Gegenwart ist umgeben von dem Umring des Mitbewußten. Den äußersten Horizont des Mitgegenwärtigen bildet die Welt als das, was selber nie Gegenwart im Sinne eines Stellenjetzt werden kann. Diese fundamentale Nichtgegenwart hält alle Gegenwart in lebendiger Bewegung, weil sie den Zeithorizont der Dinge immer wieder (d.h. in jedem Jetzt) von neuem eröffnet.

Die ursprüngliche objektive Gegebenheit hat also eine dreifache Schichtung. Sie gliedert sich in unverwirklichbare Möglichkeit (= unbestimmter Welthorizont), verwirklichbare Möglichkeit bzw. mögliche Wirklichkeit (= vage Umgebung) und das aktuell gegebene Ding [3]. Die Einheit dieser Struktur liegt nun nicht außerhalb der drei Schichten in einem vierten Moment. Vielmehr besitzen die Schichten keine scharfen Ränder, sondern gehen nahtlos ineinander über. Demgemäß sind die Begriffe Aktualfeld, Umring und Horizont „morphologische Begriffe von vagen Gestalt-Typen, die auf Grund der sinnlichen Anschauung direkt erfaßt ... werden" (138). Solche *deskriptiv* gewonnene Begriffe, d.h. „an den anschaulichen Gegebenheiten erfaßte Wesen"[4], setzen voraus, daß ihr Gegenstand – hier: die Welt – von kontinuierlich zusammenhängender, von „quantitativer" Natur ist. Diese Quantität der Welt, nämlich ihre räumliche und zeitliche Ausdehnung, stellt jenes Moment dar, welches die „Auseinanderziehung" des jeweilig aktuellen Jetztpunktes und des Diesda zum Wahrnehmungsfeld bewirkt. Darüberhinaus stellt diese Quantität den Zusammenhang des Feldes mit der gesamten Welt her.

---

[3] Vgl. H. Hohls Unterscheidung der inneren und äußeren Umwelt sowie des „äußersten Welthorizonts" (H. Hohl, *Lebenswelt und Geschichte*, S. 36).
[4] *Logische Untersuchungen* II/1, 3. Untersuchung, § 9, S. 245.

Die Quantität der Welt, ihre Vielheit ermöglichende Ausbreitung, ist sonach teils aktueller, teils auch nur potentieller Natur. Dabei ist die Potentialität in konzentrischen Kreisen um den aktuellen Mittelpunkt verankert; sie ist an der „zentralen Umgebung" (49) gewissermaßen „festgemacht". Doch klebt sie am Aktuellen nicht nur äußerlich fest, sondern hat eine wesentliche Beziehung zu ihm. Denn das Aktuelle ist seinerseits Verwirklichung des Möglichen und schreibt sich aus diesem als aus seiner Unterlage und seinem Substrat her.

Gemäß der ersten Hinsicht terminiert die Potentialität in der Aktualität und empfängt ihren Sinn von dieser her. Das Erste ist so die Wirklichkeit, was darin zum Ausdruck kommt, daß sie beständig vorhanden ist, „selbst wenn ich nicht auf sie achte" (48). Das Wirkliche mag außerhalb des jeweils für das Ich Wirklichen liegen. Deswegen muß es aber durchaus nicht außerhalb der Aktualität schlechthin liegen. Dieses Außereinanderliegen der verschiedenen Aktualitäten ist, als ihr Verhältnis zueinander, ihr Nebeneinander im *Raum*. Das fürs Ich Aktuelle bestimmt sich dadurch als ein Ausschnitt aus der wirklichen Welt, als ein perspektivisch eingeschränkter Standort. Das Ich hat zwar nur einen endlichen Teil des Raumes aktuell bewußt. Aber zugleich hat es den Raum auch bewußt als an sich „endlos ausgebreitet" (48).

Nach der zweitgenannten Hinsicht ist das bloß Potentielle das Ursprünglichere, und das Aktuelle verwirklicht gewisse, im Gesamt der Möglichkeiten vorgezeichnete Einzelmöglichkeiten. Auch das Wirkliche bleibt noch „unterlegt" vom Möglichen und in ihm einbehalten. Ob also eine bestimmte Möglichkeit auch wirklich ist, läßt sich nur durch das Herantreten des Ich ans Ding, durch den Ausweis aktueller Erfahrung ausmachen. Da die Erfahrungsaktualität aber nicht mit der Aktualität der Dinge zusammenfällt, kann das Ich sein Erfahren nur ausdehnen durch den Wechsel seiner Standorte. Dieses Ich-bewege-mich nun löst das räumliche Nebeneinander auf ins kontinuierliche Nacheinander des Wirklichseins fürs Ich. Die Form dieses Nacheinander, d.h. der Spielraum der Ichbewegung, ist die „Seinsordnung in der Folge der *Zeit*" (49). Das Ich ist in ihr dadurch verankert, daß es selber einen „Standpunkt" (49) in der aktuellen Gegenwart hat, den es dank der Vermöglichkeit seines „Ich kann" (49) mit verschiedenem Inhalt zu füllen vermag.

Stets ist das aktuelle Wahrnehmungsfeld bewußt als Perspektive auf die raumzeitliche Unendlichkeit der Welt. Dieser Unendlichkeit nun korrespondiert das ichliche Vermögen „freier Betätigung des Erfahrens" (49), durch welches der Inhalt des Feldes sich bestimmt. Die Unendlichkeit des Welthorizonts besagt für das Ich die Unendlichkeit seiner Möglichkeit, Dingerscheinungen zu haben. Die Verwirklichung dieser Ichpotentialität geschieht durch „Zuwendung der Aufmerksamkeit" (49). Sie also motiviert die Art und Bestimmtheit der Perspektive auf die Welt [5].

Unaufhebbar und „notwendig da" (49) dagegen ist, was in der ursprünglichen Gegebenheit als solcher impliziert ist: nämlich der Welthorizont mit seiner Schichtung von ineinander verfließender Aktualität und Potentialität. Dabei macht das Aktuelle und leicht Aktualisierbare – das also, was unter die faktisch erreichbare Vermöglichkeit des Ich fällt – die Umwelt aus, über die hinaus die Welt sich ins Unendliche erstreckt. Die „ ‚Form' der Welt, eben als ‚Welt', ist vorgezeichnet" (49), obschon ihr inhaltlicher Bestand kontinuierlich in Raum und Zeit wechselt, d.h. für jede Raum- und Zeitstelle ein anderer ist. Die Urgegebenheit „ich bin mir einer Welt bewußt" (48) läßt sich also folgendermaßen näher beschreiben: Ich finde mich „im wachen Bewußtsein, allzeit und ohne es je ändern zu können, in Beziehung auf die eine und selbe ... Welt" (50).

Das besagt, daß die Prädikate der Welt (Einheit, Raumzeitlichkeit, Aktualität usw.) einerseits das Ansichsein der Dinge ausmachen und es ermöglichen, daß sie vorhanden sind, „ob ich mich ihnen ... zuwende oder nicht" (50). Die Welt ist stets, die sie ist, unabhängig vom Ich und unbeschadet seiner Zu- oder Abwendung von ihr. Zum andern bestimmen die Weltprädikate aber die Form des ichlichen Lebens und Erlebens, die Form seines Bewußtseins. Denn Welt gehört so notwendig zum Ich, daß sie nicht nur seinen *Gegenstand* darstellt, sondern zugleich den Rahmen, innerhalb dessen sich das Ichvermögen vollzieht. Einerseits ist also zu sagen: die Welt „ist immerfort für mich ‚vorhanden' ", andererseits aber in gleicher Unmittelbarkeit hinzuzufügen: „und ich selbst bin ihr Mitglied" (50). Als der ursprüngliche Ichgegenstand ist die Welt die *Summe* des Objektiven; sie bildet den „Gesamtinbegriff von Gegenständen" (8). Als Spielraum des „Ich kann" dagegen liegt die Welt um das Ich herum. Sie ist *Um-welt* und als solche die *Form* aller Ichbetätigung, d.h.

---

[5] „Die ‚Breite' der Gegenwart wird vom Interesse konstituiert". (G. BRAND, *Welt, Ich und Zeit*, S. 90).

deren „Gesamthorizont" (7), wogegen der Gegenstand des ichlichen Vermögens dann nicht die Welt, sondern in der Welt Seiendes ist.

B. *Erweiterung des Weltbegriffs*

Welt hat ein doppeltes Gesicht. „Ich bin mir einer Welt bewußt" (48) besagt: ich habe Welt als Gegenstand vor mir. „Welt" ist dann das Weltliche selber. Gleichermaßen beinhaltet dieser Satz aber auch dies: ich trage Welt in meinem Bewußtsein. Welt ist dann die Form des bewußten Lebens. Will man dieses Sichbetätigen Erfahren nennen, die Dinge dagegen dessen Gegenstand, so ließe sich mit Kant sagen: „die Bedingungen der *Möglichkeit der Erfahrung* überhaupt sind zugleich Bedingungen der *Möglichkeit* der *Gegenstände* der *Erfahrung*" [6]. Das Zugleich wäre dabei zu verstehen im Sinne der Selbigkeit beider Formen.

Ist die ichliche Bewußthabe der Welt die Grundgegebenheit des natürlich eingestellten Bewußtseins, so ist demnach Welt als Gesamthorizont die „Grundform alles ‚aktuellen' Lebens" (50). Husserl bezeichnet sie mit dem cartesianischen Ausdruck „*cogito*" (50).

Doch zeigt schon der einfache Blick auf das Weltleben des Bewußtseins, daß Welt als Inbegriff der raumzeitlichen Gegenstände nicht die einzige Art des Gegenständlichen darstellt. Die Raumzeitwelt, die Welt der realen Dinge, bildet zwar die vorausgesetzte Grundform und den „Hintergrund" (51) des Bewußtseinslebens, aber das Ich bezieht sich auch auf Gegenstände, die nicht von raumzeitlicher Wesensverfassung sind. Die Möglichkeit solcher Bewußtseinsobjekte wird aus der Reflexion über das bisher Gesagte deutlich.

Welt hatte sich bestimmt als der Inbegriff der Dinge, welcher zugleich mit diesen und korrelativ zu ihnen in allem Erleben gegeben ist. Welt selber ist aber kein Gegenstand des Bewußtseins in der Art der Dinge. Sie ist vielmehr Form der Dinge und des Dingerlebens. Nun hat sie dank des Verhältnisses der *Dinge* zum Ich selber einen „Inhalt" erworben: ihre „Quantität" hat sich näher als Raumzeitlichkeit bestimmt. Raum und Zeit werden der Welt aufgrund der sie erfüllenden Dinge zugesprochen und sind deren Verhältnisweisen. Das Ich seinerseits ist *in* der Welt nur deswegen, weil es selber diese dingliche Seinsweise besitzt, an einem raumzeitlichen Standpunkt reali-

---

[6] KANT, *Kritik der reinen Vernunft*, A 158 (B 197).

siert zu sein. Die Welt wird als Horizont vorgefunden, weil das Ich sich als ein raumzeitlich Seiendes vorfindet. Somit liegt der Grund für die Raumzeitlichkeit der Welt in den Dingen, die sie in sich begreift. Die bestimmte Seinsweise des Gesamtinbegriffs hängt ab von dem, was er unter sich befaßt. Realität ist aber eine Differenzierung des logischen Gesamtinbegriffs, neben der auch andere Besonderungen möglich sind.

Das zwar nicht in dem Sinn, daß es hierbei um ein gleichberechtigtes Nebeneinander ginge, so daß statt der realen Welt z.B. auch eine bloß ideale Sein haben könnte. Vielmehr ist die Realität der Welt, wie gesagt, stete Basis aller sonst möglichen Welten. Der paradoxe Sachverhalt ist also der, daß die Realität nur insofern als zufällige Besonderung von Welt (als dem Gesamtinbegriff überhaupt) erscheinen kann, als dabei die universale Notwendigkeit des realen Seins immerzu vorausgesetzt bleibt. Dies meint, daß die Realwelt als beständiges Substrat aller Ichbetätigung fungiert. Aber die Zuwendung der Aufmerksamkeit ist nicht eingeschränkt auf die thematische Habe von Realem. Dies wäre nur der Fall, wenn alles, was sein kann, real ist und umgekehrt. Es hat sich aber gezeigt, daß der Welthorizont nie mit dem in ihm Enthaltenen in der aktualen Unendlichkeit zusammenfallen kann. Der Umstand, daß das Ich den Dingen immer voraus ist, weil es gleichermaßen wie auf sie auch auf den Welthorizont gerichtet ist: dieser Umstand also eröffnet die Möglichkeit von nichtrealem Sein für das Ich.

Das Nichtreale – positiv gesagt: das Ideale – negiert also die Realität, sofern es nicht an einem bestimmten Hier und Jetzt fixiert ist. Dies gilt z.B. für die Zahlenwelt. Die Realwelt ist „kein Horizont, in den sich eine arithmetische Welt einordnet"; diese beiden „zugleich vorhandenen Welten sind außer Zusammenhang" (51). Da aber die Idealwelt die reale zum „Hintergrund" (51) hat, stehen beide Welten in Zusammenhang, indem sich die idealen Gegenstände z.B. als allzeitlich bestimmen[7]. Dieser positive Zusammenhang zeigt sich vor allem darin, daß die raumzeitliche Welt für das Ich immer da ist, ob es sich ihr zuwendet oder nicht. Dagegen ist die arithmetische Welt „für mich *nur* da, wenn und solange ich arithmetisch eingestellt bin" (51). Es bedarf eines eigenen Aktes auf dem Grunde der natürlichen Einstellung; eines Aktes der Zuwendung, wie er auch für die thema-

---

[7] Vgl. K. HELD, *Lebendige Gegenwart*, S. 52f.; *Formale und transzendentale Logik*, § 64, S. 150f.

tische Bewußthabe realer Dinge erfordert ist. Das Ich findet sich also nicht „von Natur" in die Welt des Idealen versetzt vor. Das besagt, daß die Idealwelt, daß jede nichtreale Welt sich von der realen dadurch unterscheidet, daß sie für das Ich lediglich Inbegriff von Gegenständen, nicht aber Horizont seiner selbst ist. Das Ich ist nicht Mitglied der Idealwelt, es nimmt nicht die Seinsweise des Idealen an. Die Idealwelt ist deswegen nicht auf es als auf ihr Zentrum bezogen.

Das Dasein einer Idealwelt ist für das Ich abkünftiger Natur und durch das der Realwelt vermittelt. Die ideale Welt heißt also nur in nachbenannter Weise (paronym) „Welt". Mit der realen Welt gemeinsam hat sie, daß sie den Inbegriff einer Klasse von Gegenständen bildet und selber Bewußtseinsgegenstand ist. Diese Beziehbarkeit auf das Ich ist für jede Welt von prinzipieller Natur. Von „prinzipiell" ist dabei sowohl ex parte objecti wie ex parte subjecti die Rede. Denn das mögliche Gegebensein jeder Welt gilt einerseits für jeden in ihr einbefaßten Gegenstand. Darüberhinaus besteht die Möglichkeit des Gegebenseins prinzipiell nicht nur für *ein*, genauer: für je mein Ich. Sie ist vielmehr eine solche für ein jedes Ich. Der Begriff der Welt ist nämlich nicht nur bezüglich seines Inhalts einer Erweiterung – eben der um ideale Welten – zu unterziehen. Vernachlässigt wurde bisher auch der Umstand, daß neben dem jeweiligen eigenen Ich auch fremde Iche auftreten.

Die Urgegebenheit „ich bin mir einer Welt bewußt" (48) hatte sich zunächst in die Form „ich bin mir einer Welt und weltlicher Dinge bewußt" differenziert, um sodann die Form anzunehmen: „ich habe Bewußtsein von verschiedenen Welten und in ihnen enthaltenen Gegenständen". Dieser Satz hat aber folgende weiteste Bedeutung: „Verschiedene Iche sind sich verschiedener Welten und darin gegebener Gegenstände bewußt". Dies deswegen, weil das Ich sich an einer *bestimmten* raumzeitlichen Stelle vorfindet, da es doch an beliebigen anderen Raumzeitstellen ebenfalls existieren könnte. Sein faktischer Standpunkt läßt die Ausfüllung anderer Stellen durch andere Iche als Möglichkeit offen. Es können also *mehrere* Objekte, die Subjekte sind, außerhalb des realen Ich bestehen[8]. Und so findet es sich auch in der Tat.

Die Anderen sind also „Ichsubjekte, wie ich selbst eins bin" (52). Auch sie sind notwendig auf die Realwelt bezogen und haben in ihr

---

[8] Das Du ist auf dieser Stufe nur die „Vereinigung des Es und des Ich", wie FICHTE dies ausdrückt (*Zweite Einleitung in die Wissenschaftslehre*; I, 502).

ihre Umwelt, die auf sie konzentriert ist. Welt selber ist dann das allgemeine Medium der Begegnung von Subjekten. Sie stellt den invariablen (ἀκίνετον) Horizont dar, innerhalb dessen jedes Ich *seine* Umwelt und seinen Umring der Ichbetätigung zu eigener Verfügung hat. Diese Umwelten verbinden sich mit der je meinen zu sozialen Gebilden wie Heimwelt, Fernwelt und dgl.

Darüberhinaus aber relativiert die Intersubjektivität die bisher als ums Ich zentriert betrachtete, d.h. die durch die Umwelt hindurch besehene Weltauffassung. Ist nämlich das je meine Weltzentrum zufälliger Natur, und hat ihm gegenüber jeder andere raumzeitliche Punkt den gleichen Anspruch darauf, absoluter Weltmittelpunkt zu sein, so bedeutet dies, daß in Wahrheit *kein* Punkt das absolute Zentrum bildet. Vielmehr gibt es keinen absolut richtigen Standpunkt, auf dem allein die Welt so sich gäbe (erschiene), wie sie (an sich) ist. Gegenüber dem unendlich möglichen Wechsel der Perspektiven zeichnet sich die Welt auf dem Hintergrunde der Intersubjektivität ab als „objektiv eine und dieselbe" (52).

Die Intersubjektivität ändert aber nicht nur dies an der bisher betrachteten solipsistischen Weltbeziehung, daß sie die Relativität und Standpunktbedingtheit der jeweiligen Umwelt heraushebt bzw. in Gegenwirkung dazu den objektiven Charakter der Welt entschieden hervortreten läßt. Vielmehr wird auch die Welt objective, d.h. ihrem gegenständlichen Inhalt nach durch das Hinzutreten bzw. den Weggang anderer Iche verändert.

Diese Bedeutung hat die Intersubjektivität aber nur für die Realwelt. Für ideale Welten dagegen ändert sich durch das Heranziehen der Intersubjektivität nichts. Sie ist dieselbe in egologischer wie in intersubjektiver Betrachtung. Denn das Ich – sowohl das eigene wie jedes andere – hat in ihr keinen Ort. Dagegen ist es für die Realwelt von grundlegender Wichtigkeit, daß sie nicht bloß je meine, sondern eine intersubjektiv allgemeinsame ist.

III. KAPITEL

DIE EPOCHE VON DER GENERALTHESIS ALS ANFANG DER PHÄNOMENOLOGIE

A. Die Generalthesis

Als Kennzeichen der raumzeitlichen Welt hatten sich ergeben a) die Möglichkeit intersubjektiven Inseins in der Welt und b) das (leibliche) Insein des Ich, *für* das sie Realwelt ist, in ihr. ,,Das Faktum der Erfahrung von Fremdem (Nicht-Ich) liegt vor als Erfahrung von einer objektiven Welt und *darunter* von Anderen (Nicht-Ich in der Form: anderes Ich)" [1]. Grundlegend ist also die Erfahrung der Welt als realer, nicht das Mitsein mit Anderen. Das Insein des Ich in der Welt ist sonach jene Grundbedingung, welche das Gegebensein einer realen Welt (und in ihr unter anderem auch das anderer Iche) möglich macht. Das Bewußtsein nun, in dem die Welt als real daseiende bzw. das Ich sich selbst als vorhanden gegeben ist, ist das in der natürlichen Einstellung befindliche Bewußtsein. Sein Weltvorfinden und Weltbewußtsein bezeichnet Husserl als die ,,Generalthesis der natürlichen Einstellung" (53). Generalthesis, natürliche Einstellung und Bewußthabe einer realen Welt drücken demnach den selben Sachverhalt aus. Die Generalthesis ist in der phänomenologischen Urgegebenheit das Bewußtsein des Ich selber, sofern ,,vermöge" ihrer ,,die reale Umwelt beständig ... als *daseiende* ,Wirklichkeit' bewußt ist" (53). Die Generalthesis stellt das Sichöffnen des Ich für das Dasein der Welt dar, als welches das Ichleben sich selber gegeben ist.

Da nun von der Möglichkeit einer Änderung der Generalthesis die Möglichkeit der Phänomenologie abhängen soll, gilt es, auf die bislang herausgestellten Grundzüge der Generalthesis zu reflektieren, um an der Generalthesis selber die Möglichkeit einer Aufhebung zu entdecken, welche das Aufgehobene zugleich zu begründen gestattet.

---

[1] *Cartesianische Meditationen*, § 48, Husserliana I, S. 136; Hervorhebung vom Vf.

1. Die Generalität der Generalthesis

„Vermöge" der Generalthesis wird „ ‚die' Welt" aufgefaßt als „Wirklichkeit", die „immer da" ist (53). Nun hatte sich gezeigt, daß dieses wirkliche Dasein seinen Knotenpunkt am aktuell wahrgenommenen Ding hat. Dessen Aktualität besteht in seinem als „wirkliches Dasein" bewußten Seinsmodus, um den herum sich die Potentialität des möglicherweise (und somit auch nicht *unmittelbar* als „wirklich daseiend") Bewußten bis zum endlosen Welthorizont lagert (der selber nie als „wirklich da" gegeben sein kann). Das wirkliche Dasein kann also nur vom gegebenen Ding ausgesagt werden.

Doch gilt von ihm keineswegs, daß es „als Wirklichkeit immer da" (53) wäre oder sein müßte. Immer da ist vielmehr nur die Welt als ganze, nicht das einzelne Ding. Andererseits ist aber gerade die Welt als ganze *nie* da. Sie fällt als wirklich daseiende nicht nur nicht in die Erfahrung, sondern es hat sich sogar gezeigt, daß sie als solche überhaupt nicht gegeben sein kann, weil sie den Charakter eines *Horizonts* von wirklich Daseiendem hat.

Das wirkliche und beständige Dasein verteilt sich an Welt und Ding dergestalt, daß die Welt *immer* da ist. Das aber nicht als Wirklichkeit, sondern als deren beständig mögliches Gegebensein. Das gegebene Ding dagegen ist *wirklich* da, aber nicht immer und mit Notwendigkeit. Es weist sich vielmehr nur im jeweiligen Aufmerken auf es als wirklich aus, ohne daß dieses Wirklichsein zu seinem Wesensbestand gehörte.

Wirklich immer da ist also lediglich die *Möglichkeit* des wirklichen Auftretens von Dingen. Da dieser Möglichkeitshorizont aber nicht eine leere und „bloße", d.h. eine Denkmöglichkeit meint, sondern das Verweisen des aktuell gegebenen Dings auf *andere* Dinge, bedeutet dies des näheren: Wirklich immer da ist das mögliche Gegebensein neuer Dinge anstelle der jeweilig aufgemerkten. Umgekehrt ist damit gesagt, daß *Dinge überhaupt* wirklich immer da sind, selbst wenn das jeweils gegebene Reale aus der Welt „unter den Titeln ‚Schein', ‚Halluzination' u. dgl. sozusagen herauszustreichen" (53) ist. Das beständig wirkliche Dasein betrifft weder das Ding noch auch seinen Horizont, sofern dieser als *dessen* Horizont verstanden wird. Es gilt vielmehr vom Gesamtinbegriff der Dinge, d.h. von der „Welt als der omnitudo realitatis" (4).

Immer da sind Dinge überhaupt, nicht das bestimmte individuelle Ding. Vermöge der Generalthesis wird aber auch es als „wirklich da" aufgefaßt, weil es überhaupt Ding ist. Das wirkliche Dasein betrifft alles Reale, sowohl das wirklicher- wie auch das möglicherweise Erfahrene. Vermöge der Generalthesis kommt allen Dingen das allgemeine Prädikat des wirklichen Daseins zu. Dieses bildet also das Grundmerkmal der Realwelt. Alle Dinge befinden sich im Wirklichsein gleichwie in einem allgemeinen und unwandelbaren, durch die Veränderungen der Dinge nicht beeinträchtigten Medium, an dem alle Dinge teilhaben. Das Wirklich-sein bildet das „ätherische" Element, welches alles Reale in sich trägt. Insofern ist Wirklichkeit das auf die Dinge anwendbare, aber mit keinem von ihnen zusammenfallende Charakteristikum von Dingen überhaupt.

Als Be-dingung des Seins von Dingen, d.h. als von ihnen Unterschiedenes ist das Wirklichsein ein formales Prädikat. Umgekehrt ist die Generalthesis die Form des Weltbewußtseins, die nie mit dem als weltlich Bewußten zusammenfallen kann. Die Generalität der Generalthesis besteht also in diesem Frühersein gegenüber allem als daseiend Gegebenen; in ihrem Voraussein und Überschuß gegenüber den Dingen. Im Vergleich mit ihnen ist das Weltbewußtsein ein ἀεὶ ὄν bzw. korrelativ die Welt „als Wirklichkeit immer da" (53). Sie bildet den unübersteigbaren Horizont für alles Weltliche. Stellt sie dessen Voraussetzung dar, dann es das unter ihr Stehende und Abhängige. Das Reale ist insofern zufällig, als es nicht mit Notwendigkeit aus dem notwendig daseienden Inbegriff des Realen sich ableiten läßt.

Vom Verhältnis der Welt zum Weltlichen gilt sonach, was Heidegger über das Sein und das Seiende sagt, daß nämlich „das Sein wohl west ohne das Seiende, daß niemals aber ein Seiendes ist ohne das Sein"[2]. Diese Seinsweise der abseits von ihrem Dingbezug betrachteten Welt sei demnach als „wesen" bezeichnet[3].

Welt west auch ohne die Dinge. Andererseits ist das Weltwesen „wirklich da" aber nur als Prädikat an den Dingen. Denn diese sind das wirklich und immer Daseiende. Dasein ist Bestimmung des Daseienden; und vom Verhältnis zwischen Welt und Ding gilt, was Heidegger über das von Sein und Seiendem sagt: „daß das Sein nie

---

[2] M. HEIDEGGER, *Was ist Metaphysik?*, 1943, 4. Aufl., S. 26.
[3] Der schließliche Sinn des „Wesens" von Welt wird sich erst bei der Erörterung des Problems eines möglichen Nichtseins der Dingwelt ergeben, d.h. bei der Herausstellung des ursprünglichen Horizontcharakters, den Welt für die transzendentale Subjektivität besitzt. Vgl. unten das VII. Kapitel.

west ohne das Seiende, daß niemals ein Seiendes ist ohne das Sein" [4]. Welt ist also der „Charakter ‚da', ‚vorhanden' " (53), den die gegebenen Dinge wesensmäßig in sich tragen als das Kennzeichen ihrer Seinsweise. Allein die Dinge besitzen einen festen Seinsbestand und substanzielle Selbständigkeit; Welt dagegen hat ein Sein nur mittels dieses primären Seins von Dingen.

Das Verhältnis der gegenseitigen Abhängigkeit und Unabhängigkeit von Ding und Welt, wie es innerhalb der Generalthesis sich darstellt, läßt sich zusammenfassend folgendermaßen bestimmen: „*Vorgegeben* ist sie ⟨= die Welt⟩ dabei in jedem Falle in der Art, daß jeweils Einzeldinge *gegeben* sind. Es besteht aber ein grundsätzlicher Unterschied in der Weise des Weltbewußtseins und des Dingbewußtseins . . ., während andererseits eines und das andere eine untrennbare Einheit bilden." [5].

2. Der Setzungscharakter der Generalthesis

Die Generalität der Generalthesis ist von so umfassender Art, daß sie jedem Dingbewußtsein „voraus" liegt; voraus sowohl im Sinne dessen, was zuvor als Früheres schon gegeben ist wie auch im Sinne des zukünftig Bevorstehenden und noch vor uns Liegenden. Diese Generalität der Weltthesis hat auch die Eigenart ihres *Setzungs*modus zur Folge, nicht „in einem eigenen Akte" (63) zu bestehen.

Das (wirkliche, mögliche, vermutliche oder sonstwie modalisierte) Sein von Realem ist vom „Wesen" der Welt prinzipiell unterschieden. Ist jenes in einem Akt gegeben, so dagegen dieses in einer „Thesis" (53) [6]. Die Thesis ist nicht Aktualisierung einer Potentialität (verstanden als Seinsweise von Dingen), sondern ein Moment an ihnen beiden; eben jenes, das ihren Grundsinn, real zu sein, ausmacht. Durch die Thesis wird die unvorgreifliche Existenz von Dingen aufgefaßt, vermöge derer ein „Urteil *über* Existenz" (53), diese sei modalisiert oder nicht, überhaupt erst seinen möglichen Rechtsgrund erhält. Die Unvorgreiflichkeit dieses Rechtsgrundes besteht dabei darin, daß die Existenz der Welt bzw. der Dinge in ihr in keiner Weise aus dem Bewußtsein, das wir davon haben, abgeleitet, sondern nur passiv als gegeben aufgefaßt werden kann.

---

[4] M. Heidegger, *Was ist Metaphysik?*, 1949, 5. Aufl., S. 41.
[5] *Krisis*, § 37, Husserliana VI, S. 145f.; Hervorhebung vom Vf.
[6] Zum Unterschied von Akt und Thesis vgl. auch L. Landgrebe, *Der Weg der Phänomenologie*, S. 44f.

Das Vorfindlichsein oder Vorhandensein der realen Welt entstammt also insofern nicht einem Akt, als es keine Setzung von Gegenwärtigem (bzw. aktuell Mitgegenwärtigem oder möglicherweise Gegenwärtigem) darstellt, sondern all die vielfältigen Gegenwärtigkeitsmodi in die Einheit einer eigenartigen „Vergangenheit" einbehält, welche den Hintergrund der Gegenwart als solcher ausmacht. Von Vergangenheit ist hier demnach nicht so die Rede, daß sie in einer Linie mit dem Jetzt und dem Zukünftigen stünde. Sie meint nicht ein Jetzt vor dem Gegenwarts-Jetzt, also eine vergangene Gegenwart. Es handelt sich vielmehr um eine wesensmäßig nie zur Gegenwärtigung bringbare Vergangenheit. Sie ist die Seinsweise dessen, das wesensmäßig nie als gegeben, sondern stets nur als vor-gegeben gegeben sein kann: die Seinsweise des an sich Früheren, d.h. des *Apriorischen* [7].

Im Verhältnis dieses wesentlichen Vergangenseins (welches sehr wohl, eben als vergangenes, gegenwärtig und zukünftig ist) steht Welt zum Ding bzw. die Generalthesis zu jedem Akt des aufmerkenden Wahrnehmens. Welt ist „als Wirklichkeit immer da" (53). Es gibt keinen Zeitpunkt, an dem sie irgendwann einmal noch nicht gewesen und erst geworden wäre. Wohin sich das Aufmerken auch wendet, überall findet es Welt als „schon da" vor. Welt ist die allgemeinste „Bekanntheitsqualität" aller Dinge, die allerdings diesen gegenüber einen „Überschuß" bildet, der zu ihnen hinzuapperzipiert wird. Denn das Aktuelle kann als solches nur gegeben (gesetzt) sein bei Vorgegebenheit (Voraus-setzung) von Welt. Die Notwendigkeit nun, in jedem Setzen ein von ihm differierendes Vorausgesetzt*sein* implizieren zu müssen, macht die Vorfindlichkeit der aktuell gegebenen Dinge aus.

Vorfindlichkeit oder Gegebensein und Setzen oder Sinngeben fallen bei der Generalthesis zusammen, weil ihre wesentliche „Vergangenheit" gleichwohl nicht ohne Ichbezug ist. Die „passiven" Ausdrücke weisen auf das nämliche hin wie die entgegengesetzten „aktiven". Von einem Setzen ist bei der Generalthesis deswegen die Rede, weil sie ein (formales) Moment des Bewußtseinslebens ist; dieses Setzen heißt aber nur uneigentlich so, weil es niemals in einem Jetzt

---

[7] Über den Vergangenheitscharakter apriorischer Möglichkeitsbedingungen und den ihm entgegengesetzten wesentlichen Zukunftscharakter freier Wirklichkeitssetzungen vgl. vom Vf. „Schiller über den Menschen in den Briefen über die ästhetische Erziehung", in: *Tijdschrift voor Filosofie*, 1967 (29), S. 145f.

gegenwärtig war oder es einmal sein würde. Andererseits besteht die Generalthesis im Vorfinden von Dingen, die nicht etwa als durchs Bewußtsein von ihnen produziert anzusehen sind. Aber von einem bloßen Stoßen auf sie kann deswegen nicht gesprochen werden, weil das Reale nicht nur vorgefunden, sondern als vorgefunden *aufgefaßt* wird [8].

Die Thesis besitzt so ein „esse mixtum" aus Aktivität und Passivität. Nicht aber im Sinne etwa einer dialektischen Identität beider Momente. Vielmehr fallen sie in der Thesis insofern in ununterscheidbare Einheit, in Indifferenz zusammen, als die Thesis einen Charakter an der Aktualität wie auch der Potentialität der Dinge darstellt. Denn auch das mögliche Ding ist möglicherweise vorhanden. Die Thesis ist nicht das in einem aufmerkenden Auffassen Gesetzte (ens quod), sondern die *Form* aller cogitatio, welche sich in der natürlichen Einstellung bewegt (ens quo). Diese Form ist aber nicht allein Form ihres Inhalts, d.h. des als wirklich daseiend aufgefaßten Dings; sie liegt vielmehr diesem Inhalt voraus. Denn nur „vermöge" ihrer gibt es Welt- und Wirklichkeitsbewußtsein; Bewußtsein der Wirklichkeit der Dinge sowohl wie auch Bewußtsein des Daseins von Ich und Ichen.

B. *Die Aufgabe der Epoche*

Dem Generalitätscharakter der Generalthesis, dank dessen nichts sich dem Bezug zur Realwelt völlig zu entziehen vermag, entspricht, wie wir gesehen haben, ihr eigentümlicher Setzungscharakter: Welt kann nicht entstehen oder vergehen in oder durch eine Aktivität des weltwahrnehmenden Bewußtseins. Gegenüber jedem einzelnen Ding bildet Welt ein umfassendes Apriori und dingunabhängiges Fundament von Dingen. Diese Erscheinungsweise als Sein in sich eignet ihr durch die Besonderheit der Thesis, nicht ein Akt und ein aktiv vom Bewußtsein Gesetztes oder frei von ihm Übernommenes zu sein. Das Ich hat vielmehr gar keine vernünftige andere „Wahl". Es ist durch die Generalthesis *genötigt*, Welt als an sich seiende aufzufassen.

Wie aber kann, so stellt sich nun die Frage, die Generalthesis noch „vernünftig" genannt werden, wenn sie dem Ich offenbar von außen aufgezwungen ist? Und wie sollte das Ich vernünftig sein, das sie ein-

---

[8] Damit ist die Frage von P. RICOEUR in seiner Übersetzung der *Ideen* I „en quoi *trouver-là* est-il équivalent à *poser*?" prinzipiell beantwortet (HUSSERL, *Idées directrices*..., S. 95, Anm.).

fach und unbesehen hinzunehmen hat, weil ja alles „Besehen" und alle Vernunft erst auf ihrem Boden möglich sein soll? Es ist also positiv das Verhältnis der Generalthesis zum Bewußtseins-Ich aufzuklären. Der „Ursprung" der Generalthesis ist zu erforschen. Da sie aber offenbar niemals und aus nichts außer ihr Gegebenem entspringt, kann diese Frage nur dieses meinen: Es ist verständlich zu machen, wie die Thesis die universale Form des welthingegebenen Bewußtseinslebens bilden kann.

Das Wesen der Generalthesis soll also in Frage gestellt und thematisiert werden. Doch widerspricht nicht ihrer Generalität die Möglichkeit, sie zum Gegenstand, zur Materie eines Aktes zu machen (der ihr selber dann nicht unterworfen wäre)? Und widerspricht es nicht ihrer Setzungsart als eines unthematisch Vorausgesetzten, sie zum Thema zu erheben [9]? In der Tat kann, wie es sich soeben zeigte, der Ichbezug der Thesis nicht aus dieser *unmittelbaren* Weltbezogenheit des Ich selber her begriffen werden. Die bisherige Betrachtungsweise, nach der ja gerade die Ichunabhängigkeit der Thesis sich herausgestellt hatte, ist somit zu verlassen zugunsten der Betrachtung ihres beiderseitigen Zusammenhangs. Bewußtsein und Thesis sind miteinander zu vermitteln.

Daß ein solcher mittelbarer Zusammenhang vorliege, zeigt sich schon daran, daß das Ich nicht nur die Welt, sondern gleichermaßen auch die Dinge unmittelbar bewußt hat. Die Unabhängigkeit (Unmittelbarkeit) der Welt ist nur gegeben *vermittels* der Erfahrung von Dingen und insofern in gewisser Abhängigkeit von ihnen. Es muß also von der „Priorität der einzelrealen Erfahrung vor der Welterfahrung" [10] gesprochen werden. In diesem Sinn west Welt nie ohne Weltliches.

Die einzelreale Erfahrung ist, wie wir gesehen haben, nicht ohne Beziehung zur Aktivität des Ich. Denn ihr Inhalt wird durch den Aufmerksamkeitsakt bedingt. Daß dem so ist, hängt aber wiederum ab von der Seinsweise des Ich. Denn die Generalthesis meint zu-

---

[9] Deswegen gilt: „‚L'‚affirmation' du monde s'anticipe elle-même nécessairement'" (A. DE WAELHENS, *Phénoménologie et Vérité*, S. 50).

[10] *Phänomenologische Psychologie*, § 12, Husserliana IX, S. 98. – Dementsprechend sagt U. CLAESGES über Husserls Frage nach der Seinsweise von Raum und Zeit: ‚Die Vorgegebenheit von Raum und Zeit ist also nie eine unmittelbare, sondern – und das ist für den Husserlschen Ansatz der Raumproblematik charakteristisch – ihre Vorgegebenheit ist durch ein Substrat (das Ding) vermittelt". (*Edmund Husserls Theorie der Raumkonstitution*, S. 36).

nächst und zuvörderst das (intersubjektive) Insein des Ich in der Welt[11].

Ist nun die Welt immer und notwendig da, während manches aus ihr als bloßer Schein „herauszustreichen" (53) ist, so besagt das also nicht allein, wie bisher herausgestellt wurde, daß Dinge überhaupt immer da sind. Darüberhinaus bedeutet dies vielmehr ganz präzis: aliquid est. Dieses aliquid ist das in der Seinsweise von Dinglichem vorhandene Bewußtsein, das leibliche Ich. Das Fundament und der Ansatzpunkt für das Bewußtsein einer Welt liegt darin, daß das Ich sich selber als ein weltliches Ding vorfindet.

Es sei hier angemerkt, daß Sartre also mit Recht behauptet, im Begriff der Intentionalität sei ein „ontologischer Beweis" enthalten[12]. Schon Merleau-Ponty[13] hat darauf hingewiesen, daß die Struktur dieses „Beweises" die gleiche sei wie die von Kants Argumentation zur „Widerlegung des Idealismus"[14]. Dabei ist allerdings zu beachten, daß dieser „Schluß" vom Denken aufs Sein bei Husserl gerade nicht als eine Metabasis vom ordo idearum zum ordo rerum zu verstehen ist. Vielmehr handelt es sich bei diesem Übergang für Husserl nur um eine Verlagerung des thematischen Interesses vom noetischen auf den noematischen Pol der Intentionalität. Die Annahme zweier unterschiedener ordines ist nämlich in sich widersprüchlich; somit auch der Glaube an einen schließenden Übergang zwischen beiden. Denn es ist nach Husserl „ein schwerer Irrtum, wenn man überhaupt einen reellen Unterschied zwischen den ‚bloß immanenten' oder ‚intentionalen' Gegenständen auf der einen und ihnen ev. entsprechenden ‚wirklichen' und ‚transzendenten' Gegenständen auf der anderen Seite macht"[15].

Das reale Dasein des Ich ist der notwendige Nullpunkt, der für den Ursprung der Generalthesis vorausgesetzt wird[16]. Der Widerspruch in der Frage nach dem Wesen der Generalthesis erweist sich als in der widersprüchlichen Seinsweise des Ich begründet. Denn das Ich muß

---

[11] Vgl. oben S. 24f.
[12] J.-P. SARTRE, *L'être et le néant*, S. 27ff.
[13] Vgl. M. MERLEAU-PONTY, *Phénoménologie de la perception*, S. XII.
[14] Vgl. KANT, *Kritik der reinen Vernunft*, B 274ff.
[15] *Logische Untersuchungen* II/1, V. Untersuchung, Beilage, S. 424.
[16] Deshalb führt auch der Ansatz der Husserlschen „Theorie der Raumkonstitution an der regionalen Ontologie des Dinges" (U. CLAESGES, *Edmund Husserls Theorie der Raumkonstitution*, S. 35) notwendig zurück auf die ursprüngliche „Konstitution des Leibes durch das kinästhetische Gesamtsystem" (*aaO.*, S. 110).

aufgefaßt werden als Ding unter den Dingen, somit als ein zufälliges, für das Wesen der Welt nicht erfordertes Dasein. Ist Welt aber als mit Notwendigkeit und immer vorhanden aufgefaßt, so muß auch dem Ich ein notwendiges und beständiges Dasein zugesprochen werden.

Dieser Widerspruch in der Selbstauffassung des Ich ist es, welcher vor die Aufgabe stellt, die natürliche Einstellung zu verlassen.

Der genannte Widerspruch ist nur dann als „weltbegründend" zu verstehen, wenn die beiden einander widersprechenden Ansichten des Ich als die Dualität zweier Seiten am Ich sich auffassen lassen. Das Ich, *insofern* es Ursprungsort der Generalthesis ist, muß von anderer Art sein als die vergänglichen Dinge; es muß, kurz gesagt, unweltlich sein. *Sofern* es dagegen sich als Ding in der Welt auffaßt, untersteht es selber der (in ihm begründeten) Generalthesis. Das Ich ist sowohl die generelle Voraussetzung der Generalthesis wie auch eines der vielen vermöge ihrer als „wirklich da" gegebenen Seienden.

Das Ich findet sich ebenso unmittelbar wie die sonstigen Dinge als Einzelreales vor. Unmittelbarkeit meint aber den Ausschluß eines schließenden Vermittelns des Ich mit einem Grunde. Zugleich ist das Ich aber auch der Grund aller Unmittelbarkeit. Das Ich, so müssen wir also sagen, begründet sich selber. Anders gesagt: seine Unbegründbarkeit liegt in ihm selber begründet; seine Unmittelbarkeit ist selbst ihre Vermittlung. Wir müssen daraus schließen, daß das Ich das *eigentlich* Unmittelbare ist, weil es, anders als alle anderen Dinge, nicht durch etwas außer ihm selbst Gelegenes, sondern durch sich selber zur Gegebenheit kommt. Doch so notwendig all das aus der Seinsweise des Ich als eines zugleich notwendigen und ewigen wie auch zufälligen und jeweiligen auch folgen mag: der konkrete Sinn und die Tragweite dieser Sätze bleibt vorläufig noch unklar bzw. in vager und formaler Allgemeinheit stecken. Wir haben bisher nämlich lediglich die Seinsweise des innerweltlichen, der Generalthesis unterliegenden Ich bestimmt. Wie es aber zu verstehen sei, daß das Ich zugleich auch vorweltlicher Natur sein müsse, ist noch dunkel.

Der Grund dafür liegt in der Generalität der Generalthesis. Diese hat sich als dergestalt umfassend erwiesen, daß sie ein mögliches Sein außerhalb ihrer, also die Nichtidentität von Sein und Welt, ausschließt. Positiv ist damit die generellste Vorschrift für alles Seiende gegeben: Wenn Seiendes, dann als Weltliches. Dieses Gesetz ist für die Generalthesis analytischer Natur, da es einschließt: Seiendes überhaupt ist nur als Weltliches seiend und nicht als Nichtweltliches.

Die umfassende Positivität der Generalthesis ist also äquivalent mit der doppelten Negation dieser Thesis. Positiv in sich bestimmt werden kann sonach nur diese Negation ihrer Negation – eben weil sie mit der einfachen Position identisch ist. Nicht aber kann von der Generalthesis aus ihrer einfachen Negation ein positiver und eigenwesentlicher Sinn ohne weiteres abgewonnen werden. Die Generalthesis gibt also von sich her nur ins bloße Daß von Nichtweltlichem den Blick frei, nicht aber in dessen Was. Das Faktum des nicht durch die Generalthesis umfaßten Daß zwingt indessen dazu, das Gesetz der Generalthesis nicht allein analytisch, sondern obendrein tautologisch auszudrücken: Seiendes, insofern es weltlich ist, ist weltlich und nicht nichtweltlich [17].

Das Tautologische dieses Satzes kommt nun dadurch zustande, daß in seinem Subjekt das Seiende überhaupt auf das welthaft Seiende eingeschränkt wird. Das Eigenartige dieser Tautologie liegt an der Eigenart ihres einschränkenden Insofern. Konkreter: die unauflösliche Identität von Seiendem und Weltlichem ist bedingt durch ihre Aufgelöstheit, d.h. durch ein Ich, für das diese Identität nicht zutrifft. Die Identität beider gilt nur *insofern*, als sie für ihren Grund nicht gilt. Der Grund für die Triftigkeit der aufgestellten Tautologie liegt in etwas, für das sie nicht zutrifft. Was aber dann dafür gültig sei, ist nicht auszumachen, gerade weil die Generalthesis nur eine Tautologie beinhaltet, d.h. ihre doppelte Negation mit ihrer Position schlechtweg zusammenfällt.

Das Insofern, durch das sich Generalthesis und Unweltlichkeit bzw. reales und vorweltliches Ich unterscheiden, kann demnach nicht quantitativer Natur sein. Die Generalthesis stellt nicht einen Gesichtspunkt dar oder einen Aspekt einer Gesamtheit, neben den andere Gesichtspunkte und Anschauungen sich als gleichermaßen berechtigt stellen können. Darin besteht der universale Charakter dieser Thesis, welche ihre Unüberschreitbarkeit durch die tautologische Ausdrucksform nur noch erhärtet hat. Ebenso bezieht sich die Negation der Negation der Thesis nicht auf ein Etwas, welches zusammen mit der

---

[17] Dieser Umstand, daß die Erfassung der Generalthesis als solcher über den Satz, die Generalthesis sei die Generalthesis, also über einen vitiösen Zirkel zunächst nicht hinauszukommen scheint, bildet auch den Grund für Husserls Kritik am „Cartesianischen Weg" der *Ideen* I in die transzendentale Sphäre: daß er nämlich das Ich „in einer scheinbaren Inhaltsleere zur Sicht bringt, in der man zunächst ratlos ist, was damit gewonnen sein soll" (*Krisis*, § 43, Husserliana VI, S. 158).

Welt ein (dergestalt aus zwei Teilen bestehendes) Ganzes bilden würde.

Nun bildet ein Begründungszusammenhang im gewöhnlichen Sinne ein solches Totum. Denn eine Begründung spielt sich ab innerhalb eines zweigliedrigen Ganzen, dessen Teile in aliquo zwar entgegengesetzt sind (sofern nämlich Grund und Begründetes nicht zusammenfallen), in aliquo aber auch übereinkommen (sofern eben ein Zusammenhang zwischen beidem besteht)[18]. Das vorweltliche Ich den Grund des weltlichen zu nennen, ist demnach eine Bezeichnungsweise, welche den Zusammenhang beider eher im Sinne innerweltlicher Bedingungs- oder Grundverhältnisse entstellt denn freilegt[19].

Der positive Sinn des Verhältnisses der „beiden" Iche zueinander (bzw. des einen, sich in zwei Gegen-sätze auflösenden Ichs zu sich selber) hat sich bisher aber noch nicht aufdecken lassen. Doch wurde der scheinbar unerschütterliche Charakter der Generalthesis aufgebrochen. Von sich aus fordert sie die Eingründung in einer ichlichen Vorweltlichkeit. Der Umweg zum vorweltlichen Ich, das von nun an auch *transzendentales* Ich heißen soll, welcher darin lag, daß wir, statt uns direkt ihm zuzuwenden, uns ins Wesen der Generalthesis vertieft hatten: dieser Umweg, zeigt sich nun, bildet den einzig möglichen Beweisgrund für das Bestehen eines transzendentalen Ich. Er ist also in Wahrheit gar kein Umweg, sondern der Weg der Vermittlung zwischen der Natürlichkeit und der Transzendentalität des Ich. Auf ihm ist bis jetzt soviel deutlich geworden, daß der Bereich der Generalthesis und der des Transzendentalen einander nicht auf gleicher Ebene, etwa konträr, gegenüberstehen.

Für den Übergang vom weltlichen zum transzendentalen Ich folgt daraus, daß er nicht als das Verlassen der einen Position zugunsten einer anderen gedacht werden kann. Der Rückgang hinter die Thesis, welcher diese eo ipso in gewissem Sinne ausschaltet, bedeutet demnach nicht und kann nicht bedeuten „eine Umwandlung der Thesis in eine Antithesis, der Position in eine Negation" (54). Denn derlei Aufhebungsmodi sind nur möglich als Durchstreichungen eines *Aktes*. Die Thesis aber ist keine „Stellungnahme im eigentlichen Wortsinne" (55). Deswegen steht auch ihre Einklammerung allen Modalisierungen der Thesis (welche sich also innerhalb ihrer voll-

---

[18] Vgl. dazu vom Vf. „Reinholds Vorstellungstheorie und die Metaphysik", in: *Tijdschrift voor Filosofie*, 1968 (30), S. 319f.
[19] Vgl. E. FINK, *Studien zur Phänomenologie 1930–1939*, S. 101.

ziehen) *„gegenüber"* (55). Charakterisieren diese sich dadurch, daß sie „in der Einheit des ‚Zugleich' " (55) miteinander unverträglich sind, so gilt von der „Epoche" (der „Ausschaltung", „Einklammerung" oder „Umwertung" (55), wie Husserl die hier betrachtete Behandlung der Thesis nennt) umgekehrt, daß sie sich „mit der unerschütterten ... Überzeugung von der Wahrheit verträgt" (55); von der Wahrheit des in der Thesis Gesetzten nämlich.

Historisch sei hier angemerkt, daß Husserls Hauptvorwurf gegen Descartes darin besteht, dieser habe den besonderen Charakter der Generalthesis, korrelativ dazu die Eigenart ihrer Ausschaltung und dann auch das transzendentale Ich mißdeutet, weil er diese Thesis als ein Fürwahrhalten, die Ausschaltung als ein Bezweifeln aufgefaßt [20] und infolgedessen das transzendentale Ich als ein „kleines Endchen der Welt" [21] verstanden habe. Deswegen betont Husserl auch ausdrücklich (was von den Anatomen des „cartesianischen Wegs" bzw. des Husserlschen „Cartesianismus" gewöhnlich übersehen wird), das cartesianische Moment in der Fundamentalbetrachtung sei nicht mehr als „nur ein methodischer Behelf" (54). Nach Husserl nun bildet die Phänomenologie deswegen, weil sie das rechte Verständnis des Verhältnisses und damit des Sinnes von Natürlichkeit und Transzendentalität ans Licht gebracht habe, die „geheime Sehnsucht der ganzen neuzeitlichen Philosophie" (118). Doch läßt sich dieser Vorwurf gegen Descartes bzw. gegen die Philosophie der Neuzeit im allgemeinen (und umgekehrt der Originalitätsanspruch Husserls) aufrechterhalten? Statt einer Erwägung des Für und Wider seien die folgenden Sätze Fichtes hierher gesetzt: „Die aufgestellte Frage: Wie ist ein Sein für uns möglich? abstrahiert selbst von allem Sein: d.h. nicht etwa, sie denkt ein Nicht-Sein, wodurch dieser Begriff nur negiert, nicht aber von ihm abstrahiert würde, sondern sie denkt sich den Begriff des Seins überhaupt gar nicht, weder positiv, noch negativ. Sie fragt nach dem Grunde des Prädikats vom Sein überhaupt, werde es nun beigelegt oder abgesprochen; aber der Grund liegt allemal außerhalb des Begründeten, d.i. er ist demselben entgegengesetzt." [22].

---

[20] Vgl. *Ideen* I, § 31, S. 55.
[21] *Cartesianische Meditationen*, § 10, Husserliana I, S. 63.
[22] Fichte, *Zweite Einleitung in die Wissenschaftslehre* (I, 456).

C. Das Grundverhältnis von Ding und Wahrnehmung

Der Punkt, an dem die Phänomenologie in der natürlichen Einstellung verankert ist; die Stelle, von welcher aus dem empirischen Bewußtsein eine Leiter in die Philosophie gereicht werden kann, ist die grundlegende Erfahrungsgegebenheit: „Ich bin mir einer Welt bewußt" (48). Dieses Bewußtsein steht unter der Voraussetzung der Generalthesis. Nun hat sich gezeigt, daß deren Bewußtseinsbezug von doppelter Art sein muß: einmal bildet sie die Form des (durch sich selbst) aufgefaßten Ich: dann aber auch die seines auffassenden Aktes. Dieser Akt qua Ichakt muß zu seinem Subjekt das transzendentale Ich haben, d.h. das Ich, welches zwar Auffassen, nicht aber Aufgefaßtes seiner selbst ist. Über den Zusammenhang des dergestalt entzweiten Ichs ließ sich nur sagen, daß einerseits vom natürlichen Ich aus das transzendentale nicht in den Griff zu bekommen sei; sodann aber auch, daß der Übergang zum transzendentalen Ich, den Husserl die *transzendentale Reduktion* nennt, keineswegs mit einer aufhebenden Negation des natürlichen Ich gepaart sei.

Dieser zweite Sachverhalt schließt ein, daß die Bestimmung des Transzendentalen aus dem Natürlichen gewonnen werden müsse, obzwar bestehen bleibt, daß keine natürliche Gegebenheit bzw. keine Behauptung über eine solche „mir eine Grundlage" (57) bietet. Es bedarf sonach einer besonderen Betrachtungsart der Natürlichkeit. Durch sie muß der natürliche Weltbegriff sich als fundiert darstellen. Dies aber nicht bloß in der bisher erarbeiteten Allgemeinheit, weil dadurch nur die Möglichkeit dieses Fundierungsgedankens überhaupt sich herausgestellt hat, nicht aber seine Berechtigung für das konkrete natürliche Erfahren.

Anders gesagt: Die Leere, in welcher das transzendentale Ich sich uns ergeben hat, bedarf der Füllung. Die Gewißheit der Fundierung des Weltbewußtseins im Ich muß ihre Wahrheit durch den Nachweis erhalten, daß das Dingbewußtsein ebenfalls nicht ohne den Rückgang aufs transzendentale Ich verständlich gemacht werden könne. Ursprünglich und konkret gegeben ist schließlich nicht das Weltbewußtsein schlechthin, sondern das aufmerkende Erlebnis der Dingwahrnehmung.

Durch die „Zuwendung der Aufmerksamkeit" (49) werden die Dinge erfahren als „einfach da" (48). Sie sind unabhängig vom Aufmerken wirklich da und vorhanden. Eben diese Unabhängigkeit unterscheidet ja das wirkliche Ding vom bloßen Phantasieding. Das Ich nun ist vom Ding insofern unabhängig, als es an seiner Spontaneität des Auffassens liegt, ob das Ding vom möglichen ins aktuelle und wirkliche Gegebensein übergeführt wird. Die Unabhängigkeit des Dings von diesem Bewußtsein aber besteht darin, daß sein wirkliches Dasein die Möglichkeit des Auffassens bedingt. Denn wo der Auffassung nichts Auffaßbares vorgegeben ist, kann sich auch nichts mit Recht auffassen. Die Zuwendung der Aufmerksamkeit ist demnach Antwort oder Reaktion auf etwas, das sie sollizitiert, bzw. auf einen „Reiz", der sie motiviert. Dieses Sein des Realen *vor* seinem Gegebensein ist also die Möglichkeitsbedingung *für* das Gegebensein. Umgekehrt meint dann „Sein" von Dingen ihr mögliches Gegebensein. „Vom Sinne des Seins überhaupt ⟨ist⟩ die Korrelation zum Wahrgenommen-, Angeschaut-, Bedeutet-, Erkannt-werden-*können* unabtrennbar"[23].

Der zureichende Grund des wirklichen Gegebenseins liegt dagegen in der Spontaneität der Zuwendung, durch welchen Akt das Sein der Dinge in ihr Gegebensein übergeführt wird. Die Struktur der ursprünglichen Gegebenheit ist also diese: Das Wirklichsein ist Möglichkeitsbedingung der Auffassung, zugleich aber selber (als mögliches Gegebensein) auf sie hin angelegt. Die Spontaneität der Zuwendung dagegen ist ihrer Möglichkeit nach vom Wirklichsein der Dinge abhängig; als aktuell wirkliche aber begründet sie selber das Gegebensein des Wirklichseins.

Das besagt, daß das Wirklichsein der Dinge nur *im* aktualen Zugriff der Auffassung als Möglichkeitsbedingung dieses Zugriffs erscheint. In anderer Redeweise ausgedrückt: Das Setzen der Aufmerksamkeit *poniert* zwar die Bedingung, von der es seiner Möglichkeit nach abhängt, eben die Wirklichkeit des Dings. Da diese aber als *Bedingung* gesetzt ist, folgt daraus, daß das Setzen der Aufmerksamkeit zugleich ein Nicht-Setzen ist. M.a.W.: Ihre Spontaneität ist durch das Ding begrenzt. Dieses beschränkte Setzen, da es *sich* als beschränkt setzt, versteht das Ding demnach auch *als* das nicht durch es Gesetzte. Das Auffassen bemerkt selber, daß es bedingt *ist*; sein Bedingtsein ist reflektiert.

---

[23] *Logische Untersuchungen* II/2, 6. Untersuchung, § 65, S. 201. Negativ gewendet: „Ein Gegenstand, der ist, aber nicht, und prinzipiell nicht Gegenstand eines Bewußtseins sein könnte, ist ein Nonsens" (*Analysen zur passiven Synthesis*, § 4, Husserliana XI, S. 19f.).

Schon die Dingwahrnehmung ist insofern „reflektiert", als sie nicht nur de facto bedingt *ist* durchs wahrgenommene Ding, sondern sich auch als bedingt *weiß*. Gleich ob dieses Wissen ausdrücklicher Natur ist oder bloß unausdrücklich mitgegeben – jedenfalls gehört zur Wahrnehmung dazu, daß das vorausgesetzte Sein des Dings durch sie nicht zum Verschwinden gebracht werden kann. Das Sein des Dings, sein mögliches Gegebensein, löst sich nie ins aktuelle Gegebensein auf. Denn sonst fielen Wahrnehmung und Phantasie vom Ding unterschiedslos ineins. Das Ding behauptet sich gerade dadurch als an sich seiend, daß es nicht in den Wahrnehmungsakt aufgelöst werden kann. Das Wahrgenommene ist mehr als ein Moment des Wahrnehmens, wird aber als solches Mehr nur *im* Wahrnehmen erfaßt.

Sofern das potentielle Gegebensein stets über das aktuelle hinausreicht, ist das wirklich Gegebene nur ein Teilstück dessen, was an sich ist. Die Potentialität dagegen bildet den Horizont der Dinggegebenheit – den innern oder äußern, je nachdem, ob das Teilstück als Perspektive des Dings oder der ganzen Dingwelt angesehen wird. Auch der aufmerkende Akt erfaßt sich dabei als selber endlich. Denn neben ihm müssen noch Akte möglich sein, welche das, was in ihm nur potentiell gegeben ist, zu aktueller Darstellung brächten. Dem Dinghorizont entspricht also der Akthorizont.

Das bedeutet aber, daß nicht nur das aktuell Gegebene auf Bewußtsein bezogen ist, und daß das möglicherweise Gegebene nicht nur den Sinn hat, irgendwann einmal ebenfalls zu solch aktueller Gegebenheit kommen zu können, wie sie dem gerade wirklich Gegebenen zukommt. Der Dinghorizont hat nicht nur den Sinn einer potentiellen Aktualität fürs Bewußtsein. Vielmehr ist das mögliche Gegebensein schon qua *mögliches* bezogen auf Bewußtseinserlebnisse. Das Sein des Dinges involviert immerzu das Bewußtsein, weil in diesem Sein beschlossen liegt: Alle Wahrnehmungsakte stehen in einem Akthorizont.

Dieses Aktsystem kann so wenig wie das gesamte Dingsystem als ganzes zugleich aktuell sein. Wirklich ist vielmehr nur die jeweilige Wahrnehmung als Verwirklichung *einer* „Position", welche das Bewußtsein dem Ding gegenüber einnehmen kann. Daß diese Perspektivität als solche auch bewußt ist, daß der Akt von sich selbst weiß und von seiner Endlichkeit, macht also ein Bewußtsein von Dingen als bewußtseinsunabhängig Existierenden erst möglich. Die Voraussetzung des Objektbewußtseins liegt im Selbstbewußtsein. Dies in dem Sinn, daß jede thematische Gegenstandshabe sich selbst unthematisch mitgegeben ist. In jedem Dingbewußtsein liegt die Möglichkeit eines ausdrücklichen, d.h. reflektiven Selbstbewußtseins beschlossen als Bedingung der Wahrnehmung selber.

Die Bedeutung dieser Feststellung erhellt sogleich, wenn man bedenkt, daß sie nicht nur für ein vom realen Ich unterschiedenes Dasein, sondern auch vom als vorhanden erfahrenen Ich selber gilt. Das Subjekt des Satzes, welcher die Möglichkeit der Reflexion aufs Selbstbewußtsein als konstitutiv für alles Weltliche ausspricht, ist nicht das reale Ich, d.h. der Gegenstand der Psychologie. Dieses letzte Subjekt aller, auch der Selbstwahrnehmung, ist vielmehr das transzendentale Ich. Es hat im Verlauf der bisherigen Reflexion also den Inhalt gewonnen, innerhalb der Generalthesis sich als *Möglichkeit* zu offenbaren. Und zwar als die Möglichkeit, auf das Bewußtsein vom transzendentalen Ich vorzustoßen bzw. zurückzukommen. Das transzendentale Ich bestimmt sich demgemäß als ein unbedingtes, weil von keinerlei Weltlichkeit abhängiges „Ich kann". Unbedingtes Können des Ich aber gehört „in das Reich unserer *vollkommenen Freiheit*" (54); es ist die „Sache unserer vollkommenen Freiheit" (55) selber. Die Generalthesis hängt ab von der mit ihr „gleichewigen" Freiheit des Ich, von dessen möglicher Selbsterfassung als eines transzendentalen. Anders gesagt: Die Generalthesis ist ihrer Wirklichkeit nach bedingt durch die Möglichkeit, das freie „Können" des Ich. Von einem „positivisme phénoménologique qui fonde le possible sur le réel"[24] kann bei Husserl keine Rede sein. Im Gegenteil, das Wirkliche ist im Vermögen der Freiheit begründet.

Deren Möglichkeit meint nicht jene, welche den Gegensatz zur Wirklichkeit bildet bzw. dem Wirklichen korrelativ ist. Diese Möglichkeit *innerhalb* der Generalthesis definiert sich durch die doppelt negierende Tautologie: „*Possibile* est, quod nullam contradictionem involvit, seu, quod non est impossibile".[25] Die Möglichkeit des transzendentalen Ich dagegen meint ein Können, nämlich die Möglichkeit der Reflexion auf es. Die Aktualisierung dieses Könnens steht nicht in einem Gegensatz zu ihrer Möglichkeit. Vielmehr ist die Vermöglichkeit nur möglich als wirkliche, d.h. als Aktualität des transzendentalen Ichlebens.

Was der Generalthesis vorausliegt, ist also nicht ein Wirklichsein

---

[24] M. MERLEAU-PONTY, *Phénoménologie de la perception*, S. XII.
[25] CHR. WOLFF, *Philosophia Prima sive Ontologia*, S. 65.

im Sinne vorhandener und ichunabhängiger Gegebenheit. Es handelt sich vielmehr um ein Ichvermögen schlechthin. Dies ist die allgemeinste Bestimmung der transzendentalen Sphäre, das „Reich unserer vollkommenen Freiheit" (54) zu sein, in dem nichts von fremdher Vorgegebenes besteht, sondern alles Sein nur als Selbstgebung des Ich Sinn zu haben vermag.

Wir müssen also nun zusehen, welchen Inhalt das transzendentale Vermögen zu gewinnen imstande ist. Anders gesagt: Wir haben zu erörtern, wie die allgemeine Bestimmung des transzendentalen Ich sich zur phänomenologischen Fundamentalgegebenheit verhalte. Wie stehen Bewußtsein und natürliche Wirklichkeit zueinander? In welchem Sinne liegt die Transzendentalität in der Realität beschlossen, so daß sie als *deren* Grund entdeckt; und in welchem Sinn begreift das transzendentale Ich das natürliche in sich, so daß es als dessen *Grund* erfaßt werden kann? Der Weg der folgenden Reflexion ist also vorgedeutet durch das bisherige Ergebnis: „Den Sinn der phänomenologischen ἐποχή haben wir verstehen gelernt, keineswegs aber ihre mögliche Leistung". (57).

IV. KAPITEL

REALITÄT UND BEWUSSTSEIN

A. *Das Bewußtsein als Medium der Welthabe*

Grundgegebenheit der Phänomenologie ist das Weltbewußtsein des Ich. Das Ich ist jenes Subjekt, welches zu seinem Objekt die Welt hat; und zwar dergestalt, daß es in der Weise des Bewußtseins bzw. der Bewußthabe sich zu ihr verhält. Die Phänomenologie nun ist insofern „Wissenschaft der Erfahrung des Bewußtseins"[1], als sie dessen fundamentale Erfahrung: „Ich bin mir einer Welt bewußt" (48) beim Wort nimmt. Die phänomenologische Reduktion besteht dabei darin, daß die Phänomenologie sich nicht darum bekümmert, was das Ich rein für sich genommen sei, und was die Welt. Beides bleibt dahingestellt. Denn die Phänomenologie hält sich streng an den ursprünglichen Erfahrungssatz. Das besagt, daß für sie das Subjekt „Ich" nur die Bedeutung hat, Träger des Weltbewußtseins zu sein. Und umgekehrt ist Welt für sie nur das dem Ich Bewußte. Ich und Welt bestimmen sich in der Phänomenologie durch einander, d.h. durch ihre Korrelation. Deren Fundament aber, in dem beide verbunden sind, ist das Bewußtsein. In ihm sind Ich und Welt gegeben; in ihm kommen sie überein.

Beide sind *zugleich* Thema der Phänomenologie. Nicht also hat diese es mit der Welt unter Absehung vom Bewußtsein zu tun oder mit dem Ich unter Abstraktion von seiner Weltbezogenheit. Gegenstand ihrer Untersuchung ist vielmehr die „Bewußtseinssphäre" und das, „was wir in *ihr* immanent finden" (59). Diese Sphäre ist die des „reinen" Bewußtseins „mit seinen reinen ‚Bewußtseinskorrelaten' und andererseits seinem ‚reinen Ich' " (58). Das Bewußtsein, als von Welt und Ich unterschieden, heißt demnach mit Recht kurzerhand die „phänomenologische Region" (59).

---

[1] So das eine Titelblatt von Hegels *Phänomenologie des Geistes*.

Das Bewußtsein besteht also darin, daß es sich einerseits auf Welt und Ich bezieht, andererseits aber sie (von sich und) voneinander unterscheidet [2]. Als vom Bewußtsein Unterschiedene gehören sie beide nicht zum Bewußtsein. Deswegen ist das Bewußtsein in phänomenologischer Betrachtung *reines* Bewußtsein. Es ist aber nicht leer, weil beides in es gehört, sofern das Bewußtsein sich positiv auf Welt und Ich zugleich bezieht und sie dergestalt als *Pole*, als Subjekt- und Objektpol, in sich trägt. Dies deutet schon darauf vor, daß die neue, „bisher nicht abgegrenzte Seinsregion" (58), eben die Region des reinen Bewußtseins, sich als mehr denn bloß *eine* Region neben anderen erweisen wird.

Sind Ich und Welt vom Bewußtsein in phänomenologischer Betrachtung auch unterschieden, so gilt doch schon in der natürlichen Einstellung, daß das Ich (anders als die Welt) vom Bewußtsein „unabtrennbar" (59) ist. Das ist auch der Grund dafür, warum wir bisher die Ausdrücke Ich und Bewußtsein ohne nähere Unterscheidung gebrauchten. Da nun die phänomenologische Reduktion das thematische Interesse vom Gegenstand und seinem Sein auf das Bewußtsein

---

[2] Vgl. den „Satz vom Bewußtsein" in der „Elementarphilosophie" von K. L. Reinhold. Die oben zur Sprache gebrachte „Reduktion" faßt Reinhold dabei unter den Begriff der „*inneren* Bedingungen der Vorstellung" (K. L. REINHOLD, *Versuch einer neuen Theorie des menschlichen Vorstellungsvermögens*, S. 209), auf welche er rekurrieren will unter Absehung von allem, was der „Vorstellung" (Reinhold verwendet diesen Begriff in ähnlich weiter Bedeutung wie Husserl den des Erlebnisses) nicht selber immanent ist. Wenn Husserl über die Phänomenologie sagt: „Als Ausgang nehmen wir das Bewußtsein" (*Ideen* I, § 34, S. 60), so entspricht er damit genau der Reinholdschen Vorstellungstheorie. Denn deren Grund, d.h. „der Grund, auf welchem die neue Theorie aufgeführt werden konnte und mußte, besteht allein aus dem... BEWUSSTSEIN" (K. L. REINHOLD, aaO., S. 66). Die Verwandtschaft zwischen Phänomenologie und Vorstellungstheorie darzustellen, erforderte eine eigene Arbeit. Daß eine Verwandtschaft überhaupt bestehe, ist allerdings bisher noch kaum aufgemerkt worden. Vgl. lediglich die kurzen Andeutungen bei G. FUNKE, „Transzendentale Phänomenologie als Erste Philosophie", in: *Studium Generale*, 1958 (XI), S. 576, Anm. 56, sowie S. 636. – Übrigens hat Husserl selber Reinholds Vorstellungstheorie und die abstraktiv-reduktive Phänomenologie der *Logischen Untersuchungen* parallelisiert. In einer bald nach 1900 niedergeschriebenen Notiz (in einem im Husserl-Archiv zu Löwen unter der Signatur X X 4 aufbewahrten Notizbuch) schreibt Husserl unter dem Titel „Logische Untersuchungen" u.a. Folgendes: „Merkwürdig ist *Reinhold*. Er verlangt in dem 2. Buch seiner ‚Neuen Theorie des menschlichen Vorstellungsvermögens' die Erforschung der ‚inneren Bedingungen des Vorstellens'... Soweit klingt das genau so, als ob Reinhold eine rein phänomenologisch fundierte Erkenntnistheorie vorschwebte. Es wäre interessant nachzusehen, ob Reinhold wirklich diese Ahnung gehabt oder noch weitergehende Vordeutungen gegeben habe... Das alles ist sehr interessant und bedeutsam und richtig gefaßt (es fragt sich, wie weit Reinhold sich klar war!) gewiß wertvoll".

von ihm, d.h. auf sein Gegebensein, verlagert, kommt auch in ihr, ebenso wie im natürlichen Bewußtsein, das Ich als ein eigenständiges Fürsichsein zunächst nicht in den Blick [3]. „Das Ich selbst ... lassen wir zunächst außer Betracht, und zwar das ich in jedem Sinne". (61). Deswegen werden wir auch weiterhin von Ich und Bewußtsein im gleichen Sinn reden, dessen genaue Bedeutung aus dem jeweiligen Zusammenhang zu entnehmen ist.

1. Erlebnis und Erlebnisstrom

Zum Bewußtsein gehört einerseits das Ich als jener Pol, auf den alles Bewußtsein „bezogen" (61) ist. Sodann aber „gehört es zum Wesen jedes aktuellen cogito, Bewußtsein *von* etwas zu sein" (64). Das „Wesen des *Bewußtseins überhaupt*" (59), welches unser Thema ist, können wir also ganz allgemein folgendermaßen beschreiben: Es ist ein „*Ich*blick auf *etwas*" (65). Anders ausgedrückt: Das „cogito" (50) hat die genaue Struktur „ego-cogito-cogitatum" [4]. Weder das Ich (das ego) für sich noch das Etwas (das cogitatum) für sich, sondern die Richtung des Blickes vom Ich zum Etwas macht das Bewußtsein als solches aus. In dieser deskriptiven Eigenschaft, Bewußtsein *von* etwas zu sein, nennt Husserl das Bewußtsein „intentional" (64).

Das „Gerichtetsein-auf" (65) des Bewußtseins nun ist, wie sich gezeigt hat [5], in sich gedoppelt: es ist *teils* aktuelles Bewußtsein, *teils* inaktuelles oder potentielles. Dies nicht nur in dem Sinn, daß aktuelles Bewußtsein potentielles Bewußtsein, auf dem es aufruht, aktualisiert, so daß aktuelles Bewußtsein die Möglichkeit in sich trägt, „in Bewußtsein im Modus der Inaktualität überführt ⟨zu werden⟩ und umgekehrt" (63). Vielmehr ist aktuelles Bewußtsein, rein als solches, mit Notwendigkeit *endlich*. Denn es ist nicht nur durch seinen Gegenstand begrenzt, sondern auch durch mögliches anderes Bewußtsein von ihm. Dieses aktuelle und deswegen begrenzte Bewußtsein nennt Husserl das „*Bewußtseinserlebnis*" (60) [6]. Als begrenztes setzt das

---

[3] Dieser systematisch bedingte Sachverhalt besitzt übrigens auch historische Geltung. Vgl. *Ideen* I, § 57, S. 110, Anm. 1, sowie *Logische Untersuchungen* II/1, 5. Untersuchung, § 8, S. 361, Anm. 1.
[4] *Cartesianische Meditationen*, § 21, Husserliana I, S. 87.
[5] Vgl. oben S. 40.
[6] Hinzuweisen ist auf die Unterscheidung Husserls zwischen dem Erlebnis im genannten Sinn, dem „intentionalen Erlebnis" (*Ideen* I, § 36, S. 64) und dem „Erlebnis im weitesten Sinne" (*aaO*., S. 65) oder dem „Erlebnis überhaupt" (aaO., S. 64), welches eine uneigentliche Verallgemeinerung des Erlebnisbegriffs darstellt. In ihm sind nicht nur die intentionalen Erlebnisse enthalten, sondern auch deren „reelle

aktuelle Erlebnis notwendig einen Horizont anderer potentieller Erlebnisse: Von allen Erlebnissen gilt, „daß die aktuellen von einem ‚Hof' von inaktuellen umgeben sind" (63).

Die Einheit dieser Erlebnisse, die „*Bewußtseinseinheit*" (61), besteht in dem „konkreten Zusammenhang" des „Erlebnisstroms" (61). Er ist Strom, weil der Zusammenhang verschiedener aktueller Erlebnisse notwendig die Form des zeitlichen Nacheinander hat. Denn „der Erlebnisstrom kann nie aus lauter Aktualitäten bestehen" (63). Dann wäre nämlich das Erlebnis nicht mehr Erlebnis, weil es nicht mehr von einem potentiellen Hof umgeben wäre[7]. Gemäß dieser Eigenschaft des Bewußtseins kann auch das Bewußte nur ein Etwas sein, d.h. ein Begrenztes, das aktuell ist fürs Ich, aber seinerseits einen „mitgeschauten gegenständlichen ‚Hintergrund' " (62) mit sich führt. Wie der Erlebnisstrom nie total aktuell sein kann, so auch die Welt nicht. Bewußtsein gibt es nur in einem aktuellen Erlebnis von einem Etwas, dem aktuellen cogitatum. Darin sind Erlebnisstrom und Welt mitgegeben.

Das Erlebnis nun hat den Charakter „aktueller Zuwendung" (63) zu seinem Erlebten; es enthält einen „Modus der Achtsamkeit" (67) in sich. Dieser ist bei Dingen und bei allen „ ‚schlicht vorstellbaren' Gegenständlichkeiten" (66) eo ipso „Erfassung" (66), d.h. „Objektivation" (67). In schlichten Akten wird nur Objektives erfaßt. Es gibt aber auch fundierte Akte (wie Werten, Handeln, Fühlen), die auf Objektivem aufbauen. Sie besitzen insofern ein „intentionales Objekt im doppelten Sinne" (66), als sie auf dem erfaßten Objekt ein *nicht* vergegenständlichendes Gerichtet-sein-auf aufbauen. Dabei besitzt das objektivierende Erfassen einen doppelten Vorrang. Denn einmal liegt es den fundierten Akten zugrunde; und dann gehört zu jedem fundierten Aktkorrelat notwendig die Möglichkeit der Objektivation, aufgrund derer das vorher nicht gegenständlich Erfaßte zum „Substrate für Explikationen, Beziehungen, begriffliche Fassungen und

---

Momente" (*aaO.*, S. 65), welche „den Grundcharakter der Intentionalität" (*aaO.*) insofern entbehren können, als sie hyletischer Natur sind (was z.B. für „alle Empfindungsdaten" und „‚darstellenden' Inhalte" (*aaO.*) zutrifft). Sie sind, als „*Träger* einer Intentionalität" (*aaO.*) selber noch vorintentional, obwohl sie von der Intentionalität nicht abgelöst werden können.

[7] Ebensowenig wie der Erlebnisstrom sein kann, wenn er nur Aktualität wäre, kann er auch nicht sein, wenn er nie Aktualität wäre. Denn der Hof ist Hof aktuellen Erlebens; d.h. er ist nur einem „‚wachen' Ich" *(Ideen I' § 35, S. 63)* bewußt. Somit ist auch noch die Frage: „Ist es denkbar, daß ich ‚von Ewigkeit zu Ewigkeit' geschlafen hätte?" (Ms. B I 22/6a) die Frage eines wachten Ich.

Prädikationen" (67) werden kann. Die fundierten Aktkorrelate bauen sich also auf „ ,*vorgestellten*' Gegenständen" (67) auf. Der Primat des Erlebens liegt also bei den schlichten, Sachen erfassenden Akten.

Zu diesen (und damit zu allen in ihnen fundierten Akten) gehört nun wesentlich „die prinzipielle Möglichkeit einer *reflektiven Blickwendung*" (67), wobei das Objekt des reflektierenden Aktes selber wieder ein Akt ist. Diese „Reflexionen auf Akte" (67) nennt Husserl „immanent gerichtete Akte" (68), deren intentionale Gegenstände also, „wenn sie überhaupt existieren, zu demselben Erlebnisstrom gehören wie sie selbst" (68). Die „rein durch Erlebnisse hergestellte Einheit" (68) beider Akte ist entweder unmittelbar oder durch andere Akte vermittelt. Im Falle einer unmittelbaren Einheit beider Akte, d.h. im Fall einer „immanenten Wahrnehmung ... bilden Wahrnehmung und Wahrgenommenes wesensmäßig eine unvermittelte Einheit" (68). Dabei ist das Wahrnehmen „wesentlich unselbständig" (68), d.h. sein Objekt ist in ihm in der Weise „reellen ,Beschlossenseins' " (68) enthalten. Eine solche Einheit können nur Erlebnisse miteinander bilden. Diese Einheit, als unbegrenzte gedacht, ist also die „Einheit des Erlebnisstromes" (69) selber, „dessen Gesamtwesen die eigenen Wesen dieser Erlebnisse umschließt und in ihnen fundiert ist" (69).

2. Das Horizontverhältnis des Wahrnehmungserlebnisses

Das ursprünglich Gegebene ist das Bewußtsein; und Bewußtsein ist Erlebnis eines Ich von einem Gegenstand. Thema des Bewußtseins ist, wenn wir von aller fundierter Intentionalität absehen, ursprünglich das Ding. Dieses trägt den Grund seines Gegebenseins aber nicht in sich selber. Sein Dasein ist *vermittelt*, und zwar durch das der Welt. Deren Apriorität wiederum besteht nur als durch die endlichen Gegenstände vermittelte, so daß Welt nur ein „Charakter" (53) des Dings ist, nämlich der seines wirklichen Vorhandenseins. Welt und Ding sind also dergestalt durch einander vermittelt, daß der Gegenstand die mittelbare (weil selbst durch die Welt vermittelte) Vermittlung der Welt ans Bewußtsein darstellt, und umgekehrt Welt das unmittelbare Vermitteln bzw. Vermitteltsein des Dings ans Ich bildet [8]. Dies, daß Welt und Gegenstand, Gesamtinbegriff und dar-

---

[8] „Freilich, um die Welt als Erfahrungsgegenstand zu erfassen, müssen wir vorher Einzelrealitäten der Welt erfaßt haben. In gewisser Weise geht also die Einzelerfahrung der Welterfahrung ... vorher ... Aber eben damit ist auch gesagt, daß,

unter Enthaltenes, ihre Gewißheit jeweils (wenn auch in verschiedener Weise) im Andern ihrer selbst haben, also die Unaufhebbarkeit des Vermittlungsverhältnisses, macht das Wie der Gegebenheit des Dinglichen aus. Sowohl die Welt wie auch das Ding sind nur in ihrer Relation zueinander bewußt. Das *unmittelbar* Gegebene ist dabei diese wechselseitige Mittelbarkeit von Welt und Innerweltlichem [9].

Dabei unterscheiden sich Welt und Gegenstand dadurch, daß Welt Möglichkeitsbedingung für die Gegebenheit des Gegenstandes ist, dieser aber der zureichende Grund *ihres* Daseins. Dergestalt besitzt die Welt den Vorrang eines Fundamentalen vor dem, was gleichermaßen bestehen wie auch nicht bestehen kann. Die Gewißheit der Wirklichkeit überhaupt hat den Vorrang vor dem als wirklich gewissen Einzelnen. Wirklichkeit überhaupt aber ist andererseits nur als Einzelwirkliches *wirklich*. Ebenso wie eine ursprüngliche Nichtidentität besteht daher zwischen Gegenstand und Welt auch ein unauflöslicher Zusammenhang; dergestalt, daß Welt sich an jedem Gegenstand als sein Apriori erweist, das Ding dagegen Welt *als* Welt bewahrheitet.

Bleibt beim Gegenstand die Differenz von Ding und Welt und damit die Zweiheit der „Anfänge" des Bewußtseins (sofern einerseits die Welt, andererseits aber das Weltliche das unmittelbar Gegebene ist) unaufheblich bestehen, so ist das Horizontverhältnis der Dingwahrnehmung zu ihrem Horizont anders geartet. Zwar ist das aktuelle Erlebnis stets und notwendig „von einem ‚Hof' von inaktuellen ⟨Erlebnissen⟩ umgeben" (63). In dieser Betrachtungsweise besitzt das Bewußtsein die gleiche „räumliche" Struktur eines Außereinander von Inbegriff (Erlebnisstrom) und unter ihm Enthaltenem (Erlebnis) wie die Welt. Doch umgekehrt wie im Felde des Wahrgenommenen ist die unaufhebbare Differenz der beiden Momente nicht von beidem zugleich her aufgerissen. Denn die Differenz (und damit auch der Zusammenhang des Differenten) ist bestimmt „durch die eigenen Wesen der Erlebnisse selbst" (69). Es handelt sich hier nicht um ein vorgefundenes und gegebenes, sondern um ein aus dem Erlebnis entspringendes Außereinander. Die Differenz und das Differente ist, was es ist, nicht für ein Anderes als sich selbst, wie dies von der Differenz

---

während irgendein einzelnes Reales gegeben ist, immer und notwendig auch seine Umwelt bzw. die es mit umfassende Welt mit vorgegeben ist" (*Phänomenologische Psychologie*, § 11, Husserliana IX, S. 96).

[9] Vgl. oben S. 17f.

zwischen Ding und Welt gilt. Das Sich und das Selbst hat seine Wirklichkeit nicht, wie das Objektive, durch seinen Inbegriff, sondern in dem, was durch ihn zur Einheit gebracht wird. Denn der Akt, durch den das Bewußtsein zur Einheit gebracht wird, ist selber ein aktuelles Tun des Bewußtseins. Es ist Aktvollzug und als solcher dem jeweils aktuellen Bewußtseinserlebnis entsprungen.

Dieser Primat des Aktes gegenüber dem „Hof" der Inaktualitäten oder dem bloß potentiellen Bewußtsein gründet in dessen genanntem Fürsichsein. Da das Erlebnis nicht wieder für ein Anderes ist (von dem zu fragen wäre, für was *es* Sein habe), besitzen für es Aktualität und Potentialität nicht die gleiche Gültigkeit. Denn bloß potentielles Fürsichsein, das nicht in einem Bezug zu einer Aktualität stünde, wäre, da von ihm kein Weg zu dieser führte, Sein für Anderes, welches Andere dann die Aktualität wäre.

Dem Primat des Aktes und der Aktualität gemäß ist die Einheit des Bewußtseins von anderer Natur als die der Gegenstände. Denn Bewußtsein ist *als* Bewußtsein Vollzug oder Akt. Es ist selber „Leistung" und damit der zureichende Grund für das Bestehen der in ihm „fundierten" (68) Bewußtseinseinheit. Diese Einheit dagegen ist lediglich Wesensmoment am Akt selber. Sie ist „rein durch das Eigene der cogitationes gefordert und so notwendig gefordert . . ., daß sie ohne diese Einheit nicht sein können" (61). Die Einheit des Bewußtseins ist also, wie die Welt gegenüber dem Ding, Bedingung der Möglichkeit der Erlebnisse. Dies aber nicht im Sinne einer Zweiheit von Bedingung und Bedingtem. Es handelt sich hier vielmehr um den Umstand, daß das Erlebnis nur *als* Erlebnis, d.h. in der Einheit des Bewußtseins von sich selber, Erlebnis zu sein vermag. Denn eben dieses durchgängige Bewußtsein seiner selbst gehört mit zu seinem Wesen.

Die Bewußtseinseinheit ist ein notwendiges Miterzeugnis der Akte; sie *ist* nur, wenn Akte sind. Ihren Ursprung hat sie an der wesentlichen Begrenztheit des Aktes. Diese besteht in der Möglichkeit des Aktes, wieder in Möglichkeit (Inaktualität) zurückzufallen. Diese Möglichkeit ist wesentlich im Nacheinander jenes Strömens enthalten, dem gemäß jeder Wahrnehmungsakt „selbst ein beständiger Fluß" (74) ist und damit den „beständigen Fluß des Bewußtseins" (74) konstituieren hilft. Die Bewußtseinseinheit stellt damit zunächst das „Medium der Inaktualität" (64) dar, aus dem her die Akte entstehen und in das hinein sie wieder vergehen können. Dieses einheitliche

Medium ist also die mögliche Vergangenheit und Zukunft der Akte selber. Die Akte bestimmen sich damit als die Gegenwart dieses Mediums, welches also einen zweiseitig offenen Horizont besitzt. In dieser Hinsicht erweist sich die Bewußtseinseinheit als die Einheit in der (zukunftsgerichteten und vergangenheitsentstammenden) inneren Selbstbewegung der Akte [10]. Die Bewußtseinseinheit ist also die Form der Akte, d.h. Wesensmoment des Aktes als solchen. Das besagt, daß der Erlebnisstrom zunächst nichts anderes als die Möglichkeitsmodifikation des Aktes ist. Er ist sie im Sinne der kontinuierlichen Folge dieser Modi. Als für sich seiende oder gesetzte Einheit, welche ans Setzen des Aktes gebunden bleibt, besitzt der Erlebnisstrom nicht die starre Gegebenheit eines festen „Wesens" oder Inhaltes. Denn er ist das „eigene Wesen" der Akte selber – eben *sofern* diese sich durch dieses ihr Wesen miteinander „zusammenschließen" (75). Der Strom entsteht aus dem originalen Wesen des Aktes, Synthesis aller mit ihm zusammenhängender Aktualität zu sein.

Dieser nicht punktuelle Charakter des Aktes, in sich selber und als Akt zu strömen, d.h. synthetisierendes „Ziehen einer Linie" [11] zu sein, ist identisch mit der „prinzipiellen Möglichkeit einer reflektiven Blickwendung" (67), welche den Akt selber zum Gegenstand hat, also mit der Möglichkeit „einer immanenten Wahrnehmung" (68) des gegenwärtigen Aktes. Denn es ist der Akt selber, der sich selbst (in der Retention) noch aktuell hat und (in der Protention) sich selbst vorweg ist in seinem Strömen des „*lebendigen* Jetzt" (150; Hervorhebung vom Vf.). Diese Möglichkeit ist also selber „aktueller" Natur und, als die Möglichkeit des Selbstbewußtseins, das *Bewußtsein* des Aktes. Die Aktualisierung dieser Potentialität vollzieht sich „in Form einer neuen cogitatio" (67). Sie besteht demnach in einem Akt, dessen Ziel oder Objekt wieder ein Akt ist. Der Zusammenhang beider Akte liegt darin, daß das Gegenstandsein des reflektierten Aktes als Möglichkeit oder Horizont zu dessen eigenem Wesen gehört. Der neue Akt ist damit der Akt des *sich selbst* Objektivierens des ursprünglichen Aktes, dessen Selbstthematisierung. Sich *als* Akt setzend, erhält der Akt keinen neuen Inhalt, sondern er erzeugt in der immanen-

---

[10] Dieses innerliche Bewegtsein der Akte ist ihr sich bei sich Halten und dabei zugleich sich (als bewußte) von sich (als Bewußtsein) Unterscheiden. Es ist dies der Ursprung von Retention und Protention. Diese sind noch oder schon gegenwärtig, ohne doch „bloße", d.h. nur in sich stehende Gegenwart zu sein.
[11] FICHTE, *Wissenschaftslehre 1801* (II, 5). Vgl. Husserls Wort: „Jedes Erlebnis ist in sich selbst ein Fluß des Werdens" (*Ideen* I, § 78, S. 148).

ten Selbstwahrnehmung nur die *Form* seiner Ausdrücklichkeit. Er vollzieht den Überwurf des Als über sich selber. Wahrnehmung und Wahrgenommenes bilden hier darum „wesensmäßig eine *unvermittelte* Einheit" (68). Sie sind nur Momente der Selbstvermittlung des Aktes, und diese Bewegung ist die unmittelbare Einheit des Sichsehens und des gesehenen Sich, welche Unmittelbarkeit durch die neue „Form" des Aktes erzeugt wird. Seine immanente Wahrnehmung ist in ihm in der Art „reellen ‚Beschlossenseins' " (69) enthalten. Sie stellt ein „wesentlich unselbständiges" (68) Moment an ihm selber dar, weil sie sein Sicherfassen oder die Reflexion auf ihn ist.

Der sich nicht mehr auf einen Gegenstand, sondern auf seine eigene Gegenstandsgerichtetheit richtende Akt ist also einerseits ein vom ursprünglichen Akt unterschiedener und neuer Akt. Er bedarf aber, um sich mit dem reflektierten Akt zusammenzuschließen, nicht eines vinculum außer ihm selber, sondern bildet eine unmittelbare Einheit mit ihm. Das zweite Glied der Relation, das eine der beiden Relativa, konstituiert aus seinem Eigenwesen heraus die Relation beider als solche. Der Akt als objektivierender erfaßt nicht einen besonderen Inhalt, sondern die ihm selber eigene Form des Strömens in einem lebendig-tätigen Jetzt. So setzt er seinen Gegenstand nicht nur als vorgegebene Möglichkeitsbedingung seiner selbst sich voraus und vorweg, wie die transzendente Wahrnehmung das tut.

Zwar „ist" und „besteht" der Akt, ebenso wie das Ding, auch außerhalb seines Aufgefaßt- oder (thematischen) Gegebenseins. Aber während das Ansichsein des Dinges gerade in seiner Loslösbarkeit vom Bewußtsein besteht, in welcher Unabhängigkeit sein Sein und Gegebensein differieren, ist das Erlebnis wesentlich „Bewußtseinserlebnis" (60) und in dieser Bestimmung ein Atomon oder „Quantum" des Bewußtseins überhaupt. Subjekt und Objekt der Reflexion sind hier gleicher Natur oder Form. Die Differenz zwischen reflektiertem und Geradehin-Bewußtsein ist nicht die zwischen möglichem und wirklichem Gegebensein (bzw. zwischen Sein und Gegebensein), sondern der Unterschied zweier Modi des *wirklichen* Gegebenseins [12]; nämlich der Unterschied thematischen und unthematischen Gegebenseins. Anders gesagt: Die nächste Gattung beider

---

[12] Vgl. den § 45 der *Ideen* I über „unwahrgenommenes Erlebnis, unwahrgenommene Realität" (*aaO.*, S. 83f.). – Der Sache nach wird mit dem Gesagten schon vorgedeutet auf den Charakter der Reflexion, ursprüngliches Nachzeichnen zu sein. Vgl. dazu unten S. 127ff. sowie S. 149ff.

Akte ist dieselbe, sie unterscheiden sich nur durch eine spezifische Differenz. Das bloße Sein des Aktes ist selber ein Gegebensein. Denn der Akt ist wesentlich „aktuell". Der Gegenstand des reflektierenden Aktes hat also die Gegebenheit zu seiner Natur; sie wird ihm nicht erst durch die Reflexion verliehen. Die Reflexion ist vielmehr die Aktualisierung eines seiner Modi. Deshalb bildet sie mit dem Akt „eine einzige konkrete cogitatio" (68). Als Moment *am* Akt ist die Reflexion damit *dessen* Sichversetzen in die Modifikation der Ausdrücklichkeit. Daß der ursprüngliche und der neue Akt „wesensmäßig eine unvermittelte Einheit" (68) bilden, liegt also an der Unübersteigbarkeit der Aktualität des ursprünglichen Aktes. Diese schießt mit aller möglichen Aktualisierung ihrer Potentialitäten in eins zusammen, d.h. sie ist synthetisch diese Aktualisierungen selber [13]. Der Gegenstand der Reflexion stellt also nicht nur deren Möglichkeitsbedingung dar, sondern er nimmt auch den auf ihn gerichteten Akt in sich auf als Setzung seiner selbst in einen bestimmten Modus seines Gegebenseins bzw. des mit diesem selbigen Seins [14]. Die immanente Wahrnehmung setzt sich demgemäß als Moment ihres Gegenstandes; als jenen Teil des Ganzen, welcher das Ganze zum Gegenstand hat.

B. Die immanente Wahrnehmung

In der immanenten Wahrnehmung setzt sich das Wahrnehmen als Teil des Ganzen, welches sein wahrgenommenes Objekt ist. Um die darin beschlossene Fundamentalbedeutung der Reflexion zu verdeutlichen, bedarf es der Ausarbeitung des Sinnes dieses Satzes im Kontrast zu jenem Satz, welcher das Gegebensein der Welt in der transzendenten Wahrnehmung ausspricht: Welt gibt es durch das inter-

---

[13] Das Eigenartige des Gattungscharakters der Einheit des Erlebnisstromes besteht darin, daß diese Gattung nicht den Boden (materia) für die sich aus ihr ausdifferenzierenden species darstellt, sondern umgekehrt die Gattung erst *hergestellt* wird durch den sich mit sich selbst identifizierenden Akt, d.h. durch die Verschmelzung von Akt mit Akt. Die Bewußtseinseinheit ist also die Einheit der immanenten Zeitlichkeit des Aktwesens.

[14] Für den Akt gilt demnach: esse est percipi. Vgl. dazu die *Analysen zur passiven Synthesis*, § 4, Husserliana XI, S. 17. Dieser Sachverhalt gilt deswegen, weil die Hyle des reflexiven Aktes mit seinem Noema identisch ist; die Reflexion selber ist die Noese dieses Aktes. „Zwischen dem erlebten oder bewußten Inhalt und dem Erlebnis selbst ist kein Unterschied. Das Empfundene z.B. ist nichts anderes als die Empfindung". (*Logische Untersuchungen* II/1, 5. Untersuchung, § 3, S. 352).

subjektive Insein des Ich in ihr; Welt ist „mein Gegenüber", dem „ich selbst zugehöre" (52).

Zunächst ist auf die das Weltbewußtsein kennzeichnende Differenz zwischen Welt und Gegenstand hinzuweisen. Bewußtsein der Welt und Bewußtsein des Gegenstandes sind durch einander auf je verschiedene Weise vermittelt. Keines von beiden besitzt eine allseitige Unvermitteltheit, weshalb auch keines für sich den vollständigen Gegenstand der transzendenten Wahrnehmung ausmacht. Das gleiche gilt auch für die von der Geradehinwahrnehmung unterschiedene „transzendente" Reflexion des Ich auf sein innerweltliches Vorfindlichsein. Auch *sein* innerweltlich Sein ist Charakter des Gegenstandes, der es ist.

Die immanente Wahrnehmung dagegen ist nur als Reflexion möglich [15]. Ihr unmittelbar selbstgegebener Gegenstand ist mit ihr identischen Inhalts. Genauer: Das Was beider Akte ist dasselbe; ihre Gegenstände, d.h. der Pol der Aufmerksamkeit innerhalb dieses identischen Inhalts differiert dagegen. Ist der unreflektierte Akt auf das objektive Moment des Inhalts zentriert, so der reflektierte auf das Bewußtsein und das in ihm bewußte Etwas zugleich. Der Unterschied liegt also in der verschiedenen *Auffassung* des Inhalts. Aber nicht nur den Inhalt haben beide Akte gemeinsam, vielmehr besitzen sie auch beide die allgemeine Form des Bewußtseins-von. Denn das Aufgefaßte ist seinerseits Auffassung.

Bedingt nun die Identität des Inhalts beider Akte ihre „unvermittelte Einheit" (68), so hat die der (allgemeinen) Form, die Intentionalität beider Akte, zur Folge, daß sie sich dieser Einheit auch bewußt sind. Sowohl das Reflektierende wie das Reflektierte ist bewußt *als* zur Einheit eines einzigen Erlebnisstromes gehörig und als diesen Strom erst erzeugend. Denn der reflektierte Akt wird durch die Reflexion einerseits abgebrochen und verlassen, sofern seine ursprüngliche Gestalt sich modifiziert. Dadurch kommt das Strömen einer Erlebnisvielheit zustande. Die beiden Akten gemeinsame Form hat insofern einen verschiedenen Inhalt, als die Weise des Bewußtseins vom Selben spezifische Differenzen – hie Unausdrücklichkeit, dort Ausdrücklichkeit – aufweist. Auf der anderen Seite tritt der ur-

---

[15] Immanente Wahrnehmung ist aber nur *eine* Art der Gattung „Reflexion auf einen Akt"; z.B. sind auch „Erinnerungen an Erinnerungen" (*Ideen* I, § 38, S. 69) oder Akte der Selbstkritik (vgl. *Erste Philosophie* II, 50. Vorlesung, Husserliana VIII, S. 154) reflektierende Akte.

sprüngliche Akt gerade durch seinen Übergang in den neuen Akt der Reflexion ins Selbstbewußtsein seiner Aktualität ein und damit in deren Fülle selber. Der Auftritt einer „neuen cogitatio" (84) ist zugleich auch die Selbsterfassung und damit das Beharren der ursprünglichen. Im Einen Akt liegt die Fähigkeit zur Änderung seiner Form beschlossen. Er bleibt mit sich in derem Wechsel und damit in der Aufhebung seiner ursprünglichen Seinsweise identisch. Er bleibt *für sich selbst*, der er war, d.h. er identifiziert sich mit seinen wirklichen (vergangenen) und möglichen (zukünftigen) Formen.

Als von ihm unterschiedene bilden diese Formen neue und selber originale Akte. Ihr Wesen ist aber die Ununterschiedenheit vom ursprünglichen Akte, die Aufhebung ihrer Differenz zu ihm. Die immanente Wahrnehmung ist damit die sich selbst gleichbleibende Tätigkeit, sich von sich zu unterscheiden. Durch die Reflexion dehnt der Akt sich gewissermaßen aus. Er wird als dieses tätige Werden erfaßt und als das Synthetisieren dieses Strömens, als welches er sich immer schon „beiherspielend" (latéralement) gegeben ist. Dieses aktimmanente Fließen gehört zum Wesen eines jeden Aktes, denn das Bewußtsein seiner Modalisierbarkeit oder Reflexibilität ist nichts anderes als dieses Fließen selber. Weil die Reflexion auf sich selbst also ein Wesenszug des Aktes ist, ist sie von ihm als ihrem Objekt auch „nur abstraktiv, nur als wesentlich unselbständiges" (68) Moment abzutrennen. Die *Möglichkeit der Reflexion* ist die *Wirklichkeit des immanenten Strömens* des Aktes selber[16]. Da sonach von aller Reflexion, nicht nur von dem Sonderfall der immanenten Wahrnehmung, gilt, daß der Akt wesentlich auf sie hin offen ist, ist die „Einheit des Erlebnisstromes" durch „die eigenen Wesen der Erlebnisse selbst bestimmt" (69). Sie greifen ineinander vermittels des ihnen eigenen endlosen Horizonts möglicher Reflexionen auf sie; und dieser Horizont ist die Bewußtseinseinheit selber. Sie ist allein im synthetischen Charakter des Aktes, in seiner ihm selber durchsichtigen Vereinigung seiner selbst mit der Reflexion auf ihn begründet. Der Erlebnisstrom baut sich in und aus den Akten auf. Damit ist aber nicht nur die immanente Wahrnehmung, sondern der von ihr abhängige gesamte Erlebnisstrom eine von den Erlebnissen nicht anders denn bloß als „wesentlich unselbständiges" *Moment* (68) ablösbare Einheit. Das besagt, daß der Erlebnisstrom in gleicher Weise im Akt überhaupt

---

[16] Vgl. unten S. 68. – Über die weitreichenden Folgen dieses Satzes für das Verhältnis von Natürlichkeit und Phänomenologie vgl. unten S. 102f. sowie S. 183.

fundiert ist wie der reflexive Akt im reflektierten: beide sind jeweils dem Inhalt nach identisch.

Es ist diese Identität des Inhalts, welche die „Immanenz" als einheitliche Sphäre der Akte definiert, gleich ob es sich dabei auch um immanente Transzendenzen handelt; wie z.B. das Ich gegenüber dem Erlebnis, die Bewußtseinseinheit gegenüber dem Akt oder die Reflexion gegenüber dem ursprünglichen Erlebnis eine solche darstellt. Die fundamentale (immanente) Transzendenz ist dabei die der Reflexion, durch welche erst Erlebnisstrom und Ich thematisch werden[17]. Gerade an ihr zeigt sich dabei die Unselbständigkeit dieser Transzendenz, ihr Konstituiertsein durch die Immanenz, in welcher sie (in jeweils verschiedener Weise) beschlossen ist. Das Beschlossensein der immanenten Wahrnehmung nennt Husserl dabei ein „reelles" (69), da die Identität des gegebenen Inhalts von Wahrnehmen und Wahrgenommenem eine unmittelbare ist im Sinne einer individuellen Selbigkeit, einer Ununterscheidbarkeit. Das Wahrnehmen ist hier „Akzidens" seines Gegenstandes.

Aufgrund der unmittelbaren Identität des Inhalts besteht bei der Reflexion nicht eine Differenz, welche der zwischen Welt und Gegenstand in der transzendenten Wahrnehmung vergleichbar wäre. Denn während der reale Gegenstand direkt, die Weltform aber nur indirekt als solche gegeben ist, besitzt zwar auch der ursprüngliche Akt seinen Gegenstand thematisch, sich selber aber nur nebenbei. Doch besteht die Reflexion gerade in der Aufhebung dieser Dualität; welche Aufhebbarkeit eine konstitutive „prinzipielle Möglichkeit" (67) des ursprünglichen Aktes selber ist. Ihre Verwirklichung begründet den Erlebnisstrom als synthetische Bewußtseinseinheit vermittels der Einheit des *Aktes* in seiner Selbstmodifikation.

Zum Wesen des Erlebnisses als solchen gehört dergestalt, daß es (als Bewußtsein von einem *Etwas*) sich in einen Strom inaktueller Erlebnisse einordnet; sowie daß es (als *Bewußtsein*) immanent wahrnehmbar ist. Das *unmittelbar mögliche* sich selbst Gegebensein[18] des Stromes im Strommomente unterscheidet das Erlebnis von allem, was nicht Erlebnis ist. Nicht Erlebnis – und damit rückt der bisher außer

---

[17] Bei diesen Betrachtungen ist immer von jener Transzendenz abgesehen, welche das dem Bewußtsein *intentional* Immanente, d.h. alles als transzendente Gegenständlichkeit Gegebene, besitzt. Vgl. dazu in diesem Kapitel weiter unten den Abschnitt C.
[18] Damit nehmen wir die Frage nach dem Ichvermögen (vgl. oben S. 41f.) wieder auf.

Acht gelassene *Gegenstand* des Bewußtseins wieder in den Blick – nicht Erlebnis ist das als transzendent Bewußte; ursprünglich das als real Bewußte. Die Unmittelbarkeit *seines* Gegebenseins hat sich damit, im Gegensatz zum Gegebensein des Erlebnisses für sich selbst, als *vermittelt* herausgestellt. Nur „vermöge" der Generalthesis „gibt es" Welt als unmittelbares Gegebensein an sich seiender Dinge. Dieses Geben der Dinge vollzieht sich durchs Bewußtsein von ihnen. Ihm also wohnt die Generalthesis *ursprünglich* inne.

Zum Wesen des Bewußtseinserlebnisses gehört es dagegen, in sich fließender Sonderfluß des Erlebnisstromes zu sein. Den Erlebnisstrom als „Einheit" der Erlebnisse gibt es nur, weil und sofern es Erlebnisse gibt. Der Strom stellt ein Moment am Erlebnis selber dar, welches dessen eigenem inneren Fließen entspringt. Das in Retention und Protention verfließende Erlebnis setzt aufgrund seiner ver-möglichen Selbstbewußtheit sich als in andere Erlebnisse übergehen könnend. Anstelle seiner ist dann eine neue cogitatio gegeben, die nunmehr die fließende Gegenwart ist. Damit setzt sich das Erlebnis in die Einheit eines Erlebnisstromes, welcher das Ganze der Teilerlebnisse in Form ihrer *Summe* ist. Das Eigenwesentliche dieser sich selbst machenden Summierung ist dabei dies, daß weder ihre Teile noch auch sie selber ein für sich abzusonderndes substanzielles Sein besitzen. Vielmehr haben sie beide Sein nur als mögliches Fürsichsein, d.h. innerhalb eines wirklichen Bewußtseins oder *an* einem Akt. Weder die Summe noch ihre Teile können daher bloß „gegeben" sein, sie bilden vielmehr den potentiellen „ ‚Hof' " (63) des aktuellen Erlebnisses und fließen und verwandeln sich mit ihm. Das Summieren des Erlebnisstromes hat demzufolge den Charakter eines Hinzusynthetisierens immer neuer Teile, eines ständig sich hinzuaddierenden Wechselns des Ausblicks auf den Strom. Dieser Ausblick richtet sich nicht auf ein sich änderndes Objekt vor den Augen des ruhenden Betrachters. Der Blick selber fließt und ist Moment des Erblickten, so wie das Erblickte nur der Horizont, d.h. die Begrenztheit und Bestimmtheit des Blickes als solche ist. Darin liegt beschlossen, daß auch die „Teile" des Stromes, aus welchen er sich aufbaut, nichts neben und getrennt von ihm Bestehendes sein können. Das synthetische Eigenwesen der Akte hat vielmehr zur Folge, daß die Teile selbst nur sind als ineinander verfließende. Die Sonderströme des Stromes sind also qua Strömen ohne scharfe Ränder und Übergänge. Sie verflechten und verweben sich zu einem „in sich geschlossenen ...

Zusammenhang" (70) aufgrund ihrer „Eigenwesenheit" (70) als strömende Akte.

Im Kontrast dazu ist von der Einheit der Welt dagegen zu sagen, daß sie sich bestimmt hat als der geschlossene Zusammenhang des vom Bewußtsein Unterschiedenen im Sinne des als vorhanden Gegebenen; wobei nach den verschiedenen Modi der Vorhandenheit verschiedene „Welten" sich unterscheiden ließen. Welt ist als Einheit nun zwar ebenfalls ein „Synthetisieren". Während aber der Erlebnisstrom im Selbstaufbau des Erlebnisses als dessen Einheitshorizont mitaufgebaut wird und anders wird in Abhängigkeit vom (dynamischen) Sichändern des fließenden Aktes, bleibt die Welt als Welt in ihrem festen Bestand unverändert, auch wenn das von ihr Vereinheitlichte sich wandelt. Gerade diese völlige Unveränderbarkeit hatte sich ja in der Notwendigkeit ausgesprochen, den Inhalt der Generalthesis in einer puren Tautologie zu formulieren [19]. Welt ist dergestalt eine Synthesis, welche außerhalb des durch sie Geeinten verbleibt. Sie zeichnet den Rahmen vor, durch den sich Innerweltliches miteinander vermittelt. Damit ist sie, im Vergleich mit dem Wechsel der Gegenstände, statischer Natur. Als apriorische Form des Seins der Gegenstände ist Welt, da sie in die Gegenstände des Bewußtseins eingeht als deren Gegebenheitscharakter, statische Bedingung des Selbstgegebenseins der wirklichen Gegenstände; demzufolge das als Apriori an ihnen Aufzufassende oder die Form, unter und vermittels welcher sie gegeben und aufzufassen sind. Welt ist damit die Form des Bewußtseins selber, sofern es auf Dinge als selbstgegebene Wirklichkeiten sich richtet, d.h. sofern es transzendente Wahrnehmung ist.

C. Die transzendente Wahrnehmung und ihr Objekt

Die Wirklichkeit der Welt hat sich als in der Vermöglichkeit des Bewußtseins fundiert erwiesen [20]. Deswegen bedurfte es der soeben durchgeführten Analyse der Bewußtseinsvermöglichkeit. Das Können des Ich nun hat sich als die Leistung fugenlosen Synthetisierens seiner selbst mit sich selber gezeigt. Sofern nun in dieser Sichverschmelzung der Erlebnisse stets auch ein intentionaler Inhalt, ursprünglich die Dinggegebenheit, bewußt ist, gehört die Welt selber *ins* Bewußtsein. Denn die reale Welt ist einerseits die Form der realen Objekte im

---

[19] Vgl. oben S. 35.
[20] Vgl. oben S. 40ff.

Sinne ihres Inbegriffs, dann aber auch die Form der Transzendentes wahrnehmenden cogitatio im Sinne einer Bedingung, ohne welche der reale Gegenstand nicht zu erfassen ist. Im Ding ist sie als der zureichende Grund seiner wirklichen Vorhandenheit, im Bewußtsein dagegen als ermöglichende Bedingung des Erfassens dieser Wirklichkeit. Es zeigt sich also, daß die Realwelt nur bedingungsweise im Bewußtsein vorkommt. Das Sichrichten des Bewußtseins nach dieser Bedingung ist sein Leben unter der Generalthesis. Diese stellt also die praemissa minor „A ist" dar des Schlusses: „Wenn A, dann B. A ist. Also ist B". Hiermit zeigt sich das Insofern [21], welches in der Generalthesis enthalten ist, näher. Die Welt ist „im" Bewußtsein, sofern dieses sich als intersubjektives Insein in ihr bestimmt. In dieser Aufklärung ist aber enthalten, daß das Bewußtsein auch in anderer Weise als in der der Bezogenheit auf eine Realwelt müßte bestehen können. Und tatsächlich war in den soeben vollzogenen Analysen des Bewußtseinsstromes nirgendwo die *Notwendigkeit* einer Weltbezogenheit des Ich zu entdecken. Liegt sie also nicht im Bewußtsein darinnen, von woher sollte sie dann in es hineinkommen? Wie kommt das Bewußtsein dazu, die Generalthesis zu vollziehen? Nun hat sich gezeigt, daß sie in eigentlichem Sinn gar nicht vollzogen werden kann, als wäre sie eben ein Akt. Ihre Allgegenwart läßt vielmehr die soeben gestellte Frage als nichtig erscheinen. Die Generalthesis behauptet also von ihrem Ursprung, er sei *nicht* ihr Ursprung. Angesichts dieses Widerspruchs stellt sich die Frage nach dem Verhältnis des in sich beschlossenen Singulums des Erlebnisstromes, wie er sich bisher herausgestellt hat, zur Welt als Form des Seins.

Wie gezeigt, bildet die Realwelt einerseits die Bedingung, vermittels deren das Bewußtsein das Realweltliche aufzufassen hat – wenn es das Reale *als* Reales erfassen will. Gilt aber auch von jeder Idealwelt, daß sie die Bedingung der Auffassung des in ihr Einbegriffenen darstellt, so ist die Realwelt darüberhinaus noch in einer besonderen Weise „im" Bewußtsein. „Mit der natürlichen Welt ist individuelles Bewußtsein in *doppelter* Weise verflochten" (69). Das Bewußtsein apperzipiert *sich selbst* nämlich ebenfalls unter der Form der Realwelt: „es ist irgendeines Menschen oder Tieres Bewußtsein" (69). „Bewußtsein und Dinglichkeit" bilden „ein verbundenes Ganzes ... in der realen Einheit der ganzen Welt" (70).

---

[21] Vgl. oben S. 34.

Die Erlebnisse nun schließen sich aufgrund ihrer dynamisch-strömenden „Eigenwesenheit" (70) zum Erlebnisstrom, zur Einheit *eines* Bewußtseins, zusammen. Sie stehen aber (und somit steht auch das Bewußtsein), wie die phänomenologische Urgegebenheit zeigt, unter der Generalthesis, welche sie als „reale Vorkommnisse" (69) *in* der Welt auffassen heißt. So müssen die Erlebnisse also offenbar eine doppelte Eigenwesenheit besitzen, dank derer sie sich zu synthetischen Einheiten zusammenschließen. Einmal verflechten sie sich zur Einheit des Bewußtseinsstromes, welche aus sich selbst nicht notwendig Einheit in der Welt ist. Obendrein aber verflechten sie sich mit allen sonstigen Wirklichkeiten zu der „realen Einheit der ganzen Welt" (70). Wurde die erste, in sich abgeschlossene Einheit begreiflich aus dem Proprium des Erlebnisses, (δυνάμει) reflektierbar zu sein, so bleibt die zweite aus dem Wesen des Erlebnisses her nicht nur unverständlich, sondern widerspricht ihm. Denn Welt ist für das Erlebnis primär das Worin oder der Horizont des dem Erleben selber transzendenten *Gegenstandes*, nicht das Worin des Erlebnisses. Das Erleben ist sich selber nicht transzendent, sondern wesentlich *immanent*, wenn es *sich* zum Gegenstand macht oder reflektiert. Diese Identität des Inhalts oder Wesens hat bei der transzendenten Wahrnehmung nicht statt, im Gegensatz zur immanenten. Somit scheint ein Sicherfahren des Bewußtseins als eines Teils im Ganzen der Welt, als eines Innerweltlichen, ein Widerspruch zu sein; wie es etwa erfahrungsmäßig widersprüchlich ist, das Bewußtsein als Glied der Zahlenwelt, als Zahl erfahren zu wollen.

Immerhin ist deutlich, daß das Bewußtsein nur deswegen welthaft sein kann, weil es sich als einen nicht immanenten, sondern gleich allen anderen Dingen transzendenten Gegenstand erfährt. Im Erlebnis sind also nicht deswegen reale Objekte gegeben, weil es selber, etwa dank seiner Leiblichkeit, in der Welt seiend wäre, sondern umgekehrt ist ein Modus der Selbstwahrnehmung, welcher im Bewußtsein faktisch vorhanden ist, der Grund für das Insein des Ich in der Welt. „Die letzte Quelle ..., aus der die Generalthesis der Welt, die ich in der natürlichen Einstellung vollziehe, ihre Nahrung schöpft ... ist ... die sinnliche Erfahrung" (70). Sie ermöglicht es, „daß ich bewußtseinsmäßig als mir gegenüber eine Dingwelt vorfinde" und „daß ich mir in dieser Welt einen Leib zuschreibe" (70). Die Generalthesis der natürlichen Einstellung hat dabei gegenüber allen anderen, d.h. gegenüber den in freier Wahl vollziehbaren Einstellungen die Eigentümlichkeit, daß es bei ihr einen Zusammenhang zwischen dem Gegenübersein der Welt und dem Subjekt, dem sie gegenübersteht, gibt. Dieser Einheitspunkt ist das identische Subjekt, das hier als mundanes und transzendentales auftritt.

Somit tritt der Widerspruch zwischen dem Verflochtensein der Erlebnisse im Erlebnisstrom und dem im Weltganzen zwar zunächst auf als Widerspruch zwischen dem Insein des Ich in der Welt und ihrer Bezogenheit auf seine psychischen Vermögen. Die Frage aber, die diesem Verhältnis zugrunde liegt, ist die nach dem „Rätsel" der „Aufeinanderbeziehung" (73) von Erlebnis und transzendentem Ding, wobei die Frage nach dem Verhältnis von Erlebnis und Leib nur eine Teilfrage dieser umfassenden Frage darstellt.

1. Die realistische Nullsetzung der Dingerscheinung

Das Problem der Beziehung zwischen Erlebnis und Ding ist ursprünglich das der Welt als Gegenüber des Erlebnisstromes, d.h. das Rätsel der Möglichkeit von objektiver Erkenntnis[22]. Wie kann das kontinuierlich mit Erlebnissen sich verschmelzende Erlebnis, das sich in einem ständigen Werden befindet, mit dem Ding eine Einheit bilden? Anders gesagt: Wie ist die Einheit der Welt zu verstehen, wenn sie sowohl Grund der Realität der Dinge *außerhalb* des Bewußtseins sein soll wie auch Bedingung jener Erlebnisabläufe *im* Bewußtsein, welche Realitätserkenntnis heißen? Wie kann Welt zugleich im Erlebnis und im Ding sein, und wie kann das Ding als Erkanntes im Erlebnis und als Ding außer ihm befindlich sein? Das Rätsel der Erkenntnis ist also das der Einheit der Welt bzw. des Dings, sofern sie einmal sich vom Bewußtsein absetzen und ihm negativ gegenüberstehen, dann aber die positive Materie der Negation am Bewußtsein haben und sich somit auf es beziehen.

Dabei ist diese Einheit keineswegs als die Zusammenfügung zweier Elemente, etwa der realen und der (als real) bewußten Welt, zu verstehen[23]. Im Gegenteil, ursprünglich gegeben oder natürlich erfahren

---

[22] Vgl. zum Folgenden *Die Idee der Phänomenologie*, 1. Vorlesung, Husserliana II, S. 18ff. sowie Husserls Brief an H. von Hofmannsthal vom 12. 1. 1907, abgedruckt bei R. HIRSCH, „Edmund Husserl und Hugo von Hofmannsthal", in: *Sprache und Politik*, S. 112f. – Zur Sache vgl. auch das Kapitel „Die Wahrnehmung" bei HEGEL, *Phänomenologie des Geistes*, S. 89ff.

[23] Deswegen sagt Husserl schon in den *Logischen Untersuchungen*, „daß alle Gegenstände und gegenständliche Beziehungen für uns nur sind, was sie sind, durch die von ihnen wesentlich unterschiedenen Akte des Vermeinens, in denen sie uns

ist die Einheit, und nur durch die (hier vollzogene) Reflexion auf sie wird sie zum Problem und droht auseinanderzufallen. Die Notwendigkeit, diesen Schein der Doppelheit von bewußtem und wirklichem Ding aufzulösen, entspringt dabei dem Erfahrungsbefund, dem gemäß die transzendente „Urerfahrung" (70), die sinnliche Wahrnehmung, „Bewußtsein der leibhaftigen Selbstgegenwart eines individuellen Objektes ist" (70), und zwar ohne jede Scheidung einer bloß subjektiven Seite des Erkennens und eines objektiven Ansichseins. Das erfahrene Ding ist vielmehr in seinem Insichsein direkt gegeben. Der Schein der Zweiheit ist also Produkt der Reflexion und insofern ist *sie* das Unwahre. In der „leibhaftigen Wahrnehmungswelt" (72), der „Welt der aktuellen Erfahrung" (73) [24] dagegen, von der wir auszugehen haben, ist das Ding eine an und für sich seiende Realität. Ihr gegenüber erscheint das Bewußtsein vom Ding „wie etwas in sich Wesenloses, ein leeres Hinsehen eines leeren ‚Ich' auf das Objekt selbst" (71). Alles Erfahrene gehört da dem Gegenstand zu. Das Wahrnehmen dagegen ist völlig qualitätslos und ohne alle Bestimmungen: ein völlig formloser Stoff, in den sich die Dinge wie in Wachs, aber in durchsichtiges, eindrücken.

Das Wahrnehmen gibt sich hier als ein absolutes Diaphanum [25], als ein durchsichtiger reiner Äther, der von sich her dem Objekt nichts hinzufügt [26]. Das Ansichsein der Welt und ihr Sein fürs Ich fallen im Ansichsein zusammen, da das Hinsehen auf sie „leer" oder gleich Null ist. Die Apperzeption der Realitäts*form* geht in der Perzeption des realen Inhalts unter, und das bloße Bewußtsein ist, „ab-

vorstellig werden, in denen sie eben als *gemeinte* Einheiten uns gegenüberstehen. Für die rein phänomenologische Betrachtungsweise gibt es nichts als Gewebe solcher intentionaler Akte" (*Logische Untersuchungen* II/1, 1. Untersuchung, § 10, S. 42).
[24] Diese Termini sind offenbar inhaltliche Vorläufer des Begriffes der „Lebenswelt". Vgl. auch Husserls Rede von „dahingegangenen Lebewelten" (*Ideen* I, § 52, S. 102), die der Paläontologe erforscht. Es fragt sich an dieser Stelle allerdings, ob das Wort „Lebewelten", welches sowohl die Drucke der *Ideen* I zu Husserls Lebzeiten wie auch die Husserliana-Ausgabe (Husserliana III, S. 129) bringen, nicht lediglich ein Druckfehler ist für „Lebewesen".
[25] Zur Lehre vom Diaphanen vgl. ARISTOTELES, *De anima*, B, 7, 418 b 4ff.
[26] „Auf der untersten Stufe der Betrachtung, im Stande der Naivität, scheint es zunächst so, als wäre Evidenz ein bloßes Schauen, ein wesenloser Blick des Geistes, überall ein und derselbe und in sich unterschiedslos... Aller Unterschied ⟨ist⟩ also in den Sachen, die für sich sind und durch sich ihre Unterschiede haben" (*Die Idee der Phänomenologie*, Gedankengang der Vorlesungen, Husserliana II, S. 11f.). Aber Wahrnehmen ist, wie sich zeigen wird, „nicht ein leeres Haben wahrgenommener Sachen, sondern ein strömendes Erleben subjektiver Erscheinungen" (*Encyclopaedia-Britannica-Artikel*, 1. Fassung, Husserliana IX, S. 238).

gesehen vom Leibe und den Leibesorganen" (71), ein Nichts. Die Dingerscheinung bringt sich im Ding selber zum Verschwinden. Seinsweise und Gegebenheitsweise des Dinges fallen zusammen.

Die einzige gegebene Einheit ist dann die der Realität, innerhalb deren die Einheit des Bewußtseins zustandekommt als die Einheit des Leibkörpers, *dessen* Bewußtsein es ist. Für sich genommen ist das Bewußtsein nirgends antreffbar, und die Reduktion auf es würde zu nichts führen [27]. Was ist, ist in der Einheit der Welt und stammt aus ihr her. So auch das Bewußtsein, die punktuelle und perspektivische Sichselbstwahrnehmung der Welt[28]. Da in ihm die Realität nur sich selbst berührt, ist das wahrgenommene Ding unmittelbar und „leibhaftig gegeben" (71) bewußt. Der Zusammenhang des Erlebnisses mit dem Ding liegt also in der Einheit der Welt und in ihrer Identität mit sich selbst begründet. Ihr gemäß läßt das Bewußtsein sich nicht als „ein konkretes Sein in sich" (71) aussondern, ohne gerade durch diese Aussonderung und Abstraktion um seine Konkretion gebracht zu werden und sich zu einem wesenlosen Schatten seiner selbst zu verflüchtigen und zu verdunsten.

2. *Die skeptische Auflösung der Dingeinheit*

Doch schon die „bekannte Unterscheidung zwischen sekundären und primären Qualitäten" (71) weist darauf hin, daß dem Bewußtsein ein eigenes Sein in sich und eine Undurchsichtigkeit bei der Dingerfassung zukommt, welche sich in der „Übermalung" der objektiven Dingqualitäten durch subjektive äußert. Demgemäß wäre das Bewußtsein ein Medium, dem ein gewisser Brechungskoeffizient für die es durchquerenden Strahlen eignet [29].

Doch zeigt sich sogleich, daß diese Farbgebung des Bewußtseins nicht nur eine teilweise sein kann. Denn die Unterscheidung zwischen einem subjektiven und einem objektiven Ursprung des gegebenen Objekts wird einerseits im Bewußtsein selber getroffen. Außerdem ist

---

[27] Die unreflektierte Nullsetzung des Bewußtseins zu leisten ist nichts anderes als das „Vermögen" der Generalthesis, welche sich (d.h. ein Sehen) also vor sich selbst (vor dem eigenen Sehen) verunsichtbart. Vgl. unten S. 104f.

[28] Es ist deutlich, daß die Einheit der Welt in dieser Auffassung letzten Endes den mythischen Sinn einer rein objektiven Lebenseinheit annimmt, in welcher das Subjektive als ein untergeordnetes Moment des Objektiven enthalten ist. Das System dieser Weltsicht ist der Dogmatismus des Nicht-Ich, welches *für* kein Ich ist. Husserl spricht diesbezüglich vom Naturalismus als „einer *philosophischen* Verabsolutierung der Welt" (*Ideen* I, § 55, S. 107).

[29] Vgl. HEGEL, *Phänomenologie des Geistes*, S. 63f.

ihm das Subjektive und das Objektive in gleicher Weise als objektiv und ununterschieden gegeben. Und dann – um das Argument ins Objektive zu wenden – ist diese Unterscheidung gedanklichen Ursprungs und im Wahrnehmen nicht nur nicht gegeben, sondern überhaupt nicht gebbar. Denn das Wahrnehmen ist durch die (leibbezügliche) *Selbst*gebung seines Gegenstandes als eines rein objektiven oder transzendenten gekennzeichnet. Das in der Wahrnehmung Gegebene ist „prinzipiell ‚bloß subjektiv' " (72); aus dem gleichen Grunde aber ist es, als Reales und Vorhandenes, auch prinzipiell bloß objektiv. Die Unterscheidung sekundärer und primärer Dingqualitäten bzw. die Differenzierung zwischen Subjekt und Objekt in der Einheit der Wirklichkeit ist nicht nur in einem ihrer Glieder, sondern qua Unterscheidung der Wahrnehmung fremd und ohne (wahrnehmbares) Fundament in ihr [30]. Sowohl dieses Unterscheiden wie auch die unterschiedenen Momente als solche sind außerhalb der Wahrnehmung beheimatet und begründet. Die als bewußtseinsabhängig bestimmte Einheit der sekundären Qualitäten wie auch das aus ihnen abstrahierte „wahre Ding" (72) der Naturwissenschaft sind „ein dem *gesamten* in Leibhaftigkeit dastehenden Dinginhalt Transzendentes" (72; Hervorhebung vom Vf.) [31].

Das wahrnehmende Bewußtsein ist also weder reine Transparenz noch auch eine einfarbige „grüne Brille", durch welche das Ich die Dinge anblickt. Vielmehr ist das *ganze* Wahrnehmungsding als zugleich bewußtseinsabhängig und -unabhängig bewußt. Bewußtseinsabhängig ist es, sofern es nur *im* Wahrnehmen wahrnehmbar und außerhalb seiner Beziehung zum Bewußtsein für es ein Nichts ist.

Diese Einsicht – das sei hier nebenbei vermerkt –, daß die Welt stets nur Welt meiner Erfahrung ist, d.h. daß sie in jedem ihrer Momente Erscheinung, nie aber Ansichsein ist, bildet den skeptischen Bruch mit der Natürlichkeit [32], dessen *vollständige* Durchführung nichts anderes als die Korrelationsforschung der reinen Phänomenologie selber ist. Im Maße in dieser Einsicht nur ein skeptischer Rückzug auf einen „Kreis *erreichbarer*... Entdeckungen" [33] liegt; im

---

[30] Dies ist „der alte Berkeleysche Einwand" (*Ideen* I, § 40, S. 72) gegen die Lehre von primären und sekundären Qualitäten.
[31] Vgl. eine ähnliche Argumentation bei FICHTE: Wer sagt, die Sinnenwelt „wirkt ein auf mich, als ein an sich Seiendes..., ...spricht... nicht mehr seine Wahrnehmung aus, sondern einen erklärenden Gedanken" (*Wissenschaftslehre 1801*; II, 136).
[32] Vgl. A. AGUIRRE, *Genetische Phänomenologie und Reduktion*, S. 94ff.
[33] *Logische Untersuchungen* II/1, Einleitung, § 3, S. 12.

Maße die Epochè also nur negativ bleibt, zeitigt die grundlegende Einsicht in die universale Korrelation von Bewußtsein und Bewußtem keinerlei für eine wissenschaftliche Philosophie bedeutsame Folgen. Die Durchführung der Skepsis ergibt dann nur eine Erkenntnistheorie „des üblichen naiven Stils" [34], welche bei einer reinen Deskription, bei der einfachen Beschreibung des Gegebenen im Wie seiner Gegebenheit stehenbleibt, ohne eine Einsicht ins Woher dieser Gegebenheitsweisen des Erscheinenden vermitteln zu können. Eine solche systematisierte Skepsis, losgelöst von jedem „transzendentalen Impuls" [35], ist nichts anderes als der Psychologismus oder Naturalismus. Er ist also mit dem Skeptizismus (gegenüber der Natürlichkeit) wie auch mit der reinen Phänomenologie (als von der phänomenologischen Philosophie unterschiedener) identisch. Was aber über ihn hinaustreibt, ist – wie schon die *Logischen Untersuchungen* zeigten – der Umstand, daß er zwar alles Gegebene, nicht aber die Möglichkeit seiner selbst zu erklären vermag.

Ist das Ding bewußtseinsabhängig, sofern es eben nur im Bewußtsein gegeben sein kann, so ist es insofern bewußtseinsunabhängig, als es sich im Bewußtsein als ein Vorgefundenes gibt, das nicht genetisch auf Bewußtsein zurückzuführen und in es aufzulösen ist (wodurch das Nichtsein des Dinges außerhalb des Bewußtseins sich umkehrt zu seinem positiven Ansichsein und -halten, vor welchem sich das Bewußtsein als das Ohnmächtige und durchs Sein des Dings Begrenzte erweist). Dieses Paradox ist das Lebenselement und die Grundbedingung der Wahrnehmung [36]. Es wird von ihr aber – und das zeichnet die Wahrnehmung aus – nicht als solches bzw. in seiner Fraglichkeit und Unverständlichkeit erfahren, sondern als Selbstverständlichkeit hingenommen. Die Erfassung des Widerstreits im Begriff des Dinges, welcher in dessen voller Abhängigkeit und Unabhängigkeit sub eodem respectu besteht, hat sonach ihr Prinzip im *Denken* [37]. Das Denken erst scheidet reinlich das Objektive des Dinges, den Gegenstand der Physik, von seinem Subjektiven, dem Gegenstand der Psychologie.

---

[34] Husserliana VIII, Beilage XVIII, S. 418.

[35] *Erste Philosophie* I, 9. Vorlesung, Husserliana VII, S. 60.

[36] Die Wahrnehmung richtet sich auf das Gegebene, nicht auf dessen Bedingung; auf das Wirkliche und nicht auf dessen Möglichkeit. Die Phänomenologie der Wahrnehmung weist im Wahrnehmen eine konstitutive Negation der Frage nach seinem Ursprung auf. Vgl. G. SCHULTE, „Vom Sinn der Wahrnehmung", in: *Tijdschrift voor Filosofie*, 1969 (31), S. 734ff.

[37] Vgl. *Ideen* I, § 41, S. 73.

Das Wahrnehmungsding stellt also dennoch ein συγκεχυμένον dar. Aber es ist nicht aus subjektiven Zutaten und objektiven Bestandteilen komponiert, sondern als ganzes vom Bewußtsein ebenso abhängig wie unabhängig. Die Frage nach dem Ursprung der Dingwahrnehmung fördert, weil schließlich auch die Bewußtseinsunabhängigkeit des Dings im *Bewußtsein* gegeben ist, die *Wahrheit* [38] im Sinne des wahren Seins des Dinges zutage. Das schließt ein, daß das Ding selber für das Denken un-wahr (der Form seines Verhältnisses zur Wahrheit nach) bzw. (dem Inhalt seiner Wahrheitsbeziehung entsprechend) „ ‚bloße Erscheinung'... und doch kein leerer Schein" (72) ist. Steht also das Ding, wie es im Denken auftritt, d.h. das Ding der Naturwissenschaft [39], für sich genommen außer allen Bezugs zur „Welt der aktuellen Erfahrung" (73), so ist im Ursprung dieses Außerhalb doch ein Urteil über den Wahrheitswert und das eigentliche Sein des Wahrnehmungsdinges in verborgener Weise enthalten. Das freischwebende Außerhalb des transzendenten naturwissenschaftlichen Dinges ist ein Außerhalb nur innerhalb seines Bezugs auf die Wahrnehmung; die Negation des Wahrnehmungsdinges durch das Ding der Naturwissenschaft ist eine relative.

Unter diesem negativen Aspekt besteht demnach das Verhältnis der „beiden" Dinge darin, daß zwar den physikalischen Dingbestimmungen oder Prädikaten der Charakter für sich bestehender Wahrheiten (oder des in sich geschlossenen Systems der Akzidentien) zu-

---

[38] Das Formalobjekt des Denkens ist also die Wahrheit. Sofern dem Denken das Bedachte in Teilnegation gegenübersteht, folgt daraus die prinzipielle Phänomenalität des Denkgegenstandes. Seine Wahrheit hat er darum stets und notwendig in einer Erscheinungslehre oder Phänomenologie. Ein Ansichsein, dies sei hier vordeutend festgestellt, kommt somit nie dem Ding, sondern allein dem Denken des Dinges zu.
[39] Von Bedeutung ist hier allein die Naturwissenschaft, weil die Unterscheidung zwischen physikalischem und psychologischem Ding positiv zum naturwissenschaftlichen Ding führt, wohingegen das der Psychologie nur in Abhebung von ihm gewonnen wird. Husserl spricht darum im § 40 der *Ideen* I allein vom physikalischen Ding. Die Psychologie hat die Physik dabei insofern zur Voraussetzung und zum Fundament, als sie jenes am Wahrnehmungsding untersucht, was *nicht* zu seiner primären Beschaffenheit (welche somit vor aller Psychologie festgestellt werden muß) 'gehört. Da aber, wie gesagt, das gesamte physikalische Ding außerhalb der Wahrnehmung liegt, hat dies zur Folge, daß die Psychologie de facto *auch* die primären Qualitäten zu ihrem Gegenstand macht, d.h. daß auch ihr das *ganze* Wahrnehmungsding zugehört. Phänomenologisch findet dieser Sachverhalt seinen positiven Ausdruck in der Unterscheidung von physikalischen und lebensweltlichen Dingbestimmungen. Vgl. dazu U. Claesges, *Husserls Theorie der Raumkonstitution*, §§ 9 und 18.

kommt; das Subjekt (oder die Substanz) dieser Bestimmtheiten aber, d.h. ihr *„Substrat, der Träger (das leere x)"* (73), das Wahrnehmungsding ist. Er stellt die Einheitsform (das vinculum) der Prädikate dar, ihren Bezugspunkt und den Grund ihres Verknüpftseins.

In positiver Hinsicht dagegen ist das Wahrgenommene das durch die physikalischen Prädikate in seiner Wahrheit Bestimmte. Diese Prädikate sind seine Eigenschaften und die Gesetze seines Inhalts. Dementsprechend dienen die physikalischen Gesetze als „Index für den Lauf möglicher Erfahrungen" (73), für welche allein sie Aussagekraft besitzen [40]. Demgemäß ist „das sinnlich erscheinende Ding ... nichts weniger als Zeichen für ein *anderes*, sondern gewissermaßen Zeichen *für sich selbst*" (100).

3. Die phänomenologische Unterscheidung von Reellem und Realem

Dient die Konstruktion des transzendenten Dinges der Naturwissenschaft „zur Orientierung in der Welt der aktuellen Erfahrung" (73), und hat sie allein in diesem Verhältnis ihren Wahrheitssinn [41], dann findet sich unsere Frage nach dem Verhältnis der obersten Einheit des Bewußtseins zu der Welt offenbar wieder auf ihren Ausgangspunkt, auf das natürliche Bewußtsein, zurückgeworfen. Doch nicht ohne Gewinn.

Denn das Beginnen, die Einheit des Bewußtseins und sein „konkretes Sein in sich" (71) aus der Einheit der Welt ableiten zu wollen, ist endgültig als widersinnig erwiesen [42]. Auch die Dingkonstruktion des wissenschaftlichen Denkens, die *Wahrheit* des Dings, hat ihre Wahrheit am *Sinnending*. Dessen „Subjektivität" aber kann nicht aufgehoben werden; dem widersinnigen Versuch solcher Aufhebung liegt schließlich noch der gleiche Glaube an die reine Transparenz des Bewußtseins zugrunde wie der aufzuhebenden Wahrnehmung selber. Doch schneidet die (eine mathematische Naturwissenschaft erst ermöglichende) Unterscheidung zwischen dem am Ding Bewußtseinsbedingten und dem von ihm Unabhängigen den Ausweg ab, die Einheit des Bewußtseins sei aus der Einheit der Welt her verständlich zu machen als deren Selbstwahrnehmung. Zur wahrgenommenen

---

[40] Zu dieser dialektischen Auflösung des Verhältnisses von (physikalischem) Ding an sich und (wahrgenommener) Erscheinung vgl. HEGEL, *Phänomenologie des Geistes*, S. 113.
[41] Außerhalb des Bezugs auf die Wahrnehmung wäre die Physik nicht Wissenschaft, sondern kunstmäßige Phantasiegestaltung.
[42] Vgl. A. AGUIRRE, *Genetische Phänomenologie und Reduktion*, S. 40ff.

Welt gehört vielmehr ineins Bewußtseinsrelativität und Eigenständigkeit oder Substanzialität. Das Verhältnis dieser beiden Faktoren ist allerdings, wie das soeben mit der Physik angestellte Experiment bezeugt, nicht ein gleichgültiges Nebeneinanderbestehen, ein „Auch". Sondern die Substanzialität der Welt ist nur gegeben *in* deren Akzidentialität hinsichtlich des Bewußtseins: ihre Unbedingtheit (durchs Bewußtsein) ist bedingt durch ihr Bedingtsein (durchs Bewußtsein) [43].

Die Undurchsichtigkeit des Erlebnisstromes besteht dann darin, daß in ihm das Ansich immer den Sinn hat: Ansich *für* das Bewußtsein. Ist ein Bewußtsein gesetzt – und es ist gesetzt, wie jeder aus eigener Erfahrung sich dartun kann und muß –, dann ist der Gedanke eines ansichseienden Ansich ein Ungedanke. Sowohl der Begriff des Füruns wie auch der des Ansich sind *relative* Begriffe, und außerhalb der Relation kommt ihnen keinerlei Sinn zu. Die „naive" Weltauffassung (und in entgegengesetzter Weise die Wissenschaft) setzt die Welt als ein solches „Ansich an sich". Dieser ihr Ansatz ist die Bedingung der Deduktibilität des Erlebnisstromes aus der transzendenten Einheit der physikalischen oder erfahrenen Welt. Das bedeutet aber, da diese Voraussetzung in sich widersprüchlich ist, daß die Aufeinanderbeziehung von Bewußtsein und Welt nicht aus der „realen Einheit" (70) der Welt her verständlich gemacht werden kann – aus ihr her ebensowenig wie aus irgendeiner dritten, außerhalb der Korrelation von „Wahrnehmung und Wahrnehmungsding" (73) gelegenen Einheit [44]. Der Sinn dieser Korrelation zwingt also dazu, die Einheit des Erlebnisstromes als die primäre, aus sich erklärbare Einheit zu setzen [45] und das Weltverhältnis des Bewußtseins vom *Bewußtsein* als der „letzten Quelle" der „Generalthesis der Welt" (70) her zu begreifen.

Demzufolge ist zunächst das Weltbewußtsein in seiner ursprünglichen Form, der transzendenten Wahrnehmung, daraufhin zu reflektieren, was es an „Berührungspunkten" mit der Welt besitze. Es bedarf der Analyse der reellen Momente der Wahrnehmung, um in ihnen den Zusammenhang des Bewußtseins mit der realen Welt auf-

---

[43] „The perceived object is not a simple photographic representation of something existing, but an intentional interpretation, based on inner act-experiences". (V. MESSERICH, „An Apodictic Approach to Reality", in: *Franciscan Studies*, 1953 (13), S. 3).

[44] Eine solche Einheit wäre etwa ein als Garant des Parallelismus zwischen res cogitans und res extensa gedachter Gott.

[45] Wir haben dies oben S. 54f. getan.

zufinden [46]. Wegen *seines* direkten Gegebenseins – Welt ist mitgegeben, ebenso wie der Erlebnisstrom im Wahrnehmungserlebnis mitgegeben ist – stellt die Wahrnehmung des Dings den nächsten Gegenstand der Untersuchung dar.

Wie sich gezeigt hat [47], besteht das Wesensmerkmal des Bewußtseins in seinem übergangslosen Sichselbstsynthetisieren, das seine Vielheit am „beständigen Fluß" (74) und seine Einheit an dessen Bewußtsein, am „Ich kann" [48] der Reflexibilität des Strömens hat. Genauer: das Strömen *ist* Reflexibilität (und umgekehrt das Bewußtsein sein eigener Fluß). So findet eine vollständige und durch keine Brücke vermittelte Identität des Einen und des Vielen statt. Die Absonderung von Teilen aus dem Bewußtsein bedeutet somit eine Abstraktion oder Idealisierung der Beständigkeit (des Stehens) des Fließens [49].

Dies gilt vor allem für den Begriff eines abgeschlossenen Jetzt oder allgemeiner für den eines (nicht extensiv-dinglich, sondern intensiv, eben nach der Weise des Bewußtseins zu verstehenden) Anfangens und Endens des Bewußtseins [50]. Das Bewußtsein ist nicht ein Kohärentes, sondern Identität des Kohärenten (des Fließens) und seiner Form der Kohärenz (oder Reflexion). Es ist Kontinuität als Zugleich von Reflexibilität (als seiner formalen Seite) und inhaltlich wechselndem und sich änderndem Strömen (als seiner materialen Seite). Hier handelt es sich nicht um zwei unterschiedene Bausteine des Bewußtseins. Sondern Reflexibilität ist Selbstverwirklichung des Strömens, und Strömen Selbstermöglichung der Reflexion: eine in sich zurücklaufende Bewegung. Da sie nur aus sich selber besteht und Bestand hat, ist sie ein „konkretes Sein in sich" (71) oder „reelles

---

[46] Vgl. die Überschrift von § 41 der *Ideen* I: „Der reelle Bestand der Wahrnehmung *und* ihr transzendentes Objekt" (*aaO.*, S. 73; Hervorhebung vom Vf.).
[47] Vgl. oben S. 53f.
[48] Vgl. oben S. 41.
[49] Von „Idealisierung" ist hier insofern die Rede, als vergleichsweise die Geometrie vom vollkommen Kreis handelt, ein solcher aber in der realen Natur nirgends anzutreffen ist.
[50] Zu der Lehre von der „phänomenalen Anfangslosigkeit der Bewegung" (W. WIELAND, *Die aristotelische Physik*, S. 311, Anm. 40) vgl. ARISTOTELES, *Physik*, Z; bes. Sätze wie: „Stetige Bewegung ist Bewegung eines stetig Bewegten" (235 a 6f.) und „Alles Bewegte hat sich notwendig schon vorher bewegt" (236 b 33f.; dass. 237 a 34f.). – Zur Sache vgl. auch W. CRAMER: „Etwas denken heißt, etwas gedacht haben. – Würde das Denken... anfangen, etwas zu denken, so hätte es im Anfange keinen Gedanken" (*Grundlegung einer Theorie des Geistes*, S. 18). Cramer folgert daraus mit Recht: „Denken fängt nicht an". (*aaO.*, S. 19).

‚Beschlossensein'" (69) ihrer Aktualität in sich selber. Deswegen kann auch „der Erlebnisstrom ... nicht anfangen und enden" (163).

Demgegenüber gilt von dem *in* dieser reflektiblen Strömung wahrgenommenen Ding: Es kann sein, „ohne auch nur potentiell bewußt zu sein ...; und es kann sein, ohne sich zu verändern" (92). Das Ding hängt demnach mit dem Bewußtsein zunächst so zusammen, daß es die Negation von dessen „Eigenwesenheit" bildet und auf das Bewußtsein als sein Gegen-teil bezogen ist. Die Negativität des Dinges bedeutet, daß es *nicht* sich mit sich selbst zusammennimmt. Sondern seine Wahrnehmbarkeit und sein Werden sind, was sie sind, für das Andere seiner selbst, für die Bewußtseinsregion. Die „Reflexibilität" des Dinges ist mögliche Gegenständlichkeit fürs Bewußtsein, und seine „Verselbstigung" Selbigkeit aufgrund von „Synthesen der Identifikation" (75).

In beiden Hinsichten verweist das Ding auf Leistungen des Bewußtseins. Es ist auf Bewußtsein, „und zwar nicht auf ein logisch erdachtes, sondern aktuelles angewiesen" (92). Rein für sich betrachtet dagegen bestimmt das Ding sich durch diese zweifache Negativität gegenüber der Reflexibilität und Verselbstigung (oder Reflexion) des Bewußtseins. In ihr besteht der nächste Begriff seiner *Transzendenz*.

Als *Negation* des grundsätzlichen Eigenwesens der Wahrnehmung steht das Ding in einem doppelten Verhältnis zur Wahrnehmung. Auf der einen Seite sind „Wahrnehmung und Wahrnehmungsding ... in prinzipieller Notwendigkeit nicht reell und dem Wesen nach eins und verbunden" (73). Vielmehr liegt beider Wesen seiner Eigenform nach außerhalb der seines Gegenteils. Eben diese Un-wesentlichkeit des Dinges fürs Bewußtsein (und umgekehrt) macht das „Rätsel" ihrer „Aufeinanderbeziehung" (73), die denn doch statthat, aus. Auf der anderen Seite ist nämlich das dem Bewußtsein entgegengesetzte Ding *im* Bewußtsein gegeben, sofern sein Sein eben mögliches Sein für das Bewußtsein ist.

Das Ding hat also zum Bewußtsein nicht nur die positive Beziehung jeder Negation auf die als ihr Fundament vorausgesetzte Position. Dem Bewußtsein eignet vielmehr *von sich her* ein positives (intentionales) Verhältnis zum Ding, da die Überbrückung des Außereinander beider im *Bewußtsein* stattfindet. Bewußtsein nun ist wesentlich Überbrückung, es ist ohne einen Gegenstand seiner Intention (zunächst: sich selber [51]) ein Nichts, da die Zusammennahme seiner mit

---
[51] Vgl. oben S. 50. Husserl selber bezeichnet den Bewußtseinsstrom als die

sich selbst der Dualität zu vereinender Momente bedarf. Sie setzt die Sichunterscheidung des Bewußtseins (in Vergangenheit und Zukunft) oder dessen innere Negativität voraus, welche in der Gegenwärtigkeit des Aktes synthetisiert wird. Der Akt ist demgemäß *Beziehung* (zunächst: des Bewußtseins auf sich selbst).

Als Strömen hat er dabei die eigenartige Natur, selber terminus a quo des Beziehens, das er ist, also reflexiv zu sein. Sein terminus ad quem ist in dieser hier zur Verhandlung stehenden Hinsicht dann aber als Nichtakt, als (gleich ob konträre oder kontradiktorische) Negation des Bewußtseins gesetzt; eben damit aber als ,,Dingliches" oder ,,Ding". Das Ding ist ja, wie sich soeben zeigte, seiner Grundbestimmtheit der Wahrnehmbarkeit und Selbigkeit nach, d.h. qua Gegenstand überhaupt, im Eigenwesen des Erlebnisstromes begründet: ,,Wahrnehmung und Wahrnehmungsding... ⟨sind⟩ in ihrem Wesen aufeinander bezogen" (73). Zum Wesen der Wahrnehmung (und des Bewußtseins überhaupt) gehört damit die Intentionalität, die Bezogenheit auf ein Etwas überhaupt. Umgekehrt besitzt notwendig alles, was für das Bewußtsein ist, die Form der Gegenständlichkeit. Diese Form des Intendierens oder der Auffassung [52] ermöglicht die Dingwahrnehmung oder das Ding qua Wahrnehmungsding, da es (als ein Objektives) diesem Auffassungsgesetz des Bewußtseins entspricht.

Doch ist damit schon gesagt, daß es zur *Ding*wahrnehmung noch eines Mehr über die Formalität von Gegenstand-überhaupt hinaus bedarf. Ist Auffassung als solche im aktuellen Synthetisieren des Erlebnisstromes begründet, so fehlt zur Wahrnehmung des Dinges noch die Konkretion dieser universalen Form zur sinnlich anschaulichen Dingrealität [53]. Es ließ sich verstehen, daß das Bewußtsein der Gegenständlichkeit überhaupt offenstehe, ja ohne sie nicht sein kann. ,,Welt als Eidos" (58) gehört unabdingbar zum Bewußtsein, weil sie die Vollzugsform des Aktes als eines intentionalen oder reflexiblen ist.

Doch wie kommt es in diesem Auf- und Zusammenfassen zum Be-

,,Urgegenständlichkeit" (*Analysen zur passiven Synthesis*, § 45, Husserliana XI, S. 205). Denn ,,das erste, urquellenmäßig Transzendente ist der Bewußtseinsstrom und seine immanente Zeit." (*aaO.*, S. 204).

[52] Vgl. *Ideen* I, § 41, S. 75.

[53] Genauer wäre zu sagen: es bedarf des Nachweises, daß das Etwas überhaupt zunächst nur als Realität wahrnehmbar sei; daß also die ,,logische Möglichkeit" einer ,,Welt außerhalb unserer Welt" zugleich ein ,,sachlicher Widersinn" ist (Überschrift von § 48 der *Ideen* I, S. 90).

wußtsein der Realität? Dazu nun muß das soeben betrachtete „Bewußtsein überhaupt" zur Konkretion der Wahrnehmung weiterbestimmt werden bzw. das Eidos Welt zur Realwelt. Nun hatte sich der Gegenstand überhaupt bestimmt als Einheit durch „Auffassung als Einheit". Deswegen ist auch die Wahrnehmung „Bewußtsein von dem einen und selben Dinge ... vermöge des im *Wesen* jener Auffassungen begründeten Zusammenschlusses zu einer *Auffassungseinheit*" (75). Über diese mögliche Bewußtheit oder Subsumierbarkeit des Gegenstandes als solchen unter das Wesensgesetz des Bewußtseins hinaus bedarf es also einer Eigenständigkeit des Dinges, welche es der realen und selbständigen Welt einordnet. Nun gehört eine Transzendenz prinzipiell zum Wesen von Gegenstand überhaupt [54]. Diese ist, so können wir unsere Aufgabe also bestimmen, in ihrer Besonderheit als Transzendenz des realen Dinges verständlich zu machen.

Das am Ding über die Form der „Gegenständlichkeit im weiteren Sinne" [55] Hinausreichende ist einerseits die ihm eigenwesentliche und es von Anderem unterscheidende „Materie" dieser bestimmten Gegenständlichkeit. Gegenständlichkeit aber ist, wie gezeigt, in ihren beiden Grundbestimmungen der Wahrnehmbarkeit und Identität bewußtseinsbegründete Leistung der Auffassung [56] aufgrund der Vergegenständlichung als ihrer Form.

Damit durch diese Form ein von der immanenten Wahrnehmung verschiedener Gegenstand zustandekomme, bedarf es sonach andererseits eines Fixativs oder Woran der Auffassung. Sie setzt ein Motiv voraus, aufgrund dessen ein Gegenstand als Realding zu Bewußtsein kommen kann. Dieser Grund des Gegebenseins oder der Erscheinung kann nicht das Ding sein, da ein Ding, gleich ob als an sich seiendes oder als erscheinendes, hier erst zu konstituieren ist [57]. Als das Auffassen reell Motivierendes kommt vielmehr nur ein Bewußtseinsmoment in

---

[54] Eine Transzendenz hat sogar bei der grundlegenden Reflexion oder Vergegenständlichung, der inneren Wahrnehmung, statt, da die Einheit der reflektierenden und der reflektierten cogitatio eine Neuformung des ursprünglichen Aktes bedeutet, also in zwei verschiedenen Jetzten stattfindet und damit das Strömen des Bewußtseinsflusses voraussetzt.

[55] Ms. F I 13/91b.

[56] Auffassung stellt somit den allgemeinsten Boden der Aufmerksamkeit dar. Über letztere vgl. oben S. 20f.

[57] Es zeigt sich also, daß nicht nur die Erscheinung subjektiv bedingt ist, sondern der ganze Verhältniskomplex von Ding an sich und Erscheinung. Das in der Erscheinung nicht Wahrgenommene und ihr Transzendente, die Wahrheit des Dings an sich, ist also das Bewußtsein. Vgl. HEGEL, *Phänomenologie des Geistes*, S. 129.

Frage, welches auf den Gegenstand dergestalt hinweist, daß er triftigerweise als er selbst erfaßt wird.

Das besagt, daß dieses Moment nicht ein Abbild des (schon im voraus als seiend angesetzten) Dings sein kann. Denn die fraglichen Bewußtseinsinhalte weisen erst und bloß „vermöge der rein imaginativen oder perzeptiven Auffassungen, deren Träger sie sind, auf ihnen bestimmt entsprechende Inhalte des Gegenstandes eindeutig hin"[58]. Der Grund zur Auffassung der bestimmten Gegebenheit liegt also darin, daß im Bewußtseinsfluß Strommomente auftreten, welche eine „ ‚darstellende Funktion' üben" (75)[59]. In dieser *Funktion* ist die wesentliche Aufeinanderbezogenheit von Anschauung und Angeschautem begründet. Die Intentionalität hat diese Momente zu ihrem Ansatzpunkt und zu jener Materie, welche im auffassenden Akte aufgegriffen wird[60].

Die Seinsweise der darstellenden Momente bestimmt sich ihrer Unterschiedenheit vom Akt und Spontaneitätscharakter der Auffassung zufolge als das Angetroffensein von „Daten" (75), als Passivität. Ihrer funktionalen Bedeutung entsprechend handelt es sich demgegenüber um „beseelte" Aktmomente (75), die kontinuierlich ineinander verströmen und die Erscheinung des Dinges ausmachen[61]. Die

---

[58] *Logische Untersuchungen* II/2, 6. Untersuchung, § 22, S. 78.

[59] Der Unterschied zwischen immanenter und transzendenter Wahrnehmung liegt sonach im Vorfindlichsein solcher darstellender Momente. In der immanenten Wahrnehmung sind Darstellendes und Dargestelltes identisch; ihr Inhalt verweist auf sich selber. In dieser Bezogenheit auf sich selber besteht der *reflexive* Charakter der immanenten Wahrnehmung. Die transzendente Wahrnehmung dagegen faßt das Darstellende als Verweis auf Nichtbewußtsein, mit dem deshalb die Auffassung keine reelle oder kontinuierliche Synthese der Identifikation eingehen kann.

[60] Es sei ausdrücklich darauf hingewiesen, daß die Sachlage keineswegs so ist, „als ob das Bewußtsein auf die Empfindungen hinblicke, sie sich zu *Gegenständen* einer Wahrnehmung und einer erst darauf zu gründenden Deutung mache... Die Empfindungen werden offenbar nur in der psychologischen Reflexion zu Vorstellungsobjekten, während sie im naiven anschaulichen Vorstellen zwar *Komponenten* des Vorstellungserlebnisses sind..., keineswegs aber dessen *Gegenstände*" (*Logische Untersuchungen* II/1, 1. Untersuchung, § 23, S. 75). Vgl. auch *Logische Untersuchungen* II/1, 2. Untersuchung, § 22, S. 161.

[61] Aus dieser Aufgehobenheit der Daten in die Einheit des Aktes wird verständlich, warum das Ding nur *als* Ding (oder durch Auffassung) Ding ist. Die Frage, was das Ding an sich und außerhalb des Überwurfs des Als über es sei, führt zu einem infinitesimalen Zertrennen des Dinges in ein neues, ursprünglicheres Dingmoment und das an diesem schon wieder angetroffene Als; somit auf ein „Differential" (im Maimonschen Wortverstand) oder „das pure X in Abstraktion von allen Prädikaten" (*Ideen* I, § 131, S. 271), welches allerdings durch *Abstraktion* erschlossen (und selber Abstraktion), nicht aber phänomenologisch aufweisbar ist, da in dieser

weiter oben angesprochene Selbstunterscheidung und Sichbezogenheit des Aktes ist somit eine Dualität in seinem „*reellen* Bestande" (73; Hervorhebung vom Vf.). Innerhalb ihrer zerteilt sich der Akt in sein Spezifikum, die Auffassung, und die davon als passiver „Anstoß" seiner Selbsttätigkeit abgesetzten Daten; wobei dieses Teilen zugleich Selbstzusammennahme ist.

Als Wesensbestimmung des auf Reales gerichteten Aktes kann also dies gelten, daß er sich mit seinem passiven Fließen als mit dem Grunde seiner Selbstnegation zusammenschließt und dabei diese *seine* Vorfindlichkeit als den *Gegensatz* seiner selbst setzt. Die Daten bilden hier das principium individuationis der Vergegenständlichung-überhaupt zum realen Ding, sie sind der Grund der – subjektiv gesprochen – Bewußthabe des realen Gegenstandes bzw. – objektiv gesprochen – seiner Erscheinung. Da die Daten reelle Bewußtseinsmomente sind, folgt daraus, daß „die Erscheinung sich kontinuierlich verändern", kann und *muß*" (74).

Nicht so, wie gezeigt, das Ding. Es ist nie durch sich wahrnehmbar und verändert nicht *sich*, da beides seine Reflexivität als zeitliche *Selbst*zusammennahme voraussetzen würde [62]. Das Auszeichnende des Dinges nun besteht darin, daß es dennoch prinzipiell veränderlich ist: „es kann sein, ohne sich zu verändern" (74), aber in genau dem gleichen Maße gilt das Gegenteil. Dem Ding eignet in dieser Labilität der Veränderbarkeit eine unaufhebbare Unbestimmtheit und Ziellosigkeit, da beide Möglichkeiten sich das Gleichgewicht halten. Dergestalt ungebunden und nicht festlegbar, ist das Ding durch einen fortwährenden „Stillstand", durch beständige Unbeweglichkeit bedingt, die es an der Grenze beider Möglichkeiten festhält. Im Bilde ausgedrückt: Das Ding bewegt sich auf der Mittellinie zweier gleichstarker Magnete. Diese Unfertigkeit und die Unmöglichkeit einer endgültigen Fixation [63] besteht in der notwendigen Gegebenheitsweise des Dinges durch „Abschattungen". Die es darstellenden Daten nennt

---

Abstraktion von *allem* abstrahiert ist, so daß „nichts" mehr übrig bleibt. Vgl. A. AGUIRRE, *Genetische Phänomenologie und Reduktion*, S. 179ff. Husserl selber sagt: „Urempfindung ist etwas *Abstraktes*". (*Zeitbewußtsein*, Husserliana X, S. 326).

[62] Daß der Gegenstand nur für das Bewußtsein und in dessen Auffassen sich verändern kann, hat übrigens zur Folge, daß die prinzipielle Möglichkeit seines Anfanges oder Aufhörens offensteht.

[63] *Positiv* weist diese Unmöglichkeit letztlich zurück auf die Unabschließbarkeit des Synthetisierens, welches die lebendige Gegenwart ist. So kann der Raum als „Korrelat eines kinästhetischen Gesamtsystems" bestimmt werden (U. CLAESGES, *Edmund Husserls Theorie der Raumkonstitution*, S. 82).

Husserl „Abschattungsmannigfaltigkeiten" (74) des Bewußtseins, die er des näheren als „Empfindungsdaten" (75) bezeichnet. Das durch sie Abgeschattete hat die Form unendlichen unbeweglichen Möglichseins, die Form des *Raumes* [64]. „Das Abgeschattete ist ... prinzipiell nur möglich als Räumliches (es ist eben im Wesen räumlich)" (75), und beide Begriffe sind strikt identisch.

Das Ding ist, weil notwendig abgeschattet, „indefinibel", und seine Räumlichkeit weist auf den Grund dieser Veränderlichkeit. Als Grund ist der Raum selber aber niemals durch Abschattung gegeben, sondern *Horizont* des Abgeschatteten. Das aber bedeutet, daß Räumlichkeit die *Grundbestimmung der realen Welt* darstellt. Demzufolge ist „die materielle Welt nicht ein beliebiges Stück, sondern die Fundamentalschicht der natürlichen Welt..., auf die alles andere reale Sein *wesentlich* bezogen ist" (70). Das Ding ist also immer „Raumdingliches" (76); und es ist „eine Wesensnotwendigkeit, als solche in apodiktischer [65] Einsicht zu erfassen, daß räumliches Sein überhaupt... nur in der bezeichneten Gegebenheitsart wahrnehmbar ist" (78f.).

Dem Ding nun steht gegenüber die Abschattung, vermittels derer das Reale gegeben ist. „Abschattung ist Erlebnis" (75), nämlich das der Dingerscheinung. Der Zusammenhang zwischen den obersten Einheiten der Welt und des Bewußtseinsstromes muß also im Berührungspunkt der Empfindungsdaten qua funktionaler, nämlich Abgeschattetes darstellender, gesucht werden. Welt entsteht aus der Doppelsinnigkeit der Empfindung her, in ein- und derselben Hinsicht Darstellung und Erlebnis zu sein.

Es ist aber zunächst nicht einzusehen, inwiefern durch den Rückgang auf die Empfindungsdaten der Zusammenhang von (natürlicher) Welt und (transzendentalem) Bewußtsein sich solle klären lassen. Vielmehr droht die Doppelgesichtigkeit der Empfindung den Empfin-

---

[64] So sagt auch FICHTE in der *Wissenschaftslehre 1810*: Das richtungslose, weil „ohne die Richtung auf das Eine göttliche Leben" seiende Vermögen ist „ein *unbestimmtes* und durchaus ungebundenes, jedoch absolutes Vermögen, also ein unendliches. Es schematisiert sich darum als hinschauend ein Unendliches in einem Blicke (den Raum)" (II, 700). Auch für Husserl hat der Raum den Charakter eines Bewußtseins der unendlichen Vermöglichkeit des „Ich kann"; der Raum ist „Spielraum" eines Systems ichlicher Potentialitäten.
[65] „Apodiktisch", weil, wie gezeigt, Abgeschattetsein und Räumlichsein identische Begriffe sind.

dungsbegriff selber zu zersprengen [66]. Ingarden etwa stellt die Frage: „Und wo soll man die ‚Empfindungsdaten' suchen? Ob wirklich auf der Seite der vollen Noese und nicht etwa im letzten Unterbau des Noemas?" [67]. Bevor wir also auf den genauen Sinn des Zusammenhangs von Ich und Welt in der Empfindung eingehen können, ist zunächst das „Noema" zu untersuchen. D.h. wir haben die Seinsweise des Dinglichen aus ihr selber her näher zu bestimmen und die daraus für das Bewußtsein des Realen sich ergebenden Folgerungen zu verdeutlichen, nachdem wir soeben die Seinsweise des Bewußtseins und die daraus folgenden Bestimmungen über das Sein des Dings erörtert haben.

---

[66] Vgl. oben S. XVII sowie R. ZOCHER, *Husserls Phänomenologie und Schuppes Logik*, S. 219.
[67] R. INGARDEN, „Meine Erinnerungen an Edmund Husserl", in: E. HUSSERL, *Briefe an Roman Ingarden*, S. 128. Husserl selber hat bezüglich des Leibbewußtseins die „Zweideutigkeit von ‚Empfinden'" aufgewiesen: „Der Leib empfindet, das betrifft das Lokalisierte; durch ihn ‚empfinden' wir Dinge – da ist ‚Empfinden' das Wahrnehmen von Raumdingen" (*Ideen* II, § 3, Husserliana IV, S. 11).

V. KAPITEL

DIE PHÄNOMENALITÄT DES REALEN

A. *Sein und Gegebensein des Dinges*

Das Gegebensein der Realwelt, ihr Sein für das Ich, hatte sich erwiesen als durch das Fungieren des Bewußtseinsflusses begründet und bestimmt, sofern in ihm nämlich Auffassung von abschattenden Empfindungsdaten stattfindet. Es bedarf eines Datenstromes überhaupt, damit das Bewußtsein Gegenständliches oder ein Etwas überhaupt auffassen könne [1]. Und es bedarf darstellender oder verweisender Daten, damit eine Realwelt gegeben sein könne. Und des weiteren bedarf es einer „konstituierenden" Auffassung dieser Daten. Ein bestimmtes immanentes Datum, ein reelles Gegebensein ist der Grund für das Gegebensein der Realität.

Reflexion und Realitätsbewußtsein, immanente und transzendente Wahrnehmung sind, was ihre allgemeine Form betrifft, prinzipiell gleich gebaut. Der Ursprung der Gegebenheit der beiden obersten Einheiten Erlebnisstrom und Realitätenwelt ist der gleiche, nämlich das aktuell fungierende Bewußtsein. In ihm liegt der Schlüssel zu sich selber und zum Andern seiner selbst. Denn der Erlebnisstrom ist Selbstkonstitution in der Form synthetischer vergegenständlichender Identifikation seiner mit sich selbst; und ebenso ist er vergegenständlichende Identifizierungssynthese des ihm Transzendenten als eines solchen.

Hat sich damit der Zusammenhang der obersten Einheiten als Leistung der einen von beiden erwiesen, nämlich als die Identifikationssynthese, welche das Ding als Ding setzt, so ist das Bewußtsein als Grund aufgedeckt, dem zufolge das transzendente Ding und das im-

---

[1] Dieses Gegenständliche ist ursprünglich das Bewußtsein selber; ist sein Fürsichsein. Daraus folgt aber, daß im Bewußtsein als solchem, im ursprünglichen Fluß selber schon eine Urpassivität enthalten ist.

DIE PHÄNOMENALITÄT DES REALEN   77

manente Erlebnis von ihm „gleich benannt" (75) sind. Doch ist damit nur das Daß, noch nicht aber das Warum dieses Grundverhältnisses aufgedeckt, „vermöge" dessen das Und zwischen „Bewußtsein *und* natürlicher Wirklichkeit"[2] gegeben ist. Denn das Verhältnis beider als eines wechselseitigen Ausschlusses, der im Eigenwesen des einen von ihnen, des Bewußtseins, gegründet ist, blieb bisher ungeklärt.

Daß es fraglich ist, rührt daher, daß ihr gemeinsames Fundament, die Aufgefaßtheit der Abschattungsdaten als Erscheinungen transzendenter Dinge, nicht im Sinne einer Gattung verstanden werden kann, die es nur zu spezifizieren gälte. Denn reines Bewußtsein und Raumdingliches sind jedes eine Region für sich und als Regionen in sich abgeschlossen. Ihre Einheit liegt darum zunächst nicht in einem Generellen, sondern im Formalen, in der gleichmäßigen Unterworfenheit unter die Gesetze der formalen Ontologie.

Dabei ist aber von der *inhaltlichen* Bestimmtheit des Etwas abstrahiert; seine *Bedeutung* für die Subjektivität ist außer Acht gelassen. Sie nun – die es doch gleichwesentlich zu verstehen gilt – kommt, wie gezeigt, durch subjektive Leistung, durch „Auffassung als..." zustande: Das Verhältnis des Bewußtseins zur Welt ist ein Sich-Verhalten. Die darin entspringende Bestimmung des Etwas, das Resultat des Sich-Verhaltens, ist aber nicht willkürlich gesetzt. Die Auffassung ist vielmehr in fester Gesetzmäßigkeit abhängig – nicht von dem erst zu konstituierenden (realen) Etwas, sondern – von vorgegenständlichem Ichfremden, das ursprünglich im Ich ist; von der eindeutig bestimmten Motivation durch Daten bzw. von der Weise des Fungierens der *Hyle*[3], wie Husserl jenes im Bewußtsein vorge-

---

[2] So lautet der Titel der Zweiten Kapitels des Zweiten Abschnitts („Die phänomenologische Fundamentalbetrachtung") der *Ideen* I.

[3] Die Hyle ist als Vorgegenständliches entsprechend dem Gesagten in wörtlichem Sinne „form-loser Stoff" (*Ideen* I, § 85, S. 173), der „in sich nichts von Intentionalität hat" (*aaO.*, S. 172). Sie aber so auffassen heißt, ihr eine Auffassungsform – eben die der Formlosigkeit – verleihen. Anders gesagt: erst im „Übergang... in die Reflexion" (*aaO.*, § 98, S. 205) wird die Hyle „gegenständlich" (*aaO.*); und eben diese Vergegenständlichung behauptet die Hyle als vorgegenständlich. Die Hyle gerät somit in eine Funktion, welche „früher" oder „vorher" an ihr nicht vorhanden war; sie erfährt „eine *wesentliche* Veränderung" (*aaO.*; Hervorhebung vom Vf.). Hyle an sich ist demnach die Hyle, wie sie in und durch die Auffassung als außer und vor ihr seiend gesetzt wird. In der Bestimmung der Hyle *als* Hyle negiert das Auffassen somit sich selber; und Hyle *ist* nur als Ergebnis dieser Selbstnegation. Das bedeutet, daß die Auffassung hier von sich selber völlig absieht; sie gerät in das Mißverhältnis zu sich selber, sich aufgrund ihrer Aktualität als nicht aktuelle zu setzen. Der Begriff der Hyle ist also das Ergebnis einer Abstraktion und hat nach

fundene Gesetz nennt, dem dieses mit seiner Auffassung „folgt"[4]. Sofern nun dieses Gesetz dem Setzen in unbedingter, d.h. selber nicht wieder (im Bewußtsein) begründeter Notwendigkeit vorgegeben ist, hat es für das Ich den Charakter der Faktizität. Sowohl die Identität von Erscheinung und Ansich im Datum (welche bei der immanenten Wahrnehmung stattfindet) wie auch ihre Differenz (das Gegebensein von Raumdinglichem und von darauf Aufbauendem) sind für das Bewußtsein faktischer Natur. Eine Notwendigkeit für diesen Sachverhalt läßt sich weder in der Differenz noch in der Einheit beider Momente auffinden.

Im Gegensatz zum faktischen *Sein* der Identität bzw. Differenz von Darstellendem und Dargestelltem in der Hyle ist daran festzuhalten, daß die identischen Gleichungen: die genannte Identität = Immanenz, die Nichtidentität = Transzendenz, „in schlechthin unbedingter Allgemeinheit, bzw. Notwendigkeit" (76) gelten [5]. Der Grund für die strenge Gültigkeit beider Gleichungen ist die erste von ihnen, welche die prinzipielle immanente Wahrnehmbarkeit als Grundeigenschaft aller Erlebnisaktualität aussagt. Die Reflexivität des Bewußtseins ist das ursprüngliche Positivum; der Satz von der Transzendenz des Dinges ist demgegenüber sekundär, er ist Folgerung. Besagt also das Selbstsynthetisieren des Bewußtseins, daß es immanent wahrnehmbar ist, dann dessen Negation, das Raumdingliche, „daß es das nicht ist" (76).

Die Aussage über die mögliche Gegebenseinsart und Erscheinungsweise ist andererseits aber eine Aussage über die notwendige Seins-

---

Husserls eigenen Worten keine größere Bedeutung als diese Abstraktion selber. Das Zustandekommen des Dings *als* Ding soll durch die Hyle erklärt werden; die hyletischen Daten erhalten durch die sie vergegenständlichende Abstraktion aber selber den Charakter von „sozusagen fertigen Gegenständen" (*Formale und transzendentale Logik*, § 107c, S. 252)! Doch sagt Husserl gegen diese nichtfunktionale Auffassungsweise des Hyle-Begriffs, daß es „auch in der immanenten ‚Innerlichkeit' des Ego *keine Gegenstände im voraus*" gibt (*aaO.*, S. 253). M. a. W.: der Begriff der Hyle läßt sich nur als Relationsbegriff fassen; und sein volles Verständnis ist erst bei der Einsicht in diese Relation als Relation (was für Husserl besagt: auf der Ebene des immanenten Zeitbewußtseins) erreicht.

[4] Vgl. dazu *Ideen* I, § 97, S. 204ff.

[5] Die „eidetische" Einsichtigkeit dieser Sachlage (vgl. *Ideen* I, § 42, S. 76) beruht gerade darauf, daß in ihr, als in einer Wesenssetzung, „nicht das mindeste von Setzung irgendeines individuellen Daseins" (*aaO.*, 4, S. 13) enthalten ist. Wesenserkenntnis aber besteht in der Erkenntnis einer Relation oder eines Wenn-Dann, das, sofern es apodiktischer Natur ist, nicht als ein S = P, sondern genauer als A = A auszudrücken wäre.

weise von Erlebnis und Ding [6]. Jenes *ist* als prinzipiell Wahrnehmbares, dieses *ist* als dem Erlebnisstrom „schlechthin transzendent" (77) Seiendes. Im Identitäts- oder Differenzverhältnis der bewußtseinsimmanenten Darstellung zum Dargestellten liegt damit „die prinzipiellste Unterschiedenheit der Seinsweisen, die kardinalste, die es überhaupt gibt" (77) begründet. „Sein" hat eine prinzipiell analoge Bedeutung; es tritt grundsätzlich in den zwei Modi „*Sein als Erlebnis* und *Sein als Ding*" (76) auf. Das Sein unterscheidet sich in immanentes und transzendentes Sein. Dies deswegen, weil im Bewußtsein und aufgrund seiner nicht nur Bewußtsein gegeben ist. Vielmehr beschließt Bewußtsein die Möglichkeit in sich, sein Gegenteil gegeben zu haben. Dieser Gegen-stand überhaupt ist aber ursprünglich das reale Raumding, das in Abschattungen gegeben und auch nur als sich Abschattendes möglich ist.

Die Seinsweise von Gegenständlichem – ob Immanentem oder Transzendentem – bestimmt sich aufgrund seiner Gegebenheitsweise und ist nichts anderes als diese qua *mögliche* [7]. Insofern „gehört" (77) zu jeder Seinsweise eine besondere Gegebenheitsweise; und zwar nicht als etwas zu ihr Dazutretendes, sondern als Bestimmungsgrund des jeweiligen „Sinnes von Sein".

So gilt für Seiendes der Region Erlebnis, daß für es „so etwas wie ‚Erscheinen'... gar keinen Sinn" hat (77). Für Dingliches dagegen gilt das Umgekehrte. Und zwar in dem Sinn, daß sein Erscheinen niemals vollständig und fertig ist, sondern immerzu Abschattung bleibt. Diese trägt in sich ein beständiges *Undsoweiter*, weshalb das Erscheinen des Dinges „immer wieder fortsetzbar, also nie abgeschlossen" ist (78). Das Ding ist das in dieser Unendlichkeit Identische, ohne daß diese seine Einheit aber jemals selber ein gegebenes Datum wäre. Vielmehr ist sie „Einheit eines einstimmig gebenden Bewußtseins" (78) und Er-gebnis dieser Gebung. Vorausgesetzt in dieser Leistung ist somit die endlose und uneinholbare Mannigfaltigkeit des in einem einstimmigen Einheitsbewußtsein Zusammengefaßten: der Raum.

Räumliches Sein ist die Voraussetzung des Seins von Raumding-

---

[6] Darum sagt Husserl: „In schlechthin unbedingter Allgemeinheit... *kann* ein Ding in keiner *möglichen* Wahrnehmung... als reell immanentes *gegeben* sein. Ein grundwesentlicher Unterschied tritt *also* hervor zwischen *Sein* als Erlebnis und *Sein* als Ding". (*Ideen* I, § 42, S. 76; Hervorhebung vom Vf.).
[7] Vgl. oben S. 38f.

lichem. Das hat zur Folge, daß Raumdingliches nur als Abgeschattetes gegeben sein kann, als Resultat des Widerstreits zwischen der Unendlichkeit des Raumes und der limitierenden (durch Aufmerksamkeit heraushebenden) Tätigkeit des Bewußtseins [8]. Das Vorläufige der Dinggegebenheit besteht dabei im jeweils „bisherigen" Komplex der Empfindungsdaten, welcher durch die vorlaufende oder antizipierende Auffassung als Einheit gesetzt wird. Als in unbestimmbarer Mannigfaltigkeit begründet ist das Ding Abgeschattetes [9], als einheitlich Aufgefaßtes dagegen ist es „Einheit solcher Erscheinungsweisen" (78).

Der Verweis „in infinitum", der im Wesen der Abschattung enthalten ist, bedeutet also in erster Linie nicht einen Verweis auf eine ontologische Kontingenz des Dinges. Er meint vielmehr die „ideale Möglichkeit" (78) der Wahrnehmung, in immer neue, kontinuierlich geordnete Wahrnehmungsmannigfaltigkeiten übergehen zu können [10].

Entsprechend dieser Gegebenheitsstruktur *ist* das Ding niemals als etwas Endgültiges und ein- für allemal Abgeschlossenes, sondern es steht immer unter der Bedingung offener zukünftiger Möglichkeiten des So- oder Andersseins. Ihr gegenüber steht aber die fertige *Einheit* des Dinges, welche die unendlichen möglichen Abschattungen unter sich befaßt als Abschattungen des einen Dinges. Diese Einheit ist eine notwendige, das Ding seiner Form nach konstituierende *Idee*. Ihr steht in gleicher Notwendigkeit gegenüber die Unmöglichkeit, die „adäquate Bestimmung ihrer Inhaltes" (166) je zu erreichen. M.a.W.: Das Ding besteht *im* Widerstreit der endlosen Erscheinungsmannigfaltigkeiten, in denen es gegeben ist, mit der Idee seines einheitlichen Ansichseins. Das Sein des Dinges enthält in sich den Gegensatz seiner

---

[8] Über den Leib als den Grund der Notwendigkeit dieser Limitation siehe Abschnitt D in diesem Kapitel weiter unten.

[9] Dieser Horizont unendlicher Mannigfaltigkeit, d.h. die unaufhebbare Perspektivität in der Gegebenheit des Dinges (als unterschieden vom Dinge selbst) tritt nicht in der Wahrnehmung hervor, in der das Ding selber das *leibhaft* und als „es selbst" Gegebene ist, sondern erst in der Reflexion auf die Wahrnehmung. Wahrgenommen ist nie die Abschattung (die eine solche des Dinges ist), sondern das Ding (das sich in der Abschattung zeigt). Die Differenz von Abschattung und Abgeschattetem gehört als solche, gleich, wie das Verhältnis dieser beiden Momente zueinander bestimmt wird, dem aus der Wahrnehmung herausgetretenen und sie thematisierenden *Denken* an.

[10] „La relation entre une apparence d'une chose et la chose elle-même en tant qu'existant réel, se révèle donc être la relation entre un membre d'un système noématique, et ce système pris dans son ensemble". (A. GURWITSCH, *Théorie du champ de la conscience*, S. 181f.).

räumlichen Perspektivierung und der Idee einer Totalität der Perspektiven; welch letztere zwar nur eine Möglichkeit idealer Art, als solche aber für das Ding selber konstitutiv ist.

B. Dingerscheinung und Ding an sich

Welches ist nun das Verhältnis dieser auseinanderstrebenden Momente? Da das Sein des in *ihrem* Außereinander und ihrer Differenz bestehenden Dinges durch seinen Bezug auf das Bewußtsein bestimmt wurde, möchte es vielleicht scheinen, daß die Unaufhebbarkeit der Differenz eine solche nur ist für jenes Bewußtsein, das uns als Beziehungspunkt unserer Bestimmung diente. Doch Husserl erklärt: „Es ist nicht ein zufälliger Eigensinn des Dinges oder eine Zufälligkeit ‚unserer menschlichen Konstitution', daß ‚unsere' Wahrnehmung an die Dinge selbst nur herankommen kann durch bloße Abschattungen derselben. Vielmehr ist es . . . aus dem Wesen der Raumdinglichkeit zu entnehmen . . ., daß so geartetes Sein prinzipiell in Wahrnehmungen nur durch Abschattung zu geben ist" (77). Denn das Wesen des Raumdinglichen war als unfertiges Sein bestimmt worden. Doch – und hier setzt ein höherer Skeptizismus an – ist durch diese Definition, die vom jeweilig faktischen Bewußtsein absieht, das Ding auf (menschliches) *Bewußtsein überhaupt* bezogen und von dessen Struktur abhängig gemacht worden. Mit welchem Recht aber könnte das geschehen, da sich das Ding in der natürlichen Einstellung als von allem Bewußtsein unabhängig gibt?

Darauf ist zunächst zu antworten, daß dieser Skeptizismus in der Tat Recht hat und Recht behalten wird: Nicht nur das Ding, sondern jeder Gegenstand überhaupt ist, was er ist, nur als bewußtseinsrelativer. Doch – und darin besteht das „Wahrmachen" des Skeptizismus [11], welches diesem den spezifisch skeptischen Stachel abbricht – läßt sich dem skeptischen Einwand gegenüber dartun, daß jeder positive wie auch rein negative Gedanke eines bewußtseinsunabhängigen Ansich bzw. eines anderen Bewußtseins als des reflektierenden und endlichen lediglich eine Projektion von Momenten „unseres" Bewußtseins darstellt (und von ihm abhängt), so daß diese Gedanken Ungedanken sind und Widersinn beinhalten. Ist auch das Bewußte, was es ist, durch Auffassung, durch „Deutung und Interpretation" [12] –

---

[11] Vgl. *Erste Philosophie* I, 9. Vorlesung, Husserliana VII, 61.
[12] R. BOEHM, *Vom Gesichtspunkt der Phänomenologie*, S. VIII.

"insofern eben jedes Auffassen in gewissem Sinne ein Verstehen oder Deuten ist"[13] – also durch den Hinzutritt des Bewußtseins zu ihm, so ist es doch gerade die Eigenart dieser Relation, daß *hinter* ihr kein Ansichsein des Gegenstandes steht, an dem seine Erscheinung oder die Deutung gemessen werden könnte[14]. Vielmehr ist zu sagen, „daß der intentionale Gegenstand der Vorstellung *derselbe* ist wie ihr wirklicher und gegebenenfalls ihr äußerer Gegenstand, und daß es *widersinnig* ist, zwischen beiden zu unterscheiden"[15]. Die Erscheinung ist ein ἓν διαφερὸν ἑαυτῷ, und zwar als in Erscheinung und Ansich sich teilend. „Alles Außen ist, was es ist, in diesem Innen"[16], nämlich in der Bewußtseinserscheinung. Denn das Ansich oder „leibhaftige Selbst" ist gegeben nur in der „Vermittlung durch ‚Erscheinungen' " (78)[17]. Die Korrelation von Erscheinung (Darstellendem) und Ansich (Dargestelltem), d.h. die Differenz von Erscheinung und Ansich ist durchs Bewußtsein bedingte Differenz *innerhalb* des Erscheinens.

Erscheinung hat dabei stets die Doppelbedeutung der Erscheinung *von* (Erscheinen des Objekts) und der Erscheinung *für* (Erscheinung als Erlebnis), weshalb sie eben als Medium, als Vermittlung von Ding und Bewußtsein fungiert. „Als dem Bewußtseinszusammenhang zugehörig, erleben wir die Erscheinungen, als der phänomenalen Welt zugehörig, erscheinen uns die Dinge. Die Erscheinungen selbst erscheinen nicht, sie werden erlebt."[18]. Das Erscheinen bildet den umfassenden Zusammenhang beider, dank dessen etwa Abschattung und Abgeschattetes „gleich benannt" sind (75). Anders gesagt: „die Rede von Erscheinungsweisen" läßt sich „im Sinne von *Erlebnis*weisen" verstehen, aber „sie kann auch ... einen korrelativen ontischen Sinn haben" (78). Demgemäß ist die Fundamentalbetrachtung dessen, was überhaupt ist, notwendig Phänomeno-logie.

Das vom Erscheinenden differierende Ding an sich fällt, da ursprünglich gegeben nur die *Einheit* der Erscheinung ist, somit zu Lasten des Bewußtseinsstromes. Denn er allein ist ein Mehr gegen-

---

[13] *Logische Untersuchungen* II/1, 1. Untersuchung, § 23, S. 74.
[14] Vgl. G. FUNKE, *Zur transzendentalen Phänomenologie*, S. 66.
[15] *Logische Untersuchungen* II/1, 5. Untersuchung, Beilage, S. 425.
[16] *Formale und transzendentale Logik*, § 99, S. 221.
[17] „Das Innere oder das übersinnliche Jenseits... kommt aus der Erscheinung her, und sie ist seine Vermittlung... Das Übersinnliche ist das Sinnliche und Wahrgenommene, gesetzt, wie es in Wahrheit ist; die Wahrheit des Sinnlichen und Wahrgenommenen aber ist, Erscheinung zu sein". (HEGEL, *Phänomenologie des Geistes*, S. 113).
[18] *Logische Untersuchungen* II/1, 5. Untersuchung, § 2, S. 350.

über der Erscheinung als Erlebnis. So ist also *er* die Nicht-Erscheinung in der Erscheinung oder die Wahrheit (das Ansich) der Erscheinung [19]. Zunächst ist also nicht die Erscheinung, sondern das Ding an sich im Bewußtsein begründet, wie dies auch durch die Passivität der Empfindungsdaten deutlich wird. Die Erscheinung selber, und sie allein, besitzt ein Ansichsein. Daher sagt Husserl, die Rede vom Ding in seinem „normalen" und „wirklichen" Aussehen, deute hin „auf eine Art *sekundärer* Objektivierung im Rahmen der gesamten Dingobjektivierung" (82). Die Idee einer vollkommen vollzogenen Identifikationssynthese, welche die Idee des Dinges an sich ausmacht, ist Leistung des Bewußtseins (was somit auch für die Idee einer Totalität aller Dinge an sich, für die Idee der Welt gilt). Das eigentliche Problem des Nicht-Ich liegt also im passiven Charakter der Erscheinung, in der Vorausgesetztheit von Empfindungsdaten in ihr. Dieses Nicht-Ich ist nicht ein Transzendentes im Sinne des Dings an sich, sondern die Vorkonstituiertheit der Daten *im* Ich. Vordeutend können wir daraus schon hier schlußfolgern: Transzendenz wird nicht als Bewußtseinsunabhängigkeit verstanden werden können, sondern nur als Abhängigkeit des Bewußtseins selber, und zwar Abhängigkeit einzig und allein von sich selbst. Die Urpassivität oder Nichtichlichkeit des Bewußtseins besteht dann darin, daß es, gerade *als* Bewußtsein, sich sich selber voraussetzen (und damit sich sich entgegensetzen) muß als dasjenige, auf das es reflektierend zurückkommt.

Der Unterschied von Erscheinung des Dinges und Ansich entsteht, wie gesagt, aus der Grundleistung des Bewußtseins, über das als Dingerscheinung Gegebene hinauszugehen und dem Erscheinenden einen Horizont (zunächst: den Horizont des Erlebnisstromes) hinzuzuapperzipieren. „Auf Voraussicht, wir können dafür sagen, auf Induktion beruht alles Leben. In primitivster Weise induziert schon die Seinsgewißheit einer jeden schlichten Erfahrung." [20].

Die in der transzendenten Wahrnehmung vorgenommene „Deutung" des Erscheinungserlebnisses besteht sonach darin, daß sein Inhalt als einzelne oder begrenzte Erscheinung aus einer unendlich abschattbaren Einheit, der „intentionalen Einheit" (78), welche das Raumding ist, aufgefaßt und verstanden wird. Wird die Erscheinung oder Abschattung dergestalt einem unendlich teilbaren Quantum *möglicher* Abschattungen einbeschrieben, so besteht ihr Verweis auf

---

[19] Vgl. oben S. 40f.
[20] *Krisis*, § 9h, Husserliana VI, S. 51.

das Ding an sich im Verweisen auf andere, zukünftig mögliche Erscheinungserlebnisse, mit denen sie ihren Grundsinn gemeinsam hat; nicht aber im Verweis auf ein *wirkliches* Sein außerhalb des erscheinenden Seins [21]. Das Charakteristikum der transzendent gerichteten Wahrnehmung ist innerhalb der natürlichen Einstellung dabei dies, daß ihr dieser Sachverhalt als solcher nicht bekannt ist – er ist es vielmehr nur für den Phänomenologen –, weshalb sie die entgegengesetzte Interpretation vornimmt. Nach ihr verweist das unabhängige Ansichsein des Dinges auf sein Sein *außerhalb* seines Zusammenhangs mit dem Bewußtsein. Husserl sagt diesbezüglich: „Die äußere Wahrnehmung ist eine beständige Prätention, etwas zu leisten, was sie ihrem eigenen Wesen nach zu leisten außerstande ist. Also gewissermaßen ein Widerspruch gehört zu ihrem Wesen." [22]. Damit ist schon darauf vorgedeutet, daß sich die Tautologie der Generalthesis, d.h. ihre absolute Inhaltslosigkeit oder Transparenz, insgesamt als ein Widerspruch erweisen wird.

Der Begriff des Dings an sich meint einen Verweisungszusammenhang innerhalb der Erscheinungen, nämlich den Verweis auf den nächsten Möglichkeitshorizont der aktuell gegebenen Abschattung.

---

[21] „L'Etre lui-même... ne va pas ‚plus loin' que le φαινόμενον". (G. GRANEL, *Le sens du temps et de la perception chez E. Husserl*, S. 174). B. MINOZZI drückt also Husserls Position präzise aus, wenn er sagt: „fenomeno può significare solo ciò che rivela sé in se stesso, la realtà che si automanifesta. Non è perciò più possibile opporre il fenomeno, come ciò che soltanto appare, e l'essere com'è realmente in se stesso, ma fenomeno ed essere vanno identificati e considerati, al pari della presenza, della coscienza, come termini sinonimi per esprimere il medesimo concetto". (*L'idealismo fenomenologico*, S. 9). Minozzi kann nur deswegen meinen, mit diesen Sätzen *gegen* Husserl zu argumentieren, weil er die Identität von Sein und Erscheinen des Objektiven nicht als die dialektische Einheit des Erscheinungszusammenhangs bestimmt, sondern sie vielmehr unerörtert läßt. Nur aus diesem Grunde kann Minozzi die Epoche als *abstraktiven* Akt der Scheidung von Essenz und Existenz mißverstehen (aaO., S. 8), bei welcher Scheidung es dann sein Bewenden haben solle. Minozzi hat durchaus Recht, wenn er über das Ergebnis einer solchen Abstraktion sagt: „non rimane... l'universo dei fenomeni, ma il mero nulla" (aaO., S. 9), ja sogar „meno di nulla" (aaO., S. 11). Daß eine dergestalt gegeißelte Totalabstraktion nichts mit Husserls Begriff der Epoche zu tun haben könne, hätte die einfache Reflexion auf den Umstand lehren können, daß Husserl nicht nur behauptet, die Epoche ließe überhaupt etwas, nämlich ein Residuum, übrig, sondern es sei durch sie obendrein „nichts verloren" gegangen (*Ideen* I, § 50, S. 94); welche Behauptung Husserl nicht nur einmal und bloß en passant vorgetragen, sondern hartnäckig immer wieder von neuem aufgestellt hat. Husserl betont deswegen (gegen den Sprachgebrauch der *Ideen* I, §§ 33 und 50, übrigens): „Das ego ist nicht ein Residuum der Welt" (*Krisis*, § 18, Husserliana VI, S. 81).
[22] *Analysen zur passiven Synthesis*, § 1, Husserliana XI, S. 3.

In diesem Sinn, daß die Wahrnehmungsgegebenheit nicht auf ein wirkliches Sein jenseits des wirklicher- oder möglicherweise erscheinenden Seins verweist, ist zu sagen: „Die Dingwahrnehmung vergegenwärtigt nicht ein Nichtgegenwärtiges" (79). Und durch dieses Verharren innerhalb der einen Dimension des Erscheinens unterscheidet sich die Wahrnehmung von jeder „bildlich-symbolischen oder signitiv-symbolischen Vorstellung" (79).

Die Abschattung ist kein Bild oder Zeichen des in ihr abgeschatteten und als Transzendenz in sich beruhenden Dinges. Dabei würde nämlich das Bezeichnete oder Abgebildete für von seinem Bild einseitig ablösbar, für an sich absolut ausgegeben; da es doch ist, was es ist, nur im Vermittlungszusammenhang mit den Erscheinungsmannigfaltigkeiten, d.h. als Moment der innerhalb der Erscheinung sich vollziehenden Dialektik von Füruns und Ansich [23]. Das Selbstsein des Dinges ist immer „ein Selbst *in* seiner leibhaften Gegenwart" (79; Hervorhebung vom Vf.); eine Transzendenz innerhalb des Erscheinens oder Seins für das Ich und in dieses hinein. Daher spricht Husserl vom „*bloß* phänomenalen Sein des Transzendenten" (80; Titel von § 44; Hervorhebung vom Vf.): „Ein Ding ist notwendig in bloßen ,Erscheinungsweisen' gegeben" (80). Die Transzendenz des Dings gegenüber seiner Erscheinung, d.h. dem Bewußtsein von ihm, besteht eben darin, daß die Totalität der Abschattungen nie einholbar ist. Denn eine Dingerscheinung, welche sich als die letzte und unwiderruflich endgültige gäbe, also nicht mehr auf neue mögliche Erscheinungen hin offenstände, wäre keine Erscheinung von Transzendentem mehr, sondern Bewußtsein von einem Erlebnisakte als *vergangenem*.

Die Behauptung der prinzipiellen, wenn auch „für uns" nicht vorhandenen Möglichkeit eines vollständigen Durchlaufens der Abschattungen bzw. einer vollendeten wirklichen Erkenntnis des Dinges an sich, welches dieses aus seiner Idealität in gegebene Realität überführen könnte – diese Behauptung muß notwendig, da sie eine Nullsetzung der Erscheinung und unseres Bewußtseins (von ihr) bedeutet, einen intellectus archetypus ansetzen als jenes Bewußtsein, für welches die wirkliche Erkenntnis des Dings an sich im Bereich seiner

---

[23] A. DE MURALT sieht (in seinem Buche *L'idée de la phénoménologie*, S. 353ff.) zu Recht die phänomenologische Überwindung des Dualismus von Realismus und Idealismus darin, daß „Tatsache" und „Wesen" reziprok sind: „‹ils› participent de la même unité dialectique et donc de la même identité réelle'" (*aaO.*, S. 354).

Möglichkeiten läge [24]. Das Bewußtsein vom „Dinge an sich selbst" (78), also von dem von jeder Beziehung auf die Erscheinung bzw. von jeder Relation auf „unser" Bewußtsein losgelösten Dinge wäre dann „Gott, das Subjekt absolut vollkommener Erkenntnis und somit auch aller *möglichen* adäquaten Wahrnehmung" (78; Hervorhebung vom Vf.). Wie die menschliche Erkenntnis gegenüber der seinen nichtig und nur ein Schatten davon wäre, so auch die Erscheinungswelt nur Schattenwelt und Abbild im Vergleich mit der urbildlichen Welt der wirklich und als Dinge an sich seienden Ideen.

„Diese Ansicht ist aber widersinnig" (78) [25]. Wie gezeigt, ist die Idee des Dinges an sich als eines von der Erscheinung Differierenden ein konstitutives Moment der Erscheinung (qua Erscheinung von Transzendentem) selber. Und korrelativ ist der dieser im Denken abstrahierten Idee entsprechende Intellekt ein Produkt der Abstraktion. Abstrahiert wird dabei das synthetisierende Wesen „unseres" Bewußtseins von der durch es zur Einheit zusammengefaßten Mannigfaltigkeit. Fällt aber aller Inhalt aus dieser „reinen", weil leeren Form heraus, dann auch der inhaltliche – also nicht in die formale Ontologie gehörige – Unterschied von Immanentem und Transzendentem. Positiv gesagt: Die göttliche Anschauung muß als eine (in der Vergangenheit) immer schon vollzogene und unabänderlich-unbewegliche bestimmt werden, welche keinerlei Negation in sich enthielte. „Gott" (ϑεός) hieße so, weil er alles immer schon durchlaufen (ϑέειν) hat. In seinem Wahrnehmen gäbe es „für jeden Gegenstand

---

[24] Die nachfolgende Erörterung und dialektische Auflösung des Gottesbegriffs denkt den Grundgedanken des § 43 der *Ideen* I zu Ende. Husserl hat an dieser Stelle, worauf schon R. BOEHM hingewiesen hat (*Vom Gesichtspunkt der Phänomenologie*, S. 90f.), den Gottesbegriff Kants im Auge, welcher ihm als der konsequentest durchgeführte Naturalismus, als die auf den Begriff gebrachte natürliche Einstellung selber erscheint, welche ihre bloße Natürlichkeit nicht begreift.

[25] An anderer Stelle sagt Husserl einmal: „Es ist undenkbar, daß so etwas wie ein Raumgegenstand, der eben nur durch äußere Wahrnehmung als abschattende Wahrnehmung seinen ursprünglichen Sinn erhält, durch immanente Wahrnehmung gegeben wäre, gleichgültig ob einem menschlichen oder einem übermenschlichen Intellekt... Man spricht in dieser Hinsicht auch von adäquater Gegebenheit gegenüber der inadäquaten... ⟨Doch⟩ ist die Rede von Inadäquation, zu deren Sinn der Gedanke eines zufälligen Manko gehört, das ein höherer Intellekt überwinden könnte, eine unpassende, ja völlig verkehrte" (*Analysen zur passiven Synthesis*, § 4, Husserliana XI, S. 18f.). Vgl. auch *Ideen* I, § 150: „Es zeigt sich also, daß so etwas wie Raumdingliches nicht bloß für uns Menschen, sondern auch für Gott – als den idealen Repräsentanten der absoluten Erkenntnis – nur anschaubar ist durch Erscheinungen" (*aaO.*, S. 315).

nur eine einzige Wahrnehmung"[26]. Es bestünde also in Gottes Erkenntnis „zwischen Transzendentem und Immanentem kein Wesensunterschied" (78). Demgemäß wäre „in der postulierten göttlichen Anschauung ein Raumding reelles Konstituens, also selbst ein Erlebnis . . ., mitgehörig zum göttlichen Bewußtsein und Erlebnisstrom" (78).

Gegenüber dieser Hypostasierung der Idee des Dinges an sich betont Husserl immer wieder, daß die Idee adäquater Dinggegebenheit eine „Idee im Kantischen Sinne" sei (297), d.h. die einheitliche *Regel* des Verlaufs der Erscheinungen, welche dem grenzenlosen und unendlichen Fortgang dieser Mannigfaltigkeiten Einstimmigkeit und Motivation verleiht. Regel und Geregeltes bilden dabei eine dialektische Einheit. Analoges gilt dann aber auch auf seiten des Subjekts. Der intellectus archetypus ist nur die abstrahierte und für sich gesetzte Form des Bewußtseins, sich in seinem ganzen Umfange mit sich selbst zu synthetisieren; die Idee des perfektischen Vollzogen*seins* dieser Identifikation. Der so verstandene Gott ist nichts anderes als „der ‚unendlich ferne Mensch' "[27]. Als zeitlich-fließendes schattet auch das Erlebnis sich ab. Doch nicht „in dieser Art" (77) wie das Ding, weil sein Sichabschatten für es und in ihm selber sich ereignet. Zum Erlebnisstrom gehört somit, wie zum Ding, eine prinzipielle Offenheit auf zukünftig mögliche Erscheinung, eine uneinholbare Transzendenz.

Auf diesen Gleichlauf von immanenter und transzendenter Gegebenheit haben wir schon des öfteren hingewiesen, ebenso auch auf das, was beide trennt: die „Sichheit" des Erlebnisses bzw. des Erlebnisstromes. Die Regel des Strömens ist nichts vom Strömenden und Geregelten reell Unterschiedenes, kein ϑύραϑεν hereingekommenes ἀλλότριον. In dieser absoluten Selbstberührung besteht die innere „Notwendigkeit" des Flusses, der deshalb, anders als das Ding, nie radikal und völlig „durchgestrichen" oder negiert werden kann. Anders gesagt: Was im Strömen immer noch aussteht, ist lediglich die Aktualität neuer Selbstaffirmation und Selbstbestätigung, welche den geraden Gegensatz zur Kontingenz des Dinges bildet.

Das aber hat zur Folge, daß beim eben konzipierten Bewußtsein Gottes von einem *Strom* nicht mehr die Rede sein kann, da sonst eine Differenz zwischen der Potentialität des noch ausstehenden bzw. des

---

[26] *Logische Untersuchungen* II/2, 6. Untersuchung, § 14b, S. 57.
[27] *Krisis*, § 12, Husserliana VI, S. 67.

schon abgelaufenen Stromes und dem aktuellen Erlebnis ins göttliche „Subjekt" hineingebracht würde. Aus dem gleichen Grunde kann Gott dann auch nicht Subjekt sein, denn damit wäre er in den Gegensatz zum Ding an sich als dem Gegenstand seiner Anschauung gesetzt. Die Idee der vollkommenen und adäquaten Anschauung, welche das Ding in allen seinen möglichen Abschattungen zugleich umfaßte (was bedeuten würde, daß die Abschattungen nicht länger Abschattungen wären), fordert dagegen, daß der transzendente Gegenstand das Bewußtsein von sich selber wäre; daß er nicht nur vom immanenten nicht unterschieden wäre, sondern es für das göttliche Bewußtsein nur Immanentes gäbe. Das Immanente ließe sich aber nicht als Selbstwahrnehmung oder Reflexion bestimmen, da dies einen Unterschied zwischen Reflektierendem und Reflektiertem setzte, die reine Identität einen solchen aber ausschließt. Des weiteren wäre damit das göttliche Bewußtsein nicht intentionales Bewußtsein. Bewußtes und Bewußtsein davon ließen sich nicht unterscheiden [28]. Dann wäre Gott auch kein Selbst oder Ich. Denn sonst könnte er, wie jedes Ich, „von seinem Bewußtsein und Bewußtseinsgehalt Erkenntnis nur reflektiv gewinnen" (157). Gott wäre also das ineins wirklich gegebene mögliche Sein möglicher Dinge. Er wäre die *Welt*, aber nicht die als Horizont gegebene, sondern die Idee des wirklichen Zusammenfalls von Horizont und Ding.

Die Entfaltung des Begriffs eines absoluten, d.h. von aller Differenz losgelösten Subjekts ebenso absolut vollkommener Erkenntnis hat den in diesem Begriff enthaltenen Widersinn bloßgelegt und ihn selber aufgehoben: Ein das Raumdingliche absolut erkennendes Subjekt wäre letzten Endes selber ein absolutes Raumding – was seinerseits ein Widerspruch ist. Ebenso hat der Begriff des Dinges an sich seine völlige Umkehrung erfahren: Ein Ding außerhalb aller Erscheinungsvermittlung wäre eine hypostasierte und für sich seiende, d.h. in sich reflektierte und ihrer selbst bewußte Idee. Die *Wahrheit* des Dinges an sich hat sich also per reductionem ad absurdum als Kantische, nicht als Platonische Idee erwiesen. Sie greift zwar über das aktuell Erscheinende, nicht aber über das Erscheinen als solches hinaus. Das Ding an sich ist *apperzipierende* Leistung des Bewußtseins, „unseres" Bewußtseins. Es *anschauen* zu wollen, ist für „keine Anschauung, und wäre es die göttliche Allerschauung" [29], möglich.

---

[28] Vgl. dazu auch FICHTE, *Wissenschaftslehre 1794* (I, 275).
[29] *Logische Untersuchungen* II/1, 2. Untersuchung, § 24, S. 168.

Die nämliche „kopernikanische Wende" widerfährt auch der „natürlichen" Auffassung Gottes als des „Subjekts absolut vollkommener Erkenntnis" (78). Die Wahrheit dieses Subjekts ist eben die auffassende Leistung, formal gesehen: die Identifikationssynthese, welche die Grundhandlung des Bewußtseins ist. Auch die Idee des absoluten Subjekts hat Sinn nur als (aktives) Moment des Erlebnisaktes, das sich gegen den strömenden Inhalt des Erlebnisses ausdifferenziert, indem es über ihn und damit über sich selber hinaussteigt.

Die Behauptung eines Subjekts oder eines Objekts, die auch außerhalb des Bezugs zum Bewußtsein (zu „unserem", und zunächst zum je „meinigen") wären, was sie sind, und die somit durch diesen Bezug nicht betroffen würden – diese Behauptung hat sich als eine dogmatische *Abstraktion* erwiesen. In diesem Nachweis besteht Husserls „Wahrmachen" des Skeptizismus. Die Ansetzung eines intellectus archetypus ist also Ergebnis eines durch die realistische Nullsetzung der Erscheinung ermöglichten dogmatischen Skeptizismus. „Die Skepsis würde zuletzt in der Behauptung kulminieren: das Bewußtsein sei ein absolut Einheitliches, von dem wir zum mindesten nicht wissen können, ob es überhaupt Teilinhalte habe, ob es sich überhaupt in irgendwelche, sei es gleichzeitige, sei es zeitlich aufeinanderfolgende Erlebnisse entfalte." [30]. Aber die Unüberschreitbarkeit der Erscheinung hat den genauen Sinn: „Niemals ist ein an sich seiender Gegenstand ein solcher, den Bewußtsein und Bewußtseins-Ich nichts anginge" (89) [31]. Das auf sich selbst reflektierende Bewußtsein, welches innerhalb der Generalthesis verbleibt, ist nichts anderes als der Vollzug dieser Abstraktion von der Selbsttranszendenz des Bewußtseins. Das aber bedeutet, daß das natürliche Bewußtsein, welches ein Objektives setzt, ohne auf das korrelative Subjekt zu reflektieren, nicht das konkrete Bewußtsein ist. Konkret ist vielmehr allein die phänomenologische Philosophie. „Erst die transzendentale Phänomenologie (und in nichts anderem besteht ihr transzendentaler Idea-

---

[30] *AaO.*, § 39, S. 205.
[31] Vgl. auch das Wort Fichtes: „Man kann nicht etwa die Wahrheit außer und ohne Wissen auffassen, und nun sein Wissen danach einrichten: man muß und kann sie eben nur – *wissen*". (FICHTE, *Wissenschaftslehre 1801*; II, 72). Denn das fungierende Bewußtsein kann niemals außerhalb seines Fungierens als fungierend angetroffen werden. „Im Wissen aber besitzen wir die Wahrheit. Im aktuellen Wissen, worauf wir uns letztlich zurückgeführt sehen, besitzen wir sie..." (*Logische Untersuchungen* I, § 6, S. 12). Der transzendentale Idealismus ist im Grundsätzlichen mit dieser Aussage schon inauguriert.

lismus) ermöglicht Wissenschaften von den vollen Konkretionen, allseitige, und darin liegt zugleich sich durchaus selbst verstehende und rechtfertigende Wissenschaften. Ihr Thema betrifft jede mögliche Subjektivität überhaupt, in deren Bewußtseinsleben, in deren konstitutiven Erfahrungen und Erkenntnissen eine mögliche objektive Welt zu Bewußtsein kommt." [32].

Der „prinzipielle Irrtum" (78), welcher von Husserl einer fundamentalen und radikalen Betrachtung unterworfen wird, also der einzige nennenswerte Irrtum [33] ist sonach der: die Abstraktion und Alienation, in welcher die „natürliche" Einstellung und die in ihr verharrende dogmatische Philosophie besteht, für das konkrete Beisichsein des Bewußtseins anzusehen. Die Phänomenologie ist die Totalumwertung [34] der natürlichen Einstellung, die zum Ziel einzig das σώζειν τὰ φαινόμενα hat, d.h. die Aufhebung des Selbstmißverständnisses des Bewußtseins, seines Mißverhältnisses zu sich selber.

Indem dergestalt der Verstand zu Vernunft und das Bewußtsein zur Besinnung gebracht wird, findet also keinerlei negativ-absondernde Außergeltungsetzung des Wirklichen statt. Die Konkretisierung des Bewußtseins durch die Methode der Reduktion oder ἐποχή abstrahiert wörtlich von nichts, d.h. von der Nichtigkeit der Auffassungen und Meinungen. Was *Wirklichkeit* sei; somit: *was* (eine) Wirklichkeit sei, kann vielmehr erst durch den Rückgang aufs absolut Konkrete, das Ichleben oder den aktuellen Bewußtseinsfluß, ausgemacht werden.

C. *Natürlichkeit und Reduktion*

1. *Die Natürlichkeit als Fundament der Phänomenologie*

Durch die phänomenologische Reduktion – und dies ist das Ergebnis der in § 43 der *Ideen* I vollzogenen Aufklärung des „Irrtums" der natürlichen Einstellung, das Sein reiche über das Fürunssein oder Erscheinen hinaus – geht „eigentlich nichts verloren" (94) [35]. Viel-

---

[32] *Encyclopaedia-Britannica-Artikel*, 1. Fassung, Husserliana IX, S. 250f. – Deswegen ist die Phänomenologie übrigens auch auf Erfahrung und Anschauung basiert und geht nicht zurück auf eine abstrakte Axiomensphäre, wie (laut Husserl) Descartes das tut (vgl. *Cartesianische Meditationen*, § 3, Husserliana I, S. 49).
[33] Vgl. *Ideen* I, § 42, S. 77, Anm. 1.
[34] „Die Ausschaltung hat zugleich den Charakter einer umwertenden Vorzeichenänderung" (*Ideen* I, § 76, S. 142). Vgl. aaO., § 31, S. 55: „Diese Umwertung...."
[35] Vgl. dazu *Krisis*, § 52, Husserliana VI, S. 179 sowie aaO., § 55, S. 193.

mehr die natürliche Einstellung ist ein Verlust; der Verlust des absoluten Seins und das entsprechende Sichverlieren an die Chimären eines absoluten Subjekts und absoluten Objekts nämlich. Durch diesen von Husserl in § 43 gelieferten Nachweis wird zugleich die Möglichkeit wie auch die Notwendigkeit (beide fallen zusammen) der phänomenologischen Reduktion erhellt, um derentwillen die phänomenologische Fundamentalbetrachtung überhaupt instauriert werden mußte [36]. Wir stehen damit „am alles entscheidenden Punkt der Fundamentalbetrachtung" [37].

Das Fundament der phänomenologischen Philosophie ist die Möglichkeit der „Reduktion" in deren doppelter Bedeutung als *Rückzug* von der Nichtigkeit dogmatischer Vorurteile und ineins *Eröffnung* des Reichs unzweifelhaften und absoluten Seins, des transzendentalen Bewußtseins. Die Betrachtung, welche die Möglichkeit der Reduktion durch Thematisierung der natürlichen Einstellung freilegt, ist demnach für die phänomenologische Philosophie von fundamentaler Natur und Bedeutung, weil sie einerseits deren Fundament erst schafft. Dann aber auch deswegen, weil dieses Fundament gewonnen wird durch die Aufklärung eines ihm vorausliegenden „prinzipiellen Irrtums", dem es abgerungen werden muß und auf dem als seinem Widerpart es sonach zu fußen hat. Diese Aufklärung, die Selbstbetrachtung des natürlichen Bewußtseins in seiner Totalität, ist als angefangene reine Phänomenologie; als durchgeführte dagegen nichts anderes als die vollständige phänomenologische Philosophie selber. Ihr Fundament im Sinne ihres Materials oder Themas ist der „Irrtum" der Generalthesis, d.h. das natürliche Bewußtsein selber: kein „Irrtum", keine „Aufklärung".

Das *Faktum* der natürlichen Einstellung – wir sind schließlich die „geborenen Dogmatisten" (117) – ist es, das aufgrund der in ihr

---

[36] Vgl. zu Beginn des Zweiten Kapitels der „Fundamentalbetrachtung": „Den Sinn der phänomenologischen ἐποχή haben wir verstehen gelernt, keineswegs aber ihre mögliche Leistung" (*Ideen* I, § 33, S. 57). Und in ihrem Dritten Kapitel: „Jetzt leuchtet es ein, daß in der Tat... eine neue Einstellung möglich sein muß" (*aaO.*, § 50, S. 94).
[37] R. BOEHM, *Vom Gesichtspunkt der Phänomenologie*, S. XII, über den § 43 der *Ideen* I. AaO., S. 161, Anm. 1 sagt Boehm über denselben Paragraphen, daß er „einer der wichtigsten des ganzen Werkes ist. Er bietet den eigentlichen Schlüssel zu den Problemen, die im Ursprung von Husserls Ideen zu einer reinen Phänomenologie und phänomenologischen Philosophie liegen".

selber enthaltenen Wahrheitstendenz [38] eine transzendentale Reduktion und phänomenologische Philosophie notwendig und zur Aufgabe macht (Reduktion im positiven Sinn [39]). Und die Möglichkeit der Reflexion auf die Gesamtheit der Natürlichkeit, deren Enthüllung als genereller *Thesis*, d.h. die Herausstellung des am Irrtum Irrigen, nämlich der Unbegründetheit und Unbegründbarkeit der Ansprüche und Meinungen, der Setzungen des natürlichen Bewußtseins – kurz: die Einsicht in die allein transzendental zu leistende Begründung dessen, was ist, macht die *Aufgabe* der natürlichen Einstellung möglich (Reduktion im negativen Sinn einer Restriktion). Der negativ-positive Doppelcharakter der Reduktion bildet auch den Grund dafür, daß das transzendentale Bewußtsein einerseits als „Residuum" der Reduktion erscheint [40], während es doch andererseits „nicht ein Residuum" [41] sein kann. Da beides ohne Einschränkung zugleich gelten muß, sagt Husserl mit Recht über die transzendentale Subjektivität, daß „das Beschriebene, obschon es sich als ‚genau dasselbe' gibt, doch ein radikal anderes ist" (183).

Die natürliche Einstellung bleibt somit in ihrer Ausschaltung erhalten als der einzig gegebene Punkt, von dem aus der freie Vollzug der Reduktion abspringen kann, d.h. als Unterlage des Reduzierens. Die natürliche Einstellung ist also jene, „die im natürlichen Leben die frühere ist und die auch an sich notwendig vorhergehen muß" [42], während es doch andererseits einer „völligen personalen Wandlung" [43] bedarf, um ihren an sich notwendigen Vorrang begründen zu können. Die natürliche Einstellung bleibt also bestehen als das Eingeklammerte in der Klammer; schärfer gesagt: als das Negierte innerhalb der Negation. Dabei ist aber zu beachten, daß das Negierte selber nicht ein Positivum, ein Etwas ist, sondern seinerseits ein Negativum. Denn der in ihm gegebene Inhalt wird durch das natürliche Bewußtsein *nicht* in seiner Relativität (aufs Bewußtseins) erfaßt, sondern absolut gesetzt. Das im Negieren Negierte ist selber Negation; es ist die negative Form der Abstraktion aus der Totalität des Seins, welche

---

[38] Diese besteht darin, daß auch die natürliche Einstellung ein Sprechen zuläßt über das Sehen des in ihr Gesehenen.
[39] Vgl. R. BOEHM, *Vom Gesichtspunkt der Phänomenologie*, S. 134ff. Boehm faßt zusammen: „Das wahrhaft Produktive ist die Enthaltung selbst" (*aaO.*, S. 137).
[40] Vgl. *Ideen* I, § 50, S. 94.
[41] *Krisis*, § 18, Husserliana VI, S. 81.
[42] *Phänomenologische Psychologie*, § 37, Husserliana IX, S. 190.
[43] *Krisis*, § 35, Husserliana VI, S. 140.

die natürliche Einstellung ausmacht. In ihrer Verabsolutierung besteht der „Irrtum" dieser Einstellung.

Die Doppelsinnigkeit des Fundaments der Phänomenologie, welche auf der einen Seite ein immer schon Gegebenes, nämlich das welthingegebene Ichleben ist, auf der anderen aber voraussetzungslos *aus* dem Nichts an Unbezweifelbarem, das in diesem Weltleben vorhanden ist, und *gegen* dieses geschaffen werden muß [44] – diese Doppelsinnigkeit rührt aus der Eigenart des „Irrtums" her, welcher die Generalthesis ausmacht. Es handelt sich dabei durchaus nicht um einen Irrtum im gewöhnlichen Sinn, d.h. einem Teilirrtum innerhalb und auf dem Hintergrunde einer Gesamtwahrheit, dem durch positive anderweitige Erfahrung oder Reflexion widersprochen würde, so daß es zu seiner Durchstreichung käme. Im Gegenteil, die Generalthesis ist völlig universaler Natur [45]. Es gibt kein Außerhalb ihrer, an dem gemessen sie als falsch oder irrig erwiesen werden könnte. Das Widersprechende und Irrige an der Generalthesis ist eben dies, daß sie, die kein Außerhalb kennt und hat, selber ein solches universal setzt: das Außerhalb des Ansichseins der Welt außer der „Seele".

Die Generalthesis ist keine Behauptung; sie bildet vielmehr den Boden aller Wahrheit und Falschheit von Behauptungen. Wenn sie trotzdem „unwahr" ist in einem solchen Sinne, daß ihr eine „Wahrheit", eben die transzendental-phänomenologische Einstellung gegenübergestellt werden kann, dann deswegen, weil der in der Generalthesis liegende Seinsglaube, die Vor-meinung von der Priorität und dem Ansichsein des objektiv-dinglichen Seins, für die Generalthesis selbst grundlos ist und bleibt. Dieser Glaube kann sein Recht nicht ausweisen, da er in jeder Ausweisung schon vorausgesetzt bliebe und diese sich im Kreise drehte. Die phänomenologische Einstellung dagegen weist einen solchen Rechtsgrund des natürlichen Seinsglaubens auf in der Faktizität seines Geleistetseins durch das Bewußtsein. Die Faktizität des Ansich ist begründet in der Faktizität einer Bewußtseinsthesis. Deswegen sagt Husserl über das „Insofern", welches die Generalthesis konstituiert: „Bloß darin ist das natürliche

---

[44] „Nur in und mittels der phänomenologischen Reflexion wird die urphänomenale strömende-stehende Selbstgegenwart des Ich erfahren und als Bedingung der Möglichkeit für Reflexion aufgewiesen... die radikalisierte Reflexion auf die Seinsweise des fungierenden Ich verweist gemäß dem Sinn ihrer eigenen Fragestellung auf Gegebenheiten, durch die sie selbst genetisch bedingt ist, die also ‚vor' ihrer eigenen Aktivität liegen". (K. HELD, *Lebendige Gegenwart*, S. 96).
[45] Vgl. oben S. 34f.

Leben und seine natürliche Welthabe beschränkt, daß es ... keine Motive hat, in die transzendentale Einstellung überzugehen." [46].

Das Verhältnis von natürlicher und phänomenologischer Einstellung kann sonach nicht das zweier Gegenteile zueinander sein, wie dies bei innerweltlichen Einstellungen (naturalistischer und personalistischer z.B.) der Fall ist. Denn auch Gegen-teile sind Teile. Beide Einstellungen umfassen aber das Ganze des Seins *in* seiner Ganzheit, wie dies auch dadurch gefordert ist, daß in der phänomenologischen Einstellung „nichts" von der Natürlichkeit verloren gehen kann und darf. Beide sind somit deckungsgleich – ihrem Inhalte nach. Die Differenz liegt in der Form oder dem Modus, wie sie das gegebene Ganze des Seins umfassen.

Und hier liegt auf seiten der phänomenologischen Einstellung, der Reduktion, ein Plus, ein Ak-zidens vor [47]. Die Art ihrer Seinshabe ist reflektiert, welche Reflexion zwar ein inhaltliches Nichts ist. Aber sie erweist die natürliche Welthabe als abstrakt, als teilhaft gegenüber dem konkreten Ganzen des Seins. Denn die natürliche Einstellung reflektiert lediglich auf den Gegenstand oder aber auf seine Bewußthabe, nicht auf die Einheit von Haben und Gehabtem. Der Unterschied von „Teil" und „Ganzem" ist dabei solcherart, daß sie sich nur durch die Umkehrung der jeweiligen Wertung des Inhalts unterscheiden, nicht durch diesen selber. Das Prinzip der phänomenologischen Reduktion ist sonach schon in folgenden Worten der *Logischen Untersuchungen* enthalten: „Während Gegenstände ... in irgendwelchen Seinsmodalitäten als Wirklichkeiten gesetzt sind, sollen wir ⟨in der Phänomenologie⟩ unser theoretisches Interesse nicht auf diese Gegenstände richten, nicht *sie* als Wirklichkeiten setzen, so wie sie in der Intention jener Akte erscheinen oder gelten, sondern im Gegenteil eben jene Akte, die bislang gar nicht gegenständlich waren, sollen nun die Objekte der Erfassung und theoretischen Setzung werden." [48].

Demgemäß ist die natürliche Einstellung ihrem Inhalt nach das einzig mögliche Fundament der philosophischen Betätigung, ihrer Form nach dagegen deren Negation. Das Eigenwesentliche der Phänomenologie ist also freie Erzeugung, die zum Gegenstand die Wahr-

---

[46] „Nachwort zu meinen Ideen", Nr. 5, Husserliana V, S. 153.
[47] Deswegen ist auch „die Philosophie als universale *objektive* Wissenschaft ... gar nicht universale Wissenschaft". (*Krisis*, § 52, Husserliana VI, S. 179).
[48] *Logische Untersuchungen* II/1, Einleitung, § 3, S. 9.

heit der natürlichen Einstellung hat. Die Phänomenologie „muß also zunächst bodenlos anfangen" [49]. Der Übergang in die phänomenologische Einstellung bedeutet damit einerseits keine μετάβασις der Erscheinungskorrelation von objektivem Ansichsein und dessen subjektivem Erfassen. Sie stellt keinen „überhimmlischen Ort" dar, ποῦ στῶ, um die Welt des natürlichen Bewußtseins aus den Angeln zu heben. Daher ist sie ihm gegenüber befugte und zuständige Instanz. Auf der anderen Seite aber ist sie deswegen doch unabhängig und nicht selber Partei bei der Suche nach dem Rechtsgrund des Erscheinungsgefüges. Die Vorurteilslosigkeit der Phänomenologie liegt in dieser Selbsterzeugung ihrer Form beschlossen.

Die Einheit und der Grund dieses Doppelbezuges der Phänomenologie zur Natürlichkeit liegt darin, daß die Form, welche durch die phänomenologische Einstellung dem Gesamt des natürlicherweise Gegebenen auferlegt wird, lediglich die absolute Reflexion, d.h. die umfassende Thematisierung des Gegebenen *als* Gegebenen ist. Erst durch diese erschöpfende Umgrenzung oder De-finition des Erscheinens vermag sie unzweifelhaft festzusetzen, was der unabdingbaren Forderung reiner und unvermischter Gegebenheit überhaupt standzuhalten und genugzutun vermöge; was also das πρῶτον und καθ' αὐτό des Erscheinens, d.h. was das absolute Erscheinen sei [50]. Dieses völlige Erfassen des Erscheinens, die restlose Klärung seines Sinnes, ist es, was den Anspruch der Phänomenologie, strenge, apodiktisch strenge Wissenschaft zu sein, rechtfertigt und bewahrheitet.

2. Voraussetzungslose Wissenschaft als Prinzipienwissenschaft

Der Absolutheit im Sinne der völligen Bewußthabe des absoluten Erscheinens als ihres Gegenstandes entspricht auch der Stil oder die Methode, welche die Wissenschaftlichkeit der Phänomenologie ausmacht. Als die Spontaneität der aktuellen Reflexion des Erscheinens überhaupt in sich selber ist sie die Erhebung des transzendentalen Bewußtseins zum Selbstbewußtsein. Genauer: sie ist selber das Selbstbewußtsein der transzendentalen Subjektivität. Sie ist der Akt ihrer Selbstbesinnung, durch den sie sich aus ihrer Anonymität des Fungierens befreit und zur Freiheit kommt. *„Die ganze Phänomenologie*

---

[49] *Krisis*, § 53, Husserliana VI, S. 185.
[50] „Absolut" heißt das Erscheinen hier insofern, als alles, was nicht Erscheinen ist, seinen Sinn nur innerhalb des Erscheinens gewinnt und haben kann.

ist nichts weiter als ... *wissenschaftliche Selbstbesinnung der transzendentalen Subjektivität.*"[51].

In der phänomenologischen Einstellung gehören deswegen „die Erlebnisse dieser Forschung selbst, dieser Einstellung und Blickrichtung, in phänomenologischer Reinheit genommen, zugleich zum Gebiet des zu Erforschenden" (122). In diesem Rückbeziehen der absoluten Totalität des Erscheinens bzw. in der „Rückbeziehung der Phänomenologie auf sich selbst" (122) kann gerade ihrer Vollständigkeit wegen kein Außerhalb des Erscheinens als Voraussetzung für den Vollzug dieser Reflexion dienen. Positiv gewendet: Erst in und durch das phänomenologisierende Tun kann herausgestellt werden, was Erscheinen überhaupt sei[52]: nämlich daß es Leistung der transzendentalen Subjektivität sei.

Deswegen kann die Phänomenologie nicht von gesicherten Ausgangspunkten aus deduktiv oder induktiv, d.h. durch Anwendung vorgegebener Prinzipien vorgehen. Phänomenologie ist, als voraussetzungslose, vielmehr notwendig die Suche nach ihren eigenen Prinzipien; und ihre Methode, die Reduktion, ist deswegen die „Methode der Prinzipienfindung"[53]. Gerade der Radikalismus und die Strenge der phänomenologischen Wissenschaftlichkeit führen zur Aufhebung des natürlich-naturalistischen Wissenschaftsideals und zur Umkehrung der dogmatischen Vormeinung der natürlichen Einstellung, welche nur „ein irreleitendes Vorurteil" ist (141): daß nämlich die objektive Wissenschaft, welche das sie betreibende Subjekt überhaupt nicht kennt und ausdrücklich ausschließt, also die Mathematik und die durch sie bedingte Physik, Modell und Prototyp wahrhaft echter Wissenschaft und absoluten Wissens seien. Zwar gilt vielfach die

---

[51] *Formale und transzendentale Logik*, § 104, S. 241f.
[52] Vgl. *Logische Untersuchungen* II/1, Einleitung, § 2, S. 8.
[53] R. BOEHM, *Vom Gesichtspunkt der Phänomenologie*, S. 11. Vgl. auch *aaO.*, S. 121. – Schon Aristoteles hat seiner Metaphysik die Aufgabe gestellt: „Wir suchen die Prinzipien und die höchsten Ursachen" (*Metaphysik*, Γ, 1; 1003 a 25), von denen es im gewöhnlichen Sinne „keine Wissenschaft gibt" (*Analytica posteriora* B, 19; 100 b 11). Zu diesem Verhältnis von (Husserlscher) Phänomenologie und (aristotelischer) Metaphysik vgl. vor allem die Ergebnisse von W. WIELAND, *Die aristotelische Physik*, in welchem Buch Untersuchungen über die „Prinzipienforschung bei Aristoteles" (Untertitel) geleistet werden, deren Ziel es ist, „das *phänomenologische Niveau*" der aristotelischen Philosophie sichtbar werden zu lassen (*aaO.*, S. 8). In welchem Sinne man die Kontinuität des Denkens zwischen Aristoteles und Husserl auch beurteilen mag, so läßt sich doch an der Rechtmäßigkeit von Husserls Bewußtsein, die Idee der Philosophie gemäß ihrer griechischen Urstitung wieder aufzunehmen, kaum zweifeln.

Mathematik „als das Ideal aller Wissenschaft überhaupt; aber wie wenig sie dies in Wahrheit ist, lehren die alten ... Streitfragen ..."[54]. Für die Phänomenologie folgt daraus, daß „die beschreibende Begriffe ... aller phänomenologischen Deskription ... prinzipiell andere als die bestimmenden der objektiven Wissenschaft" sind[55]. Somit ist nicht diese, sondern die phänomenologische „Art der Verständlichkeit ... die höchste erdenkliche Form der Rationalität"[56]. Das bedeutet aber letzten Endes: „Strenge Wissenschaft – allerdings verwandelt sich dieser Begriff durch das ganze Unternehmen der Phänomenologie von der Reduktion her."[57].

Ist strenge Wissenschaft Prinzipienforschung, durch welche ein Maß für das, was in Wahrheit ist, überhaupt erst gewonnen werden muß, so kann auch ihre Methode sich nicht auf einen vorgegebenen Ausgangspunkt stützen. Dergestalt ist die Suche nach den Prinzipien des Wissens – welche sich ja in schon als seiend vorgegebenem Wissen zu vollziehen hat – mit einem Zirkel behaftet. Husserl begegnet ihm durch das „Prinzip aller Prinzipien" (43). Dank seiner liegen „in dieser Richtung ... offenbar keine ernstliche Bedenken" (123). Dies deswegen, weil die Phänomenologie keine Wissenschaft im gewöhnlichen Sinn ist. Die „phänomenologischen (und zugleich erkenntnistheoretischen) Fundamentaluntersuchungen" bewegen „sich gleichsam im Zickzack"[58]. Doch führt der Umstand, daß die Phänomenologie als Wissenschaft mit der Vorwegnahme ihres Ergebnisses und Endes, der Prinzipienhaftigkeit der transzendentalen Subjektivität, schon beginnen muß, zur Notwendigkeit der beständig und bei jedem Schritt der Prinzipiensuche zu wiederholenden Messung des Gewonnenen am Gesuchten, zur Selbstkritik der Phänomenologie. „Die Wissenschaft, welche die einzigartige Funktion hat, für alle anderen und zugleich für sich selbst die Kritik zu leisten, ⟨ist⟩ keine andere als die Phänomenologie" (118). Sie fordert „die vollkommenste Voraussetzungslosigkeit und in Beziehung auf sich selbst absolute reflektive Einsicht" (121).

Schärfer gesagt: Phänomenologie ist nicht mehr und nicht weniger als Selbstkritik über sich; sie ist Phänomenologie der Phänomeno-

---

[54] *Logische Untersuchungen* I, § 4, S. 10.
[55] *AaO.*, II/1, 3. Untersuchung, § 9, S. 245.
[56] *Pariser Vorträge*, Husserliana I, S. 33.
[57] *Amsterdamer Vorlesungen*, § 15, Husserliana IX, S. 345, Anm. 1.
[58] *Logische Untersuchungen* II/1, Einleitung, § 6, S. 17.

logie. Es ist daher bezeichnend, daß Husserl „eine wirkliche Durchführung dieser letzten Kritik"[59] in einer Vorlesung mit dem Titel „*Einleitung* in die Philosophie" geleistet hat. Ist die Phänomenologie Phänomenologie ihrer selbst, so ist auf der anderen Seite das, was als Einführung in sie erscheint, wiederum nichts anderes als sie selber. Die absolute Reflexion, die Reflexion der Reflexion, ist nur Einleitung oder beginnende Reflexion, weil der „wahre Anfänger" schon am Ende das Angefangenen steht. Gerade weil die Phänomenologie das Ganze des Erscheinens immer schon durchlaufen hat, ist sie immerzu *anfangende* Phänomenologie. Noch schärfer gesagt: Weil alles Sein seinen Sinn nur aus ihr zu gewinnen vermag, setzt sie das Sein außer sich.

Historisch sei hier auf Folgendes hingewiesen: Husserl glaubte ursprünglich, daß dem Inhalt der Phänomenologie *nach* der Einleitung in ihn nochmals eine andere, die ihm wesensgemäße „systematische" Form verliehen werden könne. Die Selbstverwandlung der „Idee der Phänomenologie", auf welche der einleitende Anfang, der „werdende Philosoph"[60] vorspringen muß, sei akzidenteller Natur und nur durch die äußere Notwendigkeit bedingt, die Phänomenologie zu lehren bzw. mitzuteilen[61]. Dieser Glaube aber hielt der „wirklichen Durchführung" der Phänomenologie nicht stand. Denn unter seiner Voraussetzung hätte sich die Phänomenologie als „deskriptive Psychologie" ins Werk setzen müssen, ohne daß eine positive Abgrenzung dieser deskriptiven Psychologie gegenüber der empirischen einerseits bzw. gegenüber der Philosophie andererseits möglich gewesen wäre. Diese deskriptive Psychologie wäre nichts anderes als der Psychologismus selber gewesen. Somit mußte Husserl die Unterscheidung der „Idee der Philosophie" (8) von der „reinen Phänomenologie" (8) – in dem Sinne, daß die reine Phänomenologie die „Vorbedingung" (8) einer erst *nach* ihr auszuführenden „phänomenologischen Philosophie" bilden sollte – aufgeben. Das „Und" zwischen den beiden Problemtiteln Phänomenologie und Philosophie, erwies sich als explikatives Und. Das bedeutet, daß eine phänomenologische Philosophie losgelöst von der anfangenden Phänomenologie unmöglich ist. Der Titel „*Einleitung* in die *Philosophie*" spiegelt am

---

[59] *Formale und transzendentale Logik*, § 107c, S. 255, Anm. 1. Vgl. auch oben S. IXXf.
[60] *Erste Philosophie* II, 28. Vorlesung, Husserliana VIII, S. 7.
[61] So meint E. FINK, *Studien zur Phänomenologie 1930–1939*, S. 111f.

besten diesen Sachverhalt wider, daß einerseits „das Werk der Besinnung nicht als etwas *vor* der Universalwissenschaft, als ihr selbst äußerliches anzusehen ⟨sei⟩, sondern als ihr Anfangs- oder Grundstück" [62] zu gelten habe, andererseits aber man gerade dadurch „*vor dem Anfang*... notwendig einen anderen Anfang durchführen" [63] muß.

Sofern also der Unterschied zwischen Anfang und Anfang vor dem Anfang nur ist als aufgehobener, kann gar nicht im Ernst ein vom Anfang unterschiedener – und damit prinzipiell selbständiger, weil von der „Motivation des anfangenden Philosophen" [64] ablösbarer – Anfang vor dem Anfang gefordert werden. Denn in ihm würde der Anfang selber nicht seinen Anfang nehmen. Es bleibt demnach nur übrig, mit dem Anfang selber – anzufangen, wodurch der genannte Unterschied sich als nichtig erweist. Das aber besagt, daß er einen *Bestand* hat nur in der schon vollzogenen und damit an ihr eigenes Ende gelangten phänomenologischen Philosophie.

Der Anfang voraussetzungsloser Wissenschaft ist also dadurch ermöglicht, daß sie schon ans Ende gekommen ist. Das scheint aber zu bedeuten, daß eine solche Wissenschaft im *Prinzip* unmöglich ist. Doch wie das Ideal der Rationalität in seiner höchsten Form sich als *Suche* nach ihr erwiesen hat, so ist auch hier zu sagen: der *absolute* Anfang ist der *Wille*, einen solchen zu schaffen: „Die Reflexion ist ursprünglich eine solche im *Willen*." [65]. Der Entschluß zur absoluten Selbstgebung des Absoluten, d.h. der transzendentalen Subjektivität, in welchem das Prinzipienprinzip der Phänomenologie besteht, ist der Anfang der *Gebung* des Selbst. Die transzendentale Subjektivität *ist* immer schon der Träger des Erscheinens; ihrem Entschluß gemäß soll sie es aber auch (für sich selbst) erst werden. Sie soll ihr anfängliches Sein (ihre Notwendigkeit) oder das „originale Selbst" [66] zum Selbstbewußtsein (zur Freiheit) erheben, damit sie ihrer Anfänglichkeit, ihrer Unmittelbarkeit und Apodiktizität inne werde. Der Vollzug solch absoluter Reflexion oder Vermittlung, das freie, Freiheit in-

---

[62] „Besinnung als Aktivität", Husserliana VIII, S. 211.
[63] „Scheidung der Stadien", Husserliana VIII, S. 254.
[64] *Erste Philosophie* II, 53. Vorlesung, Husserliana VIII, S. 170.
[65] *Erste Philosophie* II, 28. Vorlesung, Husserliana VIII, S. 6. – „Les problèmes de la réduction ne sont pas pour lui <= Husserl> un préalable ou une préface: ils sont le commencement de la recherche, ils en sont en un sens le tout, puisque la recherche est, il l'a dit, commencement continué". (M. MERLEAU-PONTY, „Le philosophe et son ombre", in: *Signes*, S. 204).
[66] *Formale und transzendentale Logik*, § 103, S. 241.

staurierende Handeln gemäß dem Soll des Prinzips der Prinzipien, ist somit der eigentliche „*absolute Anfang*, im echten Sinne zur Grundlegung berufen, *principium*" (44).

Diesen Anfang freizulegen ist die Aufgabe der transzendentalen Reduktion, mit welchem Titel sonach selber eine *Aufgabe*, nämlich die der Selbstverantwortung der Subjektivität bezeichnet ist. Dieses Soll nun wird ausgeführt in der Selbstbesinnung der transzendentalen Subjektivität. Transzendentale Reduktion als ergriffene Aufgabe, d.h. die Rückwendung des Blickes auf das anfängliche Prinzipsein der Subjektivität selber, ist nichts anderes als die „Selbstauslegung der transzendentalen Subjektivität"[67]. Die rigorose Methode voraussetzungsloser Wissenschaft ist die „kopernikanische Umwendung" vom alltäglich-praktischen Umgehen bzw. wissenschaftlichen Verfahren mit Gegebenem zu fundamentalen „Betrachtungen" (48; 60); ist der Vollzug von „Meditationen" (48) über das Selbstsein der transzendentalen Subjektivität. Allein durch diese „Methode der radikalisiertesten Selbstbesinnung, der Selbstbehauptung und Selbstverwirklichung des Geistes"[68] kann der Anmutung des γνῶθι σεαυτόν nachgekommen werden[69].

Phänomenologie ist fundamentale Betrachtung, meditatio *de* prima philosophia. Gleichwesentlich muß sie aber auch selber „den Anspruch erheben..., ,erste' Philosophie zu sein" (121). Der Grund für diese Doppelsinnigkeit liegt darin, daß die Phänomenologie *sich selber* Wegbereiter zu sein hat; daß es ihre Aufgabe ist, die Motivation für sich selbst in der natürlichen Einstellung zu suchen. Sie muß außer sich gehen und von dorther „Wege... suchen" (3) ins eigene Wesen. Diese (vielen) Wege zur Reduktion können also sinngemäß nichts anderes sein als *die* Reduktion selber[70], die Motivation zur εἰς ἑαυτόν gerichteten Meditation *und* in ununterscheidbarer Einheit damit diese Meditation selbst[71]. Vom Weg der Phänomenologie ist

---

[67] *Formale und transzendentale Logik*, § 104, S. 241, Titel.
[68] E. FINK, *Studien zur Phänomenologie 1930–1939*, S. 174.
[69] Vgl. *Cartesianische Meditationen*, § 64, Husserliana I, S. 183.
[70] So spricht auch R. BOEHM vom „Problem der ,Wege zur Reduktion', *auf* denen übrigens in Wahrheit die Reduktion sich selbst vollzieht" (*Vom Gesichtspunkt der Phänomenologie*, S. 139f.).
[71] Wie E. TUGENDHAT zu Recht bemerkt, verbinden sich also „in Husserls Ausbildung des transzendentalen Ansatzes" zwei verschiedene Ideen der Letztausweisung Einmal eine *kritische*. Dabei wird das „Postulat der Letztausweisung... kritisch als regulative Idee auf unser gesamtes faktisches vermeintliches Erkennen bezogen". Sodann aber eine *dogmatische*, der zufolge Philosophie „Wissenschaft

sonach zu sagen, daß er die Phänomenologie selber ist. Das „Problem des Weges ist also nicht ein bloßes Problem der Darstellung und der richtigen didaktischen Einführung in die Phänomenologie, sondern es gehört ... zu ihrem ‚Systemgehalt' selbst" [72].

Wenn hier gesagt wird, daß der Weg zur Phänomenologie die Phänomenologie selber *ist*, und daß Phänomenologie wesentlich Phänomenologie der Phänomenologie *ist* [73], so meint dieses Ist natürlich nicht eine unterschiedslose Identität, welche nur jene gewisse „Nacht" wäre. Vielmehr ist der Zusammenhang dieser drei Momente dialektischer Natur. Im Setzen eines jeden von ihnen als eines Ursprünglich-Anfänglichen sind die beiden anderen als Voraussetzungen impliziert. Die Suche nach einer bestimmten „Zahl" von Wegen in die Phänomenologie bleibt sonach in Philologie stecken, sofern nicht die unbedingte Einheit aller Wege, die Phänomenologie selber, entwickelt wird. „Einen ‚Königsweg' in die Phänomenologie und somit auch in die Philosophie gibt es nicht. Es gibt nur den *einen*, den ihr eigenes Wesen vorzeichnet". (201). Ein unterschiedenes Nebeneinander und

von einem absolut Gegebenen" wäre (*Der Wahrheitsbegriff bei Husserl und Heidegger*, S. 195). Diese Doppelheit faßt er aber als ein Entweder-Oder auf, obwohl er selber eine solche Auffassung z.B. beim Konstitutionsproblem noch als eine falsche Problemstellung nachwies (vgl. *aaO.*, S. 175). Nach Tugendhats Meinung also müssen beide Momente „in der Interpretation auseinandergehalten werden" (*aaO.*, S. 195). Doch wird damit Husserls Ansatz nicht aufgeklärt, sondern bloß in Stücke und Einseitigkeiten zerrissen (Das nämliche gilt übrigens schon von R. ZOCHER, *Husserls Phänomenologie und Schuppes Logik*, wenn er (*aaO.*, S. 125) über die *Ideen* I meint: „Der kritische Idealismus erscheint hier durch Intuitionismus und Ontologismus in fragwürdiger Weise affiziert".). Handelt es sich doch dabei nicht um „zwei verschiedene *mögliche* Motivationen" (E. TUGENDHAT, *aaO.*, S. 195; Hervorhebung vom Vf.) bei Husserl, sondern um die beiden *wirklichen*, die Phänomenologie als solche, und d.h. als *Einheit* ausmachenden Triebfedern. Tugendhats Herauspräparierung der erkenntniskritischen Komponente als „die eigentlich genuine und unaufgebbare" (*aaO.*, S. 196) ist ein willkürliches Postulat, das sonach keine Instanz schafft, welche von der Phänomenologie anzuerkennen wäre. Sie wird auf diese Weise nur ad acta gelegt, nicht aber überwunden. So muß denn Tugendhat schließlich zugeben, daß dieses Vorgehen, welches seiner Interpretation zugrunde liegt, bei Husserl „keine ausreichende textliche Grundlage" finde (*aaO.*, S. 196)! Es zeigt sich also, „daß der Interpret der Doppeldeutigkeit der Husserlschen Philosophie nicht durch ein Entweder-Oder entkommen kann" (K. HELD, „Nachwort", in: L. ROBBERECHTS, *Edmund Husserl*, S. 157; vgl. J. DESANTI, *Phénoménologie et praxis*, S. 130f.). Es gilt vielmehr, den Grund dieser Doppelung aufzusuchen, da nur von da aus ein berechtigtes Überschreiten der Phänomenologie möglich ist, welches nicht bloß sagt, „dies ist nichts oder falsch, und nun, damit fertig, davon weg zu irgend etwas anderem" übergeht (HEGEL, *Phänomenologie des Geistes*, S. 30); in casu: zu Heidegger.

[72] L. LANDGREBE, *Der Weg der Phänomenologie*, S. 174.
[73] Vgl. *Logische Untersuchungen* II/1, Einleitung, § 2, S. 8f.

Außereinander bilden diese Wege nur für die Blickrichtung der natürlichen Einstellung, welche sie denn auch nur rhapsodisch-empirisch aus den Texten Husserls aufzusammeln vermag.

Mit Heideggers Worten läßt sich also sagen: „Alles liegt am Weg" [74]. Und der Weg unterscheidet sich in sich selbst als Ziel des Gehens vom Gehen selber (darin besteht die *Wissenschaftlichkeit* der Phänomenologie), ohne daß doch beides sich scheiden ließe (darin liegt ihre *Uninteressiertheit*). Im Anfangen des Weges liegt somit ein Nichtanfangen, nämlich das des Zieles, des Angefangen*habens*, beschlossen, welches aber erst durch das Anfangen wird, was es ist.

Das, was in der phänomenologischen Einstellung nicht erst anfängt; das, worauf sie zugeht, worin also die Motivation zur Phänomenologie liegt, ist aber die natürliche Einstellung, *sofern* sie als solche erkannt wurde. Dies wiederum hat nur durch die Phänomenologie statt. Durch „ ‚Abstraktion' aus Natur" wird nämlich „nur Natürliches gewonnen" (95), nie aber die Natürlichkeit als solche. Die Phänomenologie erweist sich also sowohl im Vollzug wie auch im Nichtvollzug der Reduktion als sie vollzogen *habend*. Die Differenz von Vollzug und Nichtvollzug liegt *innerhalb* des Vollzugs beschlossen und ist Leistung des meditierenden Bewußtseins und seines freien „Ich kann" [75]. Da aber der Nichtvollzug als dem Vollzug vor-

---

[74] M. HEIDEGGER, *Der Satz vom Grund*, S. 106.
[75] F. Bosio wendet gegen den Satz Husserls: „Anstatt nun in dieser Einstellung zu verbleiben, wollen wir sie radikal ändern". (*Ideen* I, § 31, S. 53) ein: „Questa decisione si presenta inattuabile perché imposta e messa in atto con un decreto arbitrario. Ne manca la giustificazione teoretica... Questa è la difficoltà del ‚salto' brusco e immediato richiesto dall ‚epoché cartesiana". (*Fondazione della logica in Husserl*, S. 110). Damit ist das Problem des „Anfangs vor dem Anfang" gestellt (vgl. oben S. 98ff.); anders gesagt: die Frage nach dem Statut der anfangenden Phänomenologie, nach dem Statut der Fundamentalbetrachtung. Bezüglich ihrer hebt auch R. BOEHM mit Recht heraus, „daß paradoxerweise die ‚Phänomenologische Fundamentalbetrachtung' ihren ‚Höhepunkt' erreicht, ohne den ‚Boden der natürlichen Einstellung' zu verlassen" (*Vom Gesichtspunkt der Phänomenologie*, S. 168). Zu dieser „Schwierigkeit" (difficoltà), diesem „Paradox", ist zu sagen, daß sie eine solche nur *für das phänomenologisierende Bewußtsein* ist, nicht für das von ihm betrachtete natürliche. Der Vollzug der Phänomenologie ist *selber* die geforderte Verantwortung der Phänomenologie; er ist selber die Phänomenologie der Phänomenologie. Denn allein innerhalb ihrer entsteht die Differenz von Phänomenologie und Natürlichkeit. Für das natürliche Bewußtsein dagegen fällt die Phänomenologie (ihrem Inhalt nach) einerseits völlig mit ihm selber zusammen (weshalb der gemeine Menschenverstand oft genug als schlichtende Instanz in philosophischen Fragen angerufen wird). So entsteht ein Problem des Übergangs erst gar nicht, da ein solcher nicht nötig ist. Andererseits aber, ihrer Form nach, fällt die Phänomenologie so gründlich außerhalb des Gebiets der Natürlichkeit, daß sie eine Sphäre bildet, wel-

ausliegend gesetzt wird, bedeutet dies, daß auch der Anfang der Fundamentalbetrachtung ihrem Anfangen immer schon zuvorgekommen sein muß und beide einander bedingen und beständigen. Wie also die natürliche Einstellung gegenüber jeder Reflexion auf sie als Wirklichkeit vor-gefunden und „einfach da" (48) ist, in unabweislicher Notwendigkeit, so bildet demnach auch die Reduktion in gleicher Weise ein „*allzeit mögliches* Verfahren" (53) [76]. Beides wird in seinem Sein aber nur erkannt, *nachdem* die phänomenologische Reduktion vollzogen worden ist.

---

che – um ein Wort Fichtes zu gebrauchen – „für den gemeinen Verstand, als solchen, durchaus nicht vorhanden ist" (FICHTE, *Sonnenklarer Bericht*; II, 327). Ist das Transzendentale dem Natürlichen aber ein Nichts, so gibt es keinen Berührungspunkt zwischen beiden, und ein kontinuierlicher Übergang zwischen ihnen, an dem in immer geringerem Maße Natürlichkeit und in immer größerem Maße Transzendentalität bestünde, ist nicht möglich. Deswegen hat die Phänomenologie *als Phänomenologie* sich vor dem natürlichen Bewußtsein auch gar nicht zu rechtfertigen. Nur ein Sprung der Freiheit überbrückt den „Abgrund des Sinnes" (*Ideen* I, § 49, S. 93) zwischen beiden. Aber auch er ist als solcher erst post factum einsehbar und beruht auf diesem Faktum. Zuvor kann er nur als ein, wenngleich vielleicht absoluter, Trieb oder als Willkür gelten. Als dessen Erzeugnis kann für die Natürlichkeit nur „eine ganz ‚unnatürliche' Einstellung und eine ganz unnatürliche Selbst- und Weltbetrachtung" (*Erste Philosophie* II, 45. Vorlesung, Husserliana VIII, S. 121), kurz: ein Lügenmärchen dabei herausspringen. – Es hat aber dennoch einen guten Sinn zu sagen, daß der Höhepunkt der Fundamentalbetrachtung innerhalb der natürlichen Einstellung erreicht sei. Aber dieser Sinn besteht, wie gesagt, nur für den Phänomenologen. Denn nicht das natürliche Bewußtsein vollzieht die von Husserl geforderten „einfachen Meditationen" (*Ideen* I, § 27, S. 48) und das für die Fundamentalbetrachtung unumgängliche „Stück reiner Beschreibung vor aller ‚Theorie'" (*aaO.*, § 30, S. 52). Vielmehr *lebt* es in dem Beschriebenen, ohne es zu beschreiben (vgl. H. J. POS, „Valeur et limites de la phénoménologie", in: *Problèmes actuels de la phénoménologie*, S. 40). Die Änderung der natürlichen Einstellung liegt schon im *Entschluß*, sie als solche zu beschreiben, beschlossen (vgl. A. AGUIRRE, *Genetische Phänomenologie und Reduktion*, S. 21f.). So gesteht schließlich auch Bosio zu, daß der Übergang von der natürlichen zur phänomenologischen Einstellung begründet liegt in der inneren Selbstunterscheidung des Ich in reflektiertes und reflektierendes Ich (vgl. F. BOSIO, *aaO.*, S. 123). Das aber hat zur Folge, daß Bosio schließlich seinen eigenen Einwand gegen Husserl implizit als nichtig eingestehen muß. Denn „Quello che sembrava un pericolo minaccioso al pensiero, si rivela ora come una necessità vitale". (*aaO.*, S. 128; vgl. *aaO.*, S. 137).

[76] Über freie Möglichkeit als Grund der natürlichen Wirklichkeit vgl. oben S. 41.

D. Die Endlichkeit des Bewußtseins als Ermöglichung der Phänomenologie

1. Der Erscheinungszusammenhang als Gegenstand der Phänomenologie

Erst durch den Vollzug der phänomenologischen Reduktion tritt die Natürlichkeit des Natürlichen hervor. „Eben das ist das befremdliche, aber evidente ... *Ergebnis* der Forschung in der Epochè, daß das natürliche objektive Weltleben nur eine besondere Weise des ständig Welt konstituierenden, des transzendentalen Lebens ist" [77]. Die Phänomenologie erzeugt also, indem sie *sich* erzeugt, ihren absoluten Boden und ihre Basis *mit* – aber als das (durch sie) *nicht* Erzeugte. Der Begriff der natürlichen Einstellung ist also „überhaupt kein weltlich irgendwie vorgegebener, sondern ein ‚transzendentaler' Begriff" [78]. Da dieses ihr Fundament aber nur Fundament *für sie* ist, da es nichts trägt außer ihr, ist zu sagen, daß die Phänomenologie, indem sie sich (teilweise) ins Werk setzt, sich grundsätzlich (teilweise) auch *nicht* ins Werk setzt. Ihre anfangende Tätigkeit ist zugleich seiender, d.h. schon gewesener und für die Tätigkeit verlorener Anfang. Die Reduktion hat, als Reflexion, „das merkwürdig Eigene ..., daß das in ihr wahrnehmungsmäßig Erfaßte sich prinzipiell charakterisiert als etwas, das nicht nur ist und innerhalb des wahrnehmenden Blickes dauert, sondern *schon war, ehe* dieser Blick sich ihm zuwendete" (83). Der Vollzug der Reduktion ist der Akt des Bewußtseins, durch Selbstscheidung und -unterscheidung zu sich, zum Selbstbewußtsein zu gelangen. Und nur in und durch die Phänomenologie kommt es zur Differenzierung des Bewußtseins in natürliches und transzendentales. „In gewisser Weise muß also auch der Philosoph in der Epochè das natürliche Leben ‚natürlich durchleben' " [79].

Für sich selber ist die Natürlichkeit sonach gerade nicht Natürlichkeit. Sie ist grenzenlose Unbetroffenheit von aller inneren Negativität oder unabsehbare Positivität; eine schlechte, nur tautologisch auszudrückende Unendlichkeit. Eben darin besteht der „Irrtum" der natürlichen Einstellung, daß sie in dieser inhaltslosen Unbeweglichkeit des

---

[77] *Krisis*, § 52, Husserliana VI, S. 179. – „Pour celui qui est dans l'attitude naturelle, il n'y a donc, à la rigueur, aucune raison de dépasser le monde, de concevoir un terme ‚extra-mondain'". (G. Berger, *Le cogito dans la philosophie de Husserl*, S. 57).
[78] E. Fink, *Studien zur Phänomenologie 1930–1939*, S. 113.
[79] *Krisis*, § 52, Husserliana VI, S. 180.

Diaphanen verharrt und sich nicht über sich selbst erhebt, um sich selbst zu erblicken. Nicht die Natürlichkeit also, sondern erst die Phänomenologie ist unübersteigbar, weil sie Übersteigen schlechthin ist. Über sie kann nicht mehr hinausgegangen werden, weil sie ein vorwärtskommendes Gehen überhaupt erst ins Werk setzt: (Selbst-) Bewußtsein ist die Voraussetzung allen „bloßen" Bewußtseins von Gegenständlichem.

Und doch ist umgekehrt das vollzogene Selbstbewußtsein oder die Phänomenologie der Akt, sich vom Gegenstandsbewußtsein loszureißen und es somit sich selber vorauszusetzen. Das vorausgesetzte Sein (von Objektivem) und die Tätigkeit, es vorauszusetzen, halten so einander die Waage – aber aufgrund des Voraussetzens, des Selbstbewußtseins. Denn ohne es wäre das (objektive) Sein nicht als Sein, die Natürlichkeit nicht als solche erkannt. Gibt es also innerhalb der Natürlichkeit keine Natürlichkeit, d.h. ist sie für sich selbst der selbstverständliche Horizont ihrer selbst, mit dem sie fugenlos zusammenfällt, so erweist sich andererseits innerhalb der Phänomenologie das Natürliche als das „bloß" Natürliche; als die zentrifugale Bewegung, welche der „Natur" des Bewußtseins, seiner Selbstbezogenheit, zuwiderläuft. Die Natürlichkeit „ist" sonach nie, sie besitzt niemals ein fertiges, dem zu sich selbst und an sein eigenes Ende zurückgekehrten Selbstbewußtsein vergleichbares Sein. Sie selber gelangt niemals bei sich an; und die Phänomenologie, sofern und weil sie bei ihr ankommt, ist immer schon über sie hinaus. „Das natürliche Leben wird allererst in seinem Überstieg, d.h. aber in seinem Zerfall, als solches begriffen". [80].

Die nämliche Struktur liegt auf der abhängigen Seite des Objektiven, des Bewußten, vor [81]. Wie die Unterscheidung von natürlicher und phänomenologischer Einstellung in den Vollzug der Reduktion selber fällt, so wird auch Identität und Differenz von Ding und Dingerscheinung innerhalb des Erscheinungszusammenhanges als Leistung des Bewußtseins nur von jenem Bewußtsein erfaßt, welches auf die Totalität des Erscheinens reflektiert. Die natürlicherweise, d.h. aus ihr selbst her unaufhebbare Generalthesis der natürlichen Einstellung besteht hier insofern im Vergessen der Subjektivität, als die Erschei-

---

[80] L. ELEY, *Die Krise des Apriori in der transzendentalen Phänomenologie Edmund Husserls*, S. 67. Vgl. auch A. AGUIRRE, *Genetische Phänomenologie und Reduktion*, S. 19ff.
[81] Vgl. zum Folgenden oben S. 60ff.

nungshaftigkeit, die Gegebenheits*weise* zugunsten des Gegebenen übersprungen wird: „in den verschiedenen Weisen sinnlicher Wahrnehmung sind körperliche Dinge für mich *einfach* da" (48; Hervorhebung vom Vf.). Das Da-sein ist ein Einfaches, in dem die „Vermittlung durch ‚Erscheinungen' " (78) übergangen und das Ding als „unmittelbar" (48) gesetzt; somit direkt vom Bewußtsein zu ihm fortgegangen wird. Das Überspringen des Erscheinens liegt dabei darin, daß das Ding und seine Erscheinung ununterschieden bleiben. Nur für das Bewußtsein aber hat die Meinung eine *Wahrheit*, daß auf es „ein Blick erschauender Wahrnehmung" „ganz unmittelbar" sich richten kann (83). Denn nur in der immanenten Wahrnehmung sind die „Sache" und ihre „Erscheinung" ununterschieden.

Aufgrund der genannten Voraussetzung der Natürlichkeit gilt auch der innerhalb ihrer sich haltenden, der „natürlichen ‚dogmatischen' Wissenschaft" (47), sowie der aus ihr entsprungenen und daher ebenfalls dogmatischen Philosophie (der „philosophischen Verabsolutierung der „Welt" (107), welche sich im naturalistisch-skeptischen Psychologismus vollzieht) das in der transzendenten Wahrnehmung Gegebene ineins sowohl als Ding wie auch als Dingerscheinung. Genauer: Es gilt zugleich als bloße Dingerscheinung, hinter welcher sich das Ding an sich verbärge, wie auch als das allein gebbare und wirkliche Ding, für das alles darüber Hinausreichende nur gedanklicher Unter- oder Überbau ist. Daher stammen auch die „naturalistischen Mißdeutungen" (32) der „realen Wirklichkeit" (107), welche die einzigen der Aufrichtung einer phänomenologischen Philosophie ernsthaft im Wege stehenden Philosopheme sind. Einerseits scheinen sie durch die „empiristische Identifikation von Erfahrung und originär gebendem Akte" (34) unabtrennbar fest in der Realität der Dinge verankert zu sein und somit ein unbezwingbares Bollwerk gegen den Skeptizismus zu bilden. Doch zeigt sich beim näheren Hinsehen, daß der Naturalismus selber „zu einem Skeptizismus führt, der als echter Skeptizismus sich durch Widersinn aufhebt" (37). Denn er erklärt alles Ansich für bloße subjektive Erscheinung.

In diesem Dilemma muß das Bewußtsein das *Sein* des Dinges entweder ins Ding oder aber in die Erscheinung setzen; und es wird dabei von der einen Setzung zur anderen fortgetrieben. Denn das Fundament des Schlusses vom Erscheinungsding aufs Ding an sich ist das Erscheinungsding, bei welchem sonach alle Bekräftigung und der Maßstab der Gültigkeit des Schließens liegt. Umgekehrt ist aber das

Ding an sich die Wahrheit der *Erscheinung*; und über das wahre Ding an sich selber ist durch die vermeintliche Erkenntnis von ihm in Wahrheit nichts ausgerichtet. Aus der natürlichen Einstellung entspringen so das Ideal der naturwissenschaftlichen Erkenntnis einerseits und das eines absoluten Subjekts andererseits als absolute Erkenntnisideale. Diese Einstellung schafft also zugleich „den verkehrten skeptischen Relativismus und den nicht minder verkehrten logischen Absolutismus, beides füreinander Popanzen, sich wechselseitig niederschlagend und wieder auflebend, wie Figuren auf dem Kasperletheater" [82]. Die Idee der „für uns" unzugänglichen absoluten Wahrheit läßt die Idee des absolut erkennenden Subjekts hervortreten. Und umgekehrt wird die damit de facto gegebene Erkennbarkeit *aller* „Erscheinungen" für „uns" (die durch den Wegfall der Idee des absoluten Subjekts entsteht) selber zur absoluten Erkenntnis, welche dann empiristischen Gepräges ist.

Die Haltlosigkeit dieser uferlosen Dialektik wird durch die Phänomenologie überwunden, welche zeigt, daß nicht das eine oder andere Moment, sondern ihr *Zusammenhang*, die intentionale Relation zwischen Ding (als Idee) und Dingerscheinung (als „unserem" Bewußtsein Gegebenem), das Sein des Dinges ausmacht. Die endlose *Vermittlungs*bewegung zwischen den beiden Momenten, die beständige *Möglichkeit* geregelter Näher- und Anderbestimmung des Dinges, ist selber das am und vom Dinge unmittelbar Gegebene. Das Ding ist seiner Wahrheit nach die Einheit jener Doppelheit, daß „ein Kern von ,wirklich Dargestelltem' auffassungsmäßig umgeben ⟨ist⟩ von einem Horizont ... mehr oder minder vager Unbestimmtheit" (80). Diese Unbestimmtheit meint „Bestimmbarkeit" (80) als Bewußtseinsleistung, und zwar Bestimmbarkeit in einer durch die schon gegebene Bestimmtheit vorgezeichneten Weise; prinzipiell also Erfüllbarkeit des Horizonts durch das Auffassen neuer „Kerne" innerhalb des gleichen, d.h. als gleich bewußten Horizonts. Die Kern-Horizont- bzw. Bestimmtheits-Bestimmbarkeits-Struktur macht das allgemeine Wesen des Raumdinges aus. Sie bildet die konkrete Weise der Vermittlung von Dingerscheinung und Ding an sich, wie sie sich in der Phänomenologie herausgestellt hat [83].

---

[82] *Formale und transzendentale Logik*, § 105, S. 246. Vgl. auch TH. SEEBOHM, *Die Bedingungen der Möglichkeit der Transzendentalphilosophie*, S. 21: „Dogmatismus und Skeptizismus sind zwei dialektisch einander gegenüberstehende Pole, die sich gegenseitig fordern und immer ineinander überschlagen".
[83] Vgl. oben S. 66ff.

2. Die Unerkennbarkeit des Realen für ein leibloses Subjekt

Aufgrund der Räumlichkeit als Grundeigenschaft des Dinges bestimmt sich das von ihm „wirklich Dargestellte" (80), das impressionale Kernmoment im Erscheinungszusammenhang, als eine seiner *Seiten*. Somit ist zu sagen: „Ein Ding kann prinzipiell nur ‚einseitig' gegeben sein" (80) [84]. Die Idee der möglichen Gegebenheit weiterer, mit der ursprünglich gegebenen zusammenhängender Seiten nun verweist auf den *zeitlichen* Charakter des Näherbestimmens des Dinges in der Erfahrung. Des weiteren impliziert die wirklich gegebene Seite, da Seite immer *eine* Seite neben anderen und Einseitigkeit meint, die *Räumlichkeit* in der Erfahrung der Dingbestimmtheit. Dementsprechend gilt für das Bewußtsein vom Ding: Die nähere Erhellung (bzw. die ihr entsprechende Wiederverdunklung) des Dinghorizonts setzt ein Dauern nicht nur des Dinges, sondern auch des Bewußtseins von ihm voraus. Und die Einseitigkeit der wirklichen Dingerscheinung schließt die Räumlichkeit sowohl des Dinges wie des Seitenbewußtseins ein. Denn sowohl das „Hier" wie das „Jetzt" des Dinges haben ihren Bezugspunkt am Bewußtsein selber. Nun schattet sich aber das Seitenerlebnis nicht ab und ist nicht von dingzeitlicher Art.

Die transzendente dingerfassende Wahrnehmung setzt sonach immer schon ein Vermittelndes voraus, ein μεταξύ zwischen reinem Erlebnis und darin erlebter Realität. Da aber außerhalb von Erlebnis und Realität kein tertium gegeben ist, kann dieses Medium, der Umschlageplatz von Welt und Erlebnisstrom, nur welthaft gewordener Erlebnisstrom (bzw. erlebende Dinglichkeit) sein. Durch Raumzeitlichkeit bestimmtes Bewußtsein nun ist Leib-Ich; jenes Ich, als welches der auf sich Reflektierende sich immer und unmittelbar innerhalb der natürlichen Einstellung vorfindet.

So ist das Insein des Ich in der realen Welt, d.h. das psychophysische Sein des Erlebnisstromes, Möglichkeitsbedingung des Erlebens von Raumdinglichem. „Die Vorstellung, daß die Wahrnehmung auf keinen Standpunkt bezogen wäre, . . . ist unvollziehbar" [85]. Dann aber vollendet sich die phänomenologische Umwendung der Idee eines absoluten Erkenntnis- und somit auch Wahrnehmungs-

---

[84] Korrelativ gilt vom Bewußtsein: Es kann prinzipiell nur in einem Jetztmoment gegeben sein.
[85] A. GURWITSCH, „Beitrag zur phänomenologischen Theorie der Wahrnehmung" in: *Zeitschrift für philosophische Forschung*, (13), S. 420.

subjektes [86] darin, daß nun deutlich wird, daß dieses Subjekt gerade wegen seiner angenommenen Absolutheit, seiner Losgelöstheit von den „Schranken", denen „unser" menschliches Wahrnehmen unterworfen ist, überhaupt keine Dingwahrnehmung besitzen könnte. Die Realwelt, der notwendige Ausgangspunkt der Phänomenologie, ist für den intellectus archetypus und seine „absolut vollkommene Erkenntnis" nicht nur nicht vollkommen erkennbar, sie ist vielmehr für ihn prinzipiell unerkennbar. Er kann nicht einmal die Möglichkeit, geschweige gar die Wirklichkeit eines Vorhandenseins der Welt für ihn fassen und entwerfen. Denn „real" besagt „in einer möglichen Sinnlichkeit perzipierbar" [87]. Die Idee (die Erschaffung) einer Dingwelt wäre für das absolute Subjekt, den reinen Intellekt, gleichbedeutend mit der Idee (dem Vollzug) seiner Selbstaufhebung. Ist die Möglichkeit eines absoluten Subjekts die Negation der als Leiblichkeit sich realisierenden Endlichkeit des Dingbewußtseins, dann umgekehrt das notwendige Gegebensein dieser Endlichkeit oder „Inadäquatheit" der Dingwahrnehmung die Negation der Möglichkeit jenes Subjekts. Die „Schranken", welche durch die Perspektivität der Dingwahrnehmung gesetzt sind, bilden nicht nur kein Hindernis der Dingerkenntnis; sie haben im Gegenteil den positiven Sinn von Bedingungen der Möglichkeit für eine Erkenntnis von Räumlich-Realem.

Für eine unbeschränkte Erkenntnis Gottes im Sinne eines „point de vue de Sirius" wäre dann, da er die Generalthesis der natürlichen Einstellung nicht zu vollziehen vermöchte, auch die phänomenologische Reduktion sinnleer und unvollziehbar. Denn für diesen Gott wäre das Ding an sich, die Dingeinheit, völlig abgeschnitten von aller Beziehung zur Erscheinung. Somit könnte er das Sein des Dinges nicht als den Vermittlungszusammenhang von Dingerscheinung und Dingidee begreifen; geschweige denn in einem weiteren Schritt das Sein des Erscheinens als ein „bloß phänomenales Sein" (80) verstehen und den Sinn des Dingseins, die Relativität der Phänomenalität auf das transzendentale Bewußtsein durchschauen. Das gegenseitige Sichbedingen von *subjektiven*, als Bewußtsein-von gegebenen und sich gebenden Erscheinungen (hier: von Empfindungsdaten) einerseits und *subjektiver* Leistung objektivierender Identifikation (hier: subsumierender Auffassung der jeweiligen Empfindungsdaten unter

---

[86] Vgl. oben S. 85ff.
[87] *Logische Untersuchungen* II/1, 3. Untersuchung, § 22, S. 280.

die einheitliche Dingidee) andererseits: diese Wechselbeziehung fiele nicht unter das einem unendlichen Intellekt Erfaßbare; und daher läge auch die phänomenologische Reflexion außerhalb seiner Möglichkeiten.

Einer „reinen" Auffassung, die nicht auf mögliches Aufgefaßtes bezogen wäre, wäre es unmöglich, zu innerer Differenzierung zu gelangen. Somit könnte für sie die Frage nach dem Verhältnis der differenten Momente im Rahmen dieser Identität gar nicht gestellt werden. Zur Möglichkeit der Phänomenologie bedarf es sonach der *Indifferenz*, nicht der absoluten Identität von Ding und Erscheinung. Diese Indifferenz, der Mangel der Scheidung zwischen Erscheinung und Ding, ist aber, wie gezeigt, Wesenszug der natürlichen Einstellung. Allein von ihr aus kann daher die Notwendigkeit und Möglichkeit der Phänomenologie begründet werden. Dieses Begründen, welches den Übergang schafft, stellt also den Erscheinungszusammenhang des Objektiven heraus durch die Kritik an der Indifferenz seiner Momente.

Die Indifferenz von Ding und Erscheinung, die Generalthesis, wird aber bedingt durch die von Selbstbewußtsein und Leibbewußtsein; schärfer ausgedrückt: durch die von transzendentalem und psychophysischem Ich. Denn die Undurchschaubarkeit der Ding-Erscheinung-Relation fordert vom Erlebnisstrom, daß er als welthafter für sich selbst ebenfalls nichts weiter denn die raumzeitliche Wirklichkeit seiner selbst sei; daß er sein der Welt Gegenübersein als Eigenschaft seines Inseins in ihr setze. Das Bewußtsein ist in der natürlichen Einstellung ein Seiendes von der Seinsart, daß es auf alles Seiende bezogen ist: es ist primum inter paria. Allein ein solches Bewußtsein, das also endliches und leibliches Bewußtsein ist, macht die Phänomenologie als Erkenntnis der Korrelation von Ding und Dingbewußtsein, d.h. als Wissenschaft vom „Ursprung" der Welt im Bewußtsein, möglich.

VI. KAPITEL

DAS GRUNDVERHÄLTNIS VON BEWUSSTSEIN UND WELT

A. Das Bewußtsein als Ungrund der Welt

Der innerweltliche Dingbezug des Bewußtseins bildet die Grundgegebenheit der Phänomenologie. Dieser Dingbezug hat nicht allein das bloße Insein des Ich in der Welt zur Voraussetzung, sondern vielmehr dies, daß das Ich seines Inseins bewußt ist. Damit ist für das Dingbewußtsein das Bewußtsein des Ich von seiner Endlichkeit im allgemeinen bzw. von seiner Leiblichkeit im besonderen konstitutiv. Die Realweltform ist darum ursprünglich nicht die Eigenschaft der Dinge, in raumzeitlich-kausalem Zusammenhang zu stehen, sondern ihr voraus die Form, unter der das Bewußtsein seiner selbst bewußt ist. Welt ist deswegen zugleich die Form des Wahrnehmens wie auch des Wahrgenommenen, weil das usprünglich Wahrgenommene das Wahrnehmen selbst ist – eben das Bewußtsein als innerweltliche Gegebenheit. Das erste dingerfassende Wahrnehmen ist Wahrnehmung des Eigenleibes, der Selbstrealisation des Bewußtseins [1]. Von ihr hängt alle Dingwahrnehmung ihrem allgemeinen Stil wie auch ihrer Wirklichkeit nach ab. Wie von der Generalthesis, müssen wir demnach auch vom Leibbewußtsein sagen, daß es sowohl „Leistung" des Bewußtseins ist wie auch etwas einfachhin Vorgefundenes: die „Realisierung des Bewußtseins" (103) ist Leistung einer Apperzeption – allerdings einer „eigenartigen" (104).

Diese ist schließlich nicht als ein Akt zu verstehen, dessen Vollzug zu den freien Möglichkeiten des Bewußtseins gehörte und der somit auch unterlassen werden könnte. Das Bewußtsein setzt Welt und (sich als) Weltliches dergestalt, daß es den Welthorizont der Welt als absoluten, somit für es unübersteigbaren und außerhalb seines „Vermögens" liegenden auffaßt. Das Bewußtsein ist durch diese Selbst-

---

[1] Vgl. oben S. 33.

auffassung „zu einem Anderen geworden" (104). Dies ist der genaue Sinn des Inseins des Ich in der Welt.

Die Unauflöslichkeit des Welthorizonts bedeutet für das Ich, daß er bzw. es in ihm vorgefunden ist. Andererseits kommt er aber durch das Sein fürs Ich, durchs Vorfinden erst zustande und ist insofern vom Bewußtsein gesetzt: er ist als Voraus-setzung gesetzt [2]. Im Weltsetzen wirft das Bewußtsein gewissermaßen den Schlüssel weg, der ihm den Setzungscharakter dieses Setzens eröffnen könnte. Das Bewußtsein als weltliches ist das sich entfremdete und seiner selbst beraubte Bewußtsein [3]. Da diese Entfremdung aber nicht durch einen Akt geschieht, ist sie unüberholbar. Denn ein Akt ist „in der Weise der Reflexion prinzipiell wahrnehmbar" (84). Dem Vollzug der Thesis der Welt dagegen kann das Ich prinzipiell nicht zuschauen; es kann bei der Weltentstehung wesensmäßig nicht „dabei" sein. Sonst vermöchte es nämlich die Weltsetzung nicht nur auszuschalten, sondern actualiter aufzuheben, was aber evidenter Widersinn ist. Dann gäbe es übrigens keine Möglichkeit mehr, daß das Bewußtsein seiner Transzendentalität bewußt würde.

Vielmehr muß die Generalthesis *in* ihrer Ausschaltung weiterbestehen. Sie muß auch in der Reflexion auf sie sich unverändert durchhalten, wenn auch mit geänderten Vorzeichen. In dieser Hinsicht ist die Phänomenologie durch die natürliche Einstellung bedingt und ihrer Möglichkeit nach in ihr begründet. So erweist sich die Generalthesis als unaufhebbar.

Dies würde aber seinerseits die Unmöglichkeit der Phänomenologie, welche gerade in der Ausschaltung der Thesis besteht, bedeuten.

---

[2] Vgl. oben S. 29ff.
[3] Ausdrücke wie Alienation oder Selbstentfremdung dürfen nur aus dem hier angegebenen Zusammenhang her verstanden werden, weil das Bewußtsein, welches nicht zur Weltsetzung käme und sich sonach auch nicht als transzendentales Bewußtsein aus ihr erheben könnte, nur in einem uneigentlichen Sinn ein Selbst genannt werden kann (vgl. dazu G. BRAND, *Welt, Ich und Zeit*, S. 20). Andernfalls wäre ja die Weltsetzung nicht das Undurchsichtige und Faktische schlechthin, sondern Gemächte einer personalen vorweltlichen Freiheit des Ich, deren Weltschöpfung dem zu ihr rückkehrenden Ich rational, d.h. als Grund-Folge-Verhältnis, einsichtig würde. Die „Rückkehr" zum transzendentalen Ich ist aber insofern kein Zurück, als die transzendentale Subjektivität erst in und mit der Setzung der natürlichen sich setzt, also auf dieser als ihrem Hintergrunde. Bildet die Weltlichkeit aber das notwendige Fundament der absoluten Reflexion, so ist das Begreifen der Generalthesis in der Phänomenologie nicht als Auflösung und Vernichtung der natürlichen Einstellung zu verstehen, sondern als der präzise Begriff ihrer Unbegreiflichkeit.

Doch ist hier zu beachten, daß diese Erkenntnisse phänomenologischer Natur, also durchs Vollzogen*sein* der Reduktion bedingt sind. Denn innerhalb der Generalthesis ist diese gerade nicht als Generalthesis erfaßbar: sie ist, was sie ist, nur insofern, als sie es auch nicht sein kann, d.h. sofern Phänomenologie möglich ist. Die phänomenologische Reflexion auf die Thesis erfaßt diese somit als horizontalen Modus des Auffassens, der alle Akte in bestimmter Weise „färbt", sofern er sie dem raumzeitlichen Kausalzusammenhang der Realwelt eingliedert. Die Generalthesis wird durch die Phänomenologie nicht ausgeschaltet, sondern als unüberwindbarer Grund der Phänomenologie selber herausgestellt.

Als solcher Universalzusammenhang, d.h. aufgrund ihrer Generalität, kann die Thesis selber in keinem Begründungs- bzw. Motivationszusammenhang stehen. Sie bildet einen *absoluten* Anfang; sie ist das Faktum, dem nichts sui generis mehr vorausliegt. Dank ihrer Generalität ist sie der Grund allen Ichlebens, des weltlichen wie des absoluten (des transzendentalen). „Absolut Seiendes ist seiend in Form eines intentionalen Lebens"[4]; die „Urgegenstände"[5] dieses Bewußtseins aber sind die Sinnengegenstände, die als vorhanden gegebenen Dinge.

1. Die Begründung der Welt durchs Bewußtsein

Andererseits aber hat die Generalität dieser Thesis ein Sein nur als Proprium des Bewußtseinsflusses; sie besteht nur in und durch dessen Selbstbewußtsein, die Phänomenologie. Deswegen handelt es sich um die Generalität einer Thesis, d.h. eines einzigartigen „Leistens"[6], eines Ichzugehörigen. Demnach ist auch das Ich Grund der Thesis. Es kann an ihr aber lediglich ihre Unbegründbarkeit begründen wollen, da diese Unbegründbarkeit das thetische Wesen der Generalthesis, ihr für sich genommenes Wesensmerkmal, ausmacht. Das Verhältnis von Subjektivität und Generalthesis ist demnach so bestimmt, daß der Ursprung der Generalthesis zwar im Ich liegt – aber nur, sofern dieses seine Selbstauffassung nicht begründen kann. Die Generalthesis ist die „Nichtsichgenesis"[7] des Ich *innerhalb* seines Ichvoll-

---

[4] *Formale und transzendentale Logik*, § 103, S. 241.
[5] *Ideen* II, § 8, Husserliana IV, S. 17.
[6] Über Akt und Thesis vgl. oben S. 29f.
[7] Dieser Ausdruck wird hier entlehnt aus FICHTE, *Wissenschaftslehre 1804* (X 259f.).

zugs. In dieser Hinsicht, da es um das Verstehen der Weltvoraussetzung geht, diese somit gerade *nicht* vorausgesetzt werden kann, ist der Urgegenstand des Bewußtseins schließlich nicht das Ding, auch nicht der reale Ichleib, sondern das bloße Bewußtsein selber [8]. „Also zunächst als Ego bin ich absolut in mir und für mich seiend." [9]. Die Generalthesis ist also zunächst nur Nichtvollzug des Bewußtseins selber. Sie entspringt daraus, daß das Bewußtsein sich in seiner eigenen Erfassung immer nur nachgewahren kann und in sich sich selber immer schon vorfindet. Dieser Nichtvollzug ist sonach durchaus positiver Natur; er hat nicht nichts zu seinem Ergebnis, sondern bewerkstelligt die Selbstunterscheidung des Bewußtseins in schon seiendes, also vorgefundenes, und sein Sein erfassendes, d.h. tätiges und werdendes, also noch ausstehendes Bewußtsein. Das Setzen des Bewußtseins als eines Seienden, d.h. die Fixierung seiner „fließenden Diesheit" (104) in objektives und vom leistenden Bewußtsein selber unterschiedenes Etwas-Sein, kann sonach mit Fichte als ein „Setzen durch ein Nicht-Setzen (ein Beilegen zufolge eines Absprechens) oder ein Übertragen" [10] bezeichnet werden. Denn das Bewußtsein überträgt als Bewußtsein-von an sich selbst notwendig den Modus objektiven Seins, zunächst des einfachen Etwas-Seins: es erfaßt sich selber als *Seiendes* [11]. „Das *Zeit*bewußtsein ist also ein *objektivierendes* Bewußtsein. Ohne Identifizierung und Unterscheidung, ohne Jetzt-Setzung, Vergangenheits-Setzung, Zukunfts-Setzung etc. kein Dauern, kein Ruhen und Sich-verändern, kein aufeinanderfolgendes Sein etc. Das heißt: Ohne all das bleibt der absolute ‚Inhalt' blind, *bedeutet* nicht objektives Sein, nicht Dauern etc." [12]. Unmittelbar daran anschließend sagt Husserl: „Und hierher gehört auch der Unterschied zwischen Gegenwärtigung und Vergegenwärtigung verworrener Meinung. *Etwas* ist in der objektiven *Zeit*. *Etwas!* Das liegt an objektiver Auffassung etc." [13].

Denn diese zunächst noch rein immanente und in der Identität des Bewußtseins verharrende *Etwasthesis*, wie wir dieses sich selbst ge-

---

[8] Vgl. oben S. 69f.
[9] *Formale und transzendentale Logik*, § 103, S. 241.
[10] FICHTE, *Wissenschaftslehre 1794* (I, 162).
[11] Vgl. oben S. 7.
[12] „Die Zeitform des Bewußtseins", Husserliana X, S. 297.
[13] *AaO*.

genständlich Werden des Bewußtseins nennen wollen [14], wird zur Generalthesis eines raumzeitlichen Ansichseins, zur Weltthesis. Dies deswegen, weil die Positivität des Bezugs von Bewußtsein und Objektivität *in* der Nichtsichgenesis des Ich, d.h. im sich selber gegenständlichen Bewußtsein, sich notwendig verunsichtbart. Notwendig, weil sowohl um der Allgemeinheit dieses Nicht wie auch um seiner Ursprünglichkeit willen. Das Ich fällt schließlich für sich selbst seinem ganzen Umfange nach unter die Etwasthesis. Das wiederum bedeutet, daß das Negative der Generalthesis weder als Negatives noch auch als Positivum, im *Gegensatz* zu einer möglichen Negation, sondern als Indifferenz beider, d.h. als Faktizität erscheint.

Als Verhältnis überhaupt ist der Bezug des Ich zur Generalthesis ein positives Sichbeziehen; seiner spezifischen Differenz nach dagegen, welche im bestimmten Eigenwesen der Generalthesis gründet, ein negatives Verhältnis: Das Ich geht in ihr nicht auf. Das Daß überhaupt des Verhältnisses, die reine Etwasthesis, liegt im Daß der transzendentalen Subjektivität begründet. Doch hat diese in ihrem Seinsvollzug gewissermaßen nur sich selbst im Auge. Sie hat es nicht auf Welt abgesehen, sondern allein auf sich [15]. Zu ihrem Selbstsein ist ihr die Welt zwar wesentlich und notwendig, doch lediglich als Bedingung ihrer Transzendentalität, nicht als deren Ziel. Welt stellt nicht die „Gegenwärtigkeit" (das Wesen) oder „Zukünftigkeit" (das Gewollte) der Subjektivität dar, sondern ihr vergangenes *Sein*, ihr Sichselbstvorausliegen. Welt ist das „Sein" (τὸ „τὶ ἦν" εἶναι) des Bewußtseins im Sinne dessen, was es „war", „bevor" es Bewußtsein war. Sie ist das Sein des Bewußtseins, sofern es Nichtbewußtsein impliziert. Daher ist die Setzung einer Welt, der Vollzug einer Thesis, zwar einerseits in der Subjektivität begründet und deren Leistung. Doch handelt es sich hier um eine Begründung, welche dem Ich um seiner Selbstheit willen abgenötigt ist. So gehört Welt *ins* Ich zunächst als der Etwas-Horizont seines Selbstvollzugs und Bewußtseinslebens. Dieser Horizont ist aber ein vom Ich Abständiges und Unthematisches, weil er zwar nur ist im „Umwillen" des Ich, aber nicht als ein spezifisch ichliches Moment, sondern nur als Fundament oder endloser Kontrasthintergrund solcher Momente. In diesem Sinne ist der Welthorizont dann ein Anderes als das Ich, nämlich Realwelt realer

---

[14] Zum Begriff der „Etwasthesis" vgl. den damit sinngemäß übereinkommenden der „Ontifikation" bei K. HELD, *Lebendige Gegenwart*, S. 89f.
[15] Vgl. G. FUNKE, *Zur transzendentalen Phänomenologie*, S. 79.

Dinge. Sofern er dagegen im Ich selber entspringt, ist über dieses Entspringen zu sagen, was Husserl einmal über die Transzendenz Gottes sagt: „Auch hier wird wohl . . . Bewußtseinsleistung nicht besagen, daß ich diese . . . Transzendenz erfinde oder mache." [16].

2. Die Unbegründbarkeit der Realwelt im transzendentalen Bewußtsein

Schreibt die Wirklichkeit von „Welt überhaupt" sich aus der Wirklichkeit des transzendentalen Ich her und liegt sie in dessen Selbstvollzug begründet, so ist dieser Etwashorizont doch nicht Gegenstand des Selbstvollzugs. Vielmehr bildet er den Gegenhalt, die Unterlage oder Voraussetzung der sich vergegenständlichenden Subjektivität. Die Basis der Reflexion fällt somit außerhalb des Reflektierens. Unter dem Aspekt dieses Außerhalbseins wird der Etwashorizont aber bloß negativ bestimmt, nämlich als das, was weder reflektiert noch reflektierend ist. Sein Wesen, wie es in sich selber und unabhängig von dieser Ichrelation sich darstellt, bleibt dagegen innerhalb dieser Rahmenvorzeichnung für eine Näherbestimmung offen. Der nächste Charakter und das grundlegende Merkmal des Welthorizonts ist sonach diese „negative" Grundform. Die Abstraktion dieses Horizonts vom transzendentalen Ich ist es, welche den Etwashorizont der Ichreflexion zur Realwelt wandelt bzw. die Grundreflexion (genauer: den Grundreflex), worin die Subjektivität sich entsteht, zur Generalthesis umwertet. Diese Weiterentwicklung von der Welt überhaupt als dem Eidos „Welt" zur Realwelt läßt sich allerdings nicht als etwas anschaulich Gegebenes darstellen oder beschreiben, da von ihr nur dank der genannten Abstraktion vom konkreten Ichleben gesprochen werden kann. Es ist hier „ganz so, wie wir auf die Frage, was zu *Farbe* hinzutreten müsse, damit die Spezies *Rot* resultiere, nur wieder antworten können *Rot*" [17].

Wurde vorher [18] die Thesis ins Ichleben aufgehoben, so findet hier die entgegengesetzte Betrachtung statt, und der Erlebnisstrom wird unter den Weltbegriff subsumiert als unter seinen Grund. In dieser Synthesis erscheint die Thesis, weil sie für sich genommen wird, als das Grundlose. Ihre Negativität hat den Charakter der genannten Indifferenz des Seins und Nichtseins der Welt. „Indifferenz" meint

---

[16] *Formale und transzendentale Logik*, § 99, S. 222.
[17] *Logische Untersuchungen* II/1, 3. Untersuchung, § 10, S. 250.
[18] Vgl. oben S. 113ff.

dabei nicht eine Kontingenz der Welt in dem Sinn, daß sie zwar bestünde, aber *auch* nichtsein könnte, weil sie den Grund ihres Seins nicht in sich trüge. Vielmehr geht es dabei um ihr gleichgültiges und faktisches Ansichsein, welches alle Fragen nach einem Grund des Seins von Welt als widersinnig abweist, da die Gegen-teile „Sein" und „Nichtsein" diesseits von ihr liegen.

Daß die Realwelt nicht in einem Begründungszusammenhang steht und auf nichts anderes zurückgeleitet werden kann, macht ihre *Einzigkeit* aus, aber auch ihre Unbegreiflichkeit. Letztere besteht also nicht darin, daß der Weltgrund alles (endliche) Begreifen überstiege, sondern darin, daß es keinen Weltgrund gibt, also auch nichts zu Begreifendes. Ein Grundverhältnis im Sinne des Entspringens von etwas aus etwas setzt eine Vielheit von Etwassen („Quanta") voraus, ist also immer weltlicher Natur [19]. Deswegen ist die Welt „seiend in einer Einzigkeit, für die der Plural sinnlos ist. Jeder Plural und aus ihm herausgehobene Singular setzt den Welthorizont voraus." [20]. Denn erst Innerweltliches ist seiend *oder* nichtseiend (unter der gleichen Rücksicht), seiend *und* nichtseiend (in verschiedener Hinsicht) [21]. In der Indifferenz des Realwelthorizonts ist sonach die Differenz von raumzeitlich Seiendem bzw. Nichtseiendem mitgesetzt. Der „Plural" der Dinge bildet den Vordergrund, welcher die Indifferenz des Welthorizonts erst ans Licht bringt.

Was in dieser objektiven Welt-Ding-Vermittlung (in welcher sonach vom πρῶτον κινοῦν dieser Weltbewegung abstrahiert ist) zustande kommt, ist die Unhintergehbarkeit des Welthorizonts bzw. die in ihr beschlossene Aufhebbarkeit oder „Durchstreichbarkeit" des im Horizont gegebenen Dinges. Das transzendentale Bewußtsein ist durch dieses Vermitteltsein nicht direkt betroffen, da sich in ihr sein Außerhalb, nicht es selber, konstituiert. Daher stellt die Seinsindifferenz von Welt eine Faktizität dar, über welche keine Subjektivität Macht und Verfügungsgewalt haben kann. Denn ist Welt nicht in einem Akte gesetzt, sondern „vermöge" und zufolge einer Thesis, dann kann das Ich auch nicht Weltschöpfer sein.

Zum entgegengesetzten Aspekt des Ich-Welt-Verhältnisses – daß

---

[19] Vgl. oben S. 36.
[20] *Krisis*, § 37, Husserliana VI, S. 146.
[21] Dabei spiegelt die Indifferenz des Welthorizonts sich am Welthaften insofern wider, als das Existenzurteil über Weltliches niemals ein apodiktisches Sein aussagen kann. Vgl. oben S. 73f.

nämlich Welt *im* Selbstvollzug des Ich entsteht – wäre vom gegenwärtigen Standpunkt aus zu sagen, daß das Ich, indem es sich Welt voraussetzt, vermutlich nur die Hinnahme einer von ihm nicht gesetzten Welt vollzöge. Im Bewußtsein wäre nicht mehr begründet als die *Möglichkeit* solcher Welthinnahme. Diese im Ich durch seine Selbstsetzung erzeugte Offenheit auf Welt überhaupt erforderte für die Wirklichkeit der Welt außerdem als ein zweites Prinzip, als Prinzip ihres Wirklichseins, noch entweder ihre Selbstverwirklichung oder ihre Verwirklichung durch ein Drittes. Die Faktizität der Welt, ihre Ichunabhängigkeit, übertrüge sich so zunächst auf das Weltliche als sein Ansichsein, dem gegenüber das Bewußtsein sich leidend und rezeptiv verhalten muß. Denn in der Reflexion entspringt zwar eine Negativität des (reflektierten) Ich gegen sich selber (als reflektierendes), doch führt (nach der Ansicht dieses Standpunktes) diese Differenz in der Subjektivität nur zur *Möglichkeit* einer Einwirkung von Objektivem aufs Ich[22]. Daß eine solche Transzendenz gegeben sei, daß also das mit dem diastolischen Sichentzweien des Ich identische systolische Sichzusammenschließen von Bewußthaben und Bewußtem zum Bewußtsein verhindert sei, und der Spalt zwischen den Differenten unüberbrückbar bleibe, wäre dann wesensmäßig durch ein anderes Prinzip als das Bewußtsein bedingt. Der mit dem Ich gegebene Ort, an dem Welt sein könnte, kann vom Ich nicht ausgefüllt werden. Es bedürfte dazu nichtichlicher Tätigkeit, sei diese die Schöpfertätigkeit eines Gottes oder die Selbsterzeugung der Welt (in welcher diese sich so als Φύσις ihrer selbst erweisen würde).

Was aber die angenommene göttliche Tätigkeit anbelangt, so ist zu sagen, daß (wenigstens zunächst) ein solches tertium non datur. Denn in ihm wäre neben der Welt noch eine zweite irreduzible Transzendenz gegeben, welche die Transzendenz der Welt erklären sollte. Die zu erklärende Transzendenz wäre schon im Erklärungsgrund angesetzt, somit wäre dergestalt überhaupt keine Erklärung geleistet[23].

---

[22] Man könnte dagegen einwenden wollen: Als Objektives und Nichtichliches kommt dabei nur das Ich selber zustande, welches aber gerade die Aufhebung und Verflüssigung dieses Unterschiedes darstellt, so daß der Unterschied für sich keinerlei festes Sein hat, sondern nur ist als aufgehobener. Die innere Sichunterscheidung des Bewußtseins hätte dann nur den Sinn eines Spiels, das es mit sich selber treibt. Doch ist dagegen zu sagen, daß der Unterschied in seinem Aufgehobensein Bestand und Sein hat. Dies so sehr, daß sein Aufgehobensein ihn ebenso aufhebt wie es ihn auch erzeugt.

[23] Deswegen wird auch in der Phänomenologie „die Transzendenz Gottes ausgeschaltet" (*Ideen* I, § 58, S. 110, Titel des Paragraphen). Das entscheidende Motiv

Die angenommene Selbstverwirklichung der Welt dagegen würde bedeuten, daß Welt ein Selbst im eigentlichen Sinn besäße. Sie wäre somit selber Bewußtsein, also gerade nicht Welt [24].

Das an der Realwelt über ihre Ichbegründung Hinausreichende verweist also in jedem Falle auf Subjektivität, aber nicht auf eine mythische Welt- oder eine konstruierte göttliche Subjektivität, sondern auf das Dasein anderer Iche [25]. „Also das an sich erste Fremde ... ist das andere Ich" [26]. Es aber setzt sich selbst die gleiche Welt voraus wie das eigene Ich, im Maße es eben ein eigenes Ich ist. Damit ist die Frage nach dem Wirklichkeitsgrund, dem zureichenden Grund des Seins von Welt lediglich an die anderen Iche weitergegeben und vom Ich weggeschoben. Ihrer Antwort aber ist sie damit um nichts näher gebracht.

3. Welt als der nichtige Anfang des Bewußtseins

Die Suche nach einem Grund für die Wirklichkeit der Realwelt hat sich als ergebnislos erwiesen. Ein solcher Grund kann nicht außerhalb des Ich liegen [27]. Was aber zur Suche nach ihm überhaupt veranlaßte, war, daß er im Ich nicht liegen konnte, da Realwelt und Thesisvollzug über alles ichliche Vermögen insofern hinausreichen, als sie faktisch vorgefunden sind. Doch ist nun zu sagen, daß die

---

für diese Ausschaltung ist, wie angegeben, dies, daß ein göttliches Sein „nicht bloß der Welt, sondern offenbar auch dem ‚absoluten' Bewußtsein transzendent wäre" (*aaO.*, S. 111). Der zunächst gegen die gegebene Darstellung mögliche Einwand, daß es bei Gott doch um „ein Transzendentes in total anderem Sinne ... gegenüber dem Transzendenten im Sinne der Welt" (*aaO.*) ginge, verliert sonach seine Kraft. Was in Frage steht, ist nämlich Transzendenz überhaupt, nicht ihre bestimmte „Füllung".

[24] Vgl. oben S. 88.
[25] Die Behandlung dieser Welt der Iche, deren Gemeinschaft ihre eigenen, höchst schwierigen Probleme aufweist, unterbleibt hier nicht nur deswegen, weil Husserl in der „Fundamentalbetrachtung" der *Ideen* I eine solche ebenfalls unterlassen hat. Entscheidend ist vielmehr, daß die hier anstehende Grundfrage analog für die solipsistische Subjektivität und ihre solipsistische Welt wie für die Intersubjektivität und die „uns" gemeinsame Welt sich stellt: „Prinzipiell ändert sich darin nichts Wesentliches, wenn wir statt eines einzelnen Ich eine Ichmehrheit berücksichtigen". (*Ideen* I, § 45, S. 84). Im übrigen ist zu bedenken, daß die ἐποχή „auch alle anderen Ich" betrifft, „so daß wir rechtmäßig nicht eigentlich im kommunikativen Plural sprechen dürfen" (*Pariser Vorträge*, Husserliana I, S. 7) – damit aber auch nicht im Singular (vgl. *Krisis*, § 54b, Husserliana VI, S. 188).
[26] *Cartesianische Meditationen*, § 49, Husserliana I, S. 137.
[27] Deswegen ist auch das Selbstverständnis der transzendentalen Subjektivität „at the same time discovery of reason in itself and discovery of the rationality of experience and thus of the world as it is given to us" (J. LADRIÈRE, „Hegel, Husserl, and Reason Today", in: *The Modern Schoolman*, 1960 (37), S. 183.

Ergebnislosigkeit der Suche nach einem welterklärenden Grund nicht die Ergebnislosigkeit müßigen Spiels ist. Im Gegenteil, die Unhintergehbarkeit der Faktizität („opacité") hat sich radikal erhärtet und alle „widersinnige Deutung derselben ... beseitigt" (107). Der Widersinn bestand aber darin, die Faktizität als – durch das Ich, durch Gott oder sich selbst – *begründete* anzusetzen und die innerweltliche Grund-Folge-Kategorie auf Welt als solche anzuwenden. Welt ist weder in sich noch in einem Anderen begründet. Die Sinnlosigkeit eines Begründetseins, das negative Verhältnis zu einem Grund, macht den Raum frei für den positiven Sinn der Faktizität, ein für sich selbst Unableitbares und Unmittelbares, ein einfaches „Da" zu sein.

Das Auszeichnende der Realwelt gegenüber allen sonstigen möglichen Welten liegt dann darin, daß in ihr Faktizität und Horizontalität zusammenfallen. Die Faktizität ist das Abweisen der Frage des Bewußtseins nach einem Grund. Diese Faktizität ist dergestalt umfassend, d.h. die Vorgegebenheit der Welt für das Ich so sehr unbedingt, daß auch das Sichfinden des Ich sie zum Horizont hat. Das Bewußtsein erfaßt sich selber als primum mundanum und findet so an der Welt den Anfang für die Verwirklichung seiner Selbstheit. Als Selbstzusammennahme ist das Bewußtsein allerdings weltabstoßend: Welt bedeutet ja einen unschließbaren Hiatus in seinem Synthetisieren. Anfang des Bewußtseinsschlusses ist Welt daher nur insofern, als sie das Nichts, das „noch nicht" des Bewußtseins darstellt, d.h. den dunklen Hintergrund einer Selbsterhellung.

Nach dieser Seite des Primats der Welt über das Ich ist das Bewußtsein durch die Notwendigkeit, sich zu verweltlichen, „zu einem Anderen geworden" (104), und zwar zu einem Anderen als es selbst. Denn „in sich selbst ist es, was es ist, von absolutem Wesen. Aber es ist nicht in diesem Wesen, in dieser fließenden Diesheit erfaßt" (104). Die Nichterfassung nun ist dadurch erzwungen und bildet dadurch den Anfang der Selbsterfassung, daß sie dieser widerspricht und sie als Notwendigkeit, als gesollte Aufgabe hervortreibt. Das Bewußtsein „braucht" Welt als den Widerstand, der es zur Reflexion auf sein Eigenwesen auffordert. Und zunächst: Es braucht, um zu sich zu gelangen, eine „gewisse Teilnahme an der ... Transzendenz der materiellen Natur" (103) in Form der Leiblichkeit [28].

---

[28] Dabei ist allerdings zu beachten, daß diese Teilnahme das, woran sie partizipiert, nicht schon voraussetzen kann. Denn erst durch die Leiblichkeit des Ich ist eine materielle Natur für es möglich. Das Ich versetzt sich nicht in sie als in ein

Dies ist nach dem Gesagten nicht so zu verstehen, als bedürfte das Ich zur Bewußtwerdung seiner selbst der Begegnung mit einer gleich ihm absoluten Welt. Denn das Ich ist *für sich* an sich; die Welt dagegen hat ein Ansich nur für es. Sie ist seine Welt, wie auch sein Leib *ihm* zugehört. Gerade das Ansichsein der um den Leib konzentrierten Realwelt muß daher als Leistung verstanden werden, durch welche die „Realisierung des Bewußtseins" (103) zustande kommt. Husserl nennt diese Leistung „eine eigene Art der ‚Apperzeption' " (103). Ihre Eigentümlichkeit besteht, wie angedeutet [29], darin, daß das Bewußtsein sie nicht vor bzw. hinter sich bringen kann. Denn es ist erst sehend dadurch, daß es sie schon vollzogen *hat*. Deshalb kann es diese Leistung selber sich nicht wieder zu Gesicht bringen und sie deskriptiv verständlich machen. Sie liegt aller Phänomenalität und damit auch der Phänomenologie (bzw. ihrem Prinzip des originären Ausweisens durch Sehen) zugrunde.

Als Horizont, und zwar ursprünglich als Horizont der transzendenten Selbstwahrnehmung, ist Welt in einer Bewußtseinsthesis gesetzt. Sie ist Leistung in Form der Übernahme einer ursprünglichen Vorschrift des Bewußtseins für sich selber. Das Unverständliche und phänomenologisch nicht Faßbare ist nicht das Sein der Welt – es wurde ja erkannt als aufs Bewußtsein *bezogen* –, sondern die *Grundhandlung* des Ich, die weltsetzende Auffassung seiner selbst als eines „Bestandstückes der Natur" (104).

Als ichgründende Tätigkeit liegt sie einerseits dem Ich voraus: die eben behandelte Seite. Doch als Tätigkeit hat sie das Ich auch zu ihrer Grundlage und Voraussetzung. Es ist dies das schon besprochene Zumal des unabhängigen Entspringens von Reflexion oder Bewußtsein und Welt. Ein Entspringen, das, synthetisch gefaßt, nur ein Sprung *im* unmittelbaren Leben, im ursprünglich diffusen Heraklitischen Fluß des Bewußtseins sein kann [30]. Die Leistung der Selbstrealisierung ist qua Leistung dann als „Rezeptivität" in dem Sinn zu verstehen, daß sie selber die Differenz von Aktivität und Passivität erst instauriert. Diese Rezeptivität ist die Nullstufe, die unterste und

---

schon Vorgegebenes hinein, sondern durch seine Setzung kommt das Vorgegebene als solches erst zustande. Das Vorgängige ist dabei allerdings auch nicht einfach die Leiblichkeit, sondern die Setzung des Ich; genauer: sein durchs kinästhetische Bewußtsein bedingtes transzendentes Wahrnehmen.

[29] Vgl. oben S. 112.
[30] Vgl. E. FINK, , Husserls Spätphilosophie in der Freiburger Zeit", in: *Edmund Husserl 1859-1959*, S. 113.

fundamentalste Stufe der Produktivität; sie ist der Ermöglichungsraum aller sonstigen Ichtätigkeit oder Reflexion.

Dem Erfassen von Welt als exhortatio, als Soll der Reflexion, ist somit ebenbürtig die Thesis der Welt als Setzung um des Soll willen und auf es hin [31]. Die Erfassung des Soll der Reflexion ist schließlich Ersehen des Sollens *als* Sollen, also ausdrücklicher und thematischer Vollzug der Reduktion. Die Möglichkeit solchen Sehens des Soll setzt aber voraus, daß im Bewußtseinsleben ein *Trieb* auf seine, des Sehens, *Erhellung* hinstrebe, der seinerseits unter dem zunächst noch blinden, weil einfach gegebenen bzw. gefundenen Gebot der Möglichmachung der Reduktion steht. Ursprünglich gilt: „Frei ist das Ich als schonbestimmtes und sein-sollendes in eins." [32]. Die zufolge dieses absoluten Getriebenseins oder der sich verwirklichenden Freiheit gesetzte Welt kann füglich bezeichnet werden als erwachsen aus einem „Sollen des Soll" [33]. Da Welt dergestalt nur ist *im* Vollzug der Bewußtwerdung des Bewußtseins, und zwar als Korrelat des absoluten Triebleben-Solls, bleibt sie in die Selbstdeutung des Bewußtseins (als eines transzendentalen) einbehalten als der unfreie, d.h. faktische Anfang (im Sinne des nicht mehr aufzuhebenden Angefangen*habens*) seines freien Verstehensentwurfes. „Die Selbsterfahrung hat also als ‚Streben' nach Vereinheitlichung eine elementare teleologische Struktur", doch steht dieses Streben selber „nicht im Belieben des Ich" [34]. Diese grundsätzliche Selbigkeit des Geworfenen mit dem Entwurf bzw. des Getriebenseins mit der „Sache unserer vollkommenen Freiheit" (55), der Reduktion, ist es, welche die „eigenartige Auffassung" (104) des Bewußtseins als eines realen als seine grundsätzlichste „Interpretation" erweist [35]. Von ihr leitet sich dann der Interpretationscharakter aller sonstigen Wahrnehmung, ihre „Subjektivität", her.

---

[31] Dieses Soll der Etwasthesis ist identisch mit dem, was K. HELD den „Zwang der Ontifikation" genannt hat (*Lebendige Gegenwart*, S. 159).

[32] G. BRAND, *Welt, Ich und Zeit*, S. 29.

[33] Dieser Ausdruck wird hier übernommen aus FICHTE, *Wissenschaftslehre 1810* (II, 700), wo er allerdings in einem abweichenden Zusammenhang gebraucht wird.

[34] K. HELD, *Lebendige Gegenwart*, S. 132.

[35] Über Welt als Interpretation vgl. oben S. 81ff. – Der Ausdruck „Auffassung" ist gegenüber dem von Husserl ebenfalls gebrauchten Terminus „Apperzeption" insofern vorzuziehen, als er minder an ein schon fertig Vorhandenes und Gegebenes mahnt, dem dann noch ein Weiteres mehr oder weniger willkürlich hinzuerfunden (ad-perzipiert) und angeklebt würde. Wie gezeigt, sind nämlich sowohl Perzeption wie Apperzeption nur Momente des einen Erscheinungszusammenhanges. Vgl. R. BOEHM, *Vom Gesichtspunkt der Phänomenologie*, S. XIX.

Das ursprünglich im Bewußtsein Gegebene, sein erster Inhalt, ist also ein Soll, nämlich das Soll seiner Bewußtwerdung. Dieses bildet daher das letzte Telos des Bewußtseinslebens und die bewegende „Unruhe" in ihm. Aufgrund seiner Unbedingtheit durch Anderes kann dieses Soll daher ein „kategorischer Imperativ" genannt werden, welcher zugleich das ursprüngliche Faktum (das erste „Sein" an sich) darstellt. Im Verhältnis zu ihm erweist sich die Faktizität der Welt als sekundär und bedingt. Das im Bewußtsein selber liegende Urfaktum, die Quelle aller Faktizität, ist somit als sittliches Faktum zu bestimmen, als ein – um Kants Ausdruck zu verwenden – „Vernunftfaktum". Da es ein Soll des Philosophierens darstellt – wie gesagt, ist dieses Soll qua post hoc gefundenes Faktum ein Trieb –, erhellt einerseits die historische Unvermeidlichkeit und Unendlichkeit der Phänomenologie, zum andern aber auch ihre ursprünglich ethische Bedeutung. Da die Subjektivität aber prinzipiell Leisten ist, kann der Grund für dieses Soll des Bewußtseins nicht ein Zwang, sondern lediglich ein „ordnendes Prinzip des Absoluten" (96) sein, welches der „Grund für die teleologische Rationalität des Urfaktums (und infolgedessen aller weiteren Fakten)" ist [36].

B. *Der Begriff der Konstitution*

Das Daß des Verhältnisses von Bewußtsein und Welt (als der phänomenologischen Grundgegebenheit) hat sich als im Bewußtsein und seinem Sollen des Soll begründet erwiesen. „*Durch* die Konstitution wird etwas geleistet, was objektivierende Sinngebung ist – *in* der Konstitution enthüllt sich das transzendentale ego als *vor*-objektiv. Das strömende Bewußtseinsleben *leistet, was sein Begriff* ausmacht, es ist Bewußtsein von ... Damit ist das einzig *Aktuelle* der noetisch-noematisch polarisierte *Bewußtseinsstrom*, der als leistender *das* ist, was er *sein soll*. Das Seinsollende weist sich als das Realmögliche und damit als das Wirkliche aus." [37]. Die Unverständlichkeit einer Weltschöpfung, einer Urzeugung der Wirklichkeit aus dem Ich, hat also den Sinn, Undurchschaubarkeit einer Bewußtseinsleistung, nämlich der Generalthesis zu sein. Diese Blindheit des Bewußtseins ist notwendig um seines Ersehenkönnens willen. Sie selber wieder in Sehen verwandeln wollen hieße, das offenbare Ansichsein der Welt leugnen

---

[36] K. HELD, *Lebendige Gegenwart*, S. 178.
[37] G. FUNKE, *Zur transzendentalen Phänomenologie*, S. 82.

und sie als Phantasiewelt ausgeben, bzw. das Bewußtsein des Fundaments seiner Bewußtheit berauben und es auf weltlose Eingeschlossenheit ins unverbindlich-leere Spiel fiktiver Bildungen einschränken, so daß „der Ernst, der Schmerz, die Geduld und Arbeit des Negativen darin fehlt"[38].

Die Notwendigkeit dieses Faktums oder der alles Verstehen ermöglichenden Grenze von Verstehen (welche also im Versuch, sie zu verstehen, unversehens wieder vorausgesetzt würde) war es, was uns zunächst Umschau nach einem Weltgrund außerhalb der Korrelation von Ich und Welt, d.h. außerhalb des Bewußtseins, halten ließ. Die Unsinnigkeit solchen Unterfangens rührte daher, daß damit das Begründen sich der Ermöglichung von Begründung, nämlich der Endlichkeit des Bewußtseins, berauben wollte. Das daraus folgende Fallen der Generalthesis außerhalb der Deskription und Phänomenologie entscheidet aber nicht gegen diese, sondern zunächst allein gegen den Seinsgehalt der Thesis, d.h. gegen ihre Objektivierbarkeit.

Wie schon angedeutet, ist Setzung der Welt kein Ziel und Motiv des sich erstrebenden und erfassenden Bewußtseinslebens, sondern lediglich dessen mitvollzogenes οὐκ ἄνευ (man beachte die Doppeltheit dieser Negation[39]) und sein unsichtbarer, weil unbeleuchtbarer Hintergrund. Demgemäß stellt die Weltsetzung auch nicht eine Weltbegründung dar, so daß in ihr von einem prius, dem Grund, zu einem posterius, der Folge, kontinuierlich übergegangen würde. Zwischen Welt und Bewußtsein wird vielmehr ein Hiatus gesetzt, welcher das je verschiedene Ansichsein beider bezeichnen soll. Grundlos ist aber andererseits nicht das einfache Sein des Verhältnisses von Ich und Welt, sondern vielmehr das Gedoppelte, daß das *Ich* zur Welt *sich* verhält, und zwar gerade um seiner Sichheit willen. Das Abgründige ist die thetische Leistung, das zugleich ichbegründende wie auch ichbegründete Setzen.

1. Das Bewußtsein als ursprüngliche Nachträglichkeit

Das zugleich ichbegründende wie auch ichbegründete Setzen: dies ist die prägnante Formel des Widerspruches, der im Begriff der Generalthesis gedacht werden muß. Die Thesis (oder die Natürlichkeit) liegt dem Bewußtsein (oder der Phänomenologie) voraus als Bedingung, ist aber zugleich durch es und nur durch es bedingt. Das Tätige,

---

[38] HEGEL, *Phänomenologie des Geistes*, S. 20.
[39] Vgl. oben S. 35.

das sich Verhaltende ist dabei das Bewußtsein. Zusammenfassend ist also zu sagen: Dadurch, daß das Bewußtsein die Thesis bedingt, bedingt es sie zugleich auch nicht, sondern hängt von ihr ab. Es handelt sich sonach um Abhängen schlechthin. Ihm geht nicht ein Wovon der Abhängigkeit voraus, sondern dieses entsteht erst *im* unbedingten Abhängen oder Bedingtsein. Als *unbedingte* Setzung ist die Thesis ein faktisches und nicht ein *gesetztes* Daß. Da durch sie aber ein Setzendes, das Bewußtsein, erst entsteht, bestimmt sich dieses Faktum synthetisch als das Sein des Bewußtseins-Solls, d.h. als *ursprüngliches Sekundärsein des Bewußtseins*, dem also ein Primäres nicht vorhergeht.

Der Begriff der ursprünglichen Nachträglichkeit des Bewußtseins ist das positive Ergebnis der Husserlschen Abweisung der Idee eines „Subjekts absolut vollkommener Erkenntnis" (78). „Unser" Bewußtsein ist sonach das absolute *Bewußtsein* selber (wenn auch nicht das *Absolute* schlechthin und ohne allen einschränkenden Beisatz). Die in der Selbstsetzung gesetzte Etwasthesis erst setzt ein Primäres und das Bewußtsein als das von ihm Abhängige. Der Vollzug der Etwasthesis stellt sonach das unbedingte Sichvollziehen oder Sichmachen des Bewußtseins dar, sofern es dabei sich macht als sich nicht machend. Das besagt aber: Das Bewußtsein macht sich als seinem Machen schon vorausliegend und somit sich nur nachmachend [40]. Durch die Selbstsetzung als die Sache selbst wird sich das Bewußtsein „zu einem Anderen" (104), das sich in seinem ursprünglichen und „absoluten Wesen" „nicht ... erfaßt" (104). Dieses Andere ist aber zunächst nicht ein Totes und Dinghaftes, sondern die einzig mögliche Weise, wie Bewußtsein zu sein vermag: nämlich als sein Ansichsein außer sich setzend (somit: zunächst das alter ego als sein Ansich setzend). Diese Seinsweise ist das aktuelle Dasein des Bewußtseins; und Bewußtsein *ist* nur als Dasein (oder Erscheinung), da es das Sein (an sich) selber nicht sein kann. Weil aber das Sein im primären Sinn, das Ansichsein (schließlich also: das Ansichsein des Realen) im Dasein, in der „sekundären" Seinsweise, fundiert ist, erhält einerseits die gewöhnliche Seinsrede ihren Sinn, wie auch umgekehrt gilt: es „kehrt sich der gemeine Sinn der Seinsrede um" (93).

Die Einsicht, daß das für uns erste Sein, das Sein der Realwelt, im

---

[40] Die Termini Sichmachen und Sichnachmachen werden hier übernommen aus K. GIEL, *Fichte und Fröbel*. – Zur Sache vgl. auch K. HELD, *Lebendige Gegenwart*, S. 119.

thetischen Sichnachmachen des Bewußtseins begründet liegt, ist der eigentliche Vollzugssinn der kopernikanischen Umkehr der Phänomenologie. Sie wird ermöglicht durch den Umstand, daß „das Sein, das für uns das Erste ist, ... an sich das Zweite" ist (93); also durch den Auseinanderfall von καθ' αὐτό und πρὸς ἡμᾶς. Es ist diese Dualität, welche dem Bewußtsein eine gedoppelte „Urgegenständlichkeit" sich geben heißt, nämlich sowohl sich selbst als auch die Sinnendinge. Dieser Auseinanderfall gründet darin, daß die wesentliche Tätigkeit des Bewußtseins Sichnachmachen oder Selbstimitation ist, wobei allerdings das nachgemachte Ansich erst aus dem Imitieren selber entspringt [41]. Die Thesis ist sonach ursprüngliche Selbstauffassung des Bewußtseins; und sie erfaßt das Selbst als Nichtursprüngliches, also in der Differenz von Ansich und Füruns. Das dabei als Ursprüngliches, als der eigentliche (jenseits des Anfangens des Bewußtseins liegende) Anfang Interpretierte ist aber die oberste *gegebene* Einheit, die „reale Einheit der ganzen Welt" (70). Das Insein des Ich in ihr stellt somit nichts anderes dar als den Umstand, daß die Welt das aus dem Ich hinausgeäußerte Ansichsein, die Ursprünglichkeit seiner selbst (die es *nicht* ist) ist, nach deren Maßgabe, d.h. real seiend, es sich vorfindet.

In dem Sachverhalt, daß das Ich die Welt zugleich zu seinem „Genus", genauer: zum Urbild von Sein hat, nach dem es sich zu bemessen hat – in dem Sachverhalt also, daß die Welt zwar Worin des Ich ist, zugleich aber auch sein Gegenüber, äußert sich schon die Relativität der Weltabsolutheit. Welt ist schließlich absolut gegeben nicht für sich selbst, sondern nur für das Bewußtsein. Das „absolute Sein des Immanenten" (80), des Bewußtseins, ist daher nicht deswegen absolut, weil es etwa nur in sich selbst kreisen würde und durch keine Andersheit getrübt bzw. mit ihr vermischt wäre. Vielmehr liegt die Absolutheit des bewußten Seins in der Unbedingtheit seines Sichnachmachens. Ihr gemäß trägt es seine Bedingung und seinen Referenzpunkt – den vorgängig zur etwa absoluten oder relativen Seinsweise des Bewußtseins zu erhellenden „Sinn von Sein" [42] – in sich selber, eben *als* das aus ihm Entäußerte. Das Verhältnis des

---

[41] Das Imitieren eines Ansich ist sein Erscheinen. Erst im Erscheinen überhaupt entsteht ein Ansich überhaupt, weshalb wir auch die Ursprünglichkeit des *Erscheinens* behauptet haben, innerhalb dessen die Dualität von Ansich und Erscheinung beheimatet ist. Vgl. oben S.81f.

[42] Vgl. R. BOEHM, *Vom Gesichtspunkt der Phänomenologie*, S. XIIf.; C. NINK, *Sein und Erkennen*, S. 150. – Diese Vorgängigkeit ist die des Etwas überhaupt.

Bewußtseins zum Sein stellt insofern ein Sich-Verhalten dar, als das Bewußtsein selber sich das Maß vorgeben muß, an dem sein Sein gemessen zu werden hat. Dieses Maß ist aber das Sein als absolutes, als Ansich und bewußtseinsunabhängig: lauter Prädikate, die das Bewußtsein am Weltsein vorfindet, aber in der Reflexion auf es sich selber zumessen muß [43].

Doch wird dadurch der Sachverhalt nicht aufgehoben, daß das Bewußtsein, das Primäre, selber ein Zweites ist. Nicht allerdings in dem relativen Sinn wie die Welt, daß es sich, gemessen an einem Anderen als es selbst, um ein diesem Ersten nachfolgendes Zweites handeln würde. Dadurch würde ja die abgewiesene Kontinuität zwischen Welt und Bewußtsein vorausgesetzt und das Beheimatetsein beider in einer gemeinsamen Region behauptet. Vielmehr ist das Bewußtsein ein in *absolutem* Sinne Zweites und Nachträgliches; es ist, rein an sich selbst gemessen, ein Posterius, dem gegenüber kein Prius gleicher Ordnung besteht [44]. An sich selbst bemessen und auf sich selbst bezogen: dies meint dabei nicht das außer dem Bewußtsein gesetzte Ansich, sondern umgekehrt die dem Bewußtsein als Bedingung seiner selbst innewohnende Notwendigkeit, das Ansich ins Äußere zu setzen, es meint die „nécessité d'objectiver" [45].

Die Grenze der Phänomenologie [46] ist sonach nicht eine solche,

---

[43] Es mag verwundern, die der Welt zugeschriebene Bewußtseinsunabhängigkei eine ursprüngliche Eigenschaft des Bewußtseins genannt zu sehen. Doch ist die Unabhängigkeit des Bewußtseins von sich selber so zu verstehen, daß das Bewußtsein sich nicht actu und eigentlich in Gang zu versetzen und dieser Selbstkonstruktion oder Sichgenesis zuzusehen vermöchte. Bewußtsein ist für sich selbst vielmehr ein Unmittelbares, ein schlechthin Gegebenes. Diese Unmöglichkeit des Bewußtseins, sich aus Nichtbewußtsein entstehen oder in es hinein vergehen zu machen, ist die „unsterbliche" Passivität des Bewußtseins gegenüber sich selber und seinem eigenen sich entgleitenden Verlauf.

[44] In diese Richtung deutet auch E. TUGENDHAT, wenn er sagt, daß „die Zweideutigkeit von Husserls Konstitutionsbegriff es zuläßt, die Konstitution im Ich als ein *Nachkonstituieren* einer Konstitution zu verstehen" (*Der Wahrheitsbegriff bei Husserl und Heidegger*, S. 253). Tugendhat verdirbt sich allerdings diese Einsicht wieder, wenn er hinzufügt, daß diese Konstitution „sich *ursprünglich* in der *geschichtlichen Intersubjektivität* vollzogen hat" (*aaO.*). Vielmehr ist das Nachträgliche selber das Ursprüngliche.

[45] A. DE WAELHENS, *Phénoménologie et vérité*, S. 35. – Auch G. BRAND spricht vom „Paradox einer deskriptiven Konstitution", welches darin besteht, daß „das ,Neue' der Enthüllung doch schon ,alte' Implikation ist" (*Welt, Ich und Zeit*, S. 37). Brand kennzeichnet den Sachverhalt der ursprünglichen Aposteriorität des Bewußtseins treffend mit dem Hinweis, daß „Reflexion ,nachher' *hervorbringt*, was doch ,vorher' schon da war" (*aaO.*, S. 37; Hervorhebung vom Vf.).

[46] Vgl. oben S. 121.

jenseits derer dann ein Weiteres, etwa eine Metaphysik, als an die Phänomenologie anschließend und sie fortsetzend seinen Anfang nehmen könnte [47]. Denn diese Begrenztheit ist eine dem Bewußtsein konstitutiv inhärierende Schranke. „Das transzendentale Ich kann die eigene Funktionsgegenwart darum nicht erblicken und erfassen, weil es selbst diese Gegenwart niemals zum Gegenüber hat, sondern stehend und bleibend selbst die Gegenwart des ‚Ich fungiere' *ist*." [48]. Dieser Bedingungscharakter der Schranke für alle Reflexion ist es, der es unmöglich macht, die Leistung, aus der sie geschieht, als Akt und darum als selber reflexiv zu Gesicht bringbar zu verstehen. Die Grenze im Bewußtsein ist ebensosehr aufhebendes Ende wie auch ermöglichender Anfang der Phänomenologie und des Bewußtseins (denn so weit Bewußtsein reicht, so weit auch die Phänomenologie, das Bewußtsein vom Bewußtsein). Sie bildet sonach den Garant für die Möglichkeit einer in sich zusammenhängenden, einer systematischen, zu sich selbst rückkehrenden Bewußtwerdung des Bewußtseins [49]. Weit entfernt, der Phänomenologie Abbruch zu tun, bildet die faktische Weltthesis im Gegenteil die Gewähr der Rationalität des Bewußtseins und läßt sie als Soll und Aufgabe hervortreten.

Husserl versteht dieses unhintergehbare thetische Leisten von Bewußtsein des näheren als die „Ursynthese des ursprünglichen Zeitbewußtseins", von welcher er ausdrücklich sagt, daß sie „nicht als eine aktive und diskrete" – wir würden sagen: Quanta zusammengreifende – „Synthese zu denken ist" (246). Deshalb sagt Husserl auch: „Ein Bewußtseinsleben ist nicht denkbar denn als solches, das in einer *wesens*notwendigen Form der *Faktizität*, in der Form der

---

[47] In diesem Sinne hat TH. SEEBOHM durchaus Recht, wenn er behauptet, daß „das faktische Auftreten von Sinn und Sein aus der transzendentalen Subjektivität ... auch für die transzendentale Klärung ein prinzipiell Letztes ⟨ist⟩, über dessen Seinssinn ... nichts auszumachen ist" (*Die Bedingungen der Möglichkeit der Transzendentalphilosophie*, S. 162).

[48] K. HELD, *Lebendige Gegenwart*, S. 146. Das Jetzt ist „damit der Ort der transzendentalen Subjektivität im Fungieren ... Ferner ist das Jetzt des Kontinuums der Limes möglicher Selbstobjektivation der transzendentalen Subjektivität" (TH. SEEBOHM, *Die Bedingungen der Möglichkeit der Transzendentalphilosophie*, S. 138). Daraus folgt, daß die Phänomenologie „nicht das Selbstbewußtsein an sich, sondern ein gegenständliches Wissen von den Formen und Inhalten des Gegenstandsbewußtseins und des Selbstbewußtseins ⟨ist⟩, die miteinander untrennbar verbunden sind". (*aaO.*, S. 139). Denn die Idee eines Selbstbewußtseins an sich entsteht erst durch die Etwasthesis, d.h. durch das sich vergegenständlichende Wissen.

[49] Zu dieser Schwierigkeit, daß allem Sagen in und durch das Sagen ein Unsagbares vorausgesetzt werden muß, vgl. K. HELD, *Lebendige Gegenwart*, S. 103f.

universalen Zeitlichkeit, ursprünglich gegeben ist"[50]. Darum spricht Husserl auch gerne von einem „Strömen" oder „Fließen" des Bewußtseins, mit welchen Ausdrücken die Identität von Aktivität (Handeln) und Passivität (Sein) als Grundwesen des Bewußtseins treffend gekennzeichnet ist.

Hiermit treffen wir übrigens auf das, was man die „Auflösung des ‚Schemas Auffassungsinhalt – Auffassung' " genannt hat[51]. Sie bedeutet „die Anerkennung der Tatsache, daß es letzten Endes, nämlich auf der grundlegenden Ebene der Konstitution der ‚immanenten' Zeit, dergleichen wie einen ‚Gegenstand' der Interpretation, der als vorgegebene ‚Materie' oder vorliegender ‚Inhalt' betrachtet werden könnte, überhaupt gar nicht gibt. Jede ‚Materie' und jeder ‚Inhalt' sind selbst schon Ergebnisse vorgängiger ‚Auffassungen' vorausliegender ‚Materien' oder ‚Inhalte', welche ihrerseits wiederum schon vorangegangenen Auffassungsleistungen entstammen, und so *ad infinitum.*"[52]. Diese Problematik, welche eigentlich, wie sich weiter unten zeigen wird, die der *Konstitution*, genauer: der Konstitution der hyletischen Daten, ist – für Husserl stellt sie „die allergrößten Probleme" (176) – wurde schon von Fichte gesehen: „Es gibt gar keinen *ersten* Moment des Bewußtseins, sondern nur einen zweiten."[53].

An der Grundverfassung des Bewußtseins als ursprünglicher Nachträglichkeit wurde in der bisherigen Husserl-Literatur weitgehend vorbeigesehen. Lediglich K. Held hebt hervor, daß die Einheit von „Sichtbarkeit und Faßbarkeit" und „Undurchsichtigkeit und Ungreifbarkeit des Ich für sich selbst" nach Husserl dem Ich „in erster Ursprünglichkeit" zukommt, „weil die lebendige Funktionsgegenwart stehend-hinfällige Selbstvergemeinschaftung ist"[54]. Das Ich ist also niemals vor aller Differenz gegeben und seiend, sondern „immer schon übergegangen" in die Transzendenz und Gegenständlichkeit[55]. Obwohl nun dieser Charakter sowohl dem urpassiven Sichentgleiten wie auch dem Reflektieren des Ich zukommt, so daß „das Unterscheidende zwischen Reflexivität und Praereflexivität positiv nicht

---

[50] *Formale und transzendentale Logik*, Beilage II, § 2c, S. 279; Hervorhebung vom Vf.
[51] R. BOEHM, *Vom Gesichtspunkt der Phänomenologie*, S. 117.
[52] *AaO.*, S. 227.
[53] *Grundriß des Eigentümlichen der Wissenschaftslehre* (I, 410).
[54] K. HELD, *Lebendige Gegenwart*, S. 172.
[55] Vgl. *aaO.*, S. 142.

angegeben werden kann"[56], schränkt Held die Universalität dieser Nachträglichkeit des Bewußtseins dahingehend wieder ein, daß er die reflexive Selbstgegenwärtigung als „gegenüber der ‚eigentlichen' lebendigen Gegenwart etwas irgendwie ‚Nachträgliches' " behauptet[57]. Es wird also bloß abstraktiv „abgesehen" von der in einer neuerlichen Reflexion sich herausstellenden *Identität* des reflektierenden und reflektierten Ich. Dadurch erscheint die Nachträglichkeit als eine Eigenschaft bloß der *Reflexion* auf das Ich, nicht des Ich selber[58]. Die Bedeutung des Sachverhaltes, daß auch das „vorreflexivste" Ich schon die Struktur der Reflexion (wir werden sagen: der „Rotation") hat, daß also Ich und Reflexion gar nicht voneinander abtrennbar sind, bleibt unbedacht. Dennoch gesteht auch Held zu, daß ein von dieser Nachträglichkeit „ ‚unentstellter' Anblick des urfungierenden Ich"[59] ein Ungedanke, somit aber alles Anblicken von vornherein „Entstellung", d.h. Interpretation und Auffassung ist, welche die aufgefaßte Sache außer sich bzw. sich als ihr Bild setzt.

Dieses Bildsein („être signe") des Bewußtseins wurde von J. Derrida in großen Zügen herausgearbeitet, indem er im Anschluß an Husserl das Bewußtsein als „supplément d'origine" bezeichnet hat[60]. Er beschreibt die Struktur dieser „supplémentarité originaire" des näheren folgendermaßen: „une possibilité produit à retardement ce à quoi elle est dite s'ajouter"[61]. Doch ist anzumerken, daß Derrida nicht deutlich genug hervorhebt, daß es sich dabei um die Grundverfassung des Bewußtseins schlechthin handelt, und zwar durchaus dem Sinne der Husserlschen Phänomenologie nach. Vielmehr glaubt Derrida, mit dieser Bestimmung wesentlich über Husserl hinauszugehen, da dies durchaus doch nicht der Fall ist[62].

2. Die Welt als Sein und Nichtsein des Bewußtseins

Das Bewußtsein ist aufgrund dieser ebenso unentrinnbaren (unbedingten) wie auch danach im Umwillen seiner selbst frei gesetzten (bedingten) Schranke ein Posterius schlechthin; und die Unhinter-

---

[56] *AaO.*, S. 119.
[57] *AaO.*
[58] *AaO.*, S. 96 und S. 119.
[59] *AaO.*, S. 122.
[60] J. DERRIDA, *La voix et le phénomène*, S. 98.
[61] *AaO.*, S. 99.
[62] Vgl. dazu auch vom Vf. „Verschijning en niet-tegenwoordigheid", in: *Tijdschrift voor Filosofie*, 1968 (30), S. 159–163.

gehbarkeit des Bewußtseinsfaktums, seine „unaufhebliche *Daseinsthesis*" (87) selber ist der Maßstab, hinsichtlich dessen die Apriorität des Ich sich erweist. In diesem Sinne ist das Bewußtsein selber der Grund für sein grundloses Nachgeordnetsein. Es vergleicht sein unaufhebliches Sein mit seinem (setzenden wie auch aufhebenden) Tun und findet sich in *diesem* Tun als das immer schon tätige Sein. Deswegen kann es sich selbst nicht in die Verfügbarkeit einer Selbstkonstruktion, sondern nur in einer unendlich iterativen Nachzeichnung einholen.

Es ist dies der Sachverhalt, daß „das letztfungierende zeitigende Ich immer auch schon gezeitigtes ist", weil „das letztfungierende Ich *als* stehendes strömend ist"[63]. Diese Unmöglichkeit eines reinen, nicht strömenden, d.h. nicht in das Andere seiner selbst übergegangenen Stehens, ist die genannte Apriorität des Ich, dessen Gezeitigtsein nicht in einem reinen Zeitigen *vor* dem objektiven Gezeitigtsein begründet werden kann. Diese Unmöglichkeit, sich (nicht) zu setzen, ist positiv die Notwendigkeit der Setzung einer Welt als des primären Seins. „Setzung", denn das Sein des Bewußtseins liegt in seinem strömenden Tätigsein und in nichts außerdem: „Bewußtsein ist ... durch und durch ‚Bewußtsein'" (176). Das unbedingte Weltsetzen hat, da es hinsichtlich des Ich ein negatives Setzen ist, somit den Charakter der Entgegensetzung oder des Gegensatzes. Darum charakterisiert Husserl auch die Welt als das „gegenüber allem Bewußtsein und seiner Eigenwesenheit ..., Fremde', das ,Anderssein'" (70) und bezeichnet ihr Verhältnis zum Ich als das „prinzipieller Heterogeneität" (70). Noch schärfer: Zum Wesen des Raumdinglichen gehört die Negation, daß es das, was das Erlebnis ist, „nicht ist" (76).

Die Generalthesis bildet ein Gegensetzen des Ich gegen sich selber; und zwar ein solches, welches das Ich, indem es sich als aktuell seiend findet, als uneinholbar schon geschehen und vergangen sich voraussetzen muß. Dies Vergangensein besteht darin, daß die Generalthesis nicht in die Selbstgegenwart und Aktualität des Ich aufhebbar ist. Vielmehr stellt sie das aus ihm Herausgehaltene dar; ein reines Daß, dem keine Wesenheit zukommt. Welt rein als solche d.h. als Etwas überhaupt genommen, besitzt also kein Eidos, und die Realwelt bildet keine Besonderung eines solchen. Deswegen ließ sie sich ja auch nicht

---

[63] K. HELD, *Lebendige Gegenwart*, S. 74.

als spezifische Differenzierung eines solchen Eidos darstellen [64]. Gerade dadurch fällt Welt aus der Verständlichkeit und Einsehbarkeit heraus und ist das Unmittelbare, das Faktische und schlechthin Einzige, welches nur als erfahrungsmäßig Gegebenes aufgenommen werden kann.

Wegen dieser Bewußtseinsabständigkeit ist Welt auch nicht aus dem Bewußtsein deduzierbar im Sinne einer logischen Folge oder eines Propriums. Aus dem Begriff des Bewußtseins kann nicht auf die Notwendigkeit geschlossen werden, daß es die Welt in einsichtig nachvollziehbarer und somit wiederholbarer Weise setze. Das Bewußtsein von Welt ist vielmehr ein (auch durch das Wesen des Bewußtseins) unbedingtes. Es ist deswegen Bewußtsein nicht im vermittelten Begriff, sondern in der unmittelbaren Form der *Anschauung*. Da Welt aber nicht das Angeschaute selber, sondern ein Charakter an diesem ist, wird sie andererseits durch das Angeschaute zum Anschauen hin vermittelt. Insofern fällt Welt wieder nicht in die Anschauung, sondern in den *Begriff*. Sie bestimmt sich als Moment des von ihr differierenden Angeschauten, als dessen unendlicher Horizont. In dieser Hinsicht, also bezogen auf das sich *in* ihr konkretisierende Eidos, kann die Realwelt dann durchaus als ein „Spezialfall mannigfaltiger möglicher Welten und Umwelten" (88) bezeichnet werden.

Das reine Daß einer außer dem Bewußtsein seienden Faktizität erhält dergestalt sein Etwas- und Wassein, d.h. seine Bestimmung und seinen Sinn, durch die Aktivität des Bewußtseins, sich *sein* Daßsein zu Bewußtsein zu bringen. Dies geschieht nun ursprünglich dadurch, daß das Bewußtsein reale Dinge außer ihm und in der Welt sinnlich anschaut. Der Urgegenstand Bewußtsein vermittelt sich also durch den Urgegenstand Ding. In diesem Sinne bildet die sinnliche Erfahrung den Ansatzpunkt und die Grundlage der durch sie zu sich hindurchgehenden Reflexion. So sagt Husserl zusammenfassend: „Jeder hypothetische Ansatz des praktischen Lebens und der Erfahrungswissenschaft bezieht sich auf diesen wandelbaren, aber immer mitgesetzten Horizont ⟨= den der aktuellen Erfahrung⟩, *durch*

---

[64] Vgl. oben S. 116. – Das Verhältnis von Welt überhaupt und Realwelt ist das nämliche wie das, welches zwischen formaler Quasi-Region und materialer Region in der „Ontologie" herrscht: „Demgemäß darf nicht verwechselt werden das Unterstehen eines Wesens unter der formalen Allgemeinheit eines rein logischen Wesens mit dem Unterstehen eines Wesens unter seine höheren Wesensgattungen". (*Ideen* I, § 13, S. 26).

den die Thesis der Welt ihren wesentlichen Sinn erhält" (90; Hervorhebung vom Vf.).

Die ursprüngliche Sinnleerheit oder das Nichts-sein der Thesis, ihr negativer Bezug zur Vernunft und zum Wesensmäßigen (welches im Bewußtsein begründet liegt), bedeutet, wie schon angemerkt [65], hinsichtlich des in ihr Gesetzten, daß es für sich genommen ein Allerformalstes ist: das Etwas als Etwas. Die reine Thesis wandelt sich aber, gerade weil sie sinnleer ist (d.h. nur in der Gegensetzung zum Sinn besteht), in die Generalthesis, und das Etwas überhaupt geht ins Dingsein über. Denn die Etwasthesis ist für das Begreifen ein Abweisen des Begriffs, somit in der Anschauung – für die Anschauung aber ein Unsichtiges, somit im Begriff begründet: sie fällt außerhalb des (mittelbaren wie unmittelbaren) Bewußtseins. Dieses einfache Da außerhalb des Bewußtseins ist aber das Merkmal der wirklichen Dinge. Das faktische Gegebensein des Angeschauten wie auch die unendliche Bestimmbarkeit seines Raum-Zeit-Kausalitätshorizonts, d.h. die Möglichkeit, in ihm in infinitum fortzuschreiten, spiegeln hier das „Wesen" der wesenlosen Thesis wider und indizieren ihre Unhintergehbarkeit.

Die Notwendigkeit also, daß das Bewußtsein die Welt ebenso in sich trage und einbehalte wie auch außer sich gesetzt finde, macht die Sinn-losigkeit der Welt wie auch ihre Angewiesenheit auf Sinn; macht ihre Bestimmbarkeit aus. Hier tritt die Doppeltheit wieder hervor, daß Welt sowohl „nie" wie auch „wohl" west ohne das Weltliche [66]. Die Abhängigkeit der Welt vom Bewußtsein (und damit ihre Unabhängigkeit von den Dingen) besteht darin, daß sie, was sie ist, nur ist durch unbedingte Sinngebung: Welt hat „ihr ganzes Sein als einen gewissen ‚Sinn'" (107). Die Abhängigkeit des Bewußtseins von der Weltthesis äußert sich aber darin, daß das Bewußtsein mit Notwendigkeit sinnverleihendes ist; daß es nicht anders *sein* kann denn so. Das besagt: Aufgrund des immer schon vollzogenen Etwas- oder Gegensetzens gehört es „zum Wesen jedes aktuellen cogito, Bewußtsein *von* etwas zu sein" (64). Husserl fügt hier ausdrücklich bei: „Daß ein Erlebnis Bewußtsein von etwas ist . . ., das geht nicht das Erlebnisfaktum in der Welt, speziell im faktischen psychologischen Zusammenhange an, sondern das reine und in der Ideation als pure Idee erfaßte Wesen" (64). Es ist nicht so, daß das vorgängige Sein von

---

[65] Vgl. oben S. 115.
[66] Vgl. oben S. 28f.

Realitäten erforderte, das Bewußtsein müsse intentional sein, um sie erfassen zu können, sondern umgekehrt ermöglicht erst die Intentionalität des Bewußtseins das vorgängige Sichbekunden von Realem.

Der intentionale Gegenstand gründet qua intentionaler in einer Bewußtseinsleistung. Dank ihrer muß er zunächst als im Welthorizont stehend verstanden werden. Die Sinn-gebung des Bewußtseins vollzieht sich stets als „Ausmalung" dieser Fläche, als Bestimmung dieser „materia prima" für die Bewußtseinsformung. Als Sinn-nehmung dagegen ist sie immer schon vollzogen und hat den Charakter des Vorfindens von gegebenem Sein.

Alle intentionale Gegenständlichkeit ist darum ebensosehr eine unbekannte, erst zu findende wie auch eine im Finden erst zu setzende und herzustellende, eine vorgängig vertraute. Sie ist gegebene und aufgegebene; und das eigentlich Gegebene an ihr ist *sie* als *Aufgabe* [67]. Intentionalität meint sonach primär die Notwendigkeit, daß das Bewußtsein um seiner Immanenz willen fundiert sei durch seine vorgefundene Selbsttranszendenz, in der die Sache selbst sich als Sache außerhalb des Selbst darstellt. Das Entäußerte ist das faktische Sein des Bewußtseins selber. Im bewußtseinsgründenden Entgegensetzen, d.h. durch die Thesis, entsteht also nicht ein anderes, dem Bewußtsein entgegengesetztes Sein. Das Setzen vollzieht sich ja nicht in der Quantität oder Begrifflichkeit (weswegen es sich auch nicht um ein reines Setzen, sondern ebensosehr um ein Nichtsetzen handelt).

Das Gesetzte bildet nicht ein Sein *neben* dem Bewußtsein, eine zweite in sich und für sich bestehende Wirklichkeit [68]. Ich und Realität sind nicht „wesenmäßig verwandt"; sie besitzen nicht „eins wie das andere ein eigenes Wesen im gleichen Sinne" (92). Bewußtsein und Wirklichkeit sind also nach Husserl „nichts weniger als gleichgeordnete Seinsarten..., die friedlich nebeneinander wohnen" (92). Denn es gibt keinen Raum für ein solches Nebeneinander, ebensowenig wie zwei ihn ausfüllende Wesen.

Das also ist der Sinn der durchgängigen Negativität der Thesis, daß in ihr das Nichtsein des Bewußtseins als Sein, als *Bestehen* dieses Nichtseins gesetzt wird. Ein Nicht überhaupt ist aber seinem Sinn

---

[67] „Eine nicht auf Vorgegebenheiten gerichtete und dennoch intentionale cogitatio kann nur entwerfend genannt werden, die im Entwurf sehen läßt, *was sein soll*" (G. Funke, *Zur transzendentalen Phänomenologie*, S. 82f.). Vgl. auch aaO., S. 91f.

[68] Sofern es dennoch ein solches Sein ist, handelt es sich dabei um ein zweites Bewußtsein, also das alter ego; nicht aber um die Welt.

oder seiner Materie nach abhängig vom Negierten. Deshalb erweist sich das Sein der Welt, d.h. das Nichtsein des Bewußtseins, als ein Relativum, das vom Sein des Bewußtseins abhängt: Bewußtsein ist gegenüber der Welt ein Absolutes. Das Sein der Negation dagegen macht die ursprüngliche Aposteriorität des Bewußtseins selber aus.

Sein Weltverhältnis heißt das Bewußtsein darum nicht aus sich selbst herausgehen und in ein Anderes eintreten. Denn es gibt kein Anderes außer ihm; und sofern es solches, nämlich anderes Bewußtsein gibt, vermag das Bewußtsein nicht in dessen Eigenwesen hineinzureichen. Darum sagt Husserl über das welthabende Bewußtsein, daß es „als ein für sich geschlossener Seinszusammenhang zu gelten hat, als ein Zusammenhang absoluten Seins, in den nichts hineindringen und aus dem nichts entschlüpfen kann; der kein räumlich-zeitliches Draußen hat und in keinem räumlich-zeitlichen Zusammenhange darinnen sein kann, der von keinem Dinge Kausalität erfahren und auf kein Ding Kausalität üben kann" (93). Denn „es gibt keine erdenkliche Stelle, wo das Bewußtseinsleben durchstoßen und zu durchstoßen wäre und wir auf eine Transzendenz kämen, die anderen Sinn haben könnte als den einer in der Bewußtseinssubjektivität selbst auftretenden intentionalen Einheit" [69].

3. *Konstitution als sich verbergende Selbsterscheinung*

Damit läßt sich auch die Kardinalfrage nach dem „Vermögen" der weltsetzenden Generalthesis beantworten. Denn ihr Sinn läßt sich nunmehr eindeutig bestimmen.

Zunächst schienen wir sagen zu müssen: Vermöge ihrer entsteht dem Bewußtsein die *Möglichkeit*, Welt für sich zu enthüllen. Denn „Bewußtseinsleistung" besagt nach Husserl nicht, „daß ich diese ... Transzendenz erfinde oder mache" [70]. Wie Husserl anderswo sagt: „Das sich Konstituieren – das sich Beurkunden könnte ich auch sagen ..." [71]. Ineins damit entsteht aber offenbar auch erst einmal die *Wirklichkeit* der Welt. Der Vollzug der Thesis wäre damit weltschöpferischer Natur. Denn „Konstituieren besagt, daß immanente Gegebenheiten ... sich jeweils in so etwas wie ‚Erscheinungen' dar-

---

[69] *Formale und transzendentale Logik*, § 94, S. 208.
[70] *Formale und transzendentale Logik*, § 99, S. 222.
[71] Ms. F I 13/74a. Vgl. Husserls Brief an W. Hocking vom 25.1.1903: „Daß sich in einem Akte ‚Gegenstände konstituieren', besagt immer die Eigenschaft des Aktes, den Gegenstand vorstellig zu machen: nicht ‚konstituieren' im eigentlichen Sinn".

stellen, ... die ... die Gegenstände für das Ich gewissermaßen schaffen, sofern gerade Erscheinungen solcher Artung und Bildung dazu gehören, damit das vorliegt, was da ‚Gegebenheit' heißt" [72]. Als immer schon geschehener Vollzug wäre die Thesis dann Schöpfung einer immer schon vorgefundenen Welt. Als uneinholbar vergangene aber ist die Thesis dann doch auch wieder nur die Möglichkeit der Erkenntnis und Erfassung des schon Seienden in der Welt. Diese eindeutige Bestimmung des thetischen Vermögens der Weltkonstitution ist also zweideutig und in sich gespalten. Die eine Deutung treibt in der Reflexion auf sie zur andern weiter.

Dieses Dilemma im Begriff der Konstitution kommt aber dadurch zustande, daß die beiden gegensätzlichen Behauptungen innerhalb der Natürlichkeit verbleiben; als deren Erklärung sie aber übersteigen müssen. Insofern handelt es sich beidesmal um eine „widersinnige Deutung", nämlich um eine „philosophische Verabsolutierung der Welt" (107). Denn in beiden Erklärungen wird Welt als ein absolut in sich feststehendes Sein vorausgesetzt. Wie sich aber zeigte, kann die Thesis in ihrem Gegensetzen gegen das Bewußtsein ein absolutes Sein gar nicht setzen, sondern nur das Bestehen der Negation absoluten Seins. Die philosophische Verabsolutierung der Welt besteht in der Beibehaltung der natürlichen Einstellung zum Zwecke ihres Verständnisses: „man setzt im Grunde immer aufs neue eine ‚an sich' in absoluter Objektivität seiende Realität voraus" [73]. Bezüglich des absoluten Zusammenhanges dieser obersten realen Einheit, der Welt, bleibt dann nur die Alternative, das Bewußtsein entweder als dessen reines Gegenüber zu fassen, das somit wesensmäßig den Weltzusammenhang als solchen unberührt läßt, weil es reine Transparenz und leere Nichtigkeit ist. Oder aber das Bewußtsein wird als nur im Zusammenhang (der Welt) seiend aufgefaßt, d.h. als selber reale Kausalität ausübend in seiner Allbezogenheit, so daß es dann schöpferisches Ich und welthaft zu verstehende Weltursache, zumindest aber Ursache des *Erscheinens* des Ansichseins wäre.

Doch ist das Bewußtsein weder reine Erhellung eines in sich bewegten Zusammenhangs noch auch erst dessen Herstellung [74]. Denn die oberste Einheit der Welt ist an sich und in absolutem Sinne nichts.

---

[72] *Die Idee der Phänomenologie*, V. Vorlesung, Husserliana II, S. 71.
[73] R. BOEHM, *Vom Gesichtspunkt der phänomenologie*, S. XVI.
[74] Vgl. H. DRÜE, *Edmund Husserls System der phänomenologischen Psychologie*, S. 248f. und S. 279.

Vielmehr hat sie Sein nur *als* Bezogensein aufs Bewußtsein, als Relatives. Das Relative geht aber dem Absoluten seinem Bestehen nach nicht voraus, so daß es nachträglich bloß zu erkennen wäre. Noch auch ist das Relative ein dem Absoluten Gleichgeordnetes, auf das dann der Begriff einer Schöpfung im eigentlichen Sinne angewandt werden könnte.

Dennoch deutet sich in diesem Dilemma schon die Eigenart des Grundverhältnisses zwischen Bewußtsein und Welt an. Besagt die eine These, das Bewußtsein sei der zureichende schöpferische Grund für das Sein von Welt [75], so hat sich in der Tat gezeigt, daß es widersinnig ist, wollte man nach einem außerhalb des Ich gelegenen Weltgrund suchen [76]. Die entgegengesetzte Meinung, welche behauptet, das Bewußtsein sei reine Offenheit auf Welt hin, beinhaltet, daß Welt qua überhaupt mögliche, nicht dagegen ihrer Wirklichkeit nach, durchs Bewußtsein bedingt sei [77]. Die Wahrheit dieser Meinung ist, daß Welt nicht in einsichtiger Weise aus dem Bewußtsein hergeleitet werden kann als dessen Proprium oder Folge [78]. Die Diskussion über die Funktion des Bewußtseins in seinem Weltverhältnis – ob es nämlich ratio sufficiens oder nur conditio sine qua non des Seins von Welt sei – diese Diskussion setzt voraus, daß das Sein von der Welt im gleichen (absoluten) Sinne ausgesagt werde wie vom Ich [79]. Diese Univozität ist aber deswegen unmöglich, weil das Bewußtsein in der gegensetzenden Thesis nicht so aus sich heraustritt, daß es sich reell zerspaltete und ein anderes Absolutes neben sich setzte. Positiv gewendet: Der Begriff des Etwas, in dem beide übereinkommen, ist von solcher Beschaffenheit, daß das durch ihn Geeinte nicht eine Region zusammen bildet, sondern lediglich eine „Quasi-Region" (112).

Verhielte es sich so, daß im Gegensetzen ein zweites Absolutes entstünde, so müßte das dergestalt aus ihm Entsprungene auch wieder in es zurückgenommen werden können, sofern das Bewußtsein dem Gesetzten das Sein entziehen wollte. Eine Weltvernichtung durch das

---

[75] So TH. DE BOER, *De ontwikkelingsgang in het denken van Husserl*, S. 407ff. und S. 466ff.; E. FINK, *Studien zur Phänomenologie 1930–1939*, S. 143; H. BOELAARS, *De intentionaliteit der kennis bij Edmund Husserl*, S. 89ff., wo allerdings (z.B. aaO., S. 90 und S. 95) auch auf Schwierigkeiten dieser Auffassung hingewiesen wird.
[76] Vgl. oben S. 118f.
[77] So R. BOEHM, *Vom Gesichtspunkt der Phänomenologie*, S. 99; I. KERN, *Husserl und Kant*, S. 298 und S. 424; R. SOKOLOWSKI, *The Formation of Husserl's Concept of Constitution*, S. 137, S. 159, S. 216f.
[78] Vgl. oben S. 121.
[79] Vgl. R. BOEHM, *Vom Gesichtspunkt der Phänomenologie*, S. XVI und S. 224f.

Bewußtsein und ein nichtintentionales Bewußtsein wären denkbar. Überdies wäre die Reduktion selber der Akt dieser Weltvernichtung, weil die Ausschaltung der Generalthesis deren reelle Aufhebung bedeutete. Also gerade *weil* die Welt ein „bloß" phänomenales und relatives Sein hat, kann sie vom Bewußtsein weder geschaffen noch auch aufgehoben werden.

Der eindeutige Sinn des konstitutiven „Vermögens" der Thesis resultiert sonach aus der Synthese der alternativen Meinungen, d.h. aus der Aufhebung ihres gemeinsamen Vorurteils. Welt ist, wie gezeigt, nichts an sich, sondern alles als Bewußtseinsgegenstand. Sie ist das Bewußtsein selber – sofern es nicht Bewußtsein ist [80]. Nichtbewußtsein *im* Bewußtsein aber hat, da der Grundcharakter von Bewußtsein (anonyme) Tätigkeit als Sichschließen ist [81], den Sinn des Anfangs des Strömens, im Maße dieser Anfang noch (sinn-)leer und daher das *vor* dem Bewußtsein Liegende ist. Das Vermögen der Thesis als der Ursprungshandlung des Bewußtseins ist also inhaltlich zunächst die leere Fixierung der „fließenden Diesheit" (104) des Bewußtseins. Die Thesis leistet den Vollzug des Etwas überhaupt (insofern liegt ihr Produkt dem Bewußtsein voraus) *als* Etwas überhaupt (und insofern ist ihr Produkt selber Bewußtsein) [82]. Sie ist das Sein von Intentionalität. Aufgrund dieser Doppelsinnigkeit des Anfangs, dem Anfangenden voraus und zugleich in ihm zu liegen, differenziert sich das Etwas, das ruhende Produkt der Fixierung des Strömens, in die Form des Etwas und das gegebene Etwas selber, *dessen* Form sie ist, eben das wirkliche Ding. Die Etwasthesis teilt sich in formale Horizont- und materiale Dingthesis; sie wird Generalthesis der Realwelt. Daher sind die „formalen" Prädikate der Welt, ihr bewußtseinsunabhängiges Ansich- und Absolutsein, und ihre „materialen", nämlich Raumzeitlichkeit und Kausalverknüpftheit, zu unterscheiden. Beziehen die ersten sich auf Welt überhaupt und als „Gesamthorizont" (7), so bestimmen die zweiten Welt als „Gesamtinbegriff" (8) von Dingen.

Das Vermögen der Thesis ist demnach ein doppeltes. Einerseits entsteht in ihm das faktische „Da-sein überhaupt" des Bewußtseins. Andererseits zerfällt dieses faktische Sein unmittelbar in Teile, nämlich in einen (als unerzeugt aufgefaßten) Inhalt und eine (als erzeugt

---

[80] Vgl. oben S. 113f. sowie S. 130f.
[81] Vgl. oben S. 49ff.
[82] Vgl. R. BOEHM, *Vom Gesichtspunkt der Phänomenologie*, S. 225.

aufgefaßte) Form des Aufgefaßten. Das Vermögen selber bestimmt sich als *Auffassen überhaupt*. Aber es handelt sich dabei eben nicht um ein „reines" Auffassen, das von keiner Differenz getrübt würde. Denn ein solches wäre zugleich auch differenzloses Chaos[83]. Vielmehr ist das Auffassen dadurch rein, daß es Auffassen eines Zugrundeliegenden und *als solches Aufgefaßten* ist. Es hat die Differenz zu seinem Wesen. Dieses in sich gedoppelte Vermögen der Thesis (und das darin beschlossene Verhältnis des Bewußtseins zur Welt) ist das, was Husserl mit dem Begriff der *Konstitution* bezeichnet[84].

Der Sinn des Vermögens der Generalthesis besteht also darin, daß es Vermögen der Konstitution ist. Konstitution ist weder Schöpfung, da in ihr das Bewußtsein nicht in ein anderes Wesen übergeht, sondern nur *sich* auffaßt. Noch ist sie bloße (Selbst)-Erhellung, weil das Bewußtsein durch sie erst in sein Eigenwesen gelangt. Dieses Anfangen ist seine Andersheit; und Konstitution ist daher ursprünglich ebensosehr Leistung des Bewußtseins wie auch Bekundung der Sache selbst. Ist also die innere Gegenwendigkeit des Konstitutionsbegriffes von positiv begründender Natur, so hat es nicht nur gute historische Gründe, von einer Auflösung und Preisgabe des Schemas Auffassung-Auffassungsinhalt, des Reflexionsgesetzes von Form und Materie in der Husserlschen Phänomenologie zu sprechen[85]. Vielmehr ist die Indifferenz beider Momente in der Konstitution des Etwas als Etwas, in der ursprünglichen Bewußtseinsthesis, das Ursprüngliche[86]. Und die Differenz, das Schema als Schema, ist das ihr Nachfolgende, nämlich Ausfaltung der aufgegebenen Indifferenz. Wobei allerdings nochmals zu betonen ist, daß das Ursprüngliche dem Nachträglichen nachfolgt. M.a.W.: Ursprüngliches und Nachfolgendes, Auffassung und Inhalt, sind, was sie sind, nur *in Funktion* und im fungierenden Bewußtsein. Deswegen bildet auch nicht das eine oder andere von beiden, sondern bilden „die *funktionellen Probleme*, bzw. die der ‚Konstitution der Bewußtseinsgegenständlichkeiten' " „die allergrößten Probleme" (176) für die Phänomenologie.

Die Notwendigkeit, die indifferente Etwasthesis als Generalthesis zu begreifen, in der eine Realwelt sich konstituiert, liegt am Soll des

---

[83] Vgl. oben S. 87f.
[84] Vgl. E. TUGENDHAT, *Der Wahrheitsbegriff bei Husserl und Heidegger*, S. 174ff.
[85] So R. BOEHM, *Vom Gesichtspunkt der Phänomenologie*, S. XVIIIf., S. 106–117, S. 224–228.
[86] Vgl. G. FUNKE, *Zur transzendentalen Phänomenologie*, S. 66; A. AGUIRRE, *Genetische Phänomenologie und Reduktion*, S. XXf.

Selbstbewußtseins, an seiner Aufgabe der Selbstwerdung. Daß das Sein der Realwelt ein Sein durch Konstitution ist, rührt dabei daher, daß das weltsetzende Bewußtsein noch nicht ein Selbst und noch nicht Bewußtsein im eigentlichen Sinne ist. Es vermag nichts über die Konstitution einer Realwelt; diese „macht sich" vielmehr insofern „von allein", als das weltsetzende Bewußtsein noch kein freies Bewußtsein ist, das über sein Leisten frei zu verfügen vermöchte. Die Welt bleibt also Faktum *innerhalb* der Faktizität des Seins von Bewußtsein; d.h. der Generalthesis geht jede intelligible Notwendigkeit ursprünglich ab. Die Notwendigkeit, mit der die Realwelt entsteht, ist sonach erst im Nachhinein als eine solche aus dem Soll her zu erfassen: Realität *soll* notwendig sein, weil das Bewußtsein nicht ohne sie Bewußtsein sein kann. Die Konstitution ist also Grundlosigkeit (Indifferenz von Grund und Begründetem), die notwendig gemacht werden soll, indem sie die Differenz eines Begründungsverhältnisses auf sich nehmen soll. Das leere Etwas erhebt sich aber in die Notwendigkeit dadurch, daß es Form für die Realwelt wird. Denn allein die reale Welt kann so für das Bewußtsein Grund sein, daß dieses zum Selbstbewußtsein (in Abhebung von ihr als dem Nichtselbst) gelangen kann. Dies deswegen, weil allein die Realwelt (vermöge der Generalthesis) notwendige Form für das Bewußtsein selber sein kann – aber eine solche Form, welche zugleich auch allein Form ist für das, was ein Gegenüber des Ich ist. Es bedarf des Verlorenseins des Ich in das, was es nicht ist, damit es sich selber gewinnen und sich von diesem „Nicht-Ich" absetzen kann. Diese Notwendigkeit des Faktums der vorhandenen Welt ist zur Ermöglichung wie zugleich zur Ernötigung des Bewußtseins vorausgesetzt. Die Generalthesis, folgt daraus, stellt den ersten Schritt, die unterste Stufe im teleologischen Prozeß des zu sich kommenden Bewußtseins dar.

Die Phänomenologie bildet damit die Rückholung des fungierenden Strömens in die Selbstbewußtheit. Sie kann nicht Negation des Konstituierten sein, sondern ist Reflexion auf das Konstituieren und Zurückkommen auf sein unabhängiges Sichmachen. Denn wie die Thesis nicht ein Erzeugen ist, so auch ihre Aufhebung nicht ein Ungeschehen-machen: „Das *Problem der Konstitution* besagt ... klärlich nichts anderes, als daß die geregelten und zur Einheit eines Erscheinenden *notwendig* zusammengehörigen Erscheinungsreihen intuitiv überschaut und theoretisch gefaßt werden können ..., daß sie in ihrer *eidetischen* Eigenheit analysierbar und beschreibbar sind und daß die gesetzliche Leistung der Korrelation zwischen dem Erscheinenden als Einheit und den bestimmten unendlichen Mannigfaltigkeiten der Erscheinungen voll eingesehen und so aller Rätsel entkleidet werden kann" (315f.). Daß das Sichmachen oder Sichbekunden des Realen dabei sich als korrelativ zur Bewußtseinserscheinung darstellt, ist lediglich ein anderer Ausdruck dafür, daß die Konstitution des Gegenständlichen sich zwar unableitbar vollzieht, andererseits aber Sein nur im aktuellen Bewußtseinsleben hat. Es allein ist also das Fungierende, aber seine Funktion besteht immer im Auffassen oder Beseelen von vorgegebenem „Stoff".

Der Begriff der Konstitution besagt sonach ein Doppeltes. Einmal meint er „die Gesamtheit der *Prozesse*, in denen das Ding als individuelles zur *Gegebenheit* kommt"[87]. Dieser Stoff-Form-Einheit der Auffassung, welche das Ding konstituiert, liegt aber bedingend voraus die „Gesamtheit der *Strukturen*, die die Wahrnehmung von Dingen allererst *ermöglichen*"[88], d.h. das Fungieren des Bewußtseins, in dem Stoff und Form des Auffassens erst auseinandertreten. Der fungierende Bewußtseinsstrom befaßt also auch die Schicht des Stofflichen als *Moment* seiner Gesamtheit in sich. Diese Gesamtheit ist der Erlebnisstrom selber[89] deswegen, weil er als konstituierender in der Generalthesis sich selbst in seiner Gesamtheit vorhergeht. Er bildet insofern das Etwas als die Indifferenz des Stofflichen und des Formalen. Gerade sie hat sich als das Nichtselbst des Selbstseins bestimmt. Auf dem Fundament des Nichtselbst ruht aber andererseits das Selbstsein auf. In dieser Hinsicht materialisiert sich das Etwas zur Realwelt, welche dem Bewußtsein ihrem Inhalt nach immer schon ebenso vorbekannt ist, wie auch sein Begreifen nichts über das Daß ihres Seins vermag. Denn das Bewußtsein erzeugt sein eigenes Sein ursprünglich nur als Bild seines Eigenseins. Die Realwelt ist das Vorgefundene, weil das Bewußtsein sich selber nur als *schon Tätiges* ins Werk zu setzen vermag.

Damit zeigt sich nochmals die mehrfältige Beziehung des Bewußtseins zur Welt. Welt ist nichts, das außer dem Bewußtsein ein Sein hätte. Im Gegenteil, ihr Daß ist das faktische Sein des Bewußtseins selbst. Ebensosehr gilt aber auch, daß die Seinsweise der Welt nicht die Seinsweise des Bewußtseins ist. Ineins gesagt: Sie ist Bewußtsein

---

[87] U. CLAESGES, *Edmund Husserls Theorie der Raumkonstitution*, S. 124.
[88] *AaO.*, S. 124f.
[89] Vgl. *Ideen* I, § 85, S. 175.

in der Weise des Gegen-stands gegen das Bewußtsein; sie ist das intentional Bewußte. Dieses ist dem Bewußtsein zwar entgegengesetzt. Aber nicht als eine Alternative zum Bewußtsein, sondern nur im Innern des Bewußtseins selber. Welt und Bewußtsein sind so Gegensätze des Bewußtseins selber. Das sich selbst entgegengesetzte Bewußtsein ist aber das anfangende Bewußtsein. Es liegt sich (als Ziel) zugleich selbst voraus, wie es auch nur (in der Realisierung dieses Telos) auf sich selber zugeht. Im Anfangen der Selbstwerdung ist die Teleologie der Selbstwerdung selber das am Werden, was nicht erst wird, sondern ihm voraus schon *ist*, eben in der Weise des Zieles. Das ursprüngliche Sichmachen des Bewußtseins schließt konstitutiv ein Nicht, ein Sich-Nicht-Machen, ein. Das im Anfangen beschlossene Durchnichtetsein des unbedingten Sichmachens wird durch das absolute Sichmachen außer sich gesetzt als Transzendenz. Weil das Sichmachen aber ein Tätigsein schlechthin ist, d.h. von keinem ihm voraus bestehenden Ansich ins Werk gesetzt wird, setzt es seine Zielidee auch *absolut* außer sich, d.h. ins Unerreichbare und nicht ins Bewußtsein Auflösbare. Das aber bedeutet positiv, daß das Vorgefundensein der Realwelt gerade in seiner Unzerstörbarkeit und Unaufhebbarkeit die fürs Bewußtsein konstitutive Undurchsichtigkeit seines Seins selber ist.

VII. KAPITEL

DIE SEINSWEISE DER WELT

A. *Die Relativität der Welt*

Das Sein des Bewußtseins, d.h. der Ichbezogenheit auf die Welt realer Dinge, hat sich als ursprüngliche Nachträglichkeit herausgestellt, als eine von keinem Apriori bedingte, unabhängige und freie Aposteriorität. Aufgrund seiner Ursprünglichkeit ist das Sein des Bewußtseins schlechthin absolutes Sein. Als Aposteriori aber ist es für relatives Sein innerhalb seiner, für die Transzendenz einer Welt aufgebrochen [1]. Noch mehr: Um seines eigenen absoluten, des intentionalen Seins willen muß das Bewußtsein Welt (in den zwei Etappen der Etwas- und der Generalthesis) notwendig konstituieren. Diesem Sachverhalt entsprechend hat sich das Sein der Realwelt als faktisches, in sich unauflösbares und unrückführbares Sein einerseits erwiesen, das aber auf der anderen Seite nur relatives, bewußtseinsverwiesenes Sein eines vom Bewußtsein nicht verschiedenen Bestehens, eines „non aliud", ist. Das unfreie Muß, die triebmäßige Passivität des Ich in der Weltsetzung, läßt die Realität als ein vorgefundenes Ansich zu Bewußtsein kommen. In der Reflexion auf es erscheint es aber dem sich an der Absolutheit der Welt messenden Bewußtsein als sein eigener leerer Anfang, hinter den es – und dies ist der Sinn der

---

[1] Vgl. P. THEVENAZ: „L'*Urstiftung* est au fond une *Nachstiftung*" („La question du point de départ radical", in: *Problèmes actuels de la phénoménologie*, S. 27). Dennoch glaubt Thévenaz behaupten zu können: „au fond tout est déjà là, tout est accompli" (*aaO.*). Dies deswegen, weil er seine eigene Behauptung: „à chaque *Urstiftung* appartient, comme une tâche, une *Endstiftung*" (*aaO.*) nicht ernst genug nimmt. Der unbedingte Aufgabencharakter bedingt zwar die Aussage „im Grunde *ist* alles schon da", ebensosehr aber auch ihr Gegenteil, daß im Grunde alles erst sein *soll*; daß also das Soll selber dasjenige ist, was in Wahrheit ist. „Wesensmäßig gehört zu jeder Urstiftung eine dem historischen Prozeß aufgegebene Endstiftung. Sie ist *vollzogen*, wenn die *Aufgabe* zur Klarheit gekommen ist..." (*Krisis*, § 51, Husserliana VI, S. 73; Hervorhebung vom Vf.).

Weltabsolutheit – nicht mehr zurückgehen kann, um ihm „nochmals", und diesmal „bewußt", zu setzen. Denn das Bewußtsein findet sich in der Reflexion und Bewußtwerdung als immer schon angefangen habend, so daß sein Anfang seine absolute Vergangenheit ist. Hier ist keine Iteration mehr möglich.

Gerade der Sinn des Absolutseins der Realität verweist also aufs Bewußtsein zurück und offenbart die *Relativität* des Seins der Welt. Dieses Verhältnis der Absolutheit und Relativität des Weltseins zueinander – daß gerade *aufgrund* ihrer Absolutheit die Welt ein bloß Bezügliches ist und daß sie *aufgrund* der Eigenart ihrer Relativität ein Absolutum darstellt – dieses Verhältnis gründet darin, daß die Negativität der Generalthesis dergestalt umfassend ist, daß sie gerade nicht mehr als solche, sondern als Positivität (= Indifferenz) schlechthin auftritt, d.h. als das Vorhandene und faktisch Gegebene.

Sofern die Absolutheit der Welt ihre Relativität indifferenziert, d.h. in sich verschlingt, scheint es keinen Ansatzpunkt für eine mögliche Reduktion, für den Rückverweis der Welt aufs Bewußtsein mehr zu geben. Welt wäre dann fürs Bewußtsein unwiederbringlich verloren und ein Anderes schlechthin. Sie wäre ein Selbständiges, d.h. Substanz im klassischen Sinne, sofern diese sich durch ihre Subsistenz auszeichnet, durch ihre Unbedürftigkeit anderen Seins. Sofern dagegen gleichermaßen gilt, daß die Relativität der Welt ihre Absolutheit unterschiedslos in sich untergehen heißt, scheint eine natürliche Einstellung, welche sich rein innerhalb der Generalthesis hält, ohne diese als solche überhaupt gewahr zu werden, unmöglich geworden zu sein.

Doch ist – und darin besteht die Eigenart des Verhältnisses der weltlichen Absolutheit und Relativität zueinander – die Beziehung dieser beiden Prädikate des Weltseins nicht eine solche, daß in der Begründung des einen durch das andere das jeweils begründende Prädikat das begründete in sich als in seinem Grund zugrunde gehen hieße. Beide vernichten sich nicht ineinander wie Widersprüche; im Gegenteil: sie beständigen sich eins durchs andere. Sie vermischen sich nicht, und deswegen bleiben sie jedes für sich, was es ist, ohne daß die Kluft zwischen beiden sich überbrücken ließe. Darin besteht die unaufhebbare Kluft zwischen dem natürlichen Ansichsein der Welt und der Umkehrung des „gemeinen Sinns der Seinsrede" (93) in der Reflexion auf dieses Ansichseins.

Natürliche und phänomenologische Einstellung, besagt diese Unaufhebbarkeit, lassen sich nicht in einem Dritten, in einer weiteren Einstellung, auf einen gemeinsamen Nenner bringen, welcher einen kontinuierlich vermittelnden Übergang zwischen beiden ermöglichen würde, so daß entweder im Weltleben selber die Welt als ein „an sich Zweites" auftreten und erfahren würde oder aber dem phänomenologisierenden Bewußtsein vor seinen Augen die Welt als ein an sich Erstes entstünde. Der Sinn der „Ausschaltung" der Generalthesis (55) bzw. der „Einklammerung" der Welt (56), der Sinn der Reduktion, bestimmt sich also aus dem doppelsinnigen Sinn des Seins der Realität her. Dieses ist demnach näher zu bestimmen [2].

Dank ihrer Relativität ist Welt, wie gesagt, absolut, und dank ihrer Absolutheit relativ. Beide Momente bilden untereinander einen Begründungszusammenhang, welcher das Sein der Welt auszeichnet. Diese Einheit selber, die Seinsweise der Welt, trägt beide Prädikate somit unter der gleichen Rücksicht und zugleich [3]. Das besagt: Einerseits ist ihre Absolutheit schlechthin relativ, und andererseits ihre Relativität schlechthin absolut.

Die Absolutheit des Weltseins läßt sich laut dem ersten Halbsatz in keiner Weise hinsichtlich eines Ansichseins der Welt selber aussagen; absolut ist sie einzig und allein für ein Anderes als sie selbst. Nach dem zweiten Halbsatz ist diese Bewußtseinsbezogenheit der Welt aber von so radikaler Natur, daß Realität keinerlei anderes Eigensein besitzt als dies Sein für ein Anderes. Zusammen besagt dies: Das Sein der Welt ist das des Bewußtseins, nämlich *unbedingtes Abhängigsein*.

Die Relativität der Welt ist so umfassend, daß neben ihr kein anderes „Sein", keine sonstige Wesensbestimmung als Prädikat des Weltseins mehr Raum hat: Welt ist absolut *relativ*. Und die Absolutheit des Weltseins schließt dieses Sein dergestalt gegen alles andere Sein ab, daß Welt von sich her ihr Sein mit nichts anderem teilt. Vielmehr ist sie einzig in ihrem Sein: Welt ist in ihrer Relativität *absolut*. Ihre absolute Relativität sagt den Inhalt oder das *Wesen* ihres Seins aus: es ist relatives Sein. Und ihre relative Absolutheit bezeichnet die Form des Weltseins: es ist durch das Prädikat der Relativität zureichend bestimmt. Realsein und Relativsein, d.h. Sein *nur* in Be-

---

[2] Vgl. zum Folgenden R. BOEHM, *Vom Gesichtspunkt der Phänomenologie*, S. 72–105 („Das Absolute und die Realität"), bes. S. 92–99.
[3] Vgl. die Aussage von R. BERLINGER, „daß die Ursprünglichkeit der Welt sich im Schnittpunkt von Nichtigkeit *und* Absolutheit für das Denken konstituiert" (*Vom Anfang des Philosophierens*, S. 90).

ziehung aufs Bewußtsein, sind Wechselbegriffe: „Realität, sowohl Realität des einzeln genommenen Dinges als auch Realität der ganzen Welt, entbehrt wesensmäßig (in unserem strengen Sinne) der Selbständigkeit. Es ist nicht in sich etwas Absolutes und bindet sich sekundär an anderes, sondern es ist in absolutem Sinne gar nichts, es hat gar kein ‚absolutes Wesen' " (93f.).

Realität hat daher, wie die Aufklärung des prinzipiellen Irrtums vom Welt-Ansichsein ergeben hatte, „ihr *ganzes* Sein als einen gewissen ‚Sinn'. . ., der absolutes Bewußtsein, als Feld der Sinngebung, voraussetzt" (107; Hervorhebung vom Vf.). Außerhalb dieses Bezugs ist das Realsein zwar nichts. Doch gerade weil diese Relativität eine absolute ist, ist sie in und durch sich selbst und nicht etwa aufgrund einer Bewußtseinssetzung aufs Bewußtsein relativ. Die Relativität der Realwelt ist sonach ihre dem weltkonstituierenden Bewußtsein vorgegebene Wesensform: Wenn Welt, so nur als schlechthin bewußtseinsrelative. Welt überhaupt kann nur diesem Gesetze gemäß ein Sein haben: Der Begriff einer absoluten Realität „gilt genau so viel wie ein rundes Viereck" (106). Damit ist, wie gesagt, die Form oder die allgemeinste Wesensumgrenzung einer Welt überhaupt gegeben, nicht ein Spezifikum der Realwelt, welche sich vielmehr durch die mit dem intersubjektiven Insein des Bewußtseins in ihr gegebenen Charakteristika der Raumzeitlichkeit (und der damit unabtrennbar gegebenen Kausalität) auszeichnet.

Wegen der Vorgegebenheit des Weltsetzungsgesetzes erscheint jede Welt dem Bewußtsein als eine von ihm unabhängige Faktizität, auf die es nur stoßen, die es aber nicht konstruieren oder erschaffen kann. Somit wurzelt dieses Gesetz nicht in der Generalthesis – in ihr erscheint es nur und wirkt sich aus – sondern ihr voraus in der bewußtseinsgründenden, gegen reelle Immanenz bzw. Transzendenz noch indifferenten Etwasthesis. Sie nun konstituiert das Bewußtsein insofern, als sie dessen Intentionalität überhaupt zustande, d.h. zum fixierten Stehen bringt [4]. Da diese Setzung um des Bewußtseins willen geschieht (und somit das sie „vollziehende" Bewußtsein als Nichtbewußtsein hinter sich läßt), hat sie dieses zu ihrem ersten Gegenstand und Inhalt, auf den hin sie ausgreift. Genauer: Das Bewußtsein

---

[4] Vgl. oben S. 138. – Husserl spricht diesbezüglich von der „in starrer Gesetzlichkeit vonstatten gehenden Konstitution von immanenten Zeitdaten", welche „nichts weniger als ein aktives Darauf-gerichtet-sein des Ich" ist (*Formale und transzendentale Logik*, § 107c, S. 253).

erhält durch die Etwasthesis die universale Form, qua Bewußtsein Bewußtsein vom Bewußtsein zu sein. Das Bewußtsein wird für sich ein Sich; es wird Bewußtsein überhaupt, wenn auch noch nicht transzendentales Bewußtsein. Denn dazu bedürfte es der Setzung realer Transzendenz [5].

Diese Transzendenz beruht aber ihrem Sein nach auf der innerlichen Transzendenz, der Selbstüberschreitung des Bewußtseins sich selbst gegenüber, dank derer das Bewußtsein das ursprünglich Bewußte ist [6]. Sofern nun diese ursprüngliche Bewußtseinsthesis, die Selbstsetzung des Bewußtseins als Leistung der Identifikation seiner mit sich selbst, ihrerseits ins Bewußtsein erhoben, d.h. *reflektiert* wird, tritt als „Grundeigentümlichkeit des Bewußtseins" [7] seine aktuelle Verselbstigung, seine synthetische Selbstzusammennahme hervor.

1. Der absolute Bewußtseinsschluß

Das Bewußtsein besteht in dieser reflexiven Selbstzusammennahme, welche auf sich rückbezogene und mit sich selbst zur Deckung gelangende Intentionalität ist. Anders gesagt: Die Seinsweise des Be-

---

[5] Deswegen sagt Husserl: „Die Bezeichnung der phänomenologischen Reduktion und im gleichen der reinen Erlebnissphäre als ‚transzendentaler' beruht gerade darauf, daß wir in dieser Reduktion eine absolute Sphäre von Stoffen und noetischen Formen finden, zu deren bestimmt gearteten Verflechtungen nach immanenter Wesensnotwendigkeit dieses wunderbare Bewußthaben eines so und so gegebenen Bestimmten oder Bestimmbaren gehört, das dem Bewußtsein selbst ein Gegenüber, ein prinzipiell Anderes, Irreelles, Transzendentes ist, und daß hier die Urquelle ist für die einzig denkbare Lösung der tiefsten Erkenntnisprobleme, welche Wesen und Möglichkeit objektiv gültiger Erkenntnis von Transzendentem betreffen" (*Ideen* I, § 97, S. 204).

[6] Die Behauptung, das Bewußtsein sei ursprünglich nur Bewußtsein von Bewußtsein; das ursprünglich Bewußte sei also Bewußtsein selbst: diese Behauptung ist, da sie lediglich das in der Etwasthesis Gesetzte expliziert, rein formal zu verstehen. Sie ist also nicht der inhaltlichen Behauptung äquivalent, das Bewußtsein drehe sich stets im eigenen Kreise; das goldene Kalb, um das es tanze, sei nur es selbst: Deus ego! Im Gegenteil: Nach der inhaltlichen Seite ist zu sagen, daß das Bewußtsein, welches in dieser Urintentionalität das Gegenständliche ist, gerade weil es unmittelbares und erstes Gegenständliches ist, *nicht* Bewußtsein ist. Es wird nicht *als* Bewußtsein gesetzt, da es sich in dieser Setzung mit sich vermitteln müßte und somit nicht ursprünglich Bewußtes, sondern Selbstbewußtsein wäre. Vielmehr ist das ursprünglich Bewußte ein rein Gegebenes, d.h. passiv gefundenes und faktisches Sein: es ist aus dem Bewußtsein Hinausgeäußertes, also Welt überhaupt.

[7] *Pariser Vorträge*, Husserliana I, S. 17.

wußtseins ist die eines *absoluten Schlusses*⁸. Denn das Bewußtsein fungiert darin sowohl als die Extreme wie auch als das schließende Medium; es ist schließlich „durch und durch ‚Bewußtsein' " (176). Der absolute Schluß zeichnet sich dadurch aus, daß er sich nur in sich selber und somit auch nur für sich selber vollzieht. Er ist Schließen und Geschlossenes zugleich, d.h. er ist Selbstvermittlung; und Selbstvermittlung ist Bewußtsein. Seine Termini sind dergestalt miteinander ihrem Inhalt nach streng identisch und lediglich ihrer Form oder Stellung im Schluß nach unterschieden. Diese Unterscheidung ist sonach ein „Unterscheiden des Ununterschiedenen"⁹, d.h. der Unterschied *ist* nur als aufgehobener. Das transzendentale Ich ist „der Urgrund, in dem Wesen und Faktum, Weltenthobenheit und Weltlichkeit, Noesis und Noema zugleich unterschiedslos eines und unterschieden sind ... Noesis und Noema der lebendigen Gegenwart sind identisch"¹⁰.

Nach der Seite der Ununterschiedenheit ist dieses Bewußtsein das schlichte seiner selbst Innesein des Bewußtseins¹¹. Die Struktur dieses Schlusses nach der Seite der Unterschiedenheit, aufgrund der Gegebenheit (des Bewußtseins) durch ihre Setzung *als* Gegebenheit zum Sein der Gegebenheit überzugehen, ist dagegen die Struktur der Intentionalität, welche ein noetisches Setzen hyletischer Daten darstellt, in dem ein korrelatives Noema „sich produziert"¹². Als Bewußtseinsschluß geht dieser Zusammenschluß aber nicht aus sich heraus. Seine drei Momente bilden nur die innere Gliederung, die Artikulation des einen Bewußtseins. Dieses ist (sich) selber in der Reflexion absolut gegeben. Denn es ist „durch eine unbedingte, schlechthin unaufhebliche Setzung gegeben" (86). Die Sphäre des Bewußtseins ist also „eine Sphäre absoluter Position" (86).

Das aber bedeutet, daß das Bewußtsein sich im Vollzug dieses Schlusses der Reflexion „als Absolutes gegeben" ist (81). Es vollzieht selber das Unterscheiden an und in sich und ist nur dieses Selbst-

---

⁸ Wenn hier von „Schluß" die Rede ist, so ist dabei stets zu beachten, was Husserl einmal bei anderer, obzwar vom hier zur Behandlung Stehenden nicht völlig abweichender Gelegenheit eingeschärft hat: „Aber von einem Schluß im üblichen Sinne einer *Denkaktivität* ist hier gar keine Rede". (*Phänomenologische Psychologie*, § 23, Husserliana IX, S. 137).
⁹ Hegel, *Phänomenologie des Geistes*, S. 128.
¹⁰ K. Held, „Nachwort", in: L. Robberechts, *Edmund Husserl*, S. 157.
¹¹ Vgl. L. Landgrebe, *Der Weg der Phänomenologie*, S. 116ff.
¹² Zu diesem als Versinnbildlichung des Konstitutionsbegriffs glücklichen Ausdruck („se produire") vgl. E. Levinas, *Totalité et Infini*, S. XIV.

unterscheiden in der Selbstzusammennahme. Das Sein des Bewußtseins wird so durch es selber gesetzt als „absolutes Sein" (80; 92); und Bewußtsein selber ist nichts weiter als „ein Zusammenhang *absoluten Seins*, in den nichts hineindringen und aus dem nichts entschlüpfen kann" (93). Dieses absolute Sein ist absolutes Sichgegebensein. Absolutes Sichgegebensein ist absolute Sichsetzung; und absolutes Sichsetzen ist absolutes Sein. In diesem Kreis liegt das *Wesen* des Bewußtseins beschlossen, und es ist, wie die Reflexion aufweist, mit seinem *Sein* identisch. Denn die Unterschiede und das Unterscheiden sind ein und dasselbe: „Kein leibhaft gegebenes Erlebnis kann auch nicht *sein*: das ist das *Wesens*gesetz" (86; Hervorhebung vom Vf.) [13].

Welt überhaupt wurzelt in dieser Struktur des Bewußtseins, sich schließende Kreisbewegung zu sein. Denn das Bewußtsein findet sich in der Reflexion vor als immer schon in diese unabsehbare Rotationsbewegung [14] versetzt. Das Wesensgesetz des Bewußtseins schreibt diesem sein Sein vor als faktisches Sein (wenn auch diese Faktizität nicht eine solche im gewöhnlichen Sinne ist, da es sich um eine solche handelt, die einsichtigerweise nicht anders sein kann, also wesens-

---

[13] Husserl fügt – wie es scheint, einschränkend – diesen Worten die folgenden Sätze hinzu: „Offenbar ist die Seinsnotwendigkeit des jeweiligen aktuellen Erlebnisses darum noch keine pure Wesensnotwendigkeit, keine rein eidetische Besonderung eines Wesensgesetzes; es ist die Notwendigkeit eines Faktums, die so heißt, weil ein Wesensgesetz am Faktum, und zwar hier an seinem Dasein als solchem, beteiligt ist. Im Wesen eines Ich überhaupt und eines reinen Erlebnisses überhaupt gründet die ideale Möglichkeit einer Reflexion, die den Wesenscharakter einer evident unaufheblichen Daseinsthesis hat" (*Ideen* I, § 46, S. 86f.). Doch ist unsere Behauptung der Identität von Sein und Wesen des Bewußtseins durchaus in dem hier von Husserl bezeichneten Sinn zu verstehen, d.h. nicht im Sinne eines Zusammenfalls beider, bei dem das eine Moment im andern untergehen würde, also vernichtet wäre. Diese reine Identität ist schließlich abgewiesen worden (vgl. oben S. 87f.), da sie nur das Gegenteil der Differenz von Sein und Wesen der Welt darstellt. Vielmehr ist die Identität beider Momente im absoluten Sein des Bewußtseins dialektischer Natur. Sein und Wesen bilden hier eine Relation miteinander, in welcher jedes der beständigende Grund des andern ist; und dieses Andere somit *sein* Anderes. Als Relation ist das Bewußtsein die fungierende Vermittlungsbewegung dieser Andersheiten. D.h. der *intentionale* Charakter des Bewußtseins wird im Selbstbewußtsein nicht beseitigt zugunsten einer schlechten Unmittelbarkeit des absoluten Gegebenseins und Seins des Bewußtseins. Eine solche Unmittelbarkeit wäre gerade nicht Selbstbewußtsein, sondern sinnliches Bewußtsein in der untersten Stufe des Empfindens – und nicht einmal dies, da hier schon die Doppeltheit von Empfindung und Empfindnis gegeben ist.

[14] Der Ausdruck „Rotation" wird hier übernommen aus SCHELLING, *Die Weltalter* (VIII, S. 35).

mäßig begründet ist). Die Notwendigkeit, daß das Bewußtsein sich nur nachmachend machen kann; daß es, um sein Sehen vor sich entstehen zu lassen, immer schon sehend sein muß und als das vorausgesetzt ist, bildet demnach „einen *ganz ausgezeichneten* Fall der empirischen Notwendigkeiten" (87, Anm. 1). Das Ausgezeichnete besteht dabei darin, daß hier ein Wesensgesetz am „Dasein ⟨des Faktums⟩ als solchem" konstitutiv beteiligt ist (86f.). Das Gesetz, nicht nicht sein zu können, bildet nicht nur das Wesensgesetz des einzelnen Erlebnisses, sondern gilt vom Bewußtsein überhaupt, welches ja lediglich aktuelles Synthetisieren aktuell strömender Erlebnisse ist.

Die Unmöglichkeit des Nichtseins besagt gerade die Faktizität, sich nicht originär und ex nihilo erzeugen zu können. Die „unaufhebliche Daseinsthesis" des Bewußtseins (87) ist als solche, d.h. als „absolute Position" (86) gerade *nicht* absolutes Setzen, sondern sowohl Sichsetzen wie Nicht-Sichsetzen [15]; und dieses Zugleich ist der einzig sinnvolle Begriff absoluten Setzens. In ihm entgleitet das Bewußtsein sich selbst und setzt sich selbst ins Äußere; und dieses Sichentäußern ist das Nicht-Sichsetzen, welches Setzung einer Welt ist: zunächst Setzung einer Welt überhaupt und dann, in deren Bestimmung, Konstitution der Realwelt. „Man hat also eine mundane und eine transzendentale Selbstobjektivation der Subjektivität zu unterscheiden." [16]. Wenn also, so lautet unser bisheriges Ergebnis, eine Welt überhaupt gesetzt werden soll, dann kann sie nur dem Bewußtsein *entgegengesetzt* werden.

Die Unaufhebbarkeit der Bewußtseinsthesis besagt aber nicht nur, daß das Bewußtsein gewissermaßen nicht seinen Rücken betrachten kann. Sie meint außerdem, daß es seine Aktualität nicht hinter sich lassen und von ihr sich losmachen kann, um evtl. in ein Außerhalb seiner selbst zu treten und sich von dorther zuzusehen [17]. Für das Bewußtsein gibt es *keine* Möglichkeit, sich von seiner Aktualität zu

---

[15] „La phénoménologie transcendentale n'est réalisable que si l'*Ego* exerce, à l'égard de soi-même, la fonction constituante qui le définit. Mais dans cet exercice nécessaire l'*Ego* se heurte, pour ainsi dire, au phénomène de soi-même, au phénomène de sa propre constitution et ne peut en venir à bout. Il doit être, pour soi-même l'unité d'une transparence exigée et d'une opacité vécue". (J. DESANTI, *Phénoménologie et praxis*, S. 101). Desanti vermag in dieser Gegensätzlichkeit des Ich allerdings nur einen einfachen Widerspruch zu sehen, welcher letzten Endes die Phänomenologie zu einer „entreprise... chimérique" (*aaO.*, S. 111) machen soll.

[16] TH. SEEBOHM, *Die Bedingungen der Möglichkeit der Transzendentalphilosophie*, S. 70.

[17] Vgl. A. AGUIRRE, *Genetische Phänomenologie und Reduktion*, S. 162–164.

befreien, um so in eine von ihr unabhängige Andersheit überzugehen. Darin besteht die Absolutheit und Unüberwindlichkeit seines perspektivischen Standpunktes. Diese Eingeschränktheit bedeutet sonach keine Standpunkthaftigkeit mehr, sondern meint lediglich die bewußtseinskonstitutive „Passivität" oder „Endlichkeit", welche in der notwendigen Mitkonstitution der Welt beschlossen liegt. Wenn Welt sein soll, lautet das zweite Ergebnis, so kann sie nur eine *uneigenständige* Seinsweise haben. Ihr Ansich ist nicht ein solches, daß das Bewußtsein, um an es heranzukommen, von sich selber Abschied nehmen und sich verlassen müßte. Dergleichen ist vielmehr widersinnig.

2. Die Unvergleichlichkeit der Weltrelativität

Entgegengesetztes zu sein, welches aber nur in, für und durch dasjenige ein Sein überhaupt hat, dem es entgegengesetzt ist: das ist der Sinn der absoluten Relativität, welche das Grundmerkmal von Welt ist. Dem Bewußtsein bedeutet dieses Merkmal deswegen die Vorgegebenheit und Unabhängigkeit der Welt von sich, weil das Wesen der Welt sich nicht aus dem (dann schon konstituierten) Wesen des Bewußtseins ableiten läßt. Denn das Gesetz, demgemäß das Bewußtsein sich konstituiert, ist zugleich das Gesetz, demgemäß Welt sich konstituiert. Es ist das Gesetz der Unaufheblichkeit der Daseinsthesis des Bewußtseins. Im Sichvorfinden findet das Bewußtsein deswegen zugleich auch schon eine Welt vor und – da das Bewußtsein um seiner selbst willen auf die Weltkonstitution angewiesen ist – sich in ihr. Die Daseinsthesis des Bewußtseins ist wegen dieser ihrer Gleichgültigkeit gegenüber der Immanenz oder Transzendenz oder sonstigen Sonderung in dem durch sie Betroffenen rein formale Etwasthesis.

Die Möglichkeit einer Welt überhaupt hängt sonach vom Gesetz des Bewußtseins ab, demzufolge dieses sich setzen muß, wenn es sein will und soll. Die Wirklichkeit von Welt ist dann durch das faktisch aktuelle Sein des Bewußtseins, durch dessen Daseins- oder Etwasthesis, mitgegeben oder konstituiert. Welt überhaupt ist also eine „formal-logische Idee" [18]. In dieser Thesis kommt lediglich Bewußtsein überhaupt als intentionales überhaupt zustande, welches allerdings die Grundlage des Realitätsbewußtseins ist: „Gegenständlichkeit setzt Einheitsbewußtsein, Identitätsbewußtsein voraus." [19]. Es

---

[18] *Krisis*, § 9f, Husserliana VI, S. 45.
[19] *Zeitbewußtsein*, § 31, Husserliana X, S. 68.

bedarf noch der Bestimmung bzw. des Nährervollzugs durch die Generalthesis, in der dann zugleich auch die Transzendentalität des Bewußtseins sich konstituiert. Weltkonstitution ist also Mitkonstitution in der Selbstkonstitution und um dieser willen.

Weltkonstitution hat letztlich teleologischen Charakter. Deswegen ist Welt ursprünglich auch der Raum sittlichen und ganz allgemein praktischen Lebens, aus dem erst, als eines seiner Teilmomente, Theorie und theoretisch-wissenschaftliche Einstellungen erwachsen [20]. Auch dieser ursprünglich praktische Charakter der natürlichen Einstellung resultiert aus dem unaufheblichen Charakter der Daseinsthesis. Denn da die Weltkonstitution zwar um des Bewußtseins willen, aber als Gegensetzen gegen dessen Selbstsein sich ereignet, ist das Bewußtsein gesetzt als von der Welt abhängig und unter sie einbegriffen. Jeder Schritt der Selbstwerdung des Bewußtseins ist demnach Bearbeitung der Welt als des vorgegebenen Materials der Selbstbestimmung des Bewußtseins. Die praktische Welt der „Arbeit" und des „Interesses" steht also dem Bewußtsein nicht entgegen als ein Anderes. Vielmehr ist sie einbegriffen ins Sein der Subjektivität selbst als das Material ihrer Selbstwerdung und absoluten Position; welches Material allein eine reine Theorie und ein uninteressiertes Zuschauen, d.h. Phänomenologie, ermöglicht.

Welt ist nichts vom Ich Verschiedenes, sondern das bloß Nichtandere des Bewußtseins. „Wesensmäßig gehört beides zusammen, und wesensmäßig Zusammengehöriges ist auch konkret eins, eins in der absoluten Konkretion: der transzendentalen Subjektivität." [21]. Da das Sein der Welt kein anderes ist als das des Bewußtseins selber, wird in der Aufhebung der natürlichen Einstellung und Weltgeltung die Welt auch nicht ins Bewußtsein aufgehoben; nicht einmal in dem Sinn, wie die inneren Wesensunterschiede des Bewußtseins nur als ununterschiedene oder aufgehobene Sein haben. Die Idee einer durchs transzendentale Bewußtsein geschehenden Weltvernichtung, durch welche dieses transzendentale Bewußtsein in keiner Weise berührt würde, ist demnach widersinnig. Andererseits ist durch den gleichen Sachverhalt aber auch der Widersinn der Idee der Lebenswelt als

---

[20] „Es gibt für den Menschen in seiner Umwelt vielerlei Weisen der Praxis, darunter diese eigenartige und historisch späte: die theoretische Praxis" (*Krisis*, § 28, Husserliana VI, S. 113). „Alle Vernunft ist zugleich praktische Vernunft, und so auch die logische Vernunft." (*Analysen zur passiven Synthesis*, § 15, Husserliana XI, S. 62).

[21] *Pariser Vorträge*, Husserliana I, S. 33.

eines letzten Prinzips gegeben. Vielmehr ist die Aufgabe unvermeidlich, den „Weg in die phänomenologische Transzendentalphilosophie in der Rückfrage von der vorgegebenen Lebenswelt aus" [22] zu gehen.

Andererseits hat die Welt zugleich auch ein in grundlegendem Sinn *anderes* Sein als das Bewußtsein. Sie ist das Nichtandere des Bewußtseins nur insofern, als sie *auch* das Andere ist. Sie ist absolut nur, was ihre Relativität betrifft. Als vom Bewußtsein Ununterschiedenes bliebe Welt ins Intentionalitätsgefüge des Bewußtseins und in die grundlegende Etwasthesis, die Daseinsthesis des Bewußtseins, einbehalten. Insofern wäre die Welt das Bewußtsein selber und, wie alles Ununterschiedene, ein aufgehobenes Moment seines absoluten Seins. Doch liegt das Ausgezeichnete der Weltabsolutheit vielmehr darin, daß sie eine *relative* Bestimmung darstellt. Sie ist Absolutheit der Relativität, also bedingte Absolutheit oder gegen kein Anderes auszugrenzende Relativität. Das absolute Wesen des Bewußtseins und das relative Wesen der Welt stehen also keineswegs auf gleicher Ebene. Beide Seinsweisen sind nicht miteinander vergleichbar.

Die Relativität der Welt bestimmt diese sonach nicht in einer Wechselbestimmung, da die Relativität dann nicht mehr eine absolute wäre. Sie würde nicht mehr allein von der Welt ausgesagt, sondern bildete zugleich auch eine Bestimmung des Bewußtseins. Dieses würde in die Relation mit hineingezogen, so daß das Relative, die Welt, seiner Absolutheit, d.h. seiner Einzigartigkeit, verlustig ginge. Das reine Insichsein der Weltrelativität besagt also vielmehr eine „Reflexivität" des Weltseins in sich selber. Die Relativität bezieht sich nur auf sich selbst und verweist nicht auf einen Grund außerhalb ihrer, von dem sie als solche abhinge. Sie heißt nicht deswegen so, weil sie, verglichen mit einem Anderen (also im Vergleich mit dem Bewußtsein), der Welt beigelegt würde. Denn solche Relativität wäre eine bloß relative. Die Welt hieße nur in Beziehung aufs Bewußtsein relativ, nicht aber an und für sich. Welt könnte so zwar dem Bewußtsein als relativ *erscheinen*, rein für sich genommen aber ein absolutes oder sonstwie beschaffenes Sein besitzen. Vielmehr ist Welt durch und durch relativ, ohne daß es einen Vergleichsmaßstab für diese (andernfalls ja nur graduelle) Relativität gäbe.

Die Welt fordert demnach auch das Bewußtsein nicht in der Weise, wie wechselbestimmte Relativa (z.B. das Einfache und das Doppelte,

---

[22] Titel des 3. Teils, Abschnitt A der *Krisis*; Husserliana VI, S. 105.

Herr und Knecht) einander fordern. „Husserl erkennt eine, wie auch immer zu denkende Wechselwirkung von Bewußtsein und Realem nicht an." [23]. Im Insichsein der Welt findet sich kein notwendig auf die transzendentale Subjektivität hinauslaufender Faden, welcher die Reduktion zu einem zwangsläufigen Verfahren machen würde, sofern der Gang der Welterforschung nur weit genug gediehen wäre. Eine solcherart verstandene Subjektivität wäre selber nur ein Teil, wenn auch der begründende oder abschließende, des ganzen Weltgebäudes. Ihr Sein wäre Sein in prinzipiell gleichem Sinn wie das Sein der Welt. Und umgekehrt hätte das Sein der Welt den gleichen Sinn wie die Seinsweise des Bewußtseins.

Es führt aber kein Übergang von dem einen zum andern, sondern nur ein *Sprung*, da zwischen beiden ein Hiatus, ein „wahrer Abgrund des Sinnes" (93) liegt. Das aber aufgrund der absoluten Relativität des Weltseins. Dies ist lediglich ein anderer Ausdruck für den Sachverhalt, daß Sein und Seinsweise der Welt vom Bewußtsein nicht konstruiert oder aus ihm als aus einer Prämisse deduziert werden [24], sondern daß Welt und Ich im Zugleich und nach dem gleichen Gesetz entstehen. Diese Gemeinsamkeit ist es, welche einerseits die „Seinsrede" vor einem äquivoken Zersplittern bewahrt. Zugleich hindert sie aber auch jede Möglichkeit der Univozität oder Gleichgeordnetheit beider Seinsweisen. Denn diese entstehen nicht die eine aus der andern, sondern die Selbstkonstitution des Bewußtseins bringt eine Weltkonstitution einem gemeinsamen Gesetz zufolge mit sich und heißt sie unweigerlich mitvollziehen.

Das Wesen der Welt läßt sich demnach nicht im einfachen Gegenzug gegen das der Subjektivität bestimmen, so daß ihre Relativität lediglich Nicht-Absolutheit meinte. Welt hat vielmehr durchaus ein Sein in sich, ein Eigensein, das mit dem des Bewußtseins nicht vergleichbar ist. Zwischen beiden Seinsweisen obwaltet nicht bloß die Verschiedenheit einer anderen spezifischen Differenz. Welt besteht zwar nur in einem Gegensetzen, aber in einem absoluten, welches sonach ein *völlig* unselbständiges Sein setzt. So bildet denn auch die Konstitution der Realität ihrem nächsten und formalsten Merkmal nach den Gegensatz gegen die Ununterschiedenheit der Unterschiede,

---

[23] F. MUTH, *Edmund Husserl und Martin Heidegger in ihrer Phänomenologie und Weltanschauung*, S 45.
[24] Vgl. *Pariser Vorträge*, Husserliana I, S. 11.

welche deren Form im Bewußtsein ist, d.h. die Form der auf sich selbst gerichteten Intentionalität.

Welt gibt es nur als bzw. in der Unterschiedenheit der Momente Hyle, Noesis und Noema. Ihr Schluß entbehrt so des absoluten Muß eines zusammenschließenden Sichaufhebens der Unterschiede. Die schließende Bewegung des unaufhaltsamen Übergangs der Momente ineinander, welche die Unaufheblichkeit der Daseinsthesis des Bewußtseins ausmacht, wohnt der weltgerichteten Intentionalität nicht inne: ,,Dingliche Existenz ist nie eine durch die Gegebenheit als notwendig geforderte" (86). Der Grundunterschied von Schließen und Schlußmomenten bedingt des weiteren dann den Unterschied der Momente untereinander. Diese *werden* zusammengeschlossen, und zwar, da das einzig Tätige das Bewußtsein ist, vom Bewußtsein. Dieses ist aber nicht nur das einzige Tätige, sondern darüberhinaus auch nichts anderes als Tätigsein. Deswegen muß es sein Objekt oder Ziel, die Konklusion seines Schließens, auch als ein transzendentes, vom Bewußtsein unterschiedenes Sein konstituieren. Das vermittelnde Element, das Medium der Weltkonstitution, ist die konstitutive Tätigkeit des Bewußtseins; das Resultat seines Schließens dagegen deren Negation, d.h. Nichttätigkeit. Die Welt nimmt in ihrem Sichdarstellen die schließende Leistung des Bewußtseins in sich so auf, daß sie als solche nicht mehr kenntlich wird[25]. Welt ist anonymes Sediment und Rückstand der Bewußtseinstätigkeit, welche sich aus ihrem Produkt zurückgezogen hat.

B. Die Zufälligkeit der Welt

Es bedarf über diese bloß negative Kennzeichnung des Weltseins als eines Entgegenseins hinaus noch der positiven Bestimmung des Verhältnisses von Hyle und Noema im Weltbewußtsein, also des Ansatzes an den beiden vermittelten Extrema des weltkonstituierenden ,,Schlusses". Denn nur dadurch wird über die Etwasthesis hinaus- und zur Generalthesis fortgegangen. Die schließende Tätigkeit oder das konstituierende Leisten negiert sich selber und setzt dadurch ein Transzendentes[26]. Die Negation des Tätigseins muß aber, soll ihre

---

[25] Der ,,Schein" der Autonomie der Welt ,,ist in Wahrheit ihr durch Hypostasierung unkenntlich gemachter negativer Horizont" (R. BERLINGER, *Vom Anfang des Philosophierens*, S. 89).
[26] Die Unableitbarkeit des Eigenseins der Welt, welche deren ,,Reflexivität" bzw. die Absolutheit ihrer Relativität meint, wird von Husserl dadurch angedeutet,

Konklusion transzendent sein, schon in der Hyle beschlossen liegen [27]. Die Vermittlungsfunktion der Noese besteht dabei darin, daß sie die Hyle expliziert zum transzendenten Noema. In der Hyle geht das Noema sich also selber vorher. Es liegt sich selber voraus, aber als noch unentfaltetes und als bloße Möglichkeit des Noema [28].

Die Hyle wird also im Noema zu sich gebracht vermittels der konstitutiven Funktion der Noese. Der Begriff der Hyle meint demnach die im Bewußtsein als gegeben angetroffene *Aufgabe* der Setzung des Noema, d.h. den Zwang, Gegenstände als transzendente aufzufassen. Das Noema reicht so als Vor-schrift ins Bewußtsein hinein und ist nichts weiter als diese Vor-schrift als ausgeführte. Es ist „Schrift" („γράμμα"), in welcher die Vor-schrift („προ-γράμμα") ihre Interpretation und damit ihr Sein gefunden hat. Dieses völlig bewußtseinsunabhängige Auftreten des Noema im Bewußtsein macht die Absolutheit der Weltrelativität aus. Doch was so auftritt, ist gerade nicht das Noema als solches, sondern sein Sein *vor* seinem Sein, d.h. seine hyletische Möglichkeit.

1. Die Doppelsinnigkeit der Hyle

Der Ursprung der Realwelt in bloßer Möglichkeit, also in der Unentschiedenheit des Seins oder Nichtseins, schreibt sich aus dem zwiespältigen Statut der Hyle her, zugleich die „an sich sinnlosen, irrationalen... Stoffe" (176) der Konstitution (gen. subj., gen. obj.) darzubieten, wie auch immer schon die sinntragende „Funktion der ‚Darstellung' " (75) übernommen zu haben. Da diese Doppelsinnigkeit zum Wesen der Hyle gehört und nicht hintergangen werden kann, trägt auch das ihr entsprungene Noema den Charakter eines (sinnleeren [29]) Ansichseins (einer Absolutheit), dessen inhaltliche Bestim-

---

daß er nach seinen Aussagen über die Seinsweise des Bewußtseins seine Bestimmung des Weltseins mit dem Wort „Andererseits" einleitet (*Ideen* I, § 49, S. 92 sowie S. 93). Vgl. R. BOEHM, *Vom Gesichtspunkt der Phänomenologie*, S. 85: „Husserl behauptet das nicht absolute, bloß relative Sein der Realität. Doch die Behauptung ist keine Folgerung aus dem voranstehenden Satz, gegen den sie mit dem Anfangswort ‚Andererseits' abgehoben ist".

[27] Im Folgenden greifen wir das oben S. 74f. gestellte Problem wieder auf, nachdem die Bedingungen seiner Lösung, nämlich die ursprünglich nachträgliche Seinsweise der Subjektivität und die entsprechende Seinsweise der Welt als absolut relativer, in ihrem genauen Sinn aufgeklärt worden sind.

[28] Im Unterschied dazu geht zwar auch das Bewußtsein sich selber vorher, aber nicht als ein mögliches, sondern als notwendigerweise aktuelles.

[29] Vgl. oben S. 133ff.

mung aber reine Erscheinungshaftigkeit (Relativität) ist. Die absolute Relativität als Seinsweise der Welt ist Erscheinen, in dem nichts anderes erscheint als das Erscheinen selber. Die Doppelung des Erscheinens in gegebene und bestimmte Erscheinung (als Inhalt) und nichterscheinendes Erscheinen oder Ansichsein (als vorausgesetzte Form des Erscheinens) bildet den unentwegten Fluß des Erscheinungszusammenhanges, der seine vermittelten Extrempunkte im gegenwärtig Gegebenen des aktuellen Wahrnehmungsfeldes einerseits und im unendlichen Realitätshorizont andererseits hat [30].

Daß das Noema des Weltlichen durch Tätigkeit zustande kommt, die zugleich auch keine Tätigkeit ist, bedeutet, daß es konstituiert ist [31]. Daß es seiner Konstitution schon vorausliegt, besagt, daß es als ein dem Bewußtsein Transzendentes sich konstituiert. Und daß der hyletische Anstoß nicht von einem jenseits des Bewußtseins liegenden, also irgendwie transzendenten und schon konstituierten Anstoßenden, einem vorweg schon Seienden (dem Ding an sich), herrührt, hat zur Folge, daß das weltlich Seiende ein „bloß Phänomenales" und reine Erscheinung ist. Daraus ergibt sich die Bestimmung der Hyle: sie ist im Bewußtsein mitschwimmender Anstoß, der aufs

[30] Über das Sein der Realwelt als des absoluten Erscheinungszusammenhanges vgl. oben S. 81ff. sowie S. 105ff.

[31] Die Notwendigkeit, den einheitlichen Sinn der Konstitution immer durch die Nebeneinanderstellung einer Position (hier: Tätigsein) und Negation (hier: Nichttätigkeit) ausdrücken zu müssen; also die Unmöglichkeit, das mit diesem Begriff Bedeutete in die Einheit *einer* Bedeutung zusammenzuziehen (vgl. E. FINK, „Les concepts opératoires dans la phénoménologie de Husserl", in: *Husserl*, S. 228f.), meint nichts anderes als den Sinn der Konstitution, ein uneinholbar Vergangenes zu sein. Das Konstituiertsein von Dingen wird bei der Aufklärung des Zustandekommens der Konstitution, d.h. des Erscheinens der Dinge, immer schon vorausgesetzt. Das Rückkehren (Reflektieren) in diese Vergangenheit hat nur Sinn, sofern der Vergangenheitscharakter ins Gegenwärtige(n) unauflösbar bleibt; solange also das Zusehen beim Zustandekommen der Vernunftaktualität, d.h. beim Fungieren der Intentionalität, nicht glaubt, seinen Standpunkt außerhalb dieser Aktualität selber zu haben bzw. haben zu können. Im Gegenteil, der Widerspruch zwischen dem Sein der Differenz (von Sein und Nichtsein) und dem mit ihr zu versöhnenden Soll der Indifferenz (der Idee) macht das Wesen der (zu sich selbst kommenden) Vernunft aus: Sie ist das Widerspruchswesen *an und für sich*. Zu sagen, „daß das letztfungierende zeitigende Ich immer auch ein gezeitigtes ist, weil es in seiner Ständigkeit strömt" (K. HELD, *Lebendige Gegenwart*, S. 74), ist daher nicht bloß eine paradoxe Rede, sondern der exakte und angemessene Ausdruck der unaufheblichen Seinsweise der Vernunft als ursprünglich nachträglicher. „La fenomenologia non solo *può*, bensì deve articolarsi in forme così eterogenee e discordanti" (R. CANTONI, „Edmund Husserl e la critica dell'atteggiamento naturale", in: *Il pensiero critico* (3), S. 40f.).

Bewußtsein geschieht, und vermöge dessen dann das Bewußtsein ein Anstoßendes, ein transzendentes Ansichsein überhaupt erst konstituiert. Die Nachträglichkeit des Bewußtseins besteht hier darin, daß es aufs Transzendente weitergehen muß. Seine Ursprünglichkeit dagegen bewahrheitet sich durch den Umstand, daß es der Transzendenz vorausliegt und das Anstoßende in sich selber trägt; daß es sich also selber zum Tätigsein anstößt und sich selber in Aktualität versetzt. Das Dingnoema ist dann die „Erklärung" oder Interpretation der Hyle, auf welche das Bewußtsein „schließt". Das Ich verleiht im konstitutiven Setzen nach außen der Hyle erst ihren Sinn, als Darstellung zu fungieren.

Das Außereinander von Hyle und sinnverleihender Noese liegt dabei in dem Sachverhalt beschlossen, daß die hyletische Möglichkeit, als welche das Noema vor seiner Konstitution im Bewußtsein besteht, nicht in dem Sinn zu verstehen ist, als handele es sich hier um ein Vor-sein des Realen in der Idee, das zu seiner Verselbständigung oder Realisierung lediglich noch einer welterschaffenden positio extra causas bedürfte. Die Hyle ist nicht ein phantasiertes Ding, das im Nachhinein als wirklich aufgefaßt würde. Vielmehr findet die noetische „Erklärung" der Hyle an dieser selber keinerlei Anhaltspunkt, welcher die Wahrheit des konstituierten Dinges an seinem obzwar hyletischen, so doch gegenständlichen Vorsein [32] zu messen erlaubte. Die Hyle ist eben – um ein Wort Hegels zu gebrauchen – nach Abzug der noetischen „Formierung und Veränderung" [33] ein „leerer Ort" [34], d.h. bloßes Etwas überhaupt. Von ihr her besteht also keine Präformierung, die durch die noetische Leistung gewissermaßen nur wiederholt zu werden bräuchte. Gegebene Hyle an und für sich ist nur die Aufgabe zur Setzung eines Transzendenten überhaupt. Die noetische Sinngebung, welche an ihr vollzogen wird, ist ihrer Bestimmtheit nach unabhängige Interpretation.

Und doch überschreitet sie den durch die Hyle gesteckten Rahmen des transzendenten Etwas nie. Sie bildet in dieser Hinsicht eine immanente Näherbestimmung des vorgezeichneten bloß formalen transzendenten Etwas überhaupt. Diese andere Seite des Verhältnisses von Hyle und Noesis rührt daher, daß im nichtabsoluten „Bewußtseinsschluß", d.h. im Falle der transzendent gerichteten Inten-

---

[32] Vgl. oben S. 77, Anm. 3.
[33] HEGEL, *Phänomenologie des Geistes*, S. 63.
[34] *AaO.*, S. 64.

tionalität (und zunächst Wahrnehmung), die Hyle immer schon in eine sedimentierte Vorbestimmung – eben die, Soll der Konstitution von Transzendentem zu sein – eingelassen ist. Sie bildet nicht nur die Hyle eines Weltlichen überhaupt, sondern eben eines Realen. Fungierende Hyle hat nie den Charakter eines ursprünglichen Ersten. Sie ist immer ein Zweites, weil sie durch ihre allgemeine Vorzeichnung, Hyle von bzw. für Reales zu sein, in einem Horizont ihr schon vorausliegender Konstitution steht. Hyle ist schließlich die Darstellung von Weltlichem; nicht eine solche der Realwelt selber. Für den Horizont von sich Abschattendem hat nämlich das Sichabschatten keinen Sinn. Verweist das sich abschattende Ding immer schon auf den raumzeitlich-kausalen Zusammenhang anderer sich abschattender Dinge, aus dem es sich herschreibt; ist also die ursprüngliche Gegenwart des Realen durch eine sie herbeiführende Vergangenheit oder „Tradition" bestimmt, so liegt das Absolutheitsmoment dieses Geflechts bloßer Verhältnisse in der unvorgreiflichen Vorgabe ihres Horizonts, d.h. im bestimmt gearteten Sein von Welt insgesamt [35].

Der einzelne Knotenpunkt der Verhältnisse, das Ding, ist konstituiert durch Auffassung der doppelsinnigen Hyle. Die Auffassung bildet einen „Überschuß"[36] und liegt insofern außerhalb der rein in sich betrachteten und dabei als leer erfundenen Hyle. Ihre Wahrheit und ihr Korrektiv hat die Auffassung dann am schon vergangenen Auffassen, d.h. an der sich durchhaltenden Einstimmigkeit der gegenwärtig sich vollziehenden Konstitution mit dem Gesamt der ihr vorausliegenden Auffassungen.

Doch führt das Einpassen des als seiend konstituierten Dinges ins voraufgegangene Sein von Dingen nicht zu einem absoluten Erweis der Wahrheit oder Unwahrheit des jeweilig beanspruchten Seins bzw. Nichtseins des Dinges. Denn die „Tradition", deren Hereinreichen ins Aktuelle sein Sein garantieren soll, ist selber nichts weiter als ein Kon-kretum, welches aus den vergangenen Ergebnissen von Konstitutionen, aus Auffassungen von gleicher Art wie der aktuellen, erwachsen ist. Die mögliche Unwahrheit des aktuell beanspruchten Seins überträgt sich damit auf seinen gesamten Horizont. Er steht gleich dem „jetzt" gegenwärtigen Ding in der beständigen Möglichkeit des Nichtseins oder Andersseins, d.h. der Durchstreichbarkeit. Der Maßstab, an welchem die Wahrheit der Dinge gemessen werden

---

[35] Vgl. Ms. F I 13/6a f.
[36] *Logische Untersuchungen* II/1, 5. Untersuchung, § 14, S. 385.

soll, trägt selber keine absolute Wahrheit in sich und taugt nicht als unbezweifelbarer Prüfstein, an dem sich Sein von Nichtsein unfehlbar und gewissermaßen von selbst, ohne alles Zutun und Bemühen des Bewußtseins, scheiden würde.

So wenig wie das einzelne Reale besitzt dann die als sein Horizont an ihm „klebende" Welt, d.h. die als „omnitudo realitatis" (4), als „All der Realitäten" (106) in plurali verstandene Welt ein Sein, welches die Möglichkeit des Nichtseins ausschlösse. Der Realwelt eignet kein unbezweifelbares Sein; sie ist nicht in einer „unaufhebbaren Daseinsthesis" setzbar [37]. Vielmehr steht sie in der beständigen Möglichkeit des Andersseins. Die Realität ist wegen des Grundunterschieds zwischen Konstituieren und Konstituiertem [38] das Wirklichsein oder *Bestehen* dieser Möglichkeit [39]. „Alles leibhaft gegebene Dingliche kann trotz dieser leibhaftigen Gegebenheit auch nicht sein" (86). Die Bestätigung seines Seins, welche es durch seine Einfügung in das Gesamt der Realitäten und durch seine Übereinstimmung mit dem in diesem Verhältnis Gegebenen erhält, ist von bloß relativer Natur.

Das Verfügtsein in die Einstimmigkeit des schon gegebenen Realitätenzusammenhanges schickt dem Einzelding (als essentia) das Sein (existentia) zu. Dieser Zusammenhang bildet sonach den Grund seines Seins. Das bedeutet, „daß durch eine universale kausale Regelung alles in der Welt Zusammen-Seiende eine allgemeine unmittelbare oder mittelbare Zusammengehörigkeit hat, in der die Welt nicht bloß eine Allheit, sondern Alleinheit, ein (obschon unendliches) Ganzes ist" [40]. Dabei versichern Grund und Begründetes, das Ding und sein notwendig mitgegebener Horizont, einander wechselseitig ihres Seins. Dieses ist demnach durch und durch ungesichert; es *kann* wesentlich gar nicht gesichert sein.

Es sind also „keine aus der *Erfahrungs*betrachtung der Welt geschöpften Beweise erdenklich..., die uns mit absoluter Sicherheit der Weltexistenz vergewisserten" (87; Hervorhebung vom Vf.). Ein solches Erdenken, das auf absolute zweifellose Gewißheit von Seiendem in der Welt abzielte, wäre bloß ein widersinniges Erdichten. Der

---

[37] Umgekehrt gilt natürlich: So wenig das Sein der Welt absolut feststehen kann, so wenig ihr Nichtsein. Das Sein der Realität ist nie aus für gewiß anzusehenden Gründen auszuschließen.
[38] Vgl. oben S. 155.
[39] Vgl. oben S. 80ff.
[40] *Krisis*, § 9b, Husserliana VI, S. 29.

rein text-, d.h. sinnkonstituierende Interpretationscharakter der Auffassungsleistung macht es schließlich unmöglich, aus dem Auffassungsgeflecht eine ansichseiende Objektivitätskomponente auszusondern, welche als bewußtseinsunabhängiger und damit absoluter Maßstab für Sein oder Nichtsein der Realität dienen könnte. Über die Existenz der Realität ist sonach nie ein- für allemal entschieden. Die Realweltthesis ist wesentlich „aufheblich", weil sie in der Existenz der Einzeldinge unlöslich verankert ist.

Realität „ist" demnach – das Ist im Sinne des Realseins, d.h. als mögliches Anderssein verstanden – Realität „ist" nur, im Maße eine Anknüpfung des gegenwärtig als real Erfahrenen an früher Erfahrenes möglich ist. Genauer: im Maße das aktuelle Wahrnehmungsfeld sich mit einem Horizont möglicher anderer Wahrnehmungen synthetisch zur Einheit *eines* Bewußtseins verknüpft. Das gegenwärtige Einzelding hat keine eigene Macht, aus sich zum Sein zu gelangen. Es ist nicht notwendig seiend, sondern erhält das Sein zugesprochen aus einem Grunde her, der sowohl von ihm selber unterschieden ist und außer ihm liegt, wie er ihm auch zugehört als sein Horizont überhaupt [41].

Durch diese Begründetheit in seinem Horizont, also in einem Sein, über das es nichts vermag, ist ein jedes Einzelding und sind alle Einzeldinge insgesamt in ihrer Existenz bezweifelbar: Sie sind radikal *zufällig*. Das bedeutet, „daß alles, was in der Dingwelt für mich da ist, prinzipiell nur präsumptive Wirklichkeit ist", und „daß jede noch so weitreichende Erfahrung die Möglichkeit offen läßt, daß das Gegebene, trotz des beständigen Bewußtseins von seiner leibhaftigen Selbstgegenwart, *nicht* existiert" (86). Nicht nur *trotz* seiner Selbstgegenwart, sondern darüberhinaus sogar gerade *in* ihr und *durch* sie ist diese Möglichkeit gegeben. Denn die Seinsweise des Realen ist eben die, ein Zufälliges zu sein in dem genannten Sinne, daß es in seinem Sein von anderem, ihm als Horizont vorausliegenden Sein abhängt.

Anderes Sein ist aber seinerseits von wieder anderem abhängig. Der explikative Rückgang in die Vergangenheit stößt auf ein unausschöpfbares Undsoweiter; er trifft niemals auf ein Erstes, bei dem die Iteration zu einem Stillstand gelangen könnte. Gäbe es ein solches erstes Seiendes, das noch nicht in einem Horizont von Anderem und

---

[41] Vgl. A. GURWITSCH, *Théorie du champ de la conscience*, S. 322ff.

schon Vergangenem stünde, so wäre die durchgängige Labilität, die Zufälligkeit des Weltlichen aufgehoben. Die Möglichkeit eines regressus in infinitum, der in eine „schlechte" Unendlichkeit hineinführt, ist aber ein für alles Reale konstitutiver Wesenszug. Soeben zeigte sich, daß das Einzelding zufällig ist in dem Sinn, daß es von sich her sowohl zu sein wie auch nicht zu sein vermag; daß somit sein Sein unmittelbar eines Grundes bedarf. Dem ist nun hinzuzufügen, daß ebenso das Ding deswegen zufällig ist, weil sein Grund, der Horizont der ihm vorangehenden bzw. folgenden Einzelrealitäten, in sich selber nicht dergestalt befestigt ist, daß von ihm her das jeweils aktuelle Ding eine unbestreitbare und notwendige Basis für den Ausweis seines Seins besäße.

Der Grund ist ebenso wie die Macht, das Sein des Dinges zu garantieren und zu tragen, auch die Ohnmacht, eine absolute Begründung zu bewirken. Mit Hegels Worten gesagt: „Das Zufällige hat also darum keinen Grund, weil es zufällig ist; und ebensowohl hat es einen Grund, darum weil es zufällig ist" [42]. Das Reale hat an seinem Horizont deswegen keinen zureichenden Grund, weil es überhaupt keinen solchen Grund besitzt: Es ist keines Grundes notwendige Folge und aus keiner Prämisse abzuleiten [43].

2. Die Identität von Hyle und Noema im kinästhetischen Bewußtsein

Dennoch ist die Frage nach einem Ersten, von dem her die Bewegung des Zustandekommens der ihrem Sein nach ineinander verschränkten Realitäten ihren Anfang nehme, nicht einfachhin unsinnig. Denn eine jede Auffassung von etwas Bestimmtem als solchen verweist zunächst auf eine „Urstiftung", in der es entsprungen ist. Diese kann aber nicht „schöpferisch" in absolutem Sinn sein, da sie ihrerseits einen Horizont relativer Bekanntheit voraussetzt, demgegenüber die Urstiftung sich als Konstitution vorheriger Unbekanntheit abhebt. Soeben wich nun dieser Traditionshorizont beim Ver-

---

[42] HEGEL, *Wissenschaft der Logik*, S. 174.
[43] Mit der Abweisung der Idee zureichenden Begründetseins als eines möglichen Maßstabs für die Entscheidung über die Seinsweise der Welt ist nicht gegen die Idee einer durchgängigen Kausalität argumentiert. Nur das ist damit gesagt, daß diese Kausalität nicht als ein logischer Prozeß des Folgerns bzw. Folgens zu verstehen ist. Zum andern ist dadurch das Problem der noetischen Ingredienzien im Noema aufgeworfen, sofern nämlich der Kausalitätsgedanke zur Frage zwingt, was denn als *ein* Ding zu gelten habe bzw. was – um Husserls Sprachgebrauch zu verwenden – als *eine* „Substanz" aufzufassen sei.

such, sein Primum zu erfassen, ins Unendliche zurück. Die Frage nach dem Ursprünglichen, an welchem das zufällige Sein des Weltlichen als an seinem Grund (im Sinne einer αἰτία) festgemacht werden könnte: diese Frage betrifft also nicht das Einzelding in seiner Einzelheit. Sie geht vielmehr auf die endlose Kette miteinander verknüpfter Dinge als solche; sie richtet sich auf das Ding überhaupt [44].

Aus welchem Grund schreibt sich die Zufälligkeit der Realität überhaupt her? Was beständigt die beständige Möglichkeit des Andersseins? Was bildet den unveränderlichen Horizont, auf dessen Hintergrund sich alle Einstimmigkeit und Durchstreichung des Realseins abspielt? Welche Hyle ist zugleich Noema, d.h. Vorschrift der unabänderlichen Strukturen alles Weltlichen, welche von der noetischen Aktivität her dann sowohl bloß hingenommen wie auch – da es sich ja um die allen Einzeldingen vorausliegende Urrealität handelt – erst einmal durch die noetische Aktualität zustande gebracht wird?

Die geforderte und vorausgesetzte Identität von Hyle und Noema, die „zugleich konstituierend und konstituiert" ist [45], kann sich nur in einem Realen realisieren, welches in einer eigentümlichen „Reflexivität" „sich selbst gegenständlich gegeben ist" [46]. Dies aber ist das objektivierte, das reale Bewußtsein. Nach der Seite des *Bewußtseins* ist es kinästhetisches Bewußtsein; nach der Seite seiner Objektivität dagegen Leibbewußtsein [47]. Das kinästhetische Bewußtsein, welches sich selber als ein „Ich kann" *am* Leibe bewußt hat, bildet dergestalt den Grund des möglichen Andersseins alles Realen.

Dies insofern, als die Identität von darstellend fungierender Empfindung und Empfindungsbewußtsein selber nicht eine solche ist, daß *ihr* Anderssein ausgeschlossen wäre. Vielmehr sind das Datum des Dingaspektes und das Bewußthaben dieses Datums im Vermögenssystem der Kinästhesen immer schon auseinandergetreten in ein solches Verhältnis, daß das eine dem anderen bloß nachfolgt in der motivierenden Relation eines „Wenn-So" [48].

---

[44] Im Vorigen wurde der Begriff des Zufälligen als Kategorie der Relation gedacht, d.h. „als etwas, das nur als Folge von einem anderen existieren kann," während nun die Aufgabe ist, das Zufällige gemäß der Modalitätskategorie zu denken, nämlich „als etwas, dessen Nichtsein sich denken läßt" (KANT, *Kritik der reinen Vernunft*, B 290).
[45] U. CLAESGES, *Edmund Husserls Theorie der Raumkonstitution*, S. 108.
[46] *AaO.*, S. 107.
[47] Vgl. aaO., S. 109f.
[48] Vgl. dazu aaO., S. 72.

Dabei muß allerdings angemerkt werden, daß das kinästhetische bzw. das Leibbewußtsein deswegen als *Grund* der Zufälligkeit der Realitäten als solcher fungiert, weil *seine* Zufälligkeit von anderer Art ist als die der sonstigen Dinge. Der Unterschied zwischen Hyle und Noema ist in ihm zwar aufgehoben. „So betrachtet liegt im Empfindungsbewußtsein eine volle Koinzidenz des Bewußtseins mit sich selbst, ein adäquates Bei-sich-selbst-Sein des Bewußtseins vor."[49]. Nicht dagegen – und dies kennzeichnet dieses Bewußtsein als zufällig-relatives – ist in ihm aufgehoben der Unterschied zwischen diesen Momenten (bzw. diesem Moment) und der sie durchwaltenden noetischen Bewußtseinsaktualität. Die Aufhebung des Unterschiedenen im kinästhetisch-leiblichen Bewußtsein ist deswegen nicht schlechthin ein Unterscheiden des Ununterschiedenen. In diesem Aufheben wird zugleich auch nicht aufgehoben: die Aufhebung ist nur eine teilweise. Sie ist von der Nichtaufhebung (sowie diese von ihr) durch ein Insofern *geschieden*.

Das besagt, daß kinästhetisches Bewußtsein und Leibbewußtsein auch nur in einem Insofern *identisch* sind, nämlich insofern als das Bewußtsein ein kinästhetisches ist. Bewußtsein einfachhin ist dagegen die Tätigkeit, welche in Kinästhese und Leib als in ihre Ansatzpunkte ein- und damit auch über sie hinausgeht. Dieses Darüberhinaussein ist umgekehrt auch der Grund für die Unterschiedenheit des Produkts des kinästhetischen Bewußtseins (eben der Bewußthabe von Realem) von diesem selber als von dessen Hyle; und damit des weiteren der Grund für die Selbständigkeit des Leibes gegenüber dem (ihm in dieser Hinsicht nur aufgestockten) Bewußtsein. Dieses ist für den Leib ein bloßes Mittel, nämlich das Medium seiner Selbstkonstitution.

Diese Gleichmöglichkeit der somatologischen und der kinästhetischen Einstellung gegenüber dem Leibbewußtsein und die Unentscheidbarkeit über eine Aufhebung der beiden Seiten des Insofern in eine von ihnen (welche ihre ganze Korrelation und somit das Aufheben selber aufhöbe) qualifiziert das kinästhetisch-leibliche Bewußtsein als den Ursprungsort der Zufälligkeit alles Dinglichen. Denn alle Realität kann ihrerseits in die Korrelation des Wenn-Dann rückgenommen und damit aus dem Fungieren der Kinästhesen her aufgeklärt werden. Sie basiert ihrer Seinsweise nach auf der ursprünglich gedoppelten Seinsart des kinästhetisch-leiblichen Bewußtseins[50].

---

[49] A. AGUIRRE, *Genetische Phänomenologie und Reduktion*, S. 131.
[50] U. CLAESGES spricht sie folgendermaßen aus: „Das kinästhetische Bewußtsein

DIE SEINSWEISE DER WELT

Die Gleichmöglichkeit der Doppelfunktion der Empfindung ist zugleich auch Gleichnotwendigkeit. Denn sie allein verwirklicht in sich die gesuchte Identität des Reellen und Intentionalen, welche eine teilweise ist und nur secundum quid besteht. Der notwendige Grund der *Zufälligkeit* muß schließlich selber zufällig sein, also die Bewegung des Übergangs der Momente ineinander außer sich haben. Außerdem aber muß er notwendig sein, um als *Grund* der endlosen Zufälligkeit von Dingen fungieren zu können. Er muß demnach zum Teil notwendig und zum Teil zufällig sein, also die Unterschiedenheit zweier dennoch geeinter Seiten in sich tragen [51].

Diese Doppelung hat, da sie die Identität des Konstituierenden mit dem Konstituierten ist, den Charakter einer Zirkelstruktur, in welcher jedes der beiden Momente nur aus dem anderen her verständlich ist. Das Setzen des einen impliziert das Voraussetzen des andern. Die Möglichkeit eines unendlichen Regresses im Verweisungszusammenhang der Realwelt, welche deren Zufälligkeit ausmacht, beruht demnach auf der endlosen Gründungsbewegung, womit das Wahrnehmungsbewußtsein in seinen (unterschiedenen wie auch nicht unterschiedenen) Momenten in sich selber kreist. Die Unmöglichkeit, in dieser Rotation an einen ersten Anfang (und damit ans Ende des Rotierens) zu gelangen, ist die Unmöglichkeit einer *absoluten* Gründung des Seins dieser sich beständig gründenden Bewegung.

ist zwar als wahrnehmendes und seine Gegenstände setzendes Bewußtsein eine Gestalt des mundanen Bewußtseins, aber eine solche, die dem mundanen Bewußtsein in seinem naiven Vollzug und seinem naiven Selbstverständnis verborgen ist" (*Edmund Husserls Theorie der Raumkonstitution*, S. 142). Wir befinden uns hier also am „confinium", an der Grenzscheide zwischen Welt und absolutem Bewußtsein, wobei allerdings hinzuzufügen ist, daß es sich um eine Grenze im eigentlichen Sinne nicht handelt, da sie nicht zwei einander gleichgeordnete Bereiche trennt. Claesges fährt daher sogleich fort: „Andererseits aber ist das Ich als Subjekt der transzendentalen Reflexion mit dem Ich des naiven Vollzuges identisch" (*aaO.*). In dem Umstand, daß diese Identität zwischen naivem, kinästhetischem und transzendentalem Ich nicht eine vollständige ist, sieht er allerdings nur einen Mangel an „Eindeutigkeit" bei Husserl (vgl. *aaO.*, S. 144), während wir hier seine Notwendigkeit einsichtig machen wollen.

[51] Mit dem Begriff des kinästhetischen Bewußtseins wird demnach durchaus nicht „letztlich die Unterscheidung zwischen ‚reellen' und ‚intentionalen' Bewußtseinsinhalten fraglich", wie U. CLAESGES (*Edmund Husserls Theorie der Raumkonstitution*, S. 135) behauptet. Denn dann wäre „ein Raumding reelles Konstituens, also selbst ein Erlebnis..., mitgehörig zum... Bewußtseins- und Erlebnisstrom" (*Ideen* I, § 43, S. 78). Diese absolute, somit aller Teilhaftigkeit und der in ihr implizierten Quantität enthobene Identität findet, wie gezeigt, bloß im Selbstauffassen des transzendentalen Bewußtseins in der inneren Wahrnehmung statt.

Die Unmöglichkeit einer ein- für allemal abgeschlossenen Selbstgründung des kinästhetischen Bewußtseins selber ist eben diese Notwendigkeit der *Beständigkeit* der Gründungsbewegung, deren Aufhören demnach kein festes und unabhängig für sich bestehendes Produkt zurücklassen würde. Ein solches Aufhören ist aber deswegen denkbar, weil das Produzieren mit seinem Gegenstand, anders gesagt: weil das Gründen mit dem, was es begründet, nicht einfachhin identisch ist. Doch ist dem andererseits entgegenzuhalten, daß diese Differenz (und damit die Unendlichkeit der Gründungsbewegung) zum *Wesen* des Realweltbewußtseins mitgehört und gerade seine Eigenart ausmacht. Bewußtsein als kinästhetisches bzw. Bewußtsein von Realem ist nur möglich innerhalb eines unabschließbaren Unendlichkeitshorizonts, des Horizonts der Realwelt bzw. ihr voraus des Horizonts, in dem die unaufhebbar dialektische Selbstkonstitution des kinästhetischen Bewußtseins sich abspielt. Diese Dialektik kennt keine endgültige Synthesis ihrer Momente, weil ihr Horizont die Synthesis selber ist. Erst innerhalb ihrer stehen Thesis (Leibbewußtsein) und Antithesis (kinästhetisches Bewußtsein) sich gegenüber. Die Synthesis hat den Charakter des Apriori der beiden Momente, sie ist deren Einheitsform. Diese Einheit, der Spiel-raum von realem Subjekt- und Objektbewußtsein, ist, als der einheitliche Ort, an dessen Spiel-regelung beide gebunden sind, nichts anderes als die Realwelt selber. *„Welt ist der Titel für ein formales Apriori des wahrnehmenden Bewußtseins"*[52]. Sie bildet das Apriori von Dingen deswegen, weil sie der Horizont des kinästhetischen Bewußtseins ist – *sofern* dieses Bewußtsein eines Realen, nämlich zunächst des Leibes, ist. Und die Realwelt bildet das Apriori des Bewußtseins, sofern es Realität intendiert. Denn die Konstitution von Realdingen ist zugleich und ihr voraus Konstitution des Bewußtseins als eines Realdinges.

Es gilt also das Gesetz: Wenn Bewußtsein der Realität, dann Realität des Bewußtseins. Im Sichkonstituieren des Bewußtseins als eines realen konstituiert es dann auch die mögliche Realität von Dingen. Denn in dieser Sichkonstitution treten notwendig hyletische Data als darstellend fungierende auf. Das genannte Gesetz nun bildet den Welthorizont als Spielraum der Kinästhesen. Das besagt: Es wird vom Bewußtsein zwar aktualisiert, fällt aber mit Bewußtsein schlechthin nicht zusammen.

---

[52] U. CLAESGES, *Edmund Husserls Theorie der Raumkonstitution*, S. 125. Vgl. auch L. LANDGREBE, *Der Weg der Phänomenologie*, S. 120f.

War der Grund für die Zufälligkeit der Realitäten darin zu suchen, daß der Welthorizont nur am Realen existierte, dieses wiederum sein Sein dagegen aus ihm herzuleiten hatte, so liegt nun der Grund für das zufällige Sein der Realwelt *als solcher* umgekehrt darin, daß das noetisch-aktive Moment der Bewußtseinstätigkeit über die Realdialektik von Hyle und Noema des kinästhetisch-leiblichen Bewußtseins immer schon hinausgegangen ist. Die Bewußtseinstätigkeit ist dem Realitätsgesetz also nicht so sehr unterworfen, als daß es vielmehr die in es selbst hinein entworfene Objektivität seines noetischen Eigenseins unter sich befaßt. Somit ist innerhalb des Weltganzen und seines Verflechtungsgefüges ein Nichtsein der Welt trotz ihrer wesensmäßigen Zufälligkeit zunächst nicht denkbar, weil das mögliche Herausstreichen aller Dinge aus ihr, d.h. die Annahme, sie seien bloßer Schein und Illusion oder Täuschung, nicht in infinitum durchführbar ist. Sie scheitert nämlich am Eigenleib; genauer: am auf sich selbst reflektierenden Wahrnehmungsbewußtsein des Herausstreichenden selber [53]. Dieser Nullpunkt, von dem alle Konstitution von Raumdinglichem ausgeht, bzw. auf den sie zurückverweist, bildet in seiner Unerschütterlichkeit den Grund für den sachlichen Widersinn der Annahme „von Realitäten außerhalb der Welt, der *einen* räumlich-zeitlichen Welt, die durch unsere *aktuelle* Erfahrung *fixiert* ist" (90) [54].

3. *Das mögliche Nichtsein der Welt*

Dennoch ist der kinästhetische „Ursprung der Raumvorstellung" nur ein relativer, nicht ein schlechthin unbeweglicher Fixpunkt. Er ist in allem Erfahren vorausgesetzt und damit *in der Erfahrung* un-

---

[53] Vgl. oben S. 33f.
[54] Husserl zeigt an der angeführten Stelle (*Ideen* I, § 48, S. 90f.) des weiteren, daß die Unumstoßbarkeit dieses Nullpunktes „meiner Erfahrungszusammenhänge" (*aaO.*, S. 90) es unmöglich macht, irgendwelchen anderen Ichen eine prinzipiell andere, mit der eigenen nicht zu verbindende „private" Erfahrungswelt zuzugestehen. Husserl macht zwar die Grundvoraussetzung dieser „Erfahrungszusammenhänge", das Wahrnehmungsbewußtsein qua reflektiertes oder kinästhetisches, an dieser Stelle nicht namhaft, doch liegt bei ihm ganz offenbar der nervus probandi, welcher ausschließt, daß nicht nur „für mich" eine andere als die zufällige Erscheinungswelt nicht gegeben ist, sondern prinzipiell für kein Bewußtsein eine solche Welt von an sich Seiendem bestehen kann. Vgl. auch *aaO.*, S. 103: „Nur durch die Erfahrungsbeziehung zum Leibe wird Bewußtsein zum real menschlichen und tierischen..., nur durch die Verknüpfung von Bewußtsein und Leib... <wird> so etwas wie Wechselverständnis zwischen den zu einer Welt gehörigen animalen Wesen möglich".

aufhebbar. Die Möglichkeit des Nichtseins der Welt, welche ihre Zufälligkeit ausmacht, kann sich niemals in erfahrbare Wirklichkeit verwandeln [55]. Denn in aller (weltgerichteten) Erfahrung ist die prinzipielle „Thesis eines Transzendenten" (90) als konstitutive Grundlage beschlossen; und somit müßte das Erfahren in diesem Falle sein eigenes Nichtsein erfahrungsmäßig gegeben haben können. Das aber ist evidenter Widersinn: „Natürlich, daß es Nichts nicht geben kann, das ist selbstverständlich." [56]. Als erfahrungsmäßig Aufgenommenes ist die Idee des Nichtseins der Realwelt bzw. die mit ihr der Voraussetzung nach identische Idee des Seins einer anderen Welt als der „unsern" nicht vollziehbar [57].

Die Möglichkeit des Andersseins von Dingen kann in der Erfahrung in Wirklichkeit umschlagen; die des Nichtseins der Welt selber dagegen nicht. Die Realwelt kann sich nicht als nichtseiend geben. Dennoch ist auch Welt als solche, und nicht nur das Einzelreale, wesentlich „zufällig" und damit möglicherweise nichtseiend [58]. Doch

---

[55] Vgl. dazu (wie übrigens zum ganzen § 49 der *Ideen* I) *Logische Untersuchungen* II/2, 6. Untersuchung, § 65, S. 199ff., sowie das ganze Ms. B I 13 und Ms. F I 13/7ff.
[56] Ms. F I 13/7b.
[57] Deswegen wurde auch weiter oben (S. 131f.) behauptet, daß Welt kein Eidos in sich trage, welches durch eine eidetische Variation aus „unserer" Welt herauszulösen sei. Der Sinn des „Experiments der Weltvernichtung", wie es der § 49 der *Ideen* I durchführt, kann daher nicht beschrieben werden als „een proces in de fantasie, dat tot de ontdekking van zelfstandigheid moet leiden", worin man eine Anwendung der „methode der eidetische variatie" zu sehen habe (TH. DE BOER, *De ontwikkelingsgang in het denken van Husserl*, S. 399). Eine solche Variation verbleibt *innerhalb* der Weltthesis der natürlichen Einstellung, weil sie durch die *Phantasie* geschieht. „Die Phantasie kann sinnliche Gestalten nur wieder in sinnliche Gestalten verwandeln" (*Krisis*, § 9a, Husserliana VI, S. 22), und „mit der Intention auf eine Ideenschau ist die Welt mitgesetzt, jedes Faktum und jedes Eidos bleibt auf tatsächliche Welt bezogen, irgendwie weltzugehörig" (*Phänomenologische Psychologie*, § 9a, Husserliana IX, S. 74). Bei dem Gedanken der Weltvernichtung handelt es sich nicht um etwas in der Phantasie Vorstellbares; diese Vernichtung ist vielmehr nur „denkbar" (*Ideen* I, § 49, S. 91), wie auch eine Welt außerhalb „unserer" Realwelt eine „logische Möglichkeit" (aaO., § 48, S. 90), aber kein mögliches Phantasieerzeugnis ist. Im übrigen ist De Boers Hinweis (aaO., S. 396f.) auf *Logische Untersuchungen* II/1, 3. Untersuchung, § 5, S. 235ff. deswegen irrig, weil das Verhältnis von Bewußtsein und Realität nicht als das eines selbständigen und eines unselbständigen Gegenstandes beschrieben werden kann. Bewußtsein und Welt verhalten sich nicht zueinander wie Pferd und Kopf des Pferdes. Denn wäre die Existenz des „Inhalts" des Bewußtseins „soviel an ihm selbst, seinem Wesen nach, liegt, durch die Existenz anderer Inhalte gar nicht bedingt" (*Logische Untersuchungen* II/1, 3. Untersuchung, § 5, S. 236), dann würde das Bewußtsein durch die Weltvernichtung nicht „notwendig modifiziert" (*Ideen* I, § 49, S. 91), wie Husserl dies behauptet.
[58] Vgl. zum Folgenden *Analysen zur passiven Synthesis*, § 23, Husserliana XI, S. 106ff.

ist ihr Nichtsein ebensowenig wie ihr Sein eine (sich abschattende) Erfahrungsgegebenheit, da Welt das Apriori des Wahrnehmungsbewußtseins überhaupt darstellt. Ihre Zufälligkeit muß demnach aus der ursprünglichen Zufälligkeit, aus der Kinästhese-Leib-Struktur des Wahrnehmungsbewußtseins her verständlich gemacht werden.

Diese Struktur hat den Charakter der dialektischen Identität von Subjekt und Objekt des Sichempfindens, wobei das Gemeinsame beider Momente in dem beide übergreifenden Bewußtsein besteht; in dem „Sich", welches Empfindendes und Empfundenes zugleich ist. Das Bewußtsein ist das an dieser Dialektik Aktuelle, und die Momente des Subjektiven und Objektiven bilden Momente *an* ihm. So ist einerseits das Bewußtsein nichts weiter als das Fundament oder die Sphäre, welche die Momente umgreift und in sich einbehält. Das Bewußtsein stellt den terminus medius dar, in dem sich die Extrema des Wahrnehmungsbewußtseins durch einander vermitteln. Doch ist es andererseits und darüberhinaus die Beständigung beider Momente als solcher bzw. die Verunmöglichung der Aufhebung des einen ins andere. Das Bewußtsein bildet nicht nur die Tätigkeit des Anstoßens ihres Spiels, sondern auch die des Offenhaltens ihrer Differenz [59].

Diese Offenheit, in welcher die Unterschiede stehen und (sie) bestehen, ist die von den Unterschieden (als Fixpunkten) dergestalt selber unterschiedene Unterscheidungstätigkeit des Bewußtseins. Sie erstellt sowohl den Horizont der Momente, wie sie auch nichts anderes ist als dieser Horizont selber. Die Welt ist demnach die Bewußtseinsaktualität selber, sofern diese das Gesetz der Weltkonstitution aktualisiert, ihr eigenes aktuales Sein in die Dualität der Wahrnehmungsreflexivität zu versetzen.

Da das Bewußtsein über die momentane Aktualität der Momente in der Wahrnehmungsdialektik (qua Dialektik der Selbstkonstitution des Wahrnehmungsbewußtseins) immer schon hinaus ist, stellt es die Sicherung der Gründungsbewegung dieser Dialektik durch deren

---

[59] Vgl. hierzu den von U. CLAESGES entwickelten doppelten Konstitutionsbegriff, demgemäß Konstitution von Dingen einerseits „identisch ⟨ist⟩ mit der transzendental reduzierten Wahrnehmung" (*Edmund Husserls Theorie der Raumkonstitution*-S. 124), andererseits aber jene Momente am Wahrnehmen meint, welche „die Wahrnehmung von Dingen allererst *ermöglichen*" (aaO., S. 125). Ebenso E. TUGENDHAT: „,Konstitution' wird... von Husserl sowohl der wesensmäßige phänomenologische Aufbau der *Wahrheit* in der Gegebenheit genannt als auch der Aufbau des Weges, in dem *ich* zur Ausweisung dieser Wahrheit gelange". (*Der Wahrheitsbegriff bei Husserl und Heidegger*, S. 221).

iterative Verunendlichung dar. Zugleich bedeutet dies aber, daß das Bewußtsein sich als Welthorizont seiner Gestalt als Wahrnehmungsbewußtsein bestimmt, und daß es diese Gründungsbewegung dadurch, daß ihr Horizont und ihre Momente auseinandertreten, selber als eine bloß zufällige ins Werk setzt. Die Zufälligkeit liegt dabei darin, daß der Horizont sich nicht in die absolute Identität mit den Momenten einschmelzen läßt. Deshalb kann die Setzung der Momente als seiender aufgrund ihrer Momentgegebenheit niemals „absolute Position" sein, wie dies für das absolute Bewußtsein selber statthat[60]. Der Auseinanderfall der unendlichen Aktualität (bzw. des Seins) des Bewußtseins und des in ihm als Wahrnehmungsbewußtsein Aktuellen (bzw. eines Wesens) bedeutet, daß die Zufälligkeit des kinästhetisch-leiblichen Bewußtseins (weil sie für es konstitutiv und grundlegend ist) sich diesem selber und seiner Momentangegebenheit entzieht.

Die Zufälligkeit der Realwelt als des Horizonts des Selbstwahrnehmungsbewußtseins läßt sich demnach in und durch das dergestalt bestimmte Bewußtsein selber nicht anschauen. Sie fällt nicht in die Anschauung, weil auch der Welthorizont nicht in sie fällt. Das mögliche Nichtsein, welches die Zufälligkeit der Welt ausmacht, ist demnach nur in der Erfassung der *Negativität* des Horizonts gegen das Innerweltliche gegeben. „Daß es keine Welt mehr gibt": dies ist nur „denkbar" (91).

Dieser Gedanke denkt demnach die reine Horizontbestimmtheit des Bewußtseins unter Herausstreichung alles dessen, was in diesem Horizont steht; auch unter Herausstreichung des Wahrnehmungsbewußtseins[61]. Das mundane Bewußtsein überhaupt hat dann nur noch die Bedeutung einer „Möglichkeit des transzendentalen Bewußtseins", welche diesem aber auf der anderen Seite immer schon „vorgegeben" ist[62]. Doch bedeutet das transzendentale Bewußtsein, wie soeben sich gezeigt hat, gegenüber diesem vorgegebenen Gesetz, mundan zu sein, ein „Mehr", welches somit zwar nicht rein *ist*, aber rein gedacht werden muß. „Empfinden ist demnach kein Letztes, sondern ‚hinter ihm' bzw. ‚vor ihm' steht schon eine aufnahmefähige,

---

[60] Vgl. oben S. 147f.
[61] Vgl. zu diesem „Denkexperiment" K. HELD, *Lebendige Gegenwart*, S. 129. Der Gedanke der Weltvernichtung im § 49 der *Ideen* I ist nichts anderes als der Versuch, die Unhintergehbarkeit des Ich als der „lebendigen Gegenwart" herauszustellen.
[62] U. CLAESGES, *Edmund Husserls Theorie der Raumkonstitution*, S. 142.

bewußtseinsfähige Subjektivität."[63]. Da in diesem Denken aller Inhalt aus dem Bewußtsein herausfällt, wird es durch die Idee einer „Vernichtung der Dingwelt ... notwendig modifiziert" (91). Es wird nämlich ohne alle materiale Bestimmtheit, d.h. rein als Etwas, gedacht. Das besagt aber, daß diese „hypothetische Annahme" (90) nicht mehr und nicht weniger ist als eine „*logische* Möglichkeit" (90; Hervorhebung vom Vf.). Sie ist eine Möglichkeit überhaupt, doch ist für sie eine materiale „Füllung" prinzipiell unmöglich. Das so genommene Ich „hat gar keinen explikablen Inhalt, es ist an und für sich unbeschreiblich: reines Ich und nichts weiter" (160). Denn das Gegebensein dieser Möglichkeit ist gerade aus dem Herausstreichen aller Inhalte entstanden. Diese „allzeitlich ideale Einheit ichlichen Lebens ist irreal"[64]. Für das Verhältnis von transzendentalem und kinästhetischem Bewußtsein bedeutet dies, daß beide real oder inhaltlich identisch sind. Der Unterschied liegt im Wie der Auffassung, sofern nämlich das kinästhetische Bewußtsein das Sein von Welt als nicht konstituiert ansetzt.

Sofern in diesem „Ansatz des entleerten Ich"[65] dennoch „andere Erlebnisse und Erlebniszusammenhänge" (92) als die auf die Welt bezogenen möglich sein müssen (da auch es ja noch *Bewußtsein* ist), können sie sich nur auf das inhaltlose Bewußtsein selber beziehen und diese Inhaltlosigkeit, d.h. die Ungetrübtheit von aller Differenz, zum Thema ihrer Bewußthabe machen. Was hier übrig bleibt als „Residuum der Weltvernichtung" (91)[66], ist der rein formale Akt der Selbstsetzung des Bewußtseins, die Etwasthesis: Das Bewußtsein setzt sich als Bewußtsein, und nichts weiter. Deswegen ist „kein reales Sein ... für das *Sein* des Bewußtseins selbst (im weitesten Sinne des Erlebnisstromes) notwendig" (92; Hervorhebung vom Vf.). Dieses

---

[63] A. AGUIRRE, *Genetische Phänomenologie und Reduktion*, S. 162.
[64] K. HELD, *Lebendige Gegenwart*, S. 131.
[65] A. METZGER, *Phänomenologie und Metaphysik*, S. 118; vgl. auch aaO., S. 159.
[66] Es sei darauf hingewiesen, daß dieser Gedanke der Weltvernichtung nicht mit dem Akt der transzendentalen Epoché identisch ist. Das Residuum der Weltvernichtung ist ein Bewußtseinsleben, das in seiner Immanenz keine Transzendenz, eben keine Welt (weder als an sich seiende noch als bloße Phantasiewelt) kennen und konstituieren würde. Das Residuum der phänomenologischen Reduktion dagegen ist das absolute Bewußtsein als transzendentales, d.h. gerade *sofern* es Welt bewußt hat und als Habe in sich trägt: „In der Modifikation der Einklammerung ‹gehört› in die Phänomenologie die ganze Welt mit ihren psychischen Individuen und deren psychischen Erlebnissen, das alles als Korrelat des absoluten Bewußtseins" (*Ideen* I, § 76, S. 143).

rein in sich beharrende Sein des Bewußtseins stellt die bloße Reflexion auf sich selber dar und bildet als solche ein mit sich identisches Strömen. „Diese Subjektivität muß, weil sie noch vor der ursprünglichen Differenzierung ... liegt, als *undifferenziert*, und, weil sie nicht durch Genesis ermöglicht ist, als *Anfang* und schließlich, weil sie nicht auf Genesis rückbezogen ist, als *Absolutes* bezeichnet werden." [67]. Ihr Strömen bildet den Zusammenhang eines aus sich nicht herausgegangenen Bewußtseins und seines „reinen" Erlebens, welches allerdings ein „bloßes" und abstraktes Leben wäre.

Zur Selbstkonstitution vermittels der Etwasthesis bedarf das Bewußtsein nur seiner selbst. Denn es ist selber das Etwas, das sich notwendig *als* Etwas konstituiert [68]. Das rein immanente Sein des Bewußtseins ist demnach „zweifellos in dem Sinne absolutes Sein, daß es prinzipiell nulla ‚re' indiget ad existendum" (92) [69].

Doch fällt das Etwas überhaupt so wenig mit dem Bewußtsein überhaupt zusammen, wie dies die doppelt fungierende Empfindung tat. Denn auch das Etwas ist *Wodurch* der Selbstkonstitution des Bewußtseins, nicht aber das Sichkonstituieren selber. Was aber ist das Sichkonstituieren dann, wenn es nicht überhaupt etwas, aber doch wohl auch nicht nichts ist?

Mit dieser Frage stehen wir von neuem vor der Grenze der Phänomenologie [70]. Doch diesmal in viel grundsätzlicherer Weise. Bisher nämlich wichen wir vor dem Paradox der absoluten Subjektivität dahingehend aus, daß wir herausstellten, der Sinn dieses ihres ebenso widersprüchlichen wie auch einheitlichen Leistens sei, immer schon in Kinästhese und in Dingwahrnehmung übergegangen zu sein. Deswegen stellte sich die Etwasthesis als der absolute Bewußtseinsschluß dar, in den nichts hineinkommen und aus dem nichts entweichen kann. Als Sinn des Logos hatte sich herausgestellt, sich in „Logik der

---

[67] A. AGUIRRE, *Genetische Phänomenologie und Reduktion*, S. 162.

[68] „Das Bewußtsein ist ganz ohne Organisation überhaupt nicht denkbar. Denn mögen wir uns ein Bewußtsein noch so regellos erdenken wollen und mögen wir dabei denken, jede neue Gegenwart bringe ganz regellos neue Daten, gewisse Bindungen schreibt das allgemeine Wesen des Bewußtseins überhaupt doch vor" (*Analysen zur passiven Synthesis*, § 47, Husserliana XI, S. 216).

[69] Daß Husserl das Sein des Bewußtseins nur als relativ absolut, als absolut nämlich hinsichtlich seines Verhältnisses zum Sein der Realwelt, erklärt, nicht aber als völlig und rundum absolut, rührt daher, daß das Sein des Bewußtseins seinerseits eine Faktizität wesensmäßig einschließt, welche das Bewußtsein nicht als ein Primum schlechthin erscheinen läßt. Vgl. dazu oben S. 127ff.

[70] Vgl. oben S. 127f.

Welt" ⁷¹ zu wandeln; so daß umgekehrt die formale Wissenschaft vom Etwas, die Logik, sich als „die Selbstauslegung der reinen Vernunft" ⁷² erwies. Nun hat sich aber gezeigt, daß dieser Übergang des Transzendentalen ins Natürliche zwar eine Folge des vom Bewußtsein zu leistenden Solls sei. Aber es handelt sich dabei doch um keine *logische* Notwendigkeit. Vielmehr ist die „logische Möglichkeit" (90) offen, daß dieser Übergang nicht vollzogen sei; so daß also diese Logik in sich selber keinen absoluten Grund zu finden vermag. Der absolute Bewußtseinsschluß, welcher alles Wirkliche und Mögliche in sich enthält, d.h. reine Ursprünglichkeit ist, kann sich selber nicht im Sein erhalten. Ihm als Form steht vielmehr die Aktivität des Bewußtseins gegenüber, als absolut sich schließende und als autonom-ursprüngliche sich zu *vollziehen*. Die rotierende Selbstbewegung des Bewußtseins kann Welt nicht auf sich zurückführen, da Welt niemals zu einem Absoluten werden kann. Welt kann deswegen immer aus dem transzendentalen Bewußtsein herausgestrichen werden, und das Bewußtsein kann demnach seine Nachträglichkeit und Faktizität wesentlich nicht an sie weitergeben.

Das aber bedeutet, daß die Bestimmung des reinen Bewußtseins als absoluten Schlusses, d.h. als der im Als auf sich zurückkommenden Vermittlungsbewegung des Etwas und des Etwas als Etwas, dem Bewußtsein *nicht an und für sich zukommt*. Das absolute Bewußtsein als absolute Aktualität ist vielmehr weder Etwas noch auch Nichts. Daß es als Etwas erscheint, ist nicht seinem ursprünglichen Lichten zu danken, sondern dessen Wider-schein, der sich an Welt gebrochen hat. Das ursprüngliche Scheinen des Bewußtseins ist demnach nur ursprünglich, sofern es rückgespiegelt wird von seiner nachträglichen Beziehung auf eine reale Welt her. Die absolute Subjektivität ist also etwas, „das wir *nach dem Konstituierten* so nennen" ⁷³, wie wir es nennen: nämlich das in absoluter Etwasthesis sich Setzende. Aber nicht nur dieser oder jener bestimmte Name der Subjektivität ist aposteriorischer Natur; vielmehr das Nennen der Subjektivität überhaupt. Denn das leere Etwas überhaupt hatte sich als der *Anfang* des Sinnes und damit aller Nennbarkeit erwiesen ⁷⁴. Kann aber auch das Etwas nicht im eigentlichen Sinne von der absoluten Subjektivität

---

[71] *Erfahrung und Urteil*, § 9, S. 37.
[72] *Formale und transzendentale Logik*, § 6, S. 27.
[73] *Zeitbewußtsein*, § 36, Husserliana X, S. 75.
[74] Vgl. oben S. 132f.

ausgesagt werden, so ist über das „eigentliche" Benennen dieser Subjektivität zu sagen: „Für all das fehlen uns die Namen."[75].

Das aber kann — da es ja ebenfalls *genannt* wird — nicht so verstanden werden, als handelte es sich hier um eine faktische Beschränkung „unseres" Nennens und Erkennens allein. Vielmehr gilt es für die *Selbst*auslegung der transzendentalen Subjektivität selber, da ja kein anderes Erkennen als das „unsere" einen Sinn haben kann, wie wir gesehen haben[76]. Es gibt vielmehr an und für sich und ursprünglich keinen Namen für die absolute Subjektivität, da diese nicht allein ursprünglich, sondern ebensosehr auch nachträglicher Natur ist. Rein für sich genommen ist das absolute Bewußtsein nicht Etwas; es ist lediglich negativ zu bestimmen als das, „das nicht Objekt ist"[77]. „Gewissermaßen vor aller Einheitssetzung, d.i. aller Objektivation, liegt das absolute Bewußtsein. Einheit ist Einheit der Objektivation, und Objektivation ist eben objektivierend, aber nicht objektiviert. Alle nicht objektivierte Objektivation gehört in die Sphäre des absoluten Bewußtseins."[78]. Das meint allerdings nicht, daß mit dieser rein negativen Aussage eine positive Bestimmung der absoluten und für sich genommenen, d.h. als ursprünglich behaupteten Subjektivität getroffen sei; etwa des Sinnes, die absolute Subjektivität sei jenes Subjekt, welches nie Objekt werden kann; sie sei das X als Subjekt in Abstraktion von allen Prädikaten usw. Husserl sagt vielmehr: „Gewissermaßen..."

Es ist also unsinnig, jenseits des Aussagbaren noch nach einem Sein forschen und hinter der Erscheinung noch ein Ansich vermuten zu wollen — auch wenn dieses Ansich nicht mehr aussagbar und erkennbar wäre. Vielmehr besteht die absolute *Subjektivität* der absoluten Subjektivität, ihre schlechthinnige Nichtobjektivierbarkeit und ihr Nicht-Etwas-Sein nur in und zusammen mit dessen Widerspruch, dem Etwassein, d.h. letztlich der Verweltlichung der Subjektivität. Die Ursprünglichkeit hat nur zusammen mit der Nachträglichkeit der Subjektivität überhaupt einen Sinn und ein Sein. Eine *jede* Aussage über die absolute Subjektivität, die ihrer Absolutheit und Ursprünglichkeit eingeschlossen, hat den Sinn „eines *im Bilde*...

---

[75] *Zeitbewußtsein*, § 36, Husserliana X, S. 75.
[76] Vgl. oben S. 89.
[77] *Zeitbewußtsein*, Beilage VI, Husserliana X, S. 112.
[78] „Zeit in der Wahrnehmung", Husserliana X, S. 286.

Bezeichnenden"[79]. Keine Aussage über die transzendentale Subjektivität trifft ihr Sein ganz und univok; eine jede benennt sie im Bilde. Sie kann aber *nur* im Bilde benannt werden, da sie nur im Bilde Sein hat, d.h. selber nur als *Bild* ist. „Das Ich, das ich in der Epoché erreiche . . ., heißt *eigentlich* nur durch Äquivokation Ich"[80]: dies ist die eine Seite. Husserl fügt allerdings sofort bei: „. . . obschon es eine *wesensmäßige* Äquivokation ist"[81]. Denn es ist zu sagen, daß, „wenn ich es *reflektierend* benenne, ich nicht anders sagen kann als: ich bin es"[82]. Damit erweist die Reflexion, d.h. das transzendentale Bewußtsein samt seiner Selbstauslegung, der Phänomenologie, sich als das Bildwesen schlechthin. Der Widerspruch, einerseits ursprünglich zu sein und nur durch Äquivokation sich überhaupt *etwas* nennen zu lassen; andererseits aber nachträglich zu sein und alle seine Bezeichnung und Interpretation nur vom Konstituierten, d.h. im nachhinein vom weltlichen Ich aus empfangen zu können: dieser Widerspruch, diese, wenn man so will, Paradoxie, macht also das Wesen der transzendentalen Subjektivität aus.

C. *Die Notwendigkeit der Welt*

Die Möglichkeit einer kinästhetischen Gestalt des Bewußtseins bzw. die einer raumzeitlich-kausalen Realwelt bildet den Widerpart der anderen Möglichkeit der transzendentalen Subjektivität, nämlich der Gegenmöglichkeit, auch ohne die Welt in sich zu sein und zu bleiben, was sie ist, eben Subjektivität. Die Verweltlichung der transzendentalen Subjektivität ist deswegen also einerseits ein „nur zufällig bei Gelegenheit einer weltlichen Individuation"[83] zustande kommendes Faktum. Andererseits ist sie aber doch mehr als nur das. Denn das transzendentale Bewußtsein befindet sich in „einer notwendigen Weltbezogenheit"[84] deswegen, weil Welt notwendig mitkonstituiert wird bei der Verwirklichung jener Aufgabe, zu der das Bewußtsein getrieben ist: der Aufgabe, seiner selbst *als* seiner selbst

---

[79] *Zeitbewußtsein*, § 36, Husserliana X, S. 75. Über das Bildsein der Subjektivität vgl. oben S. 128–130.
[80] *Krisis*, § 54b, Husserliana VI, S. 188; Hervorhebung vom Vf.
[81] *AaO.*,; Hervorhebung vom Vf.
[82] *AaO.*,; Hervorhebung vom Vf.
[83] H. DRÜE, *Edmund Husserls System der phänomenologischen Psychologie*, S. 238.
[84] *AaO.*, S. 256.

ansichtig zu werden und sich zum Selbstbewußtsein emporzuführen. So ist Welt *im* Bewußtsein konstituiert und Moment des Bewußtseins: Welt ist „Gesamthorizont" (7). Doch besteht der Sinn dieser Konstitution gerade darin, Welt nicht ins Bewußtsein aufheben zu können: Welt als Realwelt, als „Gesamtinbegriff" (8) von Dingen, ist nicht auf ein aus ihr zu erschließendes Bewußtsein rückführbar, weil nicht aus ihm ableitbar. Zusammengenommen besagt dies: „Die phänomenologische Reflexion befindet sich also scheinbar in der paradoxen Situation, daß sie die Bewegung aufheben will, die ihr eigenes Vorgehen sinnvoll macht, in Gang bringt und in Gang hält." [85].

Welt ist „durchaus auf Bewußtsein, und zwar nicht auf ein logisch erdachtes, sondern aktuelles angewiesen" (92). Dessen Aktualität besteht aber in dem Vollzug der Aufgabe, sich vor sich selbst zu bringen und für sich selber sich zu versichtbaren. Deswegen steht es also andererseits unter der Forderung, „nichts in Anspruch zu nehmen, als was wir am Bewußtsein selbst ... uns wesensmäßig einsichtig machen können" (113). Diese Grundforderung der bei sich verweilenden und sich vor sich verantwortenden Vernunft ist keine andere Forderung als die „Norm" (113) selber, der die Phänomenologie sich unterwirft. Und gerade mit ihr wird doch die *Ausschaltung* der Weltexistenz gefordert und der Rückgang aufs Bewußtsein als „Residuum" dieser Ausschaltung verlangt.

Die Zusammengehörigkeit beider Momente bedeutet aber: Die mit dem „Prinzip aller Prinzipien" (43) einsetzende Aufklärung der Konstitution der Realwelt (korrelativ des kinästhetischen Bewußtseins) ist mit der Reduktion auf das transzendentale Bewußtsein identisch, wie auch die Konstitution der Realwelt mit der des Bewußtseins von ihr zusammenfällt. Den Angelpunkt dieser Identität, durch den sie vermittelt und in ihrer Eigenart bestimmt ist, bildet die Zufälligkeit der Realwelt. Zufälligkeit besagt dabei, daß das Bewußtsein, um überhaupt zu sein, sich nicht als mundanes konstituieren muß. Zum reinen Sein des Bewußtseins gehört die Perzeption dieses seines Seins; die Selbstapperzeption als reale ist ein Überschuß über dieses bloße Daß des Seins. Er geht über dieses Sein allerdings nicht so hinaus, daß es im Transzendieren beseitigt würde und nicht mehr bestünde. Im Gegenteil, die Apperzeption der Welthaftigkeit des Bewußtseins bleibt *in* dessen absolutes und immanentes Sein ständig einbehalten.

---

[85] K. HELD, *Lebendige Gegenwart*, S. 133.

Daß die welthafte Gestalt des Bewußtseins mit ihrem Horizont, dem Bewußtsein schlechthin, nicht und niemals in völlige Identität zusammenfällt: das ist dabei der Sinn des Begriffes der Zufälligkeit der Realwelt.

Diese Zufälligkeit meint demnach gerade nicht eine solche Möglichkeit des Nichtseins, von der zu gelten hätte: „quod possibile est non esse, quandoque non est", woraus man dann schließen könnte: „si igitur omnia sunt possibilia non esse, aliquando nihil fuit in rebus"[86]. Eine solche *reale* Möglichkeit des Nichtseins besitzen nur die Einzelrealitäten; und das „Nichts", das in ihnen immer schon bestanden haben muß, ist das im geradehin gerichteten Wahrnehmen unthematische Leibbewußtsein. Die Zufälligkeit der Welt dagegen ist eine bloß „logische Möglichkeit" (90). Logisch ist sie insofern, als sie Reflexion auf die Eigenart des Bewußtseins ist, über alles Erfahren und Wahrnehmen immer schon hinaus zu sein, dabei aber dennoch eines Erfahrens oder Erlebnisses *überhaupt* zu bedürfen. Das Denken dieser Möglichkeit vollzieht sich also auf dem Kontrasthintergrund des Seins der Welt. Es bestimmt dieses Sein in seinem Verhältnis zur unaufheblichen Bewußtseinsthesis als ein solches, von dem abstrahiert werden muß, soll der reine und allein im Vergleich zum bestimmten Erlebnis *abstrakte* Begriff des absoluten Seins gewonnen werden.

Demnach ist zu sagen, daß die „Thesis der Welt ... eine ‚zufällige' ist" (86)[87]. Das bedeutet, daß allem Denken der Seinsweise der Welt zuvor schon die absolute Seinsweise des aktuellen Denkens vorausgesetzt ist. Das Denken muß in sich selber schon denkend sein, bevor es einen bestimmten Inhalt denkt[88]. Dieser Primat des Denkens macht es unmöglich, das Sein der Welt bzw. den Satz: „Die Welt ist"[89] als Ausgangspunkt und principium des Denkens zu *denken*. Vielmehr ist zu sagen, daß die Welt „absolutes Bewußtsein, als *Feld* der Sinngebung, voraussetzt" (107; Hervorhebung vom Vf.).

[86] THOMAS VON AQUIN, *Summa theologica*, I, q. 2, art. 3, c. a.

[87] Husserl setzt hier das Wort „zufällig" deswegen in Anführungszeichen, weil damit nicht die Zufälligkeit als *reale* Möglichkeit des Nichtseins gemeint ist, sondern positiv die der Welt eigene Seinsweise absoluten Relativseins.

[88] „Ce n'est pas un hasard s'il n'y a pas de phénoménologie de l'Idée. Celle-ci ne peut pas se donner en personne..., car elle n'est que la possibilité de l'évidence et l'ouverture du ‚voir' lui-même" (J. DERRIDA, „Introduction", in: E. HUSSERL, *L'origine de la géométrie*, S. 151f.).

[89] Vgl. *Erste Philosophie* II, 32. Vorlesung, Husserliana VII, S. 41f., sowie Husserliana III, Beilage XIII, S. 399.

In gewissem Sinne gilt das aber nur von der Realwelt, d.h. von der Welt, sofern sie inhaltlich bestimmt ist. In der formalen Abstraktion des reinen Seins des Bewußtseins, wie es in der Etwasthesis fixiert ist, stellt schließlich das Bewußtsein selber jenes dar, das über sich selbst hinaus ist. Das Bewußtsein ist Überschuß über sich selber, im Maße es Aufhebung seines inneren Unterscheidens ist; anders gesagt: im Maße sein Strömen das im Strom Fixierte *beständig*, obzwar in *neue Fixierungen* hinein, aufhebt. In diesem Sachverhalt, daß das Bewußtsein „für sich selbst sein *Begriff*" ist [90], liegt die Entzweiung seines Beisichseins, d.h. seiner Selbstgegenwärtigkeit, in ein doppeltes Jetzt begründet [91]. Die Entzweiung besteht darin, daß das Jetzt einmal „die eine bleibende Form der Anwesenheit", sodann aber, seiner Materie nach, „eine wandernde Zeitstelle unter anderen" darstellt [92].

Diese Unendlichkeit der Bewegung, in ihrer Regel gefaßt, Sichselbstübersteigen zu sein, ist das *absolute* Sein von „Welt" (dieser Begriff in rein formaler Bedeutung verstanden) als das Sein des Bewußtseins selber in seiner Ganzheit [93]. Das Bewußtsein ist dabei Welt, weil der urquellende Impetus, der Trieb seines eigenen Strömens in und nur *in* ihm besteht. Die Notwendigkeit dieses Bewußtseinshorizonts, welche der Erlebnisstrom ist, stellt sonach nicht mehr einen „Fall der empirischen Notwendigkeiten" (87, Anm. 1) dar. Sie bildet vielmehr das Sein des Bewußtseins selber aus. Dieses ist aber nicht in irgendeiner Anschauung oder Empirie als solches reines Sein zu geben; es ist ein Sein nur im Denken. Dieses Denken denkt ein Nichts an Gedachtem, d.h. nicht ein bestimmtes Etwas, sondern das Produziertsein des Etwas überhaupt. „L'idée est le pôle d'une intention pure, vide de tout objet déterminé." [94]. Das Gedachte ist das Gesetz der Bewußtseinskonstitution, im Maße es stets wirkliche Aktualität ist. Anders gesagt: Es ist das leistende Ansich, dessen Tätigkeit darin besteht, die Erscheinung *überhaupt* zu bestimmen.

---

[90] HEGEL, *Phänomenologie des Geistes*, S. 69.
[91] „Τὸ δὲ νῦν ἔστι μὲν ὡς τὸ αὐτό, ἔστι δ' ὡς οὐ τὸ αὐτό", wie ARISTOTELES, *Physik*, Δ, 11, 219 b 12f., sagt.
[92] K. HELD, *Lebendige Gegenwart*, S. 30.
[93] Vgl. auch Husserls Gebrauch des Weltbegriffs an folgenden Stellen: „Die Konstitution von *Welten* irgendwelcher Art, von dem eigenen Erlebnisstrom angefangen mit seinen offen endlosen Mannigfaltigkeiten bis hinauf zur objektiven Welt..." (*Cartesianische Meditationen*, § 58, Husserliana I, S. 161); sowie „... die erste, die immanente *Welt*, die wir den Erlebnisstrom nennen..." (*aaO.*).
[94] J. DERRIDA, „Introduction", in: E. HUSSERL, *L'origine de la géométrie*, S. 153.

1. Das Bewußtsein als Idee und das Etwas überhaupt

Dieser Gedanke bedeutet nicht eine Theoretisierung der Erfahrung; er meint nicht eine „Erfahrungserkenntnis" (8). Er denkt vielmehr die Regel ihres Zustandekommens, d.h. die Regel oder Form, nach der das Bewußtsein sein Sein hat. Es ist der Gedanke einer *Idee* „im Kantischen Sinn", und zwar der Grundidee des Erlebnisstromes und seines beständig fließenden, reinen und absoluten Seins [95]. Die Idee dieses Horizonts [96], innerhalb dessen jede unaufhebliche Daseinsthesis des Bewußtseins wie auch seine eigene absolute Schlußstruktur immerzu steht, bildet demnach jenes aktuelle Sein, aus dem das Bewußtsein selber nie heraustreten und das es sich nie rein ursprünglich vor Augen führen kann. Die Idee des Erlebnisstromes in seiner Ganzheit ist das schlechthin Unanschauliche [97] und der insofern nicht „seiende" Grund alles „Seins" des Bewußtseins. „Wenn Sein sich nur im Bewußtsein ausweist, ,ist' dies Bewußtsein nicht selber wieder." [98].

Ebenso wie der Grund des Seins ist die Idee dieser Ganzheit, gerade *weil* sie Grund des Seins ist, auch Grund des „Zufälligseins" des Bewußtseins. Zufällig ist das Bewußtsein, weil es faktisch und unaufheblich *ist* und keinen Grund jenseits seiner mehr hat, aus dem her irgendeine Notwendigkeit seines absoluten Seins einsichtig gemacht werden könnte. Zufälligkeit meint hier also die Unmöglichkeit, das Sein des Bewußtseins noch in einem Weiteren rückgründen und von daher verständlich machen zu können. Diese Zufälligkeit oder Unmöglichkeit macht die Endlichkeit und Nachträglichkeit des Bewußtseins aus. Hinsichtlich des Bewußtseins kann von „Grund" nur insofern gesprochen werden, als es *selber* der Grund aller Notwendigkeit und Verständlichkeit ist; sowohl der seiner selbst wie auch der alles Sonstigen. Die Ursprünglichkeit des Bewußtseins liegt also darin, daß

---

[95] Vgl. *Ideen* I, § 83, S. 166.
[96] Vgl. E. TUGENDHAT, *Der Wahrheitsbegriff bei Husserl und Heidegger*, S. 246f.
[97] Bewußtsein ist nur in der nicht anzuschauenden Ganzheit eines unendlichen Strömens gegeben: diese Idee meint nichts anderes als den Umstand, daß das Bewußtsein sich aus seiner Aktualität nie befreien kann. Vgl. oben S. 127ff. sowie K. HELD, *Lebendige Gegenwart*, S. 126ff.
[98] G. FUNKE, „Transzendentale Phänomenologie als Erste Philosophie", in: *Studium Generale*, 1958 (11), S. 637. Vgl. auch TH. SEEBOHM, *Die Bedingungen der Möglichkeit der Transzendentalphilosophie*, S. 66: „An sich selbst ist Ursubjektivität nicht zu fassen. Es kann auch nicht einmal von ihr gesagt werden, daß sie ,ist'. Das ,Ist' ist immer Korrelat einer Thesis und setzt so die Ursubjektivität als die das ,Ist' der Thesis setzende in einer Weise voraus, die sie der gesetzten Thesis selbst entzieht". Eben deswegen ist (wie Seebohm *aaO.* betont) die Vorausgesetztheit der Subjektivität nicht die eines Prinzips, sondern die einer Idee.

es immer schon in das, was ihm nachfolgt, übergegangen ist und wegen der Unaufheblichkeit, der absoluten Vergangenheit [99] dieses Übergegangenseins, sich einzig und allein aus dem her begreifen kann, in das es übergegangen ist.

Von einer „Zufälligkeit" als besonderer Eigenschaft des Bewußtseins kann sonach keine Rede sein. Diese Zufälligkeit bezeichnet nur das, was wir die absolute Aposteriorität des Bewußtseins genannt haben. Sie ist jene „hinfällige Einzigkeit" des Bewußtseins, welche „sich nicht halten kann", sondern sich „beständig ins Strömen" verliert, um sich „in eins damit als Einigung von Einheiten" zu erneuern [100]. Von Zufälligkeit läßt sich erst dann sprechen, wenn die Ununterschiedenheit des leeren Seins sich in Differenzen verfestigt, also materiale Füllung erhält. Erst von da an unterscheidet sich auch Welt überhaupt von der Stromganzheit des Bewußtseins. Konstitution einer Welt überhaupt durch die Gegensetzung gegen die ungetrübte Immanenz des Bewußtseins bedeutet so zwar „Thesis eines Transzendenten" (90) – aber doch innerhalb dieses ἀτρεμὲς ἦτορ. Das Feld des Bewußtseins ist demnach eine „Seinssphäre absoluter Ursprünge" (107).

Im Gegensatz zu all dem schrieb aber die Generalthesis der natürlichen Einstellung der Realwelt nicht nur ein bewußtseinsunabhängiges Ansichsein zu im Sinne der Unmöglichkeit einer Deduktion der Realität aus dem Bewußtsein, wie wir dies ebenfalls behaupteten. Darüberhinaus leugnet sie auch noch jede Beteiligung des Bewußtseins an der Konstitution dieses Charakters des unabhängigen Ansichseins. Bezüglich der Phänomenologie bedeutet dies, daß sie das Eigensein der Welt nicht negiert oder dergleichen. Vielmehr wird durch sie der Dogmatismus der natürlichen Einstellung ans Licht gezogen, welcher im Widerspruch zwischen dem Sagen oder Behaupten und dem Tun oder Leisten des Bewußtseins, in der Unverhältnismäßigkeit von Sein und Bewußthabe des Bewußtseins besteht [101].

---

[99] Vgl. oben S. 29f.

[100] K. HELD, *Lebendige Gegenwart*, S. 171.

[101] „Es muß deswegen gesagt werden, daß nicht die phänomenologische Fundamentalbesinnung paradox ist, sondern umgekehrt, die Fundamentalbesinnung weist das Paradoxon auf, in dem die Selbstapperzeption des Subjekts sich befindet, solange es in natürlicher Einstellung bleibt". (TH. SEEBOHM, *Die Bedingungen der Möglichkeit der Transzendentalphilosophie*, S. 50). Vgl. auch *Krisis*, §§ 53 und 54, Husserliana VI, S. 182ff.

Die Möglichkeit, aus der zunächst allein gegebenen natürlichen Einstellung in die phänomenologische überzugehen, beruht dabei zunächst auf der beiden gemeinsamen und ihre Vermittlung leistenden bloßen Etwasthesis, d.h. auf der weltüberschreitenden Geltung des Reinlogischen. Dank ihrer erscheinen sowohl Welt wie Bewußtsein als „Seinsregionen", sowie das Bewußtsein als Residuum der Reduktion. Natürlichkeit und Phänomenologie sind also verschiedene Momente, die sich innerhalb jener Thesis ausdifferenzieren. Da es sich dabei aber andererseits um eine *Thesis* handelt, besagt das: Bewußtsein und Welt sind Momente innerhalb des absoluten Seins, des Bewußtseins selber. Welt hat insofern zu ihrer Grundlage den Strom des Bewußtseins als solchen bzw. die Idee seiner absoluten Aktualität. Genauer: Welt ist diese Idee selbst – aber als transzendent gesetzte. Diese Setzung ist insofern die *Wahrheit* der Idee des Stromes, als hier der Strom gesetzt wird als ein solcher, den nicht das reflektierende Bewußtsein, sondern der umgekehrt selber dieses Bewußtsein unter sich befaßt. Als Wahrheit (der Idee) konstituiert Welt sich *im* Bewußtsein. Doch ist dieses Wahrmachen nur ein teilweises. Denn Welt wird gesetzt als ein vom Bewußtsein Unterschiedenes und Unabhängiges. Dergestalt wird ihr notwendig eine andere Seinsweise, eben die relative und zufällige, zugeschrieben. Diese Nichtidentität zwischen Erlebnisstrom und Realwelt besagt aber nicht Identität der Welt mit einem Anderen, mit einem absoluten und fürsichseienden Nicht-Ich. Sie bedeutet lediglich, daß das „Sein, das das Bewußtsein in seinen Erfahrungen setzt", über diese Erfahrungen hinaus „ein Nichts ist" (93).

Entgegen dieser ursprünglichen Nichtigkeit wird die Welt durch die Generalthesis als ein absolutes „Darüberhinaus" gesetzt. Ihr Darüberhinaus kann aber nur relativer Natur sein, weil Welt selber nur ein relatives Sein besitzt. Dagegen liegt absolut über das Bewußtsein hinaus nur das Bewußtsein selber als die unendlich strömende Aktualität und Agilität seiner selbst. So stellt also andererseits *es* die Wahrheit der Idee der Welt dar. Zusammen bedeutet dies, daß die Wahrheit der Idee des Bewußtseinsstromes darin besteht, daß es als Nichtbewußtsein oder Welt sich in sich selber transzendiert und unaufheblich unterscheidet. Die Welt ist sonach nur Moment im Absoluten, aber qua *Moment* absolut. Deswegen ist die Reduktion von ihr aufs Bewußtsein möglich, ohne daß diese Reduktion die Begründung in einem Grund meinen müßte, in dem Welt notwendig „zum Grunde" ginge [102]. Und deswegen ist auch das kinästhetische Bewußtsein nicht eine aus dem Bewußtsein überhaupt ableitbare Gestalt desselben. So wenig der Erlebnisstrom als Horizont und die Realwelt auseinander zu entwickeln sind, so wenig auch Bewußtsein überhaupt und mundanes Bewußtsein. Sie entwickeln sich vielmehr nur ineinander.

Die Alternative dazu ist allerdings nicht, daß das Bewußtsein überhaupt sich mit seiner welthabenden und welthaften Gestalt „als wie mit einem unübersteigbaren Faktum abzufinden" hätte [103]. Welt und Weltlichkeit sind zwar nicht aus dem Bewußtsein herleitbar, da Bewußtsein sich nur immanent entfalten kann in Explikation seiner Implikate. Doch ist Welt notwendiges Mitprodukt und Mitkonstituiertes in dieser Entfaltung und als solches im Selbstbewußtsein einsehbar [104].

2. Die Phänomenologie und das Soll der Weltkonstitution

Dieses Einsehen oder der Vollzug der Phänomenologie ist auf der einen Seite der Nachvollzug jenes Weges, den das Bewußtsein immer schon gegangen ist; es ist Nachfahren einer schon gezogenen Linie. Doch ist dies nur die eine Seite der durch die Phänomenologie geleisteten Aufklärung der konstitutiven Probleme. Denn zugleich wird das Bewußtsein durch die auf es hinleitende und die konstitutiven Probleme als solche aufweisende – und das heißt: zur Einsichtigkeit und Lösung bringende – Reduktion erst einmal aus seinem dogmatischen Schlummer, aus der natürlichen Einstellung, aufgerüttelt. Diese Einstellung bedeutet die Lethargie, welche nicht dem ihr aufgegebenen Sein, der gesollten Idee des Selbstbewußtseins, entspricht. Erst der Wille zur Reduktion und der zur Radikalität entschlossene Denker, welcher alle Voraussetzungen und Selbstverständlichkeit fahren läßt, überwindet das tote Sein des Bewußtseins, indem er sich zum transzendentalen Zuschauer seiner selbst erhebt und in diesem Sicheinrichten in die transzendentale Dimension diese überhaupt erst einmal erzeugt.

Das besagt aber, daß das aktuelle phänomenologisierende Bewußtsein deswegen das transzendentale Subjekt selber ist, weil es dessen Prädikat, ursprüngliches Nachzeichnen zu sein, zur eigenen Wesens-

---

[102] Vgl. R. BOEHM, *Vom Gesichtspunkt der Phänomenologie*, S. 96f.
[103] U. CLAESGES, *Edmund Husserls Theorie der Raumkonstitution*, S. 142.
[104] Vgl. A. AGUIRRE, *Genetische Phänomenologie und Reduktion*, S. 166ff.

bestimmung hat [105]. Die Phänomenologie ist selber jene „Reflexion, die den Wesenscharakter einer evident unaufheblichen Daseinsthesis hat" (87). Als solche Besonderung, daß sie nur in Erlebnissen ein aktuelles Sein haben kann, nicht aber im unausschöpflichen und niemals völlig aktuellen Erlebnisstrom, wohnt der Phänomenologie, d.h. dem Selbstbewußtsein [106], die Notwendigkeit inne, ihr Sein nur in der Ständigkeit zu haben bzw. allein im Dauern ihrer Anwesenheit überhaupt anwesend sein zu können.

Der Erlebnisstrom ist, als Idee, „*nie* ein durch einen einzigen reinen Blick Gegebenes oder zu Gebendes" (166). Seine intuitive Faßbarkeit ist aber nicht nur um dessentwillen gefordert, weil er als ein dennoch Gegebenes sich phänomenologisch, und das besagt: anschaulich, muß ausweisen können. Vielmehr bildet er ja den absoluten Anfang und das absolute Prinzip der Phänomenologie, welches eben darin besteht, daß im Bewußtsein das Bewußtsein sich selber einsichtig werden soll [107]. Somit muß sein reines Sein mit sich selber zur Deckung gelangen, sich also in sich differenzieren. Dieser Widerspruch, daß das Bewußtsein uno ictu sich soll überschauen und vor sich bringen können, ohne daß seiner Uneinholbarkeit Eintrag getan würde, ist die dem Bewußtsein mit sich selbst sowohl gestellte wie auch nicht einfachhin auflösbare Aufgabe, seine Form seinem Inhalt gleichzumachen. Ihre – nicht Lösung, wohl aber – Auflösung besteht darin, daß das Bewußtsein sich in einen unendlichen Prozeß des Fortschreitens in der Selbstbestimmung, d.h. Selbstverendlichung, einläßt; daß es sich in einem endlosen Zusammennehmen seiner mit sich

---

[105] Vgl. oben S. 124ff. – Wird dieser Begriff der ursprünglichen Sekundarität der Phänomenologie nicht beachtet, so sind all die Verlegenheiten unüberwindbar, welche darin bestehen, daß die Phänomenologie sich immer selbst schon voraussetzt, daß jeder ihrer Schritte einen Vorbegriff vor seinem Begriff liegen haben muß usw. Es wird dann auch unmöglich, eine Antwort z.B. auf das zu finden, was W. BIEMEL das „‚klassische' Argument" gegen die Möglichkeit der eidetischen Variation genannt hat: „Um sie vollziehen zu können, müssen wir jeweils schon einen Vorbegriff dessen haben, was variiert werden soll" („Husserls Encyclopaedia-Britannica-Artikel und Heideggers Anmerkungen dazu", in: *Tijdschrift voor Philosophie*, 1950 (12), S. 260). Diese prinzipielle Zirkelhaftigkeit der Phänomenologie beruht darauf, daß das Selbstbewußtsein Rotation in sich selber ist; anders gesagt: daß es Selbstkonstitution und absolutes Sein ist.

[106] Vgl. J. DESANTI, *Phénoménologie et praxis*, S. 38ff.

[107] Es ist also durchaus richtig, daß die *Subjektivität* „die ‚Sache' ist, die sich in vollendeter Weise von ihr selbst her zeigt" (TH. SEEBOHM, *Die Bedingungen der Möglichkeit der Transzendentalphilosophie*, S. 74), wie auch andererseits zugestanden werden muß, daß Erscheinen „ein Sich-nicht-zeigen" ist (M. HEIDEGGER, *Sein und Zeit*, S. 29).

selbst quantitierend realisiert: die Idee hat den Charakter eines geschichtlichen Telos. „In der unaufhebbaren Verwiesenheit auf das Nicht-Selbstgegebene, die in der intentionalen (Auffassung-Hyle) Struktur der Erfahrung gründet, besteht die teleologische Grundverfassung des Bewußtseins" [108]. Bei dieser *synthetischen* Bestimmung der Bewußtseinsunendlichkeit handelt es sich also keineswegs um eine „Preisgabe des Dogmatismus der Evidenz" auf einen „neuen, zeitlich-offenen Evidenzbegriff" [109] hin. Denn in der Synthesis ist mit Notwendigkeit (da es sich sonst um keine Synthesis, sondern um eine einfache Thesis handelte, welche der Absolutheitsthesis bloß entgegengesetzt wäre) das thetische Moment des absoluten Anfangs und des Willensentschlusses mitenthalten. Der synthetische Charakter der absoluten Wahrheit bzw. des absoluten Seins des Bewußtseins besagt sonach dies, daß in ihm das dogmatische Moment des fundamentum inconcussum mit dem der *nachträglichen* Kritik der schon als bestehend vorausgesetzten Seiendheit des Bewußtseins zusammenfällt.

Dieser Prozeß ist die unendliche Näherbestimmung des reinen Seins des Bewußtseins, die nicht voll-enden und an ein Ende bringen zu können gerade die Endlichkeit des Bewußtseins ausmacht. Es ist „das Eigentümliche der eine Kantische ‚Idee' erschauenden Ideation, die darum nicht etwa die Einsichtigkeit einbüßt, daß die adäquate Bestimmung ihres Inhaltes, hier des Erlebnisstromes, unerreichbar ist" (166f.). Daß das Bewußtsein konkret nur ist als *Strom*, ist schon selber die unendliche Synthese [110], derzufolge das urquellende und punktuelle reine Sein des Bewußtseins sich in die Zeitlichkeit auseinandergezogen und zerdehnt hat.

Das an diesem Strom Unzeitliche ist das stehende Jetzt seiner Horizontaktualität, welche das fließende Jetzt notwendig mitsetzt, aber nur rein formal bestimmt. Diese Grundbestimmung ist die seiner Aktualität. Das Unzeitliche am Fluß des Zeitbewußtseins ist seine Idee, die unendliche und in einem Blick zu umgreifende Regel seines unendlichen Verströmens. Diese Regel ist bezüglich des Inhalts der Idee das Gesetz der aufgegebenen aktuellen Ausfüllung des unend-

---

[108] A. AGUIRRE, *Genetische Phänomenologie und Reduktion*, S. 145.
[109] E. TUGENDHAT, *Der Wahrheitsbegriff bei Husserl und Heidegger*, S. 236.
[110] „Die Grundform des Gehalts der Idee überhaupt ist die Form eines Ganzen" (R. INGARDEN, *Der Streit um die Existenz der Welt* II/2, S. 380).

lichen Horizonts, aus dem alle Aktualität herstammt [111]: „Diese präphänomenale, präimmanente Zeitlichkeit konstituiert sich intentional als Form des zeitkonstituierenden Bewußtseins und in ihm selbst." [112]. Die Idee des Erlebnisstromes ist demnach das Soll der Identität der Aktualität mit sich selber. Sie ist die schlechthin formale Idee [113], da in ihr nur der Akt aufgegeben ist, das reine Sein als reines Sein zu setzen und allen Unterschied des Materialen ihm gegenüber aufzuheben. Und sie ist die schlechthin materiale Idee, da alles Seiende nur als Besonderung in und an ihrer Aktualität Sein hat [114].

Das reine Sein, welches nichts ist als Sein, ist aber andererseits auch nur das leere Etwas überhaupt als die reine Form [115]. Seine Setzung, die wir Etwasthesis genannt haben, bildet sonach zugleich Ursprung und Ziel des Bewußtseins. Dergestalt formt sie den absoluten Horizont dessen, was überhaupt ist. Sie ist die unanschauliche Grenze alles Anschauens und der Gegenhalt alles Anschaulichen. Das besagt, daß es keine Grenze des Etwas überhaupt geben kann. Es ermöglicht alles Sehen, und somit kann ihm nicht zugesehen werden. Lediglich seine Unsichtigkeit kommt in den Blick. Diese ist die gesamte Negation alles Anschaulichen und Materialen an ihm, d.h. seine Formalität.

Das eigentümliche Erfassen der Idee stellt sonach eine Intention dar, welche durch ihre Nichterfüllbarkeit schon erfüllt ist. Diese Idee als der Grundpunkt, aus welchem das Bewußtsein entquillt, ist nichts anderes als das urfungierende Ich selber. Deshalb ist seine Funktionsgegenwart „in aller reflexiven Selbstgegenwart protoniert, ohne daß die Protention jemals in urimpressionale Gegebenheit überginge" [116]. Denn dieser Idee steht als Erfüllung nicht etwas außer der reinen Intention selber gegenüber. Das Sein der ideenerfassenden Intention geht über sich selber nicht hinaus; es erfaßt nur sich selber. Die Unhintergehbarkeit der Idee stellt damit die Universalität der *Intentio-*

---

[111] „L'ideé est la conscience transcendentale elle-même dans sa forme téléolologique" (A. DE MURALT, *L'idée de la phénoménologie*, S. 349).
[112] *Zeitbewußtsein*, § 39, Husserliana X, S. 83.
[113] „Ist nun das Zeitbewußtsein die Urstätte der Konstitution von Identitätseinheit oder Gegenständlichkeit..., so ist es doch nur das eine allgemeine Form herstellende Bewußtsein" (*Analysen zur passiven Synthesis*, § 27, Husserliana XI, S. 128).
[114] Vgl. oben S. XLIIf.
[115] Vgl. auch R. INGARDEN: „Die Form der Idee, *qua* Idee genommen, ist die gegenständliche Grundform" (*Der Streit um die Existenz der Welt* II/2, S. 381).
[116] K. HELD, *Lebendige Gegenwart*, S. 132.

nalität selber dar. Denn das Sein der Intention als solcher ist die reine Intentionalität [117].

Das Etwas überhaupt ist also die Form der Versichtbarung des reinen und absoluten Seins des Bewußtseins; und diese Sichtbarkeit ist sein intentionales Sein. „Absolut Seiendes ist seiend in Form eines intentionalen Lebens" [118]. Sofern in dieser Sichtbarkeit *etwas* gesehen, d.h. die absolute Negativität dieses Sehens, gerade weil sie *absolut* ist, *nicht* als Negativität sichtbar werden kann [119], wird das

---

[117] So sagt J. DERRIDA über die Idee: „Elle seule révèle donc l'être de l'intention: l'intentionnalité elle-même". („Introduction", in: E. HUSSERL, *L'origine de la géométrie*, S. 153). Vgl. auch L. LANDGREBE, *Der Weg der Phänomenologie*, S. 15f.

[118] *Formale und transzendentale Logik*, § 103, S. 241.

[119] „Das Ich, das sich selber apperzeptionslos zuschaut, schaut seinem Nichtssein zu... Aber das heißt im Grunde: es kann nichts erfahren. Die absolute Erscheinung... ist selbst die absolute Subjektivität in diesem ihrem Nichts-sein. Die absolute Erscheinung ist völlig *inhaltslos*". (A. AGUIRRE, *Genetische Phänomenologie und Reduktion*. S. 185). Wenn Aguirre aus diesem Sachverhalt allerdings folgert, die Phänomenologie sollte „Erfassung der reinen – horizontfreien – Phänomene" sein; die Suche nach der Möglichkeit einer solchen Erfassung erweise aber die „Unmöglichkeit des apperzeptionslosen Seins", weshalb „die reine Phänomenologie... von der Philosophie, durch die sie begründet werden sollte, zugrunde gerichtet" würde (*aaO.*, S. 186f.), so ist dies unrichtig. Denn die reine Phänomenologie wird im Gegenteil durch die phänomenologische Philosophie erst aufgerichtet – aber als Moment innerhalb dieser Philosophie selber; als das Moment des Unmittelbaren, in welches die Einheit der Philosophie sich innerlich entzweit. M.a.W.: Nicht das Unmittelbare oder Perzipierte ist das Unmittelbare; und das Apperzipierte oder die Vermittlung dieses Unmittelbaren ist es ebensowenig. Wahrhaft unmittelbar ist nur das *Sein* des Unmittelbaren als eines Vermittelten, das Vermitteltsein; wahrhaft Erscheinung ist nur der Erscheinungs*zusammenhang* von Erscheinung und Ansich, welcher sich selbst in diese beiden Momente auseinanderlegt und sie als seine innere Differenz in sich einbehält. „Der ‚rein perzeptive' Gehalt in der ‚äußeren' Wahrnehmung ist das, was wir übrig behalten, nach Abstraktion von allen bloß imaginativen und symbolischen Komponenten; es ist also der ‚empfundene' Inhalt in der *unmittelbar* zu ihm gehörigen rein perzeptiven Auffassung". (*Logische Untersuchungen* II/2, 6. Untersuchung, § 14b, S. 57; Hervorhebung vom Vf.). Das besagt: Wahrnehmung (Perzeption) „*ist* Apperzeption" (*aaO.*, Beilage, S. 233). Die phänomenologische Philosophie, welcher der unmittelbare Ansatzpunkt in der Natürlichkeit fehlen würde, den die reine Phänomenologie bildet, besäße gerade damit keinen Anhalt im Gegebenen mehr; sie wäre Phantasieprodukt. Aguirres Schlußfolgerung entsteht daraus, daß er Phänomenologie und Philosophie als zwei unterschiedene Größen voneinander ablöst, also die Dialektik ihres Zusammenhangs nicht mehr sieht, so daß ihr Verhältnis nur noch das des gegenseitigen Ausschlusses sein kann. Das „Zugleich" beider Momente (vgl. A. AGUIRRE, *aaO.*, S. 169) bleibt ein Drittes außerhalb des durch es Verbundenen, weil nicht mehr auf ihre Differenz *als solche* reflektiert wird. Das „Und" zwischen „Natürlichkeit" und „Transzendentalität" bleibt ihnen äußerlich und damit ein zufälliges. Deswegen bleibt es letztlich auch nur bei einem bloßen Paradox, wenn einerseits die Reduktion als Grundlage des transzendentalen Idealismus aufgewiesen (vgl. *aaO.*, S. 20ff.), an-

Sein des Bewußtseins ersehen als die Unendlichkeit des Erlebnisstromes, innerhalb dessen die unendliche Synthesis der endlosen Erlebnisse stattfindet. Das Pulsieren dieser Aktualität, welches in der Phänomenologie auf sich selber zurückkommt und sich nur erfassen kann als etwas, das „schon war" (83), hat die eigentümliche Eigenschaft, niemals der aus ihm selber qua Aktualität entspringenden Forderung gemäß sein zu können, sich selbst originär als ein Gegenwärtiges gegeben zu sein. Seine Gegenwart ist die alles fundierende Vergangenheit, welche als alles aus sich entlassende zugleich eine alles einbehaltende Zukunft ist. „Die Urimpression in ihrem stetigen Wandel ist immer auch entschwindende Erfüllung ... Dadurch mangelt es der Erfüllungstendenz jederzeit an letzter Befriedigung: Das Ich ist im Wahrnehmungsleben stets auch schon beim Nächstkommenden." [120]. Dies ist der Sinn der universalen Horizontalität des Erlebnisstromes, dessen Strömen zugleich das unerschütterliche Ruhen des reinen Etwas ist.

Indem sich dieser Sinn als solcher gibt, entspricht er also dennoch dem ihm immanenten universalen Prinzip aller Prinzipien; er entspricht sich selber. Aber nur, indem und sofern er sich auch nicht entspricht. Dies deswegen, weil die Idee selber in sich den Gegensatz trägt, ihrer endlichen Form nach reines Etwas, ihrem unendlichen Inhalt nach aber dessen sich synthetisierendes Strömen zu sein [121]. Sie ist der Zusammenfall von „Welt" überhaupt und Aktualität ins Sein der Intentionalität. So hat die Idee ihre Form als das in einem einzigen Jetzt zu durchlaufende Jetzt, dem aber keinerlei Begründbarkeit oder sonstige Absehbarkeit eignet, weil es in sich selber beruht und als aktuales fest-steht. Und sie hat ihren Inhalt als in sich abgeschlossenes und endliches Bestehen, dessen allgemeine Form durch es nur hindurchgeht und in keine ihrer Verendlichungen aufgehoben werden kann, weil es ein zeitloses Jetzt ist. „Diese Verweltlichung des nicht-weltlichen Ich beginnt bereits damit, daß die dem

---

dererseits aber als Ergebnis und Folge des transzendentalen Idealismus behauptet wird (vgl. *aaO.*, S. 187). Auch scheint es deswegen nur ein gelegentlicher Irrtum oder ein Schwanken Husserls zu sein, wenn er einerseits sagt, es sei ein *direkter* Sprung von der natürlichen in die transzendentale Einstellung möglich (vgl. *aaO.*, S. 32f.); er andererseits aber diesen Weg in die Transzendentalität als notwendig vermittelt ansieht (vgl. *aaO.*, S. 33). Statt daß also die Wahrheit beider Aussagen uneingeschränkt und zugleich festgehalten würden, kommt es zu dem Versuch, Husserl mit Husserl verbessern zu wollen.

[120] K. Held, *Lebendige Gegenwart*, S. 44.
[121] Vgl. A. De Muralt, *L'idée de la phénoménologie*, S. 333.

ersten Anschein nach unzeitliche Allgegenwart des Ich im Zentrum des intentionalen Lebens sich nicht in dieser Reinheit überzeitlicher Ständigkeit halten kann, sondern sich ineins mit dieser Ständigkeit als Strömen erweist und sich deshalb in weiterer Folge zum Lebensstrom mit seiner konkreten Inhaltsfülle ausbreitet. So relativiert sich das Absolute, genauer: hat es sich immer schon relativiert. Das reine Ich ist aufgrund seines Doppelcharakters als stehend-verströmende Gegenwart immer schon in eine erste Einheit von Ich und Welt übergegangen." [122].

In beiden Hinsichten bestimmt die Idee sich als reine Form, die immer schon in Aufhebung wie Nichtaufhebung ihrer Unterschiede übergegangen ist. Deswegen hatte die reine Erfassung der Idee auch den Charakter einer durch Herausstreichen sich vollziehenden Abstraktion. Doch zeigt sich nun die Notwendigkeit dieser Operation und ihre nicht konstruktive oder abstraktive Natur. Denn einerseits hat sie das Bewußtsein nicht als reine und unterschiedslose Identität ergeben, als ein nichtssagendes $A = A$. Bewußtsein ist nur *in* der Aufhebung der Unterschiede, d.h. als absoluter Schluß, in dem sich seine Endlichkeit (als Form) mit seiner Unendlichkeit (als Aktualität) zusammenschließt. Das an ihm Schließende, die reine Aktualität des Synthetisierens oder die Idee der Bewußtseinseinheit, hat sich andererseits, indem sie durch die Idee einer Negation allen Inhalts, durch die Idee der „Weltvernichtung" (91) rein erfaßt wurde, positiv „als ein für sich geschlossener Seinszusammenhang" (93) herausgestellt, der alles, was sonst Sein haben soll, nur *in* sich tragen kann als Erfüllung oder Fixierung der in ihm ununterschiedenen Momente [123].

„Der Thesis der Welt, die eine ‚zufällige' ist, steht also gegenüber die Thesis meines reinen Ich und Ichlebens" (86). Die Weise dieses Gegenüberstehens und seine Spezifikation hat sich durch die Bestimmung des Sinnes der Weltzufälligkeit nun ergeben. Es handelt sich nicht um ein Gegenübersein, bei dem die Welt, gleich ob seinsautonom oder -heteronom, außerhalb des reinen Insichseins des Ich verbliebe. Vielmehr geht es um ein Gegensetzen im Innern der Bewußt-

---

[122] K. HELD, „Nachwort", in: L. ROBBERECHTS, *Edmund Husserl*, S. 142.
[123] Zu diesem Sachverhalt, daß die Idee einerseits selber Aktualität ist, gegenüber dem dank ihrer Aktuellen aber nur Potentialität bedeutet, vgl. A. DE MURALT, *L'idée de la phénoménologie*, S. 53.

seinsaktualität [124]. Das Gesetzte ist aber dennoch nicht ein Wesensmoment oder Proprium des Bewußtseins selber, sondern ein ihm aus seiner eigenen Uneinsehbarkeit her notwendigerweise und damit einsichtigerweise zugefallenes Ac-cidens [125]. Die Uneinsichtigkeit des Bewußtseins, sein leeres (Etwas-)Sein oder seine absolute Idee, tritt demnach hervor *als* die „prinzipielle Ablösbarkeit der gesamten *natürlichen* Welt von der Domäne des Bewußtseins" (87; Hervorhebung vom Vf.); das Insein von Welt im Bewußtsein als dessen verfestigendes Konstituens erweist sich nur *an* der Gegensätzlichkeit der Welt zu ihm.

Das Sein des Bewußtseins bestimmt sich in diesem Gegensatz als absolut; da es als solches aber nur aus dem *Gegensatz* her, d.h. als „Residuum", gedacht wird, zeigt sich zugleich auch seine eigene innere Leere. Als leeres kann es nur in Gegebenem, im Datum seine Erfüllung finden; als absolutes muß es aber auch die Gegebenheit aus sich selber verstehen und herleiten können. Seine Leere hat demnach nur Sein als schon erfüllte; und seine Absolutheit nur, indem sie sich in die Notwendigkeit ihrer Bestimmung aus dem Gegensatz der Welt her „depotenziert".

Und Welt hat, da in diesem Bestimmen *sie* sich als das bloß Phänomenale und Zufällige erweist, keinerlei für das Sein des Bewußtseins relevantes Sein; andererseits aber wird ihre Irrelevanz nur erfaßt, indem die als (für sich) seiend vorausgesetzte Welt an der erst nachträglich beigebrachten Subjektivität gemessen wird. Das Sein der Welt liegt seiner nachträglich gewonnenen Sonderbestimmung voraus,

---

[124] Weil Welt nur ist in einem Entgegensetzen, wird das transzendentale Bewußtsein als solches einerseits gewonnen als „Residuum", welches nach Abzug seines Gegensatzes übrig bleibt. Es bildet also eine eigene, durch die Region Welt begrenzte „Seinsregion, die, wie jede echte Region, eine solche individuellen Seins ist" (*Ideen* I, § 33, S. 58). Sofern Welt aber einen Gegensatz darstellt, in den sich das Bewußtsein selber hineinversetzt, also einen bewußtseinsimmanenten Gegensatz, dessen Sein das Sein des Bewußtseins selber ist, ist diese Region gerade keine Region, sondern „ein für sich geschlossener Seinszusammenhang" (*aaO.*, § 49, S. 93), innerhalb dessen Welt „den bloßen sekundären relativen Sinn eines Seins *für* ein Bewußtsein hat..., das das Bewußtsein in seinen Erfahrungen setzt" (*aaO.*). Deswegen ist auch zur Erfassung der transzendentalen Subjektivität eine Reduktion auf ein Übrigbleibendes nötig, während wir in diesem Absehen von Welt als Absehen auf das reine Bewußtsein „eigentlich nichts verloren, aber das gesamte absolute Sein gewonnen" haben, welches „alle weltlichen Transzendenzen in sich birgt, sie in sich ‚konstituiert'" (*aaO.*, § 50, S. 94).
[125] Vgl. TH. SEEBOHM, *Die Bedingungen der Möglichkeit der Transzendentalphilosophie*, S. 152ff.

ein bloß zufälliges zu sein; aber Welt hat andererseits ein Sein nur als das zufällige Wesen. Ihre Zufälligkeit hat also zu ihrem Grund immer nur wieder weitere Zufälligkeit, d.h. nur sich selber [126] und ist deswegen als Sichgründen ein schlechthin Notwendiges. Doch da diese Zufälligkeit nur ist als der Gegensatz zum und für das Bewußtsein, bedeutet dies: Sie ist eine Notwendigkeit für die leere Absolutheit des Bewußtseins und aus dieser her. Eine solche Notwendigkeit kann aber nur dem Bewußtsein selber innewohnen. Die Welt ist demnach die Notwendigkeit des Bewußtseins, sich in die Selbstbestimmung aus seinem Gegensatz her, eben der Welt, zu depotenzieren [127]. Welt ist nicht aus und für sich selbst ein Notwendiges, sondern nur für das sich als absolut bestimmende Bewußtsein, welches also gerade *als* absolutes auf Welt angewiesen und damit nicht absolut ist.

Ist die Zufälligkeit der Welt eine Notwendigkeit um der Absolutheit des bewußten Seins willen, so ist diese Absolutheit ihrerseits nicht ein gegebenes Prädikat des Bewußtseins, sondern nur die *Idee* oder das Soll des Bewußtseins. Sie hat ein Sein nur in dem alles Umwillen wollenden Willen. Ein solcher Wille ist, da die Absolutheit nur in seiner Aktualität Bestand hat, selber das am Bewußtsein Absolute [128]. Wie das Wollen des Absoluten dergestalt seiner Form nach selbst das Absolute ist, so nun auch seinem Inhalt nach, da es *alles* mitwollendes und umgreifendes Wollen ist. Als solches stellt das Wollen sich aber nur durch den Vollzug der Reduktion heraus; wie es andererseits, um die Reduktion als *seine* Möglichkeit, absolut zu sein, zu ersehen, die Reduktion als Möglichkeit *überhaupt* seinem Ergreifen und Vollziehen schon voraussetzen muß. Auch sie depotenziert sich demnach in den Zirkel, ihrer Aktualität schon vorausliegen zu müssen als deren „prinzipielle Möglichkeit" (53). Doch wird diese Möglichkeit, da sie nicht dem Bewußtsein als Mögliches einfachhin mitgegeben ist, ihrerseits nur erfaßt, indem und nachdem sie aktualisiert ist. M.a.W.: die Möglichkeit eines Verlassens der natürlichen Einstellung kommt erst dann zum Vorschein, wenn diese verlassen worden ist. Denn nur von der phänomenologischen Einstellung aus

---

[126] Vgl. auch H. CONRAD-MARTIUS: „Die Vorhandenheit des real Existierenden läßt sich selber nur existenziell... begründen" (*Das Sein*, S. 92). Man muß deswegen „in die ontologische Wesensbestimmung realen Seins das ‚Sein' schon hineinnehmen" (*aaO.*, S. 96).
[127] A. DE MURALT sagt deswegen mit Recht: „le sujet transcendantal est l'idée de l'objet en général" (*L'idée de la phénoménologie*, S. 352).
[128] Vgl. oben S. 99.

kann die natürliche als solche, d.h. als verläßlich, bestimmt werden, da die Möglichkeit, sie zu verlassen, als *bloße* Möglichkeit das Wesen der natürlichen Einstellung ausmacht. Von sich her kommt die natürliche Einstellung nicht zur Erkenntnis ihrer Natürlichkeit und zur Ergreifung der Phänomenologie; beides ist nur in und durch die Phänomenologie möglich. Die Natürlichkeit ist also überhaupt nicht „von sich her", sondern die Phänomenologie hat an der Natürlichkeit ein konstitutives und doch fremdes Moment. Doch trägt sie es andererseits als Bestimmung ihres eigenen Wesens in sich. Diese Bestimmung besteht nun darin, daß die Natürlichkeit der Phänomenologie vorausliege. Das besagt aber, da die Natürlichkeit Moment der Phänomenologie ist, daß die natürliche Einstellung die phänomenologische Einstellung selber ist – sofern diese sich selber (eben als die genannte Möglichkeit) vorausliegt. Das bedeutet zugleich, daß der Grund aller Rationalität in der natürlichen Einstellung zu suchen ist, während doch andererseits gleichermaßen evident ist, daß die Rationalität der Natürlichkeit nicht aus der Natürlichkeit selbst her begründet werden kann, sondern nur aus der Phänomenologie her, auf welche hin sie deshalb auch teleologisch angelegt ist. Dies ist der Sinn des Sachverhalts, daß Natürlichkeit und Phänomenologie einerseits gar nicht, andererseits aber durch einen Abgrund getrennt sind [129].

Da dergestalt die Phänomenologie die zu sich gekommene Natürlichkeit ist bzw. umgekehrt die Generalthesis der sich selbst vorausliegende Akt der Reduktion, liegt der Reduktion nur die Reduktion und der Phänomenologie nur die Phänomenologie zugrunde. Diese begründet sich absolut selber; und ihr Sichentzweien in sich als Grund und als Begründetes, zwischen denen ein nur durch einen Sprung zu überwindender „Abgrund des Sinnes" (93) obwaltet, ist seinerseits nur *seiend*, weil es einbehalten ist in die gemeinsame Umspannung beider durch die „leeren logischen Kategorien" (93) – ursprünglich also durch das reine Etwassein. Dessen Sein aber ist das absolute Sein der Idee, das reine Sein der Intentionalität als ihr Seinsollen erstrebender, welches nur Aktualität besitzt im Wollen [130] der reinen Absolutheit des Seins. Nur dieses Wollen hält den ursprünglichen Unterschied offen, demzufolge überhaupt Etwas ist und nicht viel-

---

[129] Vgl. oben S. XXXVII.
[130] Vgl. H. DRÜE, *Edmund Husserls System der phänomenologischen Psychologie*, S. 261.

mehr Nichts [131]. Die Phänomenologie ist also nur im Wollen der Phänomenologie aktuell, und die Reduktion vollzogen nur im radikalen Willen, sie zu vollziehen [132]. Ein solcher, die Welt bzw. die Generalthesis umfassender und auf sie als auf seinen direkten und nächsten Gegenstand, sein objectum proprium, gerichteter Wille aber ist, da er von nichts abhängt, freier Wille und das Sein der absoluten Freiheit selber [133]. Da der Wille sich auf diesen seinen Gegenstand dergestalt richtet, daß er sich *gegen* ihn richtet als gegen den „Irrtum" (78), den er in seine eigene Wahrheit aufhebt, hat er die Absolutheit seiner selbst zu seinem Ziel. Und da dieses Ziel nur Sein hat, indem es die Absolutheit des Willens ist, hat er sich also selber zum Ziel: er ist Wollen des Wollens. Dergestalt unumschränkt frei und aller Abhängigkeit oder Bedingtheit ledig, bindet er sich damit zugleich absolut an *sich selber* und begibt sich in die Bedingtheit durch sich selbst. Er ist unbedingtes Sichbedingen, in dem das Bedingtsein (durch das Unbedingtsein) um des Unbedingtseins willen ernötigt ist. Unabhängig oder unbedingt ist die Willensaktualität aber nur als Grundmoment ihrer Sichentzweiung, d.h. aber als Nichtwollen (oder Natürlichkeit) im Wollen (oder der Phänomenologie), in welches sich das Wollen demnach um seiner Freiheit willen notwendig hineinbegeben muß. Das absolute Wollen ist demnach gerade *nicht* Aufhebung der Natürlichkeit, sondern deren Setzung. Es ist nicht lautere Wahrheit, sondern die Not, den „Irrtum" um seiner Aufklärung willen zu wollen. Das absolute Wollen ist, so lautet die Synthese, nur unbedingt, indem es sich frei in die durch es gesetzte Bedingtheit, d.h. ins Vorausgesetzte seines Setzens begibt. „Le flottement entre le dégagement de l'idéalisme transcendantal et l'engagement dans un monde qu'on reproche à Husserl, n'est pas sa faiblesse, mais sa force. Cette simul-

---

[131] So heißt es schon in den *Logischen Untersuchungen*: „Unser Interesse, unsere Intention, unser Vermeinen – bei passender Weite lauter gleichbedeutende Ausdrücke" (II/1, 1. Untersuchung, § 10, S. 40).

[132] Deswegen sagt Husserl zunächst: „Anstatt nun in dieser < = der natürlichen > Einstellung zu verbleiben, *wollen* wir sie radikal ändern", um erst daraufhin weiterzufahren: „Es gilt jetzt, sich von der prinzipiellen *Möglichkeit* dieser Änderung zu überzeugen" (*Ideen* I, § 31, S. 53; Hervorhebung vom Vf.). Die Reduktion ist sonach nicht ein Akt, der irgendwann einmal, also semel in vita, vollzogen und dann dahinten gelassen würde als etwas, das vorbei und abgetan sei. Vgl. *Pariser Vorträge*, Husserliana I, S. 4.

[133] „Diese Umwertung ist Sache unserer vollkommenen Freiheit und steht gegenüber... allen Stellungnahmen im eigentlichen Wortsinne" (*Ideen* I, § 31, S. 55). Vgl. K. HELD, „Nachwort", in: L. ROBBERECHTS, *Edmund Husserl*, S. 145ff.

tanéité de la liberté et de l'appartenance – sans qu'aucun de ces termes soit sacrifié – est peut-être la *Sinngebung* elle-même, l'acte de prêter un sens qui traverse et porte l'être tout entier. L'activité transcendantale reçoit, en tout cas, dans la phénoménologie cette nouvelle orientation. Le monde n'est pas seulement constitué, mais aussi constituant." [134]. Die Phänomenologie ist nicht Vernichtung, sondern Aufklärung des Seinsrechts des prinzipiellen „Irrtums". Das bedeutet aber nicht, daß es sich bei der Natürlichkeit um eine Art unvermeidbaren und immer wiederkehrenden „transzendentalen Scheins" handelte, der „eigentlich" durch eine transzendentale Wahrheit ersetzt werden müßte [135]. Die Aufklärung des Scheinenden als eines „bloß Phänomenalen" (80) besagt vielmehr die Hervorkehrung seiner Wahrheit, Schein an sich zu sein, der also an keinem dahinterliegenden Ansichsein mehr gemessen werden könnte; ebensowenig wie der prinzipielle Irrtum an einer Gewißheit. *Prinzipiell* ist der Irrtum nur dadurch, daß er in sich selber Prinzip seiner „irrenden" Seinsweise ist und nicht etwa nur im Vergleich mit einem Andern wäre, was er ist. Die Reduktion ist demzufolge gerade das Sichhalten in der erkannten Natürlichkeit; sie ist „der rechte Rückgang zur Naivität des Lebens, aber in einer über sie sich erhebenden Reflexion" [136]. Deswegen müht sich die Fundamentalbetrachtung, gerade insofern sie selber die Reduktion *ist*, dennoch „mit keiner phänomenologischen ἐποχή" (60) [137].

„So ist denn in jeder Weise klar, daß alles, was in der Dingwelt für mich da ist, prinzipiell nur präsumptive Wirklichkeit ist; daß hingegen Ich selbst, für den sie da ist... bzw. meine Erlebnisaktualität *absolute* Wirklichkeit ist, durch eine unbedingte, schlechthin unaufhebliche Setzung gegeben" (86). Diese unbedingte Setzung ist aber zugleich auch die Notwendigkeit, als ihr selbst vorweggenommen und im voraus in sie hineinversetzt (praesumptum) Welt als Bedingung in sich zu setzen, so daß „Ich selbst" gleich „für den sie da ist" wird.

---

[134] E. LEVINAS, „La ruine de la représentation", in: *Edmund Husserl 1859–1959*, S. 82.
[135] Vgl. *Erste Philosophie* II, 34. Vorlesung, Husserliana VIII, S. 53f.
[136] *Krisis*, § 91, Husserliana VI, S. 60.
[137] Es liegt also durchaus in der Linie von Husserls Denken und bedeutet keine Kritik an ihr, wenn man sagt, daß „das ego gerade die Leistung ist, sich einzuklammern und dadurch sich Welt auszuklammern" (W. CRAMER, *Grundlegung einer Theorie des Geistes*, S. 64).

Denn die Einklammerung ist erst dann vollständig, wenn sie nicht bloß dies und jenes, sondern mit allem andern zugleich auch sich selber als das in ihr *noch* Vorausgesetzte in Klammern setzt. Die Absolutheit des Bewußtseins besteht demnach darin, daß sein Bedingtsein nur durch sein Absolutsein selber bedingt ist. Durch Unbedingtheit bedingt sein heißt aber, diese zu seinem Wesen haben und also selber unbedingt sein [138]. Diese Unbedingtheit und Faktizität der Welt ist aber nicht aus ihr selber her unbedingt, sondern deswegen, weil sie mit dem absoluten Sein des Bewußtseins identisch ist. Die Welt ist das Absolute deswegen, weil das aktuelle strömende Bewußtsein nur, indem es sie neben und außer sich setzt, schlechthin absolut ist. Das Absolute, das Bewußtsein, ist demnach, synthetisch gefaßt, ein ursprünglich Nachträgliches, das seine Aposteriorität und damit sich selber immerzu dadurch im absoluten Sein erhält, daß es Welt sich voraussetzt; daß er sie *als* seine Voraussetzung in sich selber setzt [139].

„Unsere Betrachtung ist damit zu einem Höhepunkt gediehen. Wir haben die Erkenntnisse gewonnen, deren wir bedürfen". (87).

---

[138] Deswegen wurde auch oben S. 143f. behauptet, daß Welt kein vom Sein des Bewußtseins unterschiedenes Sein habe.
[139] Vgl. L. LANDGREBE, *Der Weg der Phänomenologie*, S. 193ff. Deswegen gilt auch: „Das ichliche Vermögen freier sittlicher Abstandnahme und das Vermögen des reflektierenden Anblicks und Mittvollzugs der Selbstzeitigung sind im Grund ein und dasselbe." (K. HELD, *Lebendige Gegenwart*, S. 182).

LITERATURVERZEICHNIS

Das folgende Verzeichnis führt lediglich Werke an, die in der vorliegenden Abhandlung zitiert wurden oder auf die sonst Bezug genommen wurde.

WERKE HUSSERLS

Husserliana. Edmund HUSSERL, Gesammelte Werke. Auf Grund des Nachlasses veröffentlicht vom Husserl-Archiv (Louvain) unter Leitung von H. L. Van Breda, Martinus Nijhoff, Den Haag, 1950ff.

Bd. I: *Cartesianische Meditationen und Pariser Vorträge.* Herausgegeben und eingeleitet von S. STRASSER, 1963, 2. Aufl.

Bd. II: *Die Idee der Phänomenologie. Fünf Vorlesungen.* Herausgegeben und eingeleitet von W. BIEMEL, 1958, 2. Aufl.

Bd. III: *Ideen zu einer reinen Phänomenologie und phänomenologischen Philosophie.* Erstes Buch: *Allgemeine Einführung in die reine Phänomenologie.* Herausgegeben von W. BIEMEL, 1950.

Bd. IV: *Ideen zu einer reinen Phänomenologie und phänomenologischen Philosophie.* Zweites Buch: *Phänomenologische Untersuchungen zur Konstitution.* Herausgegeben von M. BIEMEL, 1952.

Bd. V: *Ideen zu einer reinen Phänomenologie und phänomenologischen Philosophie.* Drittes Buch: *Die Phänomenologie und die Fundamente der Wissenschaften.* Herausgegeben von M. BIEMEL, 1952.

Bd. VI: *Die Krisis der europäischen Wissenschaften und die transzendentale Phänomenologie. Eine Einleitung in die phänomenologische Philosophie.* Herausgegeben von W. BIEMEL, 1962, 2. Aufl.

Bd. VII: *Erste Philosophie (1923/24). Erster Teil: Kritische Ideengeschichte.* Herausgegeben von R. BOEHM, 1956.

Bd. VIII: *Erste Philosophie (1923/24). Zweiter Teil: Theorie der phänomenologischen Reduktion.* Herausgegeben von R. BOEHM, 1959.

Bd. IX: *Phänomenologische Psychologie. Vorlesungen Sommersemester 1925.* Herausgegeben von W. BIEMEL, 1962.

Bd. X: *Zur Phänomenologie des inneren Zeitbewußtseins (1893–1917).* Herausgegeben von R. BOEHM, 1966.

Bd. XI: *Analysen zur passiven Synthesis. Aus Vorlesungs- und Forschungsmanuskripten 1918–1926*. Herausgegeben von M. FLEISCHER, 1966.

Logische Untersuchungen. Erster Band: *Prolegomena zur reinen Logik*, Max Niemeyer Verlag Tübingen, 1968, 5. Aufl.

Logische Untersuchungen. Zweiter Band: *Untersuchungen zur Phänomenologie und Theorie der Erkenntnis*. I. Teil, Max Niemeyer Verlag, Tübingen, 1968, 5. Aufl.

Logische Untersuchungen. Zweiter Band: *Elemente einer phänomenologischen Aufklärung der Erkenntnis*. II. Teil, Max Niemeyer Verlag, Tübingen, 1968, 4. Aufl.

Ideen zu einer reinen Phänomenologie und phänomenologischen Philosophie. Erstes Buch: *Allgemeine Einführung in die reine Phänomenologie*, Max Niemeyer, Halle/Saale, 1913 (2. unveränderte Aufl. 1922, 3. unveränderte Aufl. 1928).

Formale und transzendentale Logik. Versuch einer Kritik der logischen Vernunft, Max Niemeyer, Halle a.d.S., 1929.

Erfahrung und Urteil. Untersuchungen zur Genealogie der Logik. Redigiert und herausgegeben von L. LANDGREBE, Claassen Verlag, Hamburg, 1954, 2. Aufl.

Philosophie als strenge Wissenschaft. Herausgegeben von W. SZILASI (Quellen der Philosophie, 1), Vittorio Klostermann, Frankfurt am Main, 1965.

„Vorwort" zu E. FINK, „Die phänomenologische Philosophie Edmund Husserls in der gegenwärtigen Kritik", in: FINK (Eugen), *Studien zur Phänomenologie 1930–1939* (Phaenomenologica, 21), Martinus Nijhoff, Den Haag, 1966, S. VII–VIII.

„Brief an H. von Hofmannsthal vom 12.1.1907", bei: R. HIRSCH, „Edmund Husserl und Hugo von Hofmannsthal. Eine Begegnung und ein Brief", in: *Sprache und Politik. Festgabe für Dolf Sternberger zum sechzigsten Geburtstag*. Herausgegeben von C.-J. FRIEDRICH und B. REIFENBERG, Verlag Lambert Schneider, Heidelberg, 1968, S. 108–115.

Für gelegentliche angeführte unveröffentlichte Manuskripte Husserls siehe die Verweise beim Text.

SONSTIGE ANGEFÜHRTE SCHRIFTEN

ADORNO (Theodor), *Zur Metakritik der Erkenntnistheorie. Studien über Husserl und die phänomenologischen Antinomien*, W. Kohlhammer, Stuttgart, 1956.

AGUIRRE (Antonio), *Genetische Phänomenologie und Reduktion. Zur letztbegründung der Wissenschaft aus der radikalen Skepsis im Denken E. Husserls* (Phaenomenologica, 38), Martinus Nijhoff, Den Haag, 1970.

ARISTOTELES, *Aristoteles graece ex recensione Immanuelis Bekkeri. Edidit Academia Regia Borussica* (2Bde.), Georg Reimer, Berlin, 1831.

ASEMISSEN (Hermann Ulrich), *Strukturanalytische Probleme der Wahrnehmung in der Phänomenologie Husserls* (Kantstudien-Ergänzungshefte, 73), Kölner Universitätsverlag, Köln, 1957.

BAKKER (R.), *De geschiedenis van het fenomenologisch denken* (Aula-Boeken, 174), Het Spectrum, Utrecht-Antwerpen, 1964.

BERGER (Gaston), *Le cogito dans la philosophie de Husserl* (Philosophie de l'esprit), Aubier (Editions Montaigne), Paris, 1941.

BERLINGER (Rudolph), *Vom Anfang des Philosophierens*, Vittorio Klostermann, Frankfurt am Main, 1965.

BIEMEL (Walter), „Husserls Encyclopaedia-Britannica Artikel und Heideggers Anmerkungen dazu", in: *Tijdschrift voor Philosophie*, 1950 (12), S. 246–280.

BOBBIO (Norberto), „La filosofia di Husserl e la tendenza fenomenologica", in: *Rivista di Filosofia*, 1935 (26), S. 1–19.

BOEHM (Rudolf), „Einleitung des Herausgebers", in: E. HUSSERL, *Erste Philosophie (1923/24)*, Erster Teil (Husserliana VII), Martinus Nijhoff, Den Haag, 1956, S. XI–XXXIV.

—, *Vom Gesichtspunkt der Phänomenologie. Husserl-Studien* (Phaenomenologica, 26), Martinus Nijhoff, Den Haag, 1968.

—, „Zur Phänomenologie der Gemeinschaft. Edmund Husserls Grundgedanken", in: *Phänomenologie, Rechtsphilosophie, Jurisprudenz. Festschrift für Gerhart Husserl zum 75. Geburtstag*, Vittorio Klostermann, Frankfurt am Main, 1969, S. 1–26.

BOELAARS (Henri), *De intentionaliteit der kennis bij Edmund Husserl*, N.V. Centrale Drukkerij, Nijmegen, 1940.

BOSIO (Franco), *Fondazione della logica in Husserl* (Biblioteca di filosofia e di cultura), Lampugnani Nigri, Milano, 1966.

BRAND (Gerd), *Welt, Ich und Zeit. Nach unveröffentlichten Manuskripten Edmund Husserls*, Martinus Nijhoff, Den Haag, 1955.

CANTONI (Remo), „Edmund Husserl e la critica dell'atteggiamento naturale", in: *Il pensiero critico*, (3), S. 1–46.

CLAESGES (Ulrich), *Edmund Husserls Theorie der Raumkonstitution* (Phaenomenologica, 19), Martinus Nijhoff, Den Haag, 1964.

CONRAD-MARTIUS (Hedwig), *Das Sein*, Kösel-Verlag, München, 1957.

CRAMER (Wolfgang), *Grundlegung einer Theorie des Geistes* (Philosophische Abhandlungen, 14), Vittorio Klostermann, Frankfurt am Main, 1965, 2. erweiterte Aufl.

DE BOER (Theodorus). *De ontwikkelingsgang in het denken van Husserl. Die Entwicklung im Denken Husserls* (*mit deutscher Zusammenfassung*), Van Gorcum en Comp. n.v. – Dr. H. J. Prakke en H. M. G. Prakke, Assen, o.J.

DE MURALT (André), *L'idée de la phénoménologie. L'exemplarisme husserlien* (Bibliothèque de philosophie contemporaine. Histoire de la philosophie et philosophie générale), Presses Universitaires de France, Paris, 1958.

DERRIDA (Jacques), „Introduction", in: E. HUSSERL, *L'origine de la géométrie. Traduction et Introduction par Jacques Derrida* (Epiméthée), Presses Universitaires de France, Paris, 1962, S. 3–171.

—, *La voix et le phénomène* (Epiméthée), Presses Universitaires de France, Paris, 1967.

DESANTI (Jean), *Phénoménologie et praxis*, Editions Sociales, Paris, 1963.

DE WAELHENS (Alphonse), „L'idée phénoménologique d'intentionnalité", in: *Husserl et la pensée moderne / Husserl und das Denken der Neuzeit* (Phaenomenologica, 2), Martinus Nijhoff, Den Haag, 1959, S. 115-129.

—, *Phénoménologie et vérité*, Editions Nauwelaerts, Louvain-Beatrice-Nauwelaerts, Paris, 1965, 2. Aufl.

DIEMER (Alwin), *Edmund Husserl. Versuch einer systematischen Darstellung seiner Phänomenologie* (Monographien zur philosophischen Forschung, 15), Verlag Anton Hain KG, Meisenheim am Glan, 1956.

DRÜE (Hermann), *Edmund Husserls System der phänomenologischen Psychologie* (Phänomenologisch-psychologische Forschungen, 4), Walter de Gruyter und Co., Berlin, 1963.

ELEY (Lothar), *Die Krise des Apriori in der transzendentalen Phänomenologie Edmund Husserls* (Phaenomenologica, 10), Martinus Nijhoff, Den Haag, 1962.

FICHTE (Johann Gottlieb), *Ausgewählte Werke in sechs Bänden. Herausgegeben von F. Medicus* (6 Bde.), Wissenschaftliche Buchgesellschaft, Darmstadt, 1962 (Nachdruck der Ausgabe Leipzig 1910-1912).

FINK (Eugen), „L'analyse intentionnelle et le problème de la pensée spéculative", in: *Problèmes actuels de la phénoménologie* (Textes et Etudes philosophiques), Desclée De Brouwer, 1952, S. 53-87.

—, „Les concepts opératoires dans la phénoménologie de Husserl", in: *Husserl* (Cahiers de Royaumont, Philosophie, 3), Les Editions de Minuit, Paris, 1959, S. 214-230.

—, *Studien zur Phänomenologie 1930-1939* (Phaenomenologica, 21), Martinus Nijhoff, Den Haag, 1966.

—, „Die Spätphilosophie Husserls in der Freiburger Zeit", in: *Edmund Husserl 1859-1959. Recueil commémoratif publié à l'occasion du centenaire de la naissance du philosophe* (Phaenomenologica, 4), Martinus Nijhoff, Den Haag, 1959, S. 99-115.

FUNKE (Gerhard), *Zur transzendentalen Phänomenologie*, H. Bouvier u. Co. Verlag, Bonn, 1957.

—, „Transzendentale Phänomenologie als Erste Philosophie", in: *Studium Generale*, 1958 (11), S. 564-582 und S. 632-646.

GADAMER (Hans-Georg), *Wahrheit und Methode. Grundzüge einer philosophischen Hermeneutik*, J. C. B. Mohr (Paul Siebeck), Tübingen, 1965, 2. Aufl. (durch einen Nachtrag erweitert).

GIEL (Klaus), *Fichte und Fröbel. Die Kluft zwischen konstruierender Vernunft und Gott und ihre Überbrückung in der Pädagogik* (Anthropologie und Erziehung, 3), Quelle und Meyer, Heidelberg, 1959.

GRANEL (Gérard), *Le Sens du Temps et de la Perception chez E. Husserl* (Bibliothèque de Philosophie), Gallimard, Paris, 1968.

GURWITSCH (Aron), „Beitrag zur phänomenologischen Theorie der Wahrnehmung", in: *Zeitschrift für philosophische Forschung*, 1959 (13), S. 419-437.

—, *Théorie du champ de la conscience* (Textes et études anthropologiques), Desclée De Brouwer, 1957.

HEGEL (Georg Wilhelm Friedrich), *Phänomenologie des Geistes*. Herausgegeben von J. HOFFMEISTER (Hegel, Sämtliche Werke, 5), (Philosophische Bibliothek, 114), Felix Meiner, Hamburg, 1952, 6. Aufl.

—, *Wissenschaft der Logik. Zweiter Teil*. Herausgegeben von G. LASSON (Philosophische Bibliothek, 57), Verlag von Felix Meiner, Hamburg, 1951.

HEIDEGGER (Martin), *Was heißt Denken?* Max Niemeyer Verlag, Tübingen, 1954.

—, *Holzwege*, Vittorio Klostermann, Frankfurt am Main, 1963, 4. Aufl.

—, *Was ist Metaphysik?* Vittorio Klostermann, Frankfurt am Main, 1943, 4. Aufl. (mit „Nachwort"); 1949, 5. Aufl. (mit „Einleitung").

—, *Der Satz vom Grund*, Günther Neske, Pfullingen, 1957.

—, *Sein und Zeit*, Max Niemeyer Verlag, Tübingen, 1963, 10. unveränderte Aufl.

HELD (Klaus), *Lebendige Gegenwart. Die Frage nach der Seinsweise des transzendentalen Ich bei Edmund Husserl, entwickelt am Leitfaden der Zeitproblematik* (Phaenomenologica, 23), Martinus Nijhoff, Den Haag, 1966.

—, „Nachwort", in: L. ROBBERECHTS, *Edmund Husserl. Eine Einführung in seine Phänomenologie. Aus dem Französischen von Klaus und Margret Held. Mit einem Nachwort von Klaus Held* (Claassen Cargo), Claassen, Hamburg, 1967, S. 126–158.

HERING (Jean), „Bemerkungen über das Wesen, die Wesenheit und die Idee", in: *Jahrbuch für Philosophie und phänomenologische Forschung*, 1921 (4), S. 495–543.

HOHL (Hubert), *Lebenswelt und Geschichte. Grundzüge der Spätphilosophie E. Husserls* (Symposion, 7), Verlag Karl Alber, Freiburg-München, 1962.

INGARDEN (Roman), „Meine Erinnerungen an Edmund Husserl", in: E. HUSSERL, *Briefe an Roman Ingarden. Mit Erläuterungen und Erinnerungen an Husserl herausgegeben von R. INGARDEN* (Phaenomenologica, 25), Martinus Nijhoff, Den Haag, 1968, S. 106–135.

—, „Über den transzendentalen Idealismus bei E. Husserl", in: *Husserl et la pensée moderne – Husserl und das Denken der Neuzeit* (Phaenomenologica, 2), Martinus Nijhoff, Den Haag, 1959, S. 190–204.

—, *Der Streit um die Existenz der Welt*, II/2: *Formalontologie, 2. Teil*, Max Niemeyer Verlag, Tübingen, 1965.

KANT (Immanuel), *Kritik der reinen Vernunft* (Philosophische Bibliothek, 37a), Felix Meiner, Hamburg, 1956.

KERN (Iso), *Husserl und Kant. Eine Untersuchung über Husserls Verhältnis zu Kant und zum Neukantianismus* (Phaenomenologica, 16), Martinus Nijhoff, Den Haag, 1964.

LADRIERE (Jean), „Hegel, Husserl, and Reason Today", in: *The Modern Schoolman*, 1960 (37), S. 171–195.

LANDGREBE (Ludwig), „Zur phänomenologischen Theorie des Bewußtseins", in: *Philosophische Rundschau*, 1960 (8), S. 289–307.

—, *Der Weg der Phänomenologie. Das Problem einer ursprünglichen Erfahrung*, Gütersloher Verlagshaus Gerd Mohn, Gütersloh, 1963.

LEVINAS (Emmanuel), „La ruine de la représentation", in: *Edmund Husserl 1859–1959. Recueil commémoratif publié à l'occasion du centenaire de la naissance du philosophe* (Phaenomenologica, 4), Martinus Nijhoff, Den Haag, 1959.

—, *Totalité et Infini. Essai sur l'extériorité* (Phaenomenologica, 8), Martinus Nijhoff, La Haye, 1961.

MERLEAU-PONTY (Maurice), *Phénoménologie de la perception* (Bibliothèque des Idées), Librairie Gallimard, Paris, 1945.

—, *Signes*, Gallimard, Paris, 1960.

MESSERICH (Valerius), „An Apodictic Approach to Reality", in: *Franciscan Studies*, 1953 (13), S. 1–36.

METZGER (Arnold), *Phänomenologie und Metaphysik. Das Problem des Relativismus und seiner Überwindung*, Neske, Pfullingen, 1966, 2. Aufl.

MINOZZI (Bruno), *L'idealismo fenomenologico di E. Husserl*, Il Mulino, Milano, o.J.

MUTH (Franz), *Edmund Husserl und Martin Heidegger in ihrer Phänomenologie und Weltanschauung* (Diss. München), Schwäbische Verlags-Aktiengesellschaft, Temeswar, 1931.

NINK (Caspar), *Sein und Erkennen. Untersuchungen zur inneren Einheit der Philosophie*, Hegner, Leipzig, 1938.

POS (Herman), „Valeur et limites de la phénoménologie", in: *Problèmes actuels de la phénoménologie* (Textes et études philosophiques), Desclée De Brouwer, 1952.

REINACH (Adolf), *Was ist Phänomenologie? Mit einem Vorwort von Hedwig Conrad-Martius*, Kösel-Verlag, München, 1951.

REINHOLD (Karl Leonhard), *Versuch einer neuen Theorie des menschlichen Vorstellungsvermögens*, Wissenschaftliche Buchgesellschaft, Darmstadt, 1963 (Unveränderter Nachdruck der Ausgabe Prag und Jena 1789).

RICOEUR (Paul) (Übs.), E. HUSSERL, *Idées directrices pour une phénoménologie* (Bibliothèque de philosophie), Gallimard, Paris, 1950.

ROMBACH (Heinrich), *Die Gegenwart der Philosophie. Eine geschichtsphilosophische und philosophiegeschichtliche Studie über den Stand des philosophischen Fragens* (Symposion, 11), Verlag Karl Alber, Freiburg-München, 1964, 2. durchgesehene Aufl.

SARTRE (Jean-Paul), *L'être et le néant. Essai d'ontologie phénoménologique* (Bibliothèque des Ideés), Gallimard, Paris, 1948.

SCHELLING (Friedrich Wilhelm Joseph), *Ausgewählte Werke* (10 Bde.), Wissenschaftliche Buchgesellschaft, Darmstadt, 1966–1968 (Nachdruck aus den *Sämtlichen Werken*, Stuttgart und Augsburg, 1856ff.).

SCHUHMANN (Karl), „Le concept de réflexion dans l'Ethique de Spinoza", in: *Revue philosophique de Louvain*, 1967 (65), S. 449–466.

—, *Die Grundlage der Wissenschaftslehre in ihrem Umrisse. Zu Fichtes „Wissenschaftslehren" von 1794 und 1810*, Martinus Nijhoff, Den Haag, 1968.

—, „Die Philosophie des Aristoteles als Identitätssystem", in: *Tijdschrift voor Filosofie*, 1967 (29), S. 482–512.

—, „Reinholds Vorstellungstheorie und die Metaphysik", in: *Tijdschrift voor Filosofie*, 1968 (30), S. 264–324.

—, „Schiller über den Menschen in den Briefen über die ästhetische Erziehung", in: *Tijdschrift voor Filosofie*, 1967 (29), S. 141–150.

—, „Verschijning en niet-tegenwoordigheid. Derrida over metafysica en fenomenologie", in: *Tijdschrift voor Filosofie*, 1968 (30), S. 159–163.

SCHULTE (Günther), „Vom Sinn der Wahrnehmung. Die Wissenschaftslehre Fichtes und Merleau-Pontys Phänomenologie der Wahrnehmung", in: *Tijdschrift voor Filosofie*, 1969 (31), S. 732–748.

SEEBOHM (Thomas), *Die Bedingungen der Möglichkeit der Transzendentalphilosophie. Edmund Husserls transzendental-phänomenologischer Ansatz, dargestellt im Anschluß an seine Kant-Kritik* (Abhandlungen zur Philosophie, Psychologie und Pädagogik, 24), H. Bouvier u. Co. Verlag, Bonn 1962.

SOKOLOWSKI (Robert), *The Formation of Husserl's Concept of Constitution* (Phaenomenologica, 18), Martinus Nijhoff, The Hague, 1964.

SPIEGELBERG (Herbert), *The Phenomenological Movement. A Historical Introduction* (Phaenomenologica 5/6), Martinus Nijhoff, The Hague, 1965, 2. Aufl. (2 Bde.).

SZILASI (Wilhelm), *Einführung in die Phänomenologie Edmund Husserls*, Max Niemeyer Verlag, Tübingen, 1959.

THEUNISSEN (Michael), *Der Andere. Studien zur Sozialontologie der Gegenwart*, Walter de Gruyter u. Co, Berlin, 1965.

THÉVENAZ (Pierre), „La question du point de départ radical chez Descartes et Husserl", in: *Problèmes actuels de la phénoménologie* (Textes et études philosophiques), Desclée De Brouwer, 1952, S. 9–30.

THOMAS VON AQUIN, *Summa theologica. Pars Prima*, Forzani et S., Roma, 1894, 2. verbesserte Aufl.

TUGENDHAT (Ernst), *Der Wahrheitsbegriff bei Husserl und Heidegger*, Walter de Gruyter u. Co., Berlin, 1967.

WIELAND (Wolfgang), *Die aristotelische Physik. Untersuchungen über die Grundlegung der Naturwissenschaft und die sprachlichen Bedingungen der Prinzipienforschung bei Aristoteles*, Vandenhoeck und Ruprecht, Göttingen, 1962.

WOLFF (Christian), *Philosophia prima sive Ontologia*. Edidit et curavit J. ECOLE (Christian Wolff, Gesammelte Werke, II. Abt., 3), Georg Olms Verlagsbuchhandlung, Hildesheim, 1962.

WYLLEMAN (André), „De grondslag van de moraal", in: *Tijdschrift voor Filosofie*, 1966 (28), S. 623–635.

ZOCHER (Rudolf), *Husserls Phänomenologie und Schuppes Logik. Ein Beitrag zur Kritik des intuitionistischen Ontologismus in der Immanenzidee*, Ernst Reinhardt Verlag, München, 1932.